박문각

권희창 노동법

권희창 편저

1차 | 10개년 기출문제집 제1판

합격 ★ 노하우가 ★ 다르다

Since 1972

박문각 공인노무사

★ 머리말 ★

이번 출간하는 노동법 기출문제집은 2025년 제34회 시험의 기출문제를 포함하여 최근 10개년 기출문제를 반영하였습니다. 2024년 공인노무사 1차 시험부터 과목별 40문제로 늘어나고, 부속법령의 출제비중이 대폭 증가하여 노동법 80문제 중 30~40문제 정도가 부속법령에서 출제되고 있습니다.

객관식 노동법을 위한 최적의 수험방법은 기출문제를 분석하여 기출 판례와 법령을 반복 학습하는 것이라고 판단됩니다. 특히 부속법령의 경우 지금까지 출제된 적이 없었던 조문과 시행령이 출제되는 경우가 있으나 여전히 기출문제의 중요성은 아무리 강조해도 지나치지 않다고 생각합니다.

수험생 여러분들이 이 책을 잘 활용하여 합격에 도움이 되기를 진심으로 기원합니다.

마지막으로 이 책이 나오기까지 도움을 주신 박문각 출판사 관계자 분들에게 감사 인사를 드립니다.

공인노무사 권희창

시험과목 및 시험시간

가. 시험과목(공인노무사법 시행령 제6조)

<table>
<tr><th>구분</th><th colspan="2">시험과목[배점]</th><th>출제범위</th></tr>
<tr><td rowspan="6">제1차 시험
(6과목)</td><td rowspan="5">필수
과목
(5)</td><td>❶ 노동법(1)
[100점]</td><td>「근로기준법」, 「파견근로자보호 등에 관한 법률」, 「기간제 및 단시간근로자 보호 등에 관한 법률」, 「산업안전보건법」, 「직업안정법」, 「남녀고용평등과 일·가정 양립지원에 관한 법률」, 「최저임금법」, 「근로자퇴직급여 보장법」, 「임금채권보장법」, 「근로복지기본법」, 「외국인근로자의 고용 등에 관한 법률」</td></tr>
<tr><td>❷ 노동법(2)
[100점]</td><td>「노동조합 및 노동관계조정법」, 「근로자참여 및 협력 증진에 관한 법률」, 「노동위원회법」, 「공무원의 노동조합 설립 및 운영 등에 관한 법률」, 「교원의 노동조합 설립 및 운영 등에 관한 법률」</td></tr>
<tr><td>❸ 민법[100점]</td><td>총칙편, 채권편</td></tr>
<tr><td>❹ 사회보험법
[100점]</td><td>「사회보장기본법」, 「고용보험법」, 「산업재해보상보험법」, 「국민연금법」, 「국민건강보험법」, 「고용보험 및 산업재해보상보험의 보험료징수 등에 관한 법률」</td></tr>
<tr><td>❺ 영어</td><td>※ 영어 과목은 영어능력검정시험 성적으로 대체</td></tr>
<tr><td>선택
과목
(1)</td><td>❻ 경제학원론,
경영학개론
중 1과목[100점]</td><td></td></tr>
</table>

※ 노동법(1) 또는 노동법(2)는 노동법의 기본이념 등 총론 부분을 포함한다.

<table>
<tr><th>구분</th><th colspan="2">시험과목[배점]</th><th>출제범위</th></tr>
<tr><td rowspan="4">제2차 시험
(4과목)</td><td rowspan="3">필수
과목
(3)</td><td>❶ 노동법
[150점]</td><td>「근로기준법」, 「파견근로자보호 등에 관한 법률」, 「기간제 및 단시간근로자 보호 등에 관한 법률」, 「산업안전보건법」, 「산업재해보상보험법」, 「고용보험법」, 「노동조합 및 노동관계조정법」, 「근로자참여 및 협력증진에 관한 법률」, 「노동위원회법」, 「공무원의 노동조합 설립 및 운영 등에 관한 법률」, 「교원의 노동조합 설립 및 운영 등에 관한 법률」</td></tr>
<tr><td>❷ 인사노무관리론
[100점]</td><td></td></tr>
<tr><td>❸ 행정쟁송법
[100점]</td><td>「행정심판법」 및 「행정소송법」과 「민사소송법」 중 행정쟁송 관련 부분</td></tr>
<tr><td>선택
과목
(1)</td><td>❹ 경영조직론,
노동경제학,
민사소송법
중 1과목[100점]</td><td></td></tr>
<tr><td>제3차 시험</td><td colspan="2">면접시험</td><td>공인노무사법 시행령 제4조 제3항의 평정사항</td></tr>
</table>

※ 노동법은 노동법의 기본이념 등 총론부분을 포함한다.

※ 시험관련 법률 등을 적용하여 정답을 구하여야 하는 문제는 "시험시행일" 현재 시행 중인 법률 등을 적용하여야 함
※ 기활용된 문제, 기출문제 등도 변형 · 활용되어 출제될 수 있음

나. 과목별 시험시간

구분	교시	시험과목	입실시간	시험시간	문항수
제1차 시험	1	❶ 노동법(1) ❷ 노동법(2)	09:00	09:30~10:50 (80분)	과목별 40문항
	2	❶ 민법 ❷ 사회보험법 ❸ 경제학원론, 경영학개론 중 1과목	11:10	11:20~13:20 (120분)	
제2차 시험	1	❶ 노동법	09:00	09:30~10:45(75분)	4문항
	2		11:05	11:15~12:30(75분)	
	3	❷ 인사노무관리론	13:30	13:50~15:30(100분)	과목별 3문항
	1	❸ 행정쟁송법	09:00	09:30~11:10(100분)	
	2	❹ 경영조직론, 노동경제학, 민사소송법 중 1과목	11:30	11:40~13:20(100분)	
제3차 시험	–	공인노무사법 시행령 제4조 제3항의 평정사항	–	1인당 10분 내외	–

※ 제3차 시험장소 등은 Q-Net 공인노무사 홈페이지 공고

응시자격 및 결격사유

가. 응시자격(공인노무사법 제3조의5)

- 공인노무사법 제4조 각 호의 결격사유에 해당되지 아니한 자
- 부정한 행위를 한 응시자에 대하여는 그 시험을 정지 또는 무효로 하거나 합격결정을 취소하고, 그 시험을 정지하거나 무효로 한 날 또는 합격결정을 취소한 날부터 5년간 시험 응시자격을 정지함

나. 결격사유(공인노무사법 제4조)

- 다음 각 호의 어느 하나에 해당하는 사람은 공인노무사가 될 수 없다.
  1. 미성년자
  2. 피성년후견인 또는 피한정후견인
  3. 파산선고를 받은 사람으로서 복권(復權)되지 아니한 사람
  4. 공무원으로서 징계처분에 따라 파면된 사람으로서 3년이 지나지 아니한 사람
  5. 금고(禁錮) 이상의 실형을 선고받고 그 집행이 끝나거나(집행이 끝난 것으로 보는 경우를 포함한다) 집행이 면제된 날부터 3년이 지나지 아니한 사람
  6. 금고 이상의 형의 집행유예를 선고받고 그 유예기간이 끝난 날부터 1년이 지나지 아니한 사람
  7. 금고 이상의 형의 선고유예기간 중에 있는 사람
  8. 제20조에 따라 영구등록취소된 사람

  ※ 결격사유 심사기준일은 제3차 시험 합격자 발표일 기준임

★ 차례 ★

CONTENTS | PREFACE | GUIDE

PART 01 노동법 총론

PART 02 개별적 근로관계법

PART 01
노동법 총론

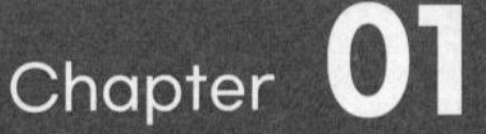

Chapter 01 총설

01 노동법의 법원(法源)에 관한 설명으로 옳지 않은 것은? (다툼이 있으면 판례에 따름)

▸ 공인노무사 제34회

① 근로자들의 집단적 동의를 받아 불리하게 변경된 취업규칙은 그보다 유리한 근로조건을 따로 정한 기존의 개별 근로계약부분에 우선하는 효력을 갖는다.

② 취업규칙은 법령에 어긋나서는 아니 된다.

③ 취업규칙에서 정한 기준에 미달하는 근로조건을 정한 근로계약은 그 부분에 관하여는 무효로 한다.

④ 취업규칙은 「근로기준법」이 근로자 보호의 목적으로 그 작성을 강제하고 이에 법규범성을 부여한 것이다.

⑤ 「근로기준법」에서 정하는 기준에 미치지 못하는 근로조건을 정한 근로계약은 그 부분에 한정하여 무효로 한다.

해설 ① 근로자에게 불리한 내용으로 변경된 취업규칙은 집단적 동의를 받았다고 하더라도 그보다 유리한 근로조건을 정한 기존의 개별 근로계약 부분에 우선하는 효력을 갖는다고 할 수 없다. 이 경우에도 근로계약의 내용은 유효하게 존속하고, 변경된 취업규칙의 기준에 의하여 유리한 근로계약의 내용을 변경할 수 없으며, 근로자의 개별적 동의가 없는 한 취업규칙보다 유리한 근로계약의 내용이 우선하여 적용된다(대판 2019.11.14, 2018다200709).

② 제96조 제1항

③ 제97조

④ 취업규칙은 근로기준법이 종속적 노동관계의 현실에 입각하여 실질적으로 불평등한 근로자의 입장을 보호강화하여 그들의 기본적 생활을 보호, 향상시키려는 목적의 일환으로 그 작성을 강제하고 이에 법규범성을 부여한 것이다(대판 1977.7.26, 77다355).

⑤ 제15조 제1항

02 노동법의 법원(法源)에 관한 설명으로 옳지 않은 것은? (다툼이 있으면 판례에 따름)

▸ 공인노무사 제32회

① 헌법에 따라 체결・공포된 조약은 국내법과 같은 효력을 가지므로 노동법의 법원이 된다.
② 노동조합규약은 일종의 자치적 법규범으로서 소속조합원에 대하여 법적 효력을 가진다.
③ 고용노동부의 행정해석은 고용노동부의 그 소속기관의 내부적 업무처리 지침에 불과하여 노동법의 법원이 아니다.
④ 노동관행은 그 자체로서는 법적 구속력을 가지지 않지만, 일정한 요건을 갖춘 경우에는 법원으로 인정된다.
⑤ 근로자와 사용자가 개별적으로 체결한 근로계약은 노동법의 법원이 아니다.

해설 ① 헌법에 의하여 체결・공포된 조약과 일반적으로 승인된 국제법규는 국내법과 같은 효력을 가진다(헌법 제6조 제1항).
② 자치법규(**단체협약, 취업규칙, 노동조합규약** 등)는 법원성을 인정하는 것이 다수설적인 입장이다.
③ 노동부장관의 업무지침이나 예규 등 행정해석은 행정기관 내부의 사무처리기준을 정한데 불과하므로 국민이나 법원을 구속할 수 없다(대판 1990.9.25, 90누2727).
④ 노동관행이 기업에서 일반적으로 근로관계를 규율하는 규범적 사실로서 명확히 승인되거나 기업 구성원이 아무런 이의도 제기하지 않고 기업 내에서 사실상의 제도로서 확립된 경우에는 법적 규범으로 성립하여 법원이 될 수 있다(대판 2002.4.23, 2000다50701).
⑤ 근로계약도 노동법의 법원으로 인정하는 견해가 있다.

03 노동법 법원(法源)의 상충 등에 관한 설명으로 옳은 것을 모두 고른 것은?

▸ 공인노무사 제31회

ㄱ. 근로계약에서 정한 근로조건이 「근로기준법」에서 정하는 기준에 미치지 못하는 경우에는 그 근로계약을 무효로 한다.
ㄴ. 취업규칙에서 정한 기준에 미달하는 근로조건을 정한 근로계약은 그 부분에 관하여는 무효로 하며 무효로 된 부분은 취업규칙에 정한 기준에 따른다.
ㄷ. 취업규칙은 「근로기준법」과 어긋나서는 아니 된다.
ㄹ. 취업규칙은 해당 사업 또는 사업장에 대하여 적용되는 단체협약과 어긋나서는 아니 된다.

① ㄱ, ㄴ
② ㄷ, ㄹ
③ ㄱ, ㄴ, ㄹ
④ ㄴ, ㄷ, ㄹ
⑤ ㄱ, ㄴ, ㄷ, ㄹ

정답 01 ① 02 ⑤ 03 ④

해설 ㄱ. 이 법에서 정하는 기준에 미치지 못하는 근로조건을 정한 근로계약은 그 부분에 한정하여 무효로 한다(근로기준법 제15조 제1항).
ㄴ. 근로기준법 제97조
ㄷ・ㄹ. 취업규칙은 법령이나 해당 사업 또는 사업장에 대하여 적용되는 단체협약과 어긋나서는 아니 된다(근로기준법 제96조 제1항).

04 노동법의 법원(法源)에 관한 설명으로 옳은 것은? (다툼이 있으면 판례에 따름)

▸ 공인노무사 제29회

① 근로관계 당사자의 권리와 의무를 규율하는 취업규칙은 노동법의 법원에 해당한다.
② 국제노동기구(ILO)의 강제근로 폐지에 관한 협약(제105호)은 노동법의 법원에 해당한다.
③ 노동사건에 관련한 대법원 전원합의체 판결은 노동법의 법원에 해당한다.
④ 노동관계법령에 대한 법제처의 유권해석은 노동법의 법원에 해당한다.
⑤ 사용자와 개별근로자가 체결한 근로계약은 노동법의 법원에 해당하지 않는다.

해설 ① 단체협약, 취업규칙은 노동법의 법원으로 인정된다.
② ILO 비준협약의 경우 노동법의 법원이 되지만 강제근로 폐지에 관한 협약은 비준협약이 아니다.
③・④ 판례와 행정해석은 노동법의 법원으로 인정되지 않는다.
⑤ 근로계약의 노동법 법원성 인정여부는 견해 대립이 있다.

05 노동법의 법원(法源) 등에 관한 설명으로 옳은 것은? (다툼이 있으면 판례에 따름)

▸ 공인노무사 제30회

① 취업규칙은 노동법의 법원(法源)으로 인정되지 않는다.
② 단체협약은 노동법의 법원(法源)으로 인정되지 않는다.
③ 고용노동부 예규가 그 성질과 내용이 행정기관 내부의 사무처리지침에 불과한 경우에는 법원을 구속하지 않는다.
④ ILO 제100호 협약(동등보수에 관한 협약)은 국내법과 동일한 효력을 갖지 않는다.
⑤ 노동관행이 기업사회에서 일반적으로 근로관계를 규율하는 규범적인 사실로서 명확히 승인되더라도 근로계약의 내용으로 인정되지 않는다.

해설 ①・② 단체협약, 취업규칙, 조합규약도 노동법의 법원으로 인정된다.
③ 노동부 예규는 그 규정의 성질과 내용이 행정기관 내부의 사무처리준칙을 규정한 데 불과한 것이어서 국민이나 법원을 구속하는 것이 아니라고 할 것이다(대판 1990.9.25, 90누2727).
④ ILO 제100호 협약은 비준협약이므로 우리 노동법의 법원이다.

⑤ 노동관행이 기업에서 일반적으로 근로관계를 규율하는 규범적 사실로서 명확히 승인되거나 기업 구성원이 아무런 이의도 제기하지 않고 기업 내에서 사실상의 제도로서 확립된 경우에는 법적 규범으로 성립하여 법원이 될 수 있다(대판 2002.4.23, 2000다50701).

06 우리나라 노동법의 법원(法源)에 관한 설명으로 옳지 않은 것은? (다툼이 있으면 판례에 따름)

▸ 공인노무사 제27회

① 고용노동부의 업무지침 등이 그 성질과 내용이 행정기관 내부의 사무처리지침에 불과한 경우에는 대외적인 구속력은 없다.

② 국제노동기구(ILO)의 결사의 자유 및 단결권의 보호에 관한 협약(제87호)은 노동법의 법원에 해당한다.

③ 노동사건에 대한 판례는 노동법의 법원으로 인정된다.

④ 단체협약은 노동법의 법원으로 인정된다.

⑤ 노동조합규약은 일종의 자치적 법규범으로서 소속 조합원에 대하여 법적 효력을 가진다.

해설 ① 업무지침 등은 행정기관 내부의 사무처리 기준을 규정한 것으로서 국민에 대하여 재판기준으로서의 법적 구속력이 없어 법원성이 부정된다.

② ILO 제87호 협약은 최근 국회의 비준을 얻어 국내법적 효력이 인정된다.

③ 성문법 국가에서 판례는 법원으로 인정되지 않는다.

④ · ⑤ 자치법규(단체협약, 취업규칙, 노동조합규약 등)는 법원성을 인정하는 것이 다수설적인 입장이다.

정답 04 ① 05 ③ 06 ③

Chapter 02 노동법의 연혁

01 **노동조합 및 노동관계조정법의 연혁에 관한 설명으로 옳지 않은 것은?** ▸ 공인노무사 제33회

① 1953년 제정된 「노동조합법」에는 복수노조 금지조항이 있었다.
② 1953년 제정된 「노동쟁의조정법」에는 쟁의행위 민사면책조항이 있었다.
③ 1963년 개정된 「노동조합법」에는 노동조합의 정치활동 금지 규정이 신설되었다.
④ 1997년에는 「노동조합 및 노동관계조정법」이 제정되었다.
⑤ 2010년 개정된 「노동조합 및 노동관계조정법」에는 교섭창구단일화의 절차와 방법에 관한 규정이 신설되었다.

해설 ① 복수노조 금지규정은 1987년 개정법에서 신설되었다.
② 노동쟁의조정법 제12조
③ (구)노동조합법 제12조

02 **노동법 등의 연혁에 관한 설명으로 옳지 않은 것은?** ▸ 공인노무사 제32회

① 우리나라의 「노동위원회법」은 1953년에 처음 제정되었다.
② 우리나라는 1991년에 국제노동기구(ILO)에 가입하였다.
③ 우리나라의 「공무원의 노동조합 설립 및 운영 등에 관한 법률」은 「교원의 노동조합 설립 및 운영 등에 관한 법률」보다 먼저 제정되었다.
④ 미국의 1935년 와그너법은 근로자의 단결권 · 단체교섭권 · 단체행동권을 명문화하였다.
⑤ 우리나라 제헌헌법에는 영리를 목적으로 하는 사기업에 있어서는 근로자는 법률의 정하는 바에 의하여 이익의 분배에 균점할 권리가 있다는 규정이 있었다.

해설 ① 1953년 노동4법(근로기준법, 노동조합법, 노동위원회법, 노동쟁의조정법)이 제정되었다.
③ 「공무원의 노동조합 설립 및 운영 등에 관한 법률」은 2005년, 「교원의 노동조합 설립 및 운영 등에 관한 법률」은 1999년에 제정되었다.

03 우리나라 노동법 등의 연혁에 관한 설명으로 옳은 것을 모두 고른 것은? ▸공인노무사 제30회

ㄱ. 우리나라는 1991년에 국제노동기구(ILO)에 가입하였다.
ㄴ. 1980년에 제정된 「노사협의회법」에서 노사협의회를 처음으로 규정하였다.
ㄷ. 2005년에 「공무원의 노동조합 설립 및 운영 등에 관한 법률」이 제정되었다.
ㄹ. 우리나라 제헌헌법에는 근로자의 단결에 관한 규정이 없었다.

① ㄱ, ㄴ
② ㄱ, ㄷ
③ ㄱ, ㄹ
④ ㄴ, ㄷ
⑤ ㄴ, ㄹ

해설 ㄱ. 우리나라는 1991년 152번째로 ILO에 가입
ㄴ. 노사협의회는 1963년 노동조합법에 최초로 규정되었다.
ㄷ. 2005년 「공무원의 노동조합 설립 및 운영 등에 관한 법률」 제정
ㄹ. 근로자의 단결, 단체교섭과 단체행동의 자유는 법률의 범위 내에서 보장된다(제헌헌법 제18조).

04 각국 노동법의 연혁에 관한 설명으로 옳지 않은 것은? ▸공인노무사 제27회

① 우리나라의 제헌헌법에는 근로자의 단결에 관한 규정이 없었다.
② 독일의 1919년 바이마르헌법은 단결의 자유를 명문화하였다.
③ 미국의 1935년 와그너법은 근로자의 단결권·단체교섭권·단체행동권을 명문화하였다.
④ 우리나라의 노동위원회법은 1953년에 처음 제정되었다.
⑤ 우리나라의 노사협의회제도는 과거 노동조합법에 규정된 적이 있었다.

해설 ① 근로자의 단결, 단체교섭과 단체행동의 자유는 법률의 범위 내에서 보장된다(제헌헌법 제18조).
② 바이마르헌법은 노동3권을 최초로 헌법상 보장하였다.
③ **미국의 와그너법**(1935)
Closed Shop 인정, 사용자측 부당노동행위를 신설, 노동3권의 법적 보장, 배타적 교섭대표제 인정, 노동위원회 신설
④ 1953년 노동4법(근로기준법, 노동조합법, 노동위원회법, 노동쟁의조정법) 제정
⑤ 1963년 노조법에서 노사협의회 규정 신설

정답 01 ① 02 ③ 03 ② 04 ①

05 노동관계법의 제정이 빠른 순서로 옳게 나열된 것은?

▸ 공인노무사 제28회

ㄱ. 파견근로자 보호 등에 관한 법률
ㄴ. 기간제 및 단시간근로자 보호 등에 관한 법률
ㄷ. 공무원의 노동조합 설립 및 운영 등에 관한 법률
ㄹ. 교원의 노동조합 설립 및 운영 등에 관한 법률

① ㄱ－ㄹ－ㄷ－ㄴ
② ㄴ－ㄱ－ㄷ－ㄹ
③ ㄷ－ㄴ－ㄹ－ㄱ
④ ㄹ－ㄱ－ㄴ－ㄷ
⑤ ㄹ－ㄷ－ㄱ－ㄴ

해설 ㄱ. 1998년
ㄴ. 2006년
ㄷ. 2005년
ㄹ. 1999년

06 우리나라 노동법의 연혁에 관한 설명으로 옳은 것은?

▸ 공인노무사 제25회

① 근로기준법, 노동조합법, 노동위원회법, 노동쟁의조정법은 1953년에 제정되었다.
② 부당노동행위 제도는 최초 도입된 이후 현재까지 구제주의와 처벌주의를 병행하고 있다.
③ 미국의 와그너법을 수용하여 사용자와 노동조합을 부당노동행위 주체로 인정하고 있다.
④ 필수유지업무협정 제도는 2010년 노동조합 및 노동관계조정법 개정 시에 처음으로 도입되었다.
⑤ 노동조합의 전임자에 대한 급여지급 금지는 1980년 노동조합법 개정 시에 처음으로 도입되었다.

해설 ① 1953년 노동4법(근로기준법, 노동조합법, 노동쟁의조정법, 노동위원회법)이 제정되었다.
② 최초 도입 시(1953년) 처벌주의, 1963년 원상회복주의였고, 1986년 이후 처벌주의와 원상회복주의를 병행하고 있다.
③ 와그너법은 노동조합을 부당노동행위 주체로 인정하지 않았다.
④ 필수유지업무협정 제도는 2006년 도입되었다.
⑤ 1997년 노동조합 및 노동관계조정법 제정으로 처음 도입되었다.

07 **우리나라가 비준한 국제노동기구(ILO)의 협약을 모두 고른 것은?** ▸공인노무사 제33회

ㄱ. 취업최저연령에 관한 협약(제138호)
ㄴ. 산업안전보건과 작업환경에 관한 협약(제155호)
ㄷ. 결사의 자유 및 단결권 보호에 관한 협약(제87호)
ㄹ. 단결권 및 단체교섭권 원칙의 적용에 관한 협약(제98호)

① ㄱ, ㄴ
② ㄱ, ㄴ, ㄷ
③ ㄱ, ㄷ, ㄹ
④ ㄴ, ㄷ, ㄹ
⑤ ㄱ, ㄴ, ㄷ, ㄹ

해설 ILO **핵심협약**(강제노동금지, 단결권보장, 차별금지, 아동노동금지, 산업안전보건)

- 미비준협약
  제105호(강제근로 폐지에 관한 협약)
- 비준협약
  제29호(강제근로에 관한 협약), 제87호(결사의 자유 및 단결권 보호에 관한 협약), 제98호(단결권 및 교섭권에 대한 원칙적용에 관한 협약), 제100호(동일가치노동 동일보수에 관한 협약), 제111호(고용 및 직업상의 차별금지에 관한 협약), 제138호(취업최저연령에 관한 협약), 제155호(산업안전보건과 작업환경에 관한 협약), 제182호(아동노동철폐에 관한 협약), 제187호(산업안전보건 증진체계에 관한 협약)

08 **우리나라가 비준하고 있는 ILO협약에 해당하는 것으로 옳은 것을 모두 고른 것은?** ▸공인노무사 제34회

ㄱ. 산업재해로 인한 보상에 있어서의 내외국인 평등대우에 관한 협약(제19호)
ㄴ. 결사의 자유 및 단결권 보장에 관한 협약(제87호)
ㄷ. 단결권 및 단체교섭권에 대한 원칙의 적용에 관한 협약(제98호)
ㄹ. 강제노동의 철폐에 관한 협약(제105호)

① ㄱ, ㄴ
② ㄴ, ㄷ
③ ㄱ, ㄴ, ㄷ
④ ㄱ, ㄷ, ㄹ
⑤ ㄱ, ㄴ, ㄷ, ㄹ

해설 ㄱ · ㄴ · ㄷ. 비준협약
ㄹ. 미비준협약

정답 05 ① 06 ① 07 ③ 08 ③

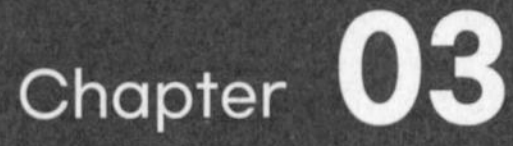

Chapter 03 노동기본권

01 **헌법상 근로의 권리와 의무에 관한 설명으로 옳은 것은? (다툼이 있으면 판례에 따름)**

▸ 공인노무사 제34회

① 근로의 권리에는 일할 환경에 관한 권리는 포함되지 않는다.
② 모든 국민은 강제적인 근로의 의무를 진다.
③ 국가는 사회적・경제적 방법으로 근로자의 고용의 증진과 적정임금의 보장에 노력하여야 한다.
④ 근로자는 국가에 대해 직접적인 직장존속보장청구권을 가지고 있으므로 국가는 근로관계의 당연승계를 보장하는 입법을 반드시 하여야 할 헌법상의 의무가 있다.
⑤ 연소자인 여자의 근로에 대하여만 특별한 보호를 받는다.

해설 ① 국가에 대하여 고용증진을 위한 정책을 요구할 수 있는 권리(일할 자리에 관한 권리)는 사회권적 기본권으로서 국민에 대하여만 인정되나, 인간의 존엄성을 보장받기 위하여 최소한의 근로조건을 요구할 수 있는 권리(일할 환경에 관한 권리)는 자유권적 기본권의 성격도 갖고 있어 건강한 작업환경, 일에 대한 정당한 보수, 합리적인 근로조건의 보장 등을 요구할 수 있는 권리 등을 포함하므로 외국인 근로자에게도 기본권 주체성을 인정함이 타당하다(헌재 2007.8.30. 2004헌마670).
② 모든 국민은 근로의 의무를 진다. 국가는 근로의 의무의 내용과 조건을 민주주의 원칙에 따라 법률로 정한다(헌법 제32조 제2항).
③ 모든 국민은 근로의 권리를 가진다. 국가는 사회적・경제적 방법으로 근로자의 고용증진과 적정임금의 보장에 노력하여야 하며, 법률이 정하는 바에 의하여 최저임금제를 시행하여야 한다(헌법 제32조 제1항).
④ 헌법 제32조 제1항은 "모든 국민은 근로의 권리를 가진다. 국가는 사회적・경제적 방법으로 근로자의 고용의 증진과 적정임금의 보장에 노력하여야 하며…"라고 규정하여 근로의 권리를 보장하고 있다. 근로의 권리는 사회적 기본권으로서, 국가에 대하여 직접 일자리(직장)를 청구하거나 일자리에 갈음하는 생계비의 지급청구권을 의미하는 것이 아니라, 고용증진을 위한 사회적・경제적 정책을 요구할 수 있는 권리에 그친다. 근로의 권리를 직접적인 일자리 청구권으로 이해하는 것은 사회주의적 통제경제를 배제하고, 사기업 주체의 경제상의 자유를 보장하는 우리 헌법의 경제질서 내지 기본권규정들과 조화될 수 없다. 마찬가지 이유로 근로의 권리로부터 국가에 대한 직접적인 직장존속청구권을 도출할 수도 없다(헌재 2002.11.28. 2001헌바50).
⑤ 연소자의 근로는 특별한 보호를 받는다(헌법 제32조 제5항).

02 **헌법 제32조에 명시된 내용으로 옳은 것은?** ▸공인노무사 제33회

① 국가는 근로의 의무의 내용과 조건을 민주주의원칙에 따라 법률로 정한다.
② 사용자는 적정임금의 보장에 노력하여야 한다.
③ 전몰군경은 법률이 정하는 바에 의하여 우선적으로 근로의 기회를 부여받는다.
④ 근로의 권리는 인간의 존엄성을 보장하도록 법률로 정한다.
⑤ 미성년자의 근로는 고용·임금 및 근로조건에 있어서 부당한 차별을 받지 아니한다.

해설

헌법 제32조
① 모든 국민은 근로의 권리를 가진다. 국가는 사회적, 경제적 방법으로 근로자의 고용증진과 적정임금의 보장에 노력하여야 하며, 법률이 정하는 바에 의하여 최저임금제를 시행하여야 한다.
② 모든 국민은 근로의 의무를 진다. 국가는 근로의 의무의 내용과 조건을 민주주의 원칙에 따라 법률로 정한다.
③ 근로조건의 기준은 인간의 존엄성을 보장하도록 법률로 정한다.
④ 여자의 근로조건은 특별한 보호를 받으며, 고용·임금 및 근로조건에 있어서 부당한 차별을 받지 아니한다.
⑤ 연소자의 근로는 특별한 보호를 받는다.
⑥ 국가유공자·상이군경 및 전몰군경의 유가족은 법률이 정하는 바에 의하여 우선적으로 근로의 기회를 부여받는다.

03 **헌법상 근로의 권리와 의무에 관한 설명으로 옳지 않은 것은?** ▸공인노무사 제31회

① 법인은 헌법상 근로의 권리의 주체가 될 수 없다.
② 근로조건의 기준은 인간의 존엄성을 보장하도록 법률로 정한다.
③ 근로의 권리는 공공복리를 위하여 필요한 경우에 한하여 법률로써 제한할 수 있다.
④ 국가유공자·상이군경 및 전몰군경의 유가족은 법률이 정하는 바에 의하여 우선적으로 근로의 의무를 이행하여야 한다.
⑤ 여자의 근로는 특별한 보호를 받으며, 고용·임금 및 근로조건에 있어서 부당한 차별을 받지 아니한다.

해설 ① 헌법 제32조에서 국민은 자연인을 의미하고 법인은 포함되지 않는다.
②·④·⑤ 헌법 제32조
③ 헌법 제37조 제2항

정답 01 ③ 02 ① 03 ④

04 **헌법 제32조에 명시적으로 규정된 내용은?** ▸ 공인노무사 제32회

① 국가는 법률이 정하는 바에 의하여 적정임금제를 시행하여야 한다.
② 국가는 사회적·경제적 방법으로 근로자의 고용을 보장하여야 한다.
③ 장애인의 근로는 특별한 보호를 받으며 고용·임금 및 근로조건에 있어서 부당한 차별을 받지 아니한다.
④ 국가는 근로의 의무의 내용과 조건을 민주주의 원칙에 따라 법률로 정한다.
⑤ 국가는 전몰군경의 유가족이 우선적으로 근로의 기회를 부여받도록 노력하여야 한다.

해설 헌법 제32조

05 **헌법 제32조(근로의 권리)에 명시된 내용으로 옳지 않은 것은?** ▸ 공인노무사 제29회

① 모든 국민은 근로의 권리를 가지며 근로의 의무를 진다.
② 여자 및 연소자의 근로는 특별한 보호를 받는다.
③ 신체장애자는 우선적으로 근로의 기회를 부여받는다.
④ 근로조건의 기준은 인간의 존엄성을 보장하도록 법률로 정한다.
⑤ 국가는 법률이 정하는 바에 의하여 최저임금제를 시행하여야 한다.

해설 국가유공자·상이군경 및 전몰군경의 유가족은 법률이 정하는 바에 의하여 우선적으로 근로의 기회를 부여받는다(헌법 제32조 제6항).

06 **헌법상 근로의 권리에 관한 설명으로 옳지 않은 것은? (다툼이 있으면 판례에 따름)** ▸ 공인노무사 제27회

① 헌법은 근로의 권리 주체를 국민으로 규정하고 있다.
② 근로조건의 기준은 인간의 존엄성을 보장하도록 법률로 정한다.
③ 국가에 대한 직접적인 직장존속보장청구권은 헌법상 근로의 권리에서 도출된다.
④ 국가는 사회적·경제적 방법으로 근로자의 고용의 증진과 적정임금의 보장에 노력하여야 한다.
⑤ 국가유공자·상이군경 및 전몰군경의 유가족은 법률이 정하는 바에 의하여 우선적으로 근로의 기회를 부여받는다.

해설 ③ 헌법 제15조의 직업의 자유 또는 헌법 제32조의 근로의 권리, 사회국가원리 등에 근거하여 실업방지 및 부당한 해고로부터 근로자를 보호하여야 할 국가의 의무를 도출할 수는 있을 것이나, 국가에 대한 직접적인 직장존속보장청구권을 근로자에게 인정할 헌법상의 근거는 없다(헌재 2002.11.28. 2001헌바50).

07 노동관계법에 관한 헌법재판소의 결정으로 옳지 않은 것은? ▸공인노무사 제24회

① 헌법 제32조 제3항은 "근로조건의 기준은 인간의 존엄성을 보장하도록 법률로 정한다"고 규정하고 있는바, 인간의 존엄에 상응하는 근로조건의 기준이 무엇인지를 구체적으로 정하는 것은 일차적으로 입법자의 형성의 자유에 속한다.

② 근로자가 퇴직급여를 청구할 수 있는 권리도 헌법상 바로 도출되는 것이 아니라 근로자퇴직급여 보장법 등 관련 법률이 구체적으로 정하는 바에 따라 비로소 인정될 수 있는 것이다.

③ 근로의 권리는 "일할 자리에 관한 권리"만이 아니라 "일할 환경에 관한 권리"도 함께 내포하고 있는바, 후자는 생존권적 기본권의 성격을 갖고 있으므로 외국인 근로자에게는 근로의 권리에 관한 기본권 주체성이 인정되지 않는다.

④ 해고예고제도는 근로관계의 존속이라는 근로자보호의 본질적 부분과 관련되는 것이 아니므로, 해고예고제도를 둘 것인지 여부, 그 내용 등에 대해서는 상대적으로 넓은 입법형성의 여지가 있다.

⑤ 근로자공급사업은 성질상 사인이 영리를 목적으로 운영할 경우 근로자에 대한 중간착취, 강제근로, 인권침해, 인신매매 등의 부작용이 초래될 가능성이 매우 크므로 (고용)노동부장관의 허가를 받은 자만이 근로자공급사업을 할 수 있도록 제한하는 것을 직업선택의 자유의 본질적인 내용을 침해하는 것으로 볼 수는 없다.

해설 ①・② 헌법 제32조 제1항이 규정하는 근로의 권리는 사회적 기본권으로서 국가에 대하여 직접 일자리를 청구하거나 일자리에 갈음하는 생계비의 지급청구권을 의미하는 것이 아니라 고용증진을 위한 사회적・경제적 정책을 요구할 수 있는 권리에 그치며, 근로의 권리로부터 국가에 대한 직접적인 직장존속청구권이 도출되는 것도 아니다. 나아가 **근로자가 퇴직급여를 청구할 수 있는 권리도 헌법상 바로 도출되는 것이 아니라 퇴직급여법 등 관련 법률이 구체적으로 정하는 바에 따라 비로소 인정될 수 있는 것이므로… 그리고, 헌법 제32조 제3항은 "근로조건의 기준은 인간의 존엄성을 보장하도록 법률로 정한다."라고 규정하는바, 인간의 존엄에 상응하는 근로조건의 기준이 무엇인지를 구체적으로 정하는 것은 일차적으로 입법자의 형성의 자유에 속한다고 할 것이다.** 이 사건 법률조항이 '계속근로기간 1년 이상인 근로자인지 여부'라는 기준에 따라 퇴직급여법의 적용 여부를 달리한 것에는 앞서 본 바와 같이 합리적 이유가 있다고 인정되고, 그 기준이 인간의 존엄성을 전혀 보장할 수 없을 정도라고도 보기 어려우므로 이 사건 법률조항은 헌법 제32조 제3항에 위반된다고 할 수 없다(헌재 2011.7.28, 2009헌마408).

③ **국가에 대하여 고용증진을 위한 정책을 요구할 수 있는 권리(일할 자리에 관한 권리)**는 사회권적 기본권으로서 국민에 대하여만 인정되나, **인간의 존엄성을 보장받기 위하여 최소한의 근로조건을 요구할 수 있는 권리(일할 환경에 관한 권리)**는 자유권적 기본권의 성격도 갖고 있어 건강한 작업환경, 일에 대한 정당한 보수, 합리적인 근로조건의 보장 등을 요구할 수 있는 권리 등을 포함하므로 외국인 근로자에게도 기본권 주체성을 인정함이 타당하다(헌재 2007.8.30, 2004헌마670).

④ 해고예고제도는 해고자체를 금지하는 제도는 아니며, 대법원 판례 또한 예고의무를 위반한 해고도 유효하다고 보므로 해고자체의 효력과도 무관한 제도이다. 즉 해고예고제도는 근로관계의 존

정답 04 ④ 05 ③ 06 ③ 07 ③

속이라는 근로자보호의 본질적 부분과 관련되는 것이 아니므로, 해고예고제도를 둘 것인지 여부, 그 내용 등에 대해서는 상대적으로 넓은 입법 형성의 여지가 있다(헌재 2001.7.19, 99헌마663).

⑤ 근로자공급사업은 성질상 사인이 영리를 목적으로 운영할 경우 근로자의 안전 및 보건상의 위험, 근로조건의 저하, 공중도덕상 유해한 직종에의 유입, 미성년자에 대한 착취, 근로자에 대한 중간착취, 강제근로, 인권침해, 약취·유인, 인신매매 등의 부작용이 초래될 가능성이 매우 크므로 노동부장관의 허가를 받은 자만이 근로자공급사업을 할 수 있도록 제한하는 것은 그 목적의 정당성, 방법의 적절성, 피해의 최소성, 법익의 균형성 등에 비추어 볼 때 합리적인 제한이라고 할 것이고, 과잉금지의 원칙에 위배되어 직업선택의 본질적인 내용을 침해하는 것으로 볼 수는 없다(헌재 1998.11.26, 97헌바31).

08 헌법상 노동3권에 관한 설명으로 옳지 않은 것은? (다툼이 있으면 판례에 따름)

▸ 공인노무사 제34회

① 헌법재판소는 단결권에는 단결하지 아니할 자유가 포함되지 않는다고 보는 입장이다.

② 노동3권은 국가안전보장·질서유지 또는 공공복리를 위하여 필요한 경우에 법률로서 제한할 수 있다.

③ 단체교섭권은 단체교섭을 행할 권한은 포함하나 교섭한 결과에 따라 단체협약을 체결할 권한은 포함하지 않는다.

④ 노동3권은 사회적 보호기능을 담당하는 자유권 또는 사회권적 성격을 띤 자유권으로 분류된다.

⑤ 공무원인 근로자는 법률이 정하는 자에 한하여 단결권·단체교섭권 및 단체행동권을 가진다.

해설 ① 헌재 2005.11.24, 2002헌바95

② 헌법 제37조 제2항

③ 헌법 제33조 제1항이 근로자에게 "단결권, 단체교섭권, 단체행동권"을 기본권으로 보장하는 뜻은 근로자가 사용자와 대등한 지위에서 단체교섭을 통하여 자율적으로 임금 등 근로조건에 관한 단체협약을 체결할 수 있도록 하기 위한 것이다. 비록 헌법이 위 조항에서 '단체협약체결권'을 명시하여 규정하고 있지 않다고 하더라도 근로조건의 향상을 위한 근로자 및 그 단체의 본질적인 활동의 자유인 '단체교섭권'에는 단체협약체결권이 포함되어 있다고 보아야 한다(헌재 1998.2.27, 94헌바13·26, 95헌바44(병합)).

④ 헌재 1998.2.27, 94헌바13·26, 95헌바44(병합)

⑤ 헌법 제33조 제2항

09 **헌법상 노동3권에 관한 설명으로 옳지 않은 것은? (다툼이 있으면 판례에 따름)**

▸공인노무사 제33회

① 노동3권은 근로조건의 향상을 위한다는 생존권의 존재목적에 비추어 볼 때 노동3권 가운데에서도 단체교섭권이 가장 중핵적 권리이다.

② 노동3권의 사회권적 성격은 입법조치를 통하여 근로자의 헌법적 권리를 보장할 국가의 의무에 있다.

③ 근로자의 단결하지 않을 자유, 즉 소극적 단결권은 개인의 자기결정의 이념에 따라 적극적 단결권과 동등하게 보장되어야 한다는 것이 헌법재판소의 입장이다.

④ 법률이 정하는 주요방위산업체에 종사하는 근로자의 단체행동권은 법률이 정하는 바에 의하여 이를 제한하거나 인정하지 아니할 수 있다.

⑤ 단체협약에서 다른 노동조합의 단체교섭권을 사전에 배제하는 이른바 유일교섭단체조항은 단체교섭권의 본질적 내용을 침해할 우려가 있다.

해설 ① 헌법 제33조 제1항에 의하여 선명된, 이른바 노동3권은 사용자와 근로자간의 실질적인 대등성을 단체적 노사관계의 확립을 통하여 가능하도록 하기 위하여 시민법상의 자유주의적 법원칙을 수정하는 신시대적 시책으로서 등장된 생존권적 기본권들이므로 이 노동3권은 다같이 존중, 보호되어야 하고 그 사이에 비중의 차등을 둘 수 없는 권리들임에는 틀림없지만 근로조건의 향상을 위한다는 생존권의 존재 목적에 비추어볼 때 위 노동3권 가운데에서도 단체교섭권이 가장 중핵적 권리이므로…(대판 1990.5.15, 90도357).

② 근로 3권은 자유권적 기본권으로서의 성격과 사회권적 기본권으로서의 성격을 모두 포함하는 것이어서 근로 3권이 제대로 보호되기 위하여는 근로자의 권리행사의 실질적 조건을 형성하고 유지해야 할 국가의 적극적인 활동 즉 적절한 입법조치를 필요로 한다(헌재 2009.2.26, 2007헌바27).

③ 여기서 헌법상 보장된 근로자의 단결권은 단결할 자유만을 가리킬 뿐이고, 단결하지 아니할 자유 이른바 소극적 단결권은 이에 포함되지 않는다(헌재 2005.11.24, 2002헌바95).

④ 헌법 제33조 제3항

⑤ 그 문언상 산업별 단위노동조합으로서 사용자와 직접 단체협약을 체결해 온 원고만이 단체교섭을 할 수 있는 유일한 노동단체이고, 다른 어떠한 노동단체도 인정하지 않는다는 내용임이 명백하므로, 이는 근로자의 노동조합 결성 및 가입의 자유와 단체교섭권을 침해하여 노동조합법 제5조, 제29조 제1항에 위배되고, 이와 달리 위 조항의 취지가 단순히 원고가 원고 소속 조합원을 대표하는 단체임을 의미하는 것에 불과하다고 보기는 어렵다(대판 2016.4.15, 2013두11789).

정답 08 ③ 09 ③

10 **헌법상 노동3권에 관한 설명으로 옳지 않은 것은?** ▸ 공인노무사 제31회

① 헌법재판소는 노동3권의 법적 성격을 사회적 보호기능을 담당하는 자유권 또는 사회권적 성격을 띤 자유권이라고 보는 입장을 취하고 있다.

② 근로자는 근로조건의 향상을 위하여 자주적인 단결권·단체교섭권 및 단체행동권을 가진다.

③ 헌법재판소는 노동조합의 적극적 단결권은 근로자 개인의 단결하지 않을 자유보다 중시된다고 할 것이고, 또 노동조합에게 위와 같은 조직강제권을 부여한다고 하여 이를 근로자의 단결하지 아니할 자유의 본질적인 내용을 침해하는 것으로 단정할 수는 없다는 입장을 취하고 있다.

④ 헌법상 보장된 근로자의 단결권은 단결할 자유만을 가리킬 뿐이고, 단결하지 아니할 자유 이른바 소극적 단결권은 이에 포함되지 않는다고 보는 것이 헌법재판소의 입장이다.

⑤ 헌법재판소는 노동3권 제한에 관한 개별적 제한규정을 두고 있지 않는 경우, 헌법 제37조 제2항의 일반유보조항에 따라 노동3권을 제한할 수 없다는 입장을 취하고 있다.

해설
① 헌재 1998.2.27. 94헌바13·26, 95헌바44(병합)
② 헌법 제33조 제1항
③·④ 헌재 2005.11.24. 2002헌바95
⑤ 국민의 모든 자유와 권리는 국가안전보장·질서유지 또는 공공복리를 위하여 필요한 경우에 한하여 법률로써 제한할 수 있으며, 제한하는 경우에도 자유와 권리의 본질적인 내용을 침해할 수 없다(헌법 제37조 제2항).

11 **헌법상 노동3권에 관한 설명으로 옳지 않은 것은? (다툼이 있으면 판례에 따름)**
▸ 공인노무사 제29회

① 근로자는 근로조건의 향상을 위하여 자주적인 단결권·단체교섭권 및 단체행동권을 가진다.

② 공무원인 근로자는 법률이 정하는 자에 한하여 단결권·단체교섭권 및 단체행동권을 가진다.

③ 단체교섭권은 사실행위로서의 단체교섭의 권한 외에 교섭한 결과에 따라 단체협약을 체결할 권한을 포함한다.

④ 법률이 정하는 주요방위산업체에 종사하는 근로자의 단체행동권은 법률이 정하는 바에 의하여 이를 제한할 수 있다.

⑤ 취업활동을 할 수 있는 체류자격을 받지 않은 외국인은 타인과의 사용종속관계하에서 근로를 제공하고 그 대가로 임금 등을 받아 생활하더라도 노동조합에 가입할 수 없다.

해설 ① 헌법 제33조 제1항
② 헌법 제33조 제2항
③ 헌법 제33조 제1항이 근로자에게 "단결권, 단체교섭권, 단체행동권"을 기본권으로 보장하는 뜻은 근로자가 사용자와 대등한 지위에서 단체교섭을 통하여 자율적으로 임금 등 근로조건에 관한 단체협약을 체결할 수 있도록 하기 위한 것이다. 비록 헌법이 위 조항에서 '단체협약체결권'을 명시하여 규정하고 있지 않다고 하더라도 근로조건의 향상을 위한 근로자 및 그 단체의 본질적인 활동의 자유인 '단체교섭권'에는 단체협약체결권이 포함되어 있다고 보아야 한다(헌재 1998.2.27, 94헌바13 · 26, 95헌바44(병합)).
④ 헌법 제33조 제3항
⑤ 타인과의 사용종속관계하에서 근로를 제공하고 그 대가로 임금 등을 받아 생활하는 사람은 노동조합법상 근로자에 해당하고, 노동조합법상의 근로자성이 인정되는 한, 그러한 근로자가 외국인인지 여부나 취업자격의 유무에 따라 노동조합법상 근로자의 범위에 포함되지 아니한다고 볼 수는 없다(대판 2015.6.25, 2007두4995 전원합의체)

12 헌법상 노동3권에 관한 설명으로 옳지 않은 것은? (다툼이 있으면 판례에 따름)

▸ 공인노무사 제28회

① 노동3권은 국가안전보장 · 질서유지 또는 공공복리를 위하여 필요한 경우 법률로써 제한할 수 있다.
② 단결권은 단결할 자유만을 가리키고, 단결하지 아니할 자유는 일반적 행동의 자유 또는 결사의 자유에 그 근거가 있다.
③ 공무원인 근로자는 법률이 정하는 자에 한하여 단결권 · 단체교섭권 및 단체행동권을 가진다.
④ 노동3권은 사회적 보호기능을 담당하는 자유권 또는 사회권적 성격을 띤 자유권이라고 말할 수 있다.
⑤ 모든 국민은 근로조건의 향상을 위하여 자주적인 단결권 · 단체교섭권 및 단체행동권을 가진다.

해설 ① 헌법 제37조 제2항
② 근로자가 노동조합을 결성하지 아니할 자유나 노동조합에 가입을 강제당하지 아니할 자유, 그리고 가입한 노동조합을 탈퇴할 자유는 근로자에게 보장된 단결권의 내용에 포섭되는 권리로서가 아니라 헌법 제10조의 행복추구권에서 파생되는 일반적 행동의 자유 또는 제21조 제1항의 결사의 자유에서 그 근거를 찾을 수 있다(헌재 2005.11.24, 2002헌바95).
③ 헌법 제33조 제2항
④ 노동3권은 "사회적 성격을 띤 자유권", "사회적 보호기능을 담당하는 자유권"이다(헌재 1998.2.27, 94헌바13 · 26, 95헌바44(병합)).
⑤ 근로자는 근로조건의 향상을 위하여 자주적인 단결권 · 단체교섭권 및 단체행동권을 가진다(헌법 제33조 제1항).

정답 10 ⑤ 11 ⑤ 12 ⑤

13 헌법상 근로3권에 관한 설명으로 옳지 않은 것은? (다툼이 있으면 판례에 따름)

▸ 공인노무사 제27회

① 대법원은 근로3권 중에 단체교섭권이 중핵적 권리라는 입장을 취하고 있다.
② 법률이 정하는 주요방위산업체에 종사하는 근로자의 단체행동권은 법률이 정하는 바에 의하여 이를 제한하거나 인정하지 아니할 수 있다.
③ 헌법재판소는 단체교섭권은 어떠한 제약도 허용되지 아니하는 절대적인 권리가 아니라는 입장을 취하고 있다.
④ 헌법재판소는 단결권에는 단결하지 아니할 자유가 포함된다는 입장을 취하고 있다.
⑤ 헌법이 근로3권을 보장하는 취지는 근로자의 이익과 지위의 향상을 도모하는 사회복지국가 건설의 과제를 달성하고자 함에 있는 것으로 설명될 수 있다.

해설 ① 헌법 제33조 제1항에 의하여 선명된, 이른바 노동3권은 사용자와 근로자간의 실질적인 대등성을 단체적 노사관계의 확립을 통하여 가능하도록 하기 위하여 시민법상의 자유주의적 법원칙을 수정하는 신시대적 시책으로서 등장된 생존권적 기본권들이므로 이 노동3권은 다같이 존중, 보호되어야 하고 그 사이에 비중의 차등을 둘 수 없는 권리들임에는 틀림없지만 근로조건의 향상을 위한다는 생존권의 존재목적에 비추어볼 때 위 노동3권 가운데에서도 단체교섭권이 가장 중핵적 권리이므로…(대판 1990.5.15, 90도357).

② 헌법 제33조 제3항

③ 위와 같은 노동3권도 절대적인 권리가 아니라 제한 가능한 권리이므로 단체교섭권도 헌법 제37조 제2항에 의하여 국가안전보장 · 질서유지 또는 공공복리 등의 공익상의 이유로 제한이 가능하며, 그 제한은 노동기본권의 보장과 공익상의 필요를 구체적인 경우마다 비교형량하여 양자가 서로 적절한 균형을 유지하는 선에서 결정된다(헌재 2012.4.24, 2011헌마338).

④ 헌법 제33조 제1항은 "근로자는 근로조건의 향상을 위하여 자주적인 단결권 · 단체교섭권 및 단체행동권을 가진다."고 규정하고 있다. 여기서 헌법상 보장된 근로자의 단결권은 단결할 자유만을 가리킬 뿐이고, 단결하지 아니할 자유 이른바 소극적 단결권은 이에 포함되지 않는다(헌재 2005.11.24, 2002헌바95).

⑤ "헌법이 근로자의 근로3권을 보장하는 취지는… 노동관계당사자가 상반된 이해관계로 말미암아 계급적 대립 · 적대의 관계로 나아가지 않고 활동과정에서 서로 기능을 나누어 가진 대등한 교섭주체의 관계로 발전하게 하여 그들로 하여금 때로는 대립 · 항쟁하고 때로는 교섭 · 타협의 조정과정을 거쳐 분쟁을 평화적으로 해결하게 함으로써, 근로자의 이익과 지위의 향상을 도모하는 사회복지국가 건설의 과제를 달성하고자 함에 있다(헌재 1993.3.11, 92헌바33).

정답 13 ④

PART 02
개별적 근로관계법

Chapter 01 근로기준법
Chapter 02 최저임금법
Chapter 03 남녀고용평등과 일·가정 양립지원에 관한 법률
Chapter 04 산업안전보건법
Chapter 05 기간제 및 단시간근로자 보호 등에 관한 법률
Chapter 06 파견근로자 보호 등에 관한 법률
Chapter 07 직업안정법
Chapter 08 근로자퇴직급여 보장법
Chapter 09 임금채권보장법
Chapter 10 근로복지기본법
Chapter 11 외국인근로자의 고용 등에 관한 법률

Chapter 01 근로기준법

Section 01 근로기준법 총칙

01 **근로기준법상 기본원칙에 관한 설명으로 옳지 않은 것은? (다툼이 있으면 판례에 따름)**

▸공인노무사 제33회

① 「근로기준법」상 균등대우원칙은 헌법상 평등원칙을 근로관계에서 실질적으로 실현하기 위한 것이다.

② 「근로기준법」 제6조에서 말하는 사회적 신분은 그 지위에 변동가능성이 없어야 한다.

③ 사용자는 근로자가 근로시간 중에 공(公)의 직무를 집행하고자 필요한 시간을 청구하는 경우 그 공(公)의 직무를 수행하는 데에 지장이 없으면 청구한 시간을 변경할 수 있다.

④ 근로자와 사용자는 각자가 단체협약, 취업규칙과 근로계약을 지키고 성실하게 이행할 의무가 있다.

⑤ 누구든지 법률에 따르지 아니하고는 영리로 다른 사람의 취업에 개입하거나 중간인으로서 이익을 취득하지 못한다.

해설 ① 근로기준법 제6조에서 정하고 있는 균등대우원칙이나 남녀고용평등과 일·가정 양립 지원에 관한 법률 제8조에서 정하고 있는 동일가치노동 동일임금 원칙 등은 어느 것이나 헌법 제11조 제1항의 평등원칙을 근로관계에서 실질적으로 실현하기 위한 것이다(대판 2019.3.14, 2015두46321).

② 근로기준법 제6조에서 말하는 사회적 신분이 반드시 선천적으로 고정되어 있는 사회적 지위에 국한된다거나 그 지위에 변동가능성이 없을 것까지 요구되는 것은 아니지만, 개별 근로계약에 따른 고용상 지위는 공무원과의 관계에서 근로기준법 제6조가 정한 차별적 처우 사유인 '사회적 신분'에 해당한다고 볼 수 없고, 공무원은 그 근로자와의 관계에서 동일한 근로자 집단에 속한다고 보기 어려워 비교대상집단이 될 수도 없다(대판 2023.9.21, 2016다255941 전원합의체).

③ 제10조

④ 제5조

⑤ 제9조

02 근로기준법상 기본원리에 관한 설명으로 옳지 않은 것은?

▸ 공인노무사 제32회

① 사용자뿐만 아니라 근로자도 취업규칙과 근로계약을 지키고 성실하게 이행할 의무가 있다.

② 사용자는 근로자에 대하여 국적·신앙 또는 사회적 신분을 이유로 근로조건에 대한 차별적 처우를 하지 못한다.

③ 누구든지 법률에 따르지 아니하고는 영리로 다른 사람의 취업에 개입하지 못한다.

④ 「근로기준법」에서 정하는 근로조건은 최저기준이므로 근로관계 당사자는 이 기준을 이유로 근로조건을 낮출 수 없다.

⑤ 사용자는 근로자가 근로시간 중에 공(公)의 직무를 집행하기 위하여 필요한 시간을 청구하면 유급으로 보장하여야 한다.

해설 ① 근로자와 사용자는 각자가 단체협약, 취업규칙과 근로계약을 지키고 성실하게 이행할 의무가 있다(제5조).

② 제6조

③ 제9조

④ 제3조

⑤ 사용자는 근로자가 근로시간 중에 선거권, 그 밖의 공민권(公民權) 행사 또는 공(公)의 직무를 집행하기 위하여 필요한 시간을 청구하면 거부하지 못한다. 다만, 그 권리 행사나 공(公)의 직무를 수행하는 데에 지장이 없으면 청구한 시간을 변경할 수 있다(제10조). 그러나 공(公)의 직무집행을 위한 유급 보장은 근로기준법에 규정되어 있지 않다.

03 근로기준법에 규정된 내용으로 옳은 것을 모두 고른 것은?

▸ 공인노무사 제29회

ㄱ. 이 법에서 정하는 근로조건은 최저기준이므로 근로 관계 당사자는 이 기준을 이유로 근로조건을 낮출 수 없다.

ㄴ. 사용자는 근로자에 대하여 국적·신앙 또는 사회적 신분을 이유로 근로조건에 대한 차별적 처우를 하지 못한다.

ㄷ. 사용자가 근로자를 폭행한 경우 피해자의 명시적인 의사와 다르게 공소를 제기할 수 없다.

ㄹ. 누구든지 법률에 따르지 아니하고는 영리로 다른 사람의 취업에 개입하거나 중간인으로서 이익을 취득하지 못한다.

① ㄱ, ㄴ
② ㄷ, ㄹ
③ ㄱ, ㄴ, ㄹ
④ ㄴ, ㄷ, ㄹ
⑤ ㄱ, ㄴ, ㄷ, ㄹ

정답 01 ② 02 ⑤ 03 ③

해설 ㄱ. 제3조
ㄴ. 제6조
ㄷ. 제8조는 형법상의 폭행죄와 달리 반의사불벌죄가 아니다.
ㄹ. 제9조

04 근로기준법상 기본원칙에 관한 설명으로 옳지 않은 것은? (다툼이 있으면 판례에 따름)

▸ 공인노무사 제27회

① 사용자는 근로자에 대하여 국적 · 신앙 또는 사회적 신분을 이유로 근로조건에 대한 차별적 처우를 하지 못한다.
② 영리로 다른 사람의 취업에 개입하는 행위에는 취업을 원하는 사람에게 취업을 알선해주기로 하면서 그 대가로 금품을 수령하는 정도의 행위는 포함되지 않는다.
③ 사용자는 정신상의 자유를 부당하게 구속하는 수단으로써 근로자의 자유의사에 어긋나는 근로를 강요하지 못한다.
④ 근로자와 사용자는 각자가 단체협약, 취업규칙과 근로계약을 지키고 성실하게 이행할 의무가 있다.
⑤ 사용자는 근로자가 근로시간 중에 선거권 행사를 위해 필요한 시간을 청구한 경우, 그 행사에 지장이 없으면 청구한 시간을 변경할 수 있다.

해설 ① 제6조
② '영리로 타인의 취업에 개입'하는 행위, 즉 제3자가 영리로 타인의 취업을 소개 또는 알선하는 등 근로관계의 성립 또는 갱신에 영향을 주는 행위에는 취업을 원하는 사람에게 취업을 알선해주기로 하면서 그 대가로 금품을 수령하는 정도의 행위도 포함되고, 반드시 근로관계 성립 또는 갱신에 직접적인 영향을 미칠 정도로 구체적인 소개 또는 알선행위에까지 나아가야만 하는 것은 아니다(대판 2008.9.25, 2006도7660).
③ 제7조
④ 제5조
⑤ 제10조

05 근로기준법에 규정된 내용으로 옳지 않은 것은?

▸ 공인노무사 제25회

① 근로기준법에서 정하는 근로조건은 최저기준이므로 근로관계 당사자는 이 기준을 이유로 근로조건을 낮출 수 없다.
② 근로조건은 근로자와 사용자가 동등한 지위에서 자유의사에 따라 결정하여야 한다.
③ 사용자는 근로자에 대하여 남녀의 성(性)을 이유로 차별적 대우를 하지 못한다.
④ 누구든지 법률에 따르지 아니하고는 영리로 다른 사람의 취업에 개입하거나 중간인으로서 이익을 취득하지 못한다.
⑤ 사용자는 근로자가 공(公)의 직무를 집행하기 위하여 근로시간 중에 필요한 시간을 청구하면 이를 거부할 수 있다.

해설 ① 제3조
② 제4조
③ 제6조
④ 제9조
⑤ 사용자는 근로자가 근로시간 중에 선거권, 그 밖의 공민권(公民權) 행사 또는 공(公)의 직무를 집행하기 위하여 필요한 시간을 청구하면 거부하지 못한다. 다만, 그 권리 행사나 공(公)의 직무를 수행하는 데에 지장이 없으면 청구한 시간을 변경할 수 있다(제10조).

06 근로기준법령상 적용범위에 관한 설명으로 옳지 않은 것은? (다툼이 있으면 판례에 따름)

▸ 공인노무사 제33회

① 가사(家事) 사용인에 대하여는 적용하지 아니한다.
② 상시 5명 이상의 근로자를 사용하는 사업이라면 그 사업이 1회적이라도 근로기준법의 적용대상이다.
③ 근로조건의 명시(제17조)는 상시 4명 이하의 근로자를 사용하는 사업에 적용한다.
④ 근로기준법상 사업은 그 사업의 종류를 한정하지 아니하고 영리사업이어야 한다.
⑤ 연차 유급휴가(제60조)는 상시 4명 이하의 근로자를 사용하는 사업에 적용하지 않는다.

해설 ① 제11조 제1항 단서
②·④ 근로기준법의 적용범위를 규정한 구 근로기준법(2007.4.11. 법률 제8372호로 전문 개정되기 전의 것, 이하 같다) 제10조(현행 제11조 참조)는 상시 5인 이상의 근로자를 사용하는 모든 사업 또는 사업장에 적용한다고 규정하고 있는바, 여기서 말하는 사업장인지 여부는 하나의 활동주체가 유기적 관련 아래 사회적 활동으로서 계속적으로 행하는 모든 작업이 이루어지는 단위 장소 또는 장소적으로 구획된 사업체의 일부분에 해당되는지에 달려있으므로, 그 사업의 종류를 한정하지 아니하고 영리사업인지 여부도 불문하며, 1회적이거나 그 사업기간이 일시적이라 하여 근로기준법의 적용대상이 아니라 할 수 없다(대판 2007.10.26. 2005도9218).

정답 04 ② 05 ⑤ 06 ④

③ 제17조는 상시 4명 이하의 근로자를 사용하는 사업에 적용한다(시행령 제7조 관련 [별표 1]).
⑤ 제60조는 상시 4명 이하의 근로자를 사용하는 사업에 적용하지 않는다(시행령 제7조 관련 [별표 1]).

07 근로기준법상 적용범위에 관한 설명으로 옳지 않은 것은? (다툼이 있으면 판례에 따름)

▸ 공인노무사 제27회

① 동거하는 친족만을 사용하는 사업 또는 사업장과 가사사용인에 대하여는 적용하지 아니한다.
② 상시 사용하는 근로자 수의 산정에 있어 일용근로자는 포함되지 않는다.
③ 근로기준법이 상시 4명 이하의 사업 또는 사업장에 원칙상 적용되지 않는 것은 영세사업장의 현실과 국가의 근로감독 능력의 한계를 고려한 것이다.
④ 근로기준법의 적용 사업장은 영리사업인지 여부를 불문한다.
⑤ 야간근로에 대해 통상임금의 100분의 50 이상을 가산하여 지급하는 규정은 상시 4명 이하 사업장에는 적용되지 않는다.

해설 ① 이 법은 상시 5명 이상의 근로자를 사용하는 모든 사업 또는 사업장에 적용한다. 다만, 동거하는 친족만을 사용하는 사업 또는 사업장과 가사 사용인에 대하여는 적용하지 아니한다(제11조 제1항).
② 상시근로자 수를 산정하는 경우 「파견근로자보호 등에 관한 법률」에 따른 파견근로자를 제외한 사업장에서 근로하는 모든 근로자를 포함한다(시행령 제7조의2 제4항).
③ '상시 사용 근로자수 5인'이라는 기준을 분수령으로 하여 근로기준법의 전면적용 여부를 달리한 것은, 근로기준법의 확대적용을 위한 지속적인 노력을 기울이는 과정에서, 한편으로 영세사업장의 열악한 현실을 고려하고, 다른 한편으로 국가의 근로감독능력의 한계를 아울러 고려하면서 근로기준법의 법규범성을 실질적으로 관철하기 위한 입법정책적 결정으로서 거기에는 나름대로의 합리적 이유가 있다고 할 것이므로 평등원칙에 위배된다고 할 수 없다(헌재 1999.9.16, 98헌마310).
④ 비영리사업도 근로기준법이 적용된다(대판 2007.10.26, 2005도9218).
⑤ 가산임금 규정(제56조)은 상시 4명 이하 사업장에 적용되지 않는다(시행령 제7조 관련 [별표 1]).

08 근로기준법령상 상시 4명 이하의 근로자를 사용하는 사업 또는 사업장에 적용되지 않는 것은?

▸ 공인노무사 제30회

① 근로조건의 명시(근로기준법 제17조)
② 해고의 예고(근로기준법 제26조)
③ 미지급 임금에 대한 지연이자(근로기준법 제37조)
④ 근로자의 명부 작성(근로기준법 제41조)
⑤ 근로시간(근로기준법 제50조)

해설 ■ 근로기준법 시행령 제7조 관련 [별표 1]

상시 4명 이하의 근로자를 사용하는 사업 또는 사업장에 적용하는 법 규정(제7조 관련)

구분	적용법 규정
제1장 총칙	제1조부터 제13조까지의 규정
제2장 근로계약	제15조, 제17조, 제18조, 제19조 제1항, 제20조부터 제22조까지의 규정, 제23조 제2항, 제26조, 제35조부터 제42조까지의 규정
제3장 임금	제43조부터 제45조까지의 규정, 제47조부터 제49조까지의 규정
제4장 근로시간과 휴식	제54조, 제55조 제1항, 제63조
제5장 여성과 소년	제64조, 제65조 제1항 · 제3항(임산부와 18세 미만인 자로 한정한다), 제66조부터 제69조까지의 규정, 제70조 제2항 · 제3항, 제71조, 제72조, 제74조
제6장 안전과 보건	제76조
제8장 재해보상	제78조부터 제92조까지의 규정
제11장 근로감독관 등	제101조부터 제106조까지의 규정
제12장 벌칙	제107조부터 제116조까지의 규정(제1장부터 제6장까지, 제8장, 제11장의 규정 중 상시 4명 이하 근로자를 사용하는 사업 또는 사업장에 적용되는 규정을 위반한 경우로 한정한다)

09 근로기준법령상 상시 4명 이하의 근로자를 사용하는 사업 또는 사업장에도 적용되는 것은?

▸ 공인노무사 제28회

① 단시간근로자의 근로조건(근로기준법 제18조)
② 경영상 이유에 의한 해고의 제한(근로기준법 제24조)
③ 해고사유 등의 서면통지(근로기준법 제27조)
④ 부당해고 등의 구제신청(근로기준법 제28조)
⑤ 휴업수당(근로기준법 제46조)

해설 ■ 근로기준법 시행령 제7조 관련 [별표 1]

구분	4인 이하 사업 적용 제외 규정
제1장 총칙	제14조(대통령령과 취업규칙의 명시)
제2장 근로계약	제16조(계약기간), 제19조 제2항(근로조건위반시의 귀향여비 지급), 제23조 제1항(정당한 이유 없는 해고의 제한), **제24조(경영상 이유에 의한 해고 제한)**, 제25조(우선재고용의무), **제27조(해고사유 등의 서면통지)**, **제28조(부당해고 등의 구제신청)**, 제29조(조사 등), 제30조 · 제31조 · 제32조(구제명령등의 확정 및 효력), 제33조(이행강제금), 제34조(퇴직급여제도)

정답 07 ② 08 ⑤ 09 ①

제3장 임금	제46조(휴업수당)
제4장 근로시간과 휴식	제54조(휴게), 제55조(휴일) 제1항, 제63조(적용제외)를 제외한 제4장의 모든 규정
제5장 여성과 소년	제65조 제2항(유해, 위험업종에 여성사용금지), 제70조 제1항(여성근로자의 야간 및 휴일 근로제한), 제73조(생리휴가), 제74조(임산부의 보호), 제74조의2(태아검진 시간의 허용 등), 제75조(육아시간)
제7장 기능습득	제77조(기능습득자의 보호)
제9장 취업규칙	제9장의 모든 규정(10인 이상 사업장 적용)
제10장 기숙사	제10장의 모든 규정

10 **근로기준법 제23조(해고 등의 제한) 제1항이 적용되는 사업장을 모두 고른 것은? (다툼이 있으면 판례에 따름)**

▸ 공인노무사 제32회

ㄱ. 상시 5명의 동거하는 친족만을 사용하는 사업장
ㄴ. 상시 1명의 공무원이 아닌 근로자를 사용하는 지방자치단체
ㄷ. 상시 3명의 근로자를 사용하는 건설업체
ㄹ. 상시 5명의 유치원 교사를 채용하여 사용하는 종교단체

① ㄱ, ㄴ
② ㄱ, ㄷ
③ ㄴ, ㄷ
④ ㄴ, ㄹ
⑤ ㄴ, ㄷ, ㄹ

해설 ㄱ. 동거하는 친족만을 사용하는 사업 또는 사업장과 가사(家事) 사용인에 대하여는 근로기준법을 적용하지 아니한다(제11조 제1항 단서).

ㄴ. 이 법과 이 법에 따른 대통령령은 국가, 특별시・광역시・도, 시・군・구, 읍・면・동, 그 밖에 이에 준하는 것에 대하여도 적용된다(제12조).

ㄷ・ㄹ. 이 법은 상시 5명 이상의 근로자를 사용하는 모든 사업 또는 사업장에 적용한다(제11조 제1항 본문).

정답 10 ④

Section 02 근로계약

01 근로기준법상 근로계약에 관한 설명으로 옳지 않은 것은? (다툼이 있으면 판례에 따름)

▸ 공인노무사 제33회

① 근로계약 체결에 관한 의사표시에 무효 또는 취소의 사유가 있으면 상대방은 이를 이유로 근로계약의 무효 또는 취소를 주장할 수 있다.

② 시용기간 중에는 사용자의 해약권이 유보되어 있으므로 그 기간 중에 확정적 근로관계는 존재한다고 볼 수 없다.

③ 사용자는 근로계약 체결 후 소정근로시간을 변경하는 경우에 근로자에게 이를 명시하여야 한다.

④ 시용기간 중에 있는 근로자를 해고하는 것은 보통의 해고보다는 넓게 인정된다.

⑤ 피용자가 노무를 제공하는 과정에서 생명을 해치는 일이 없도록 필요한 조치를 강구하여야 할 사용자의 보호의무는 근로계약에 수반되는 신의칙상의 부수적 의무이다.

해설 ① 근로계약은 근로자가 사용자에게 근로를 제공하고 사용자는 이에 대하여 임금을 지급하는 것을 목적으로 체결된 계약으로서(근로기준법 제2조 제1항 제4호) 기본적으로 그 법적 성질이 사법상 계약이므로 계약 체결에 관한 당사자들의 의사표시에 무효 또는 취소의 사유가 있으면 상대방은 이를 이유로 근로계약의 무효 또는 취소를 주장하여 그에 따른 법률효과의 발생을 부정하거나 소멸시킬 수 있다. 다만 그와 같이 근로계약의 무효 또는 취소를 주장할 수 있다 하더라도 근로계약에 따라 그동안 행하여진 근로자의 노무 제공의 효과를 소급하여 부정하는 것은 타당하지 않으므로 이미 제공된 근로자의 노무를 기초로 형성된 취소 이전의 법률관계까지 효력을 잃는다고 보아서는 아니 되고, 취소의 의사표시 이후 장래에 관하여만 근로계약의 효력이 소멸된다고 보아야 한다(대판 2017.12.22, 2013다25194・25200).

② 시용(試用)이란 근로계약을 체결하기 전에 해당 근로자의 직업적 능력, 자질, 인품, 성실성 등 업무적 격성을 관찰・판단하고 평가하기 위해 일정 기간 시험적으로 고용하는 것을 말한다. 시용기간에 있는 근로자의 경우에도 사용자의 해약권이 유보되어 있다는 사정만 다를 뿐 그 기간에 확정적 근로관계는 존재한다(대판 2022.4.14, 2019두55859).

③ 사용자는 근로계약을 체결할 때에 근로자에게 다음 각 호의 사항을 명시하여야 한다. 근로계약 체결 후 다음 각 호의 사항을 변경하는 경우에도 또한 같다(제17조 제1항).

1. 임금
2. 소정근로시간
3. 제55조에 따른 휴일
4. 제60조에 따른 연차 유급휴가
5. 그 밖에 대통령령으로 정하는 근로조건(시행령 제8조)

④ 시용의 취지로 볼 때 시용기간 중 사용자에게 유보된 해약권의 행사는 보통의 해고보다는 넓게 인정되나 이 경우에도 객관적으로 합리적인 이유가 존재하여 사회통념상 상당하다고 인정되어야 한다(대판 2001.2.23, 99두10889).

정답 01 ②

⑤ 사용자는 고용 또는 근로계약에 수반되는 신의칙상의 부수적 의무로서 피용자가 노무를 제공하는 과정에서 생명, 신체, 건강을 해치는 일이 없도록 물적 환경을 정비하는 등 필요한 조치를 마련하여야 할 보호의무 또는 안전배려의무를 부담하고, 이러한 의무를 위반함으로써 피용자가 손해를 입은 경우 채무불이행으로 인한 손해배상책임을 진다(대판 2013.11.28, 2011다60247).

02 근로기준법상 근로계약에 관한 설명으로 옳지 않은 것은?

▸ 공인노무사 제32회

① 「근로기준법」에 정하는 기준에 미치지 못하는 근로조건을 정한 근로계약은 그 부분에 한정하여 무효로 한다.
② 사용자는 근로계약에 덧붙여 저축금의 관리를 규정하는 계약을 체결할 수 있다.
③ 근로자는 근로계약 체결 시 명시된 근로조건이 사실과 다를 경우에 근로조건 위반을 이유로 손해의 배상을 청구할 수 있다.
④ 사용자는 근로계약 체결 후 소정근로시간을 변경하는 경우에 근로자에게 명시하여야 한다.
⑤ 단시간근로자의 근로조건은 그 사업장의 같은 종류의 업무에 종사하는 통상 근로자의 근로시간을 기준으로 산정한 비율에 따라 결정되어야 한다.

해설 ① 제15조 제1항
② 사용자는 근로계약에 덧붙여 강제 저축 또는 저축금의 관리를 규정하는 계약을 체결하지 못한다(제22조 제1항).
③ 제19조 제1항
④ 제17조 제1항
⑤ 제18조 제1항

03 근로기준법상 근로계약에 관한 설명으로 옳은 것을 모두 고른 것은? (다툼이 있으면 판례에 따름)

▸ 공인노무사 제31회

ㄱ. 사용자는 근로계약에 덧붙여 강제 저축 또는 저축금의 관리를 규정하는 계약을 체결하지 못한다.
ㄴ. 단시간근로자의 근로조건은 그 사업장의 같은 종류의 업무에 종사하는 통상 근로자의 근로시간을 기준으로 산정한 비율에 따라 결정되어야 한다.
ㄷ. 소정근로시간은 사용자가 근로계약을 체결할 때에 근로자에게 명시하여야 할 사항에 해당한다.
ㄹ. 시용근로관계는 사용자가 본 근로계약 체결의 거절을 구두로 통보하면 그 근로관계종료의 정당성이 인정된다.

① ㄱ, ㄴ ② ㄷ, ㄹ ③ ㄱ, ㄴ, ㄷ
④ ㄴ, ㄷ, ㄹ ⑤ ㄱ, ㄴ, ㄷ, ㄹ

해설 ㄱ. 제22조 제1항
ㄴ. 제18조 제1항
ㄷ. 제17조 제1항
ㄹ. 근로기준법 규정의 내용과 취지, 시용기간 만료 시 본 근로계약 체결 거부의 정당성 요건 등을 종합하면, 시용근로관계에서 사용자가 본 근로계약 체결을 거부하는 경우에는 근로자에게 거부사유를 파악하여 대처할 수 있도록 구체적·실질적인 거부사유를 서면으로 통지하여야 한다(대판 2015.11.27, 2015두48136).

04 채용내정 및 시용에 관한 설명으로 옳지 않은 것은? (다툼이 있으면 판례에 따름)

▸ 공인노무사 제28회

① 채용내정자의 해약권유보부 근로계약에는 근로기준법 제23조(해고 등의 제한)가 적용되지 않는다.
② 채용내정 취소가 무효인 경우 채용내정자는 취업하여 근로하였더라면 받을 수 있었을 임금의 지급을 청구할 수 있다.
③ 시용기간의 적용이 선택적 사항임에도 불구하고 근로자에게 시용기간이 명시되지 않았다면 근로자는 시용근로자가 아닌 정식 사원으로 채용되었다고 보아야 한다.
④ 시용기간 만료 후 사용자가 근로자에게 단순히 시용기간의 만료로 해고한다는 취지로만 통지한 것은 절차상 하자가 있어 근로계약 종료의 효력이 없다.
⑤ 사용자가 시용기간 만료 후 본 근로계약 체결을 거부하는 경우에도 객관적으로 합리적인 이유가 존재하여 사회통념상 상당성이 있어야 한다.

해설 ① 채용내정은 근로계약이 성립된 것이므로 근로기준법 제23조가 적용된다.
③ 사용자는 근로자를 시용으로 채용하고자 하는 경우 근로조건의 중요한 사항이기 때문에 이를 근로계약에 명시하여야 한다. 이를 명시하지 않은 경우 일반 근로자로 채용된 것으로 보아야 한다(대판 1999.11.12, 99다30473).
④ 시용근로관계에서 사용자가 본 근로계약 체결을 거부하는 경우에는 근로자에게 거부사유를 파악하여 대처할 수 있도록 구체적·실질적인 거부사유를 서면으로 통지하여야 한다(대판 2015.11.27, 2015두48136).
⑤ 시용의 취지로 볼 때 시용기간 중 사용자에게 유보된 해약권의 행사는 보통의 해고보다 넓게 인정되나, 이 경우에도 객관적이고 합리적인 이유가 존재하여 사회통념상 상당하다고 인정되어야 한다(대판 2001.2.23, 99두10889).

정답 02 ② 03 ③ 04 ①

05 근로기준법령상 근로계약을 체결할 때 사용자가 근로자에게 반드시 서면으로 명시하여 교부해야 하는 사항이 아닌 것은?

▸ 공인노무사 제24회

① 임금의 구성항목 · 계산방법 · 지급방법
② 종사하여야 할 업무
③ 주휴일
④ 연차 유급휴가
⑤ 소정근로시간

해설
- 사용자는 근로계약을 체결할 때에 근로자에게 다음 각 호의 사항을 명시하여야 한다. 변경하는 경우에도 같다(근로기준법 제17조 제1항).
  1. 임금
  2. 소정근로시간
  3. 제55조에 따른 휴일
  4. 제60조에 따른 연차 유급휴가
  5. 그 밖에 대통령령으로 정하는 근로조건
- 사용자는 제1항 제1호와 관련한 임금의 구성항목 · 계산방법 · 지급방법 및 제2호부터 제4호까지의 사항이 명시된 서면(「전자문서 및 전자거래 기본법」 제2조 제1호에 따른 전자문서를 포함)을 근로자에게 교부하여야 한다(근로기준법 제17조 제2항).

> **시행령 제8조(명시하여야 할 근로조건)**
> ① 법 제17조 전단에서 "그 밖에 대통령령으로 정하는 근로조건"이란 다음 각 호의 사항을 말한다.
> 1. 취업의 장소와 종사하여야 할 업무에 관한 사항
> 2. 법 제93조 제1호부터 제12호까지의 규정에서 정한 사항
> 3. 사업장의 부속 기숙사에 근로자를 기숙하게 하는 경우에는 기숙사 규칙에서 정한 사항

06 근로기준법에 규정된 내용으로 옳은 것은?

▸ 공인노무사 제25회

① 단시간근로자의 근로조건은 그 사업장의 같은 종류의 업무에 종사하는 통상 근로자의 근로시간을 기준으로 산정한 비율에 따라 결정되어야 한다.
② 근로자는 근로기준법 제17조에 따라 명시된 근로조건이 사실과 다르더라도 근로계약을 즉시 해제할 수는 없다.
③ 근로기준법 제17조에 따라 근로계약서에 명시된 근로조건이 사실과 다를 경우에 근로자는 근로조건 위반을 이유로 고용노동부장관에게 손해배상의 청구를 신청하여야 한다.
④ 사용자는 근로계약 불이행에 대한 손해배상액을 예정하는 계약을 체결할 수 있다.
⑤ 사용자는 근로계약에 덧붙여 강제 저축 또는 저축금의 관리를 규정하는 계약을 체결할 수 있다.

해설 ① 제18조 제1항
② 제17조에 따라 명시된 근로조건이 사실과 다를 경우에 근로자는 근로조건 위반을 이유로 손해의 배상을 청구할 수 있으며 즉시 근로계약을 해제할 수 있다(제19조 제1항).
③ 제19조 제1항에 따라 근로자가 손해배상을 청구할 경우에는 노동위원회에 신청할 수 있으며, 근로계약이 해제되었을 경우에는 사용자는 취업을 목적으로 거주를 변경하는 근로자에게 귀향 여비를 지급하여야 한다(제19조 제2항).
④ 제20조
⑤ 제22조 제1항

07 근로기준법령상 근로계약에 관한 설명으로 옳지 않은 것은? ▸공인노무사 제34회

① 사용증명서를 청구할 수 있는 자는 계속하여 30일 이상 근무한 근로자로 하되, 청구할 수 있는 기한은 퇴직 후 3년 이내로 한다.
② 사용자는 사용기간이 30일 미만인 일용근로자에 대하여는 근로자 명부를 작성하지 아니할 수 있다.
③ 사용자는 고용·해고에 관한 서류를 3년간 보존하여야 한다.
④ 근로계약서의 보존기간은 근로관계가 끝난 날의 다음 날부터 기산한다.
⑤ 근로계약서에 명시된 근로조건이 사실과 다를 경우에 근로자는 근로조건 위반을 이유로 손해의 배상을 청구할 수 있으며 즉시 근로계약을 해제할 수 있다.

해설 ① 시행령 제19조
② 시행령 제21조
③·④ 사용자는 근로자 명부와 대통령령으로 정하는 근로계약에 관한 중요한 서류를 3년간 보존하여야 한다(제42조).

> **시행령 제22조(보존 대상 서류 등)**
> ① 법 제42조에서 "대통령령으로 정하는 근로계약에 관한 중요한 서류"란 다음 각 호의 서류를 말한다.
> 1. 근로계약서
> 2. 임금대장
> 3. 임금의 결정·지급방법과 임금계산의 기초에 관한 서류
> 4. 고용·해고·퇴직에 관한 서류
> 5. 승급·감급에 관한 서류
> 6. 휴가에 관한 서류
> 7. 삭제 〈2014.12.9.〉
> 8. 법 제51조 제2항, 제51조의2 제1항, 같은 조 제2항 단서, 같은 조 제5항 단서, 제52조 제1항, 같은 조 제2항 제1호 단서, 제53조 제3항, 제55조 제2항 단서, 제57조, 제58조 제2항·제3항, 제59조 제1항 및 제62조에 따른 서면 합의 서류

정답 05 ② 06 ① 07 ④

> 9. 법 제66조에 따른 연소자의 증명에 관한 서류
> ② 법 제42조에 따른 근로계약에 관한 중요한 서류의 보존기간은 다음 각 호에 해당하는 날부터 기산한다.
> 1. 근로자 명부는 근로자가 해고되거나 퇴직 또는 사망한 날
> 2. 근로계약서는 근로관계가 끝난 날
> 3. 임금대장은 마지막으로 써 넣은 날
> 4. 고용, 해고 또는 퇴직에 관한 서류는 근로자가 해고되거나 퇴직한 날
> 5. 삭제 〈2018.6.29.〉
> 6. 제1항 제8호의 서면 합의 서류는 서면 합의한 날
> 7. 연소자의 증명에 관한 서류는 18세가 되는 날(18세가 되기 전에 해고되거나 퇴직 또는 사망한 경우에는 그 해고되거나 퇴직 또는 사망한 날)
> 8. 그 밖의 서류는 완결한 날

⑤ 제19조 제1항

08 근로기준법상 근로계약에 관한 설명으로 옳지 않은 것은? ▸공인노무사 제30회

① 사용자는 전차금(前借金)이나 그 밖에 근로할 것을 조건으로 하는 전대(前貸)채권과 임금을 상계하지 못한다.
② 취업규칙에서 정한 기준에 미달하는 근로조건을 정한 근로계약은 그 부분에 관하여는 무효로 한다. 이 경우 무효로 된 부분은 취업규칙에 정한 기준에 따른다.
③ 근로계약서에 명시된 근로조건이 사실과 다를 경우에 근로자는 근로조건 위반을 이유로 손해의 배상을 청구할 수 있으나 즉시 근로계약을 해제할 수는 없다.
④ 사용자는 근로계약 불이행에 대한 손해배상액을 예정하는 계약을 체결하지 못한다.
⑤ 사용자는 근로계약에 덧붙여 강제 저축을 규정하는 계약을 체결하지 못한다.

해설 ① 제21조
② 제97조
③ 제17조에 따라 명시된 근로조건이 사실과 다를 경우에 근로자는 근로조건 위반을 이유로 손해의 배상을 청구할 수 있으며 즉시 근로계약을 해제할 수 있다(제19조 제1항).
④ 제20조
⑤ 제22조 제1항

09 근로기준법상 근로계약의 체결에 관한 설명으로 옳지 않은 것은? (다툼이 있으면 판례에 따름)

▸ 공인노무사 제27회

① 사용자는 특별한 사정이 없는 한 근로자와 사이에 근로계약의 체결을 통하여 자신의 업무지휘권의 행사와 조화를 이루는 범위 내에서 근로자가 인격을 실현시킬 수 있도록 배려하여야 할 신의칙상의 의무를 부담한다.

② 고용노동부장관은 근로계약이 미성년자에게 불리하다고 인정하는 경우에는 이를 해지할 수 있다.

③ 사용자는 근로계약에 덧붙여 저축금의 관리를 규정하는 계약을 체결하지 못하나, 근로자의 위탁으로 저축을 관리할 수는 있다.

④ 취업규칙에 신규 채용 근로자에 대한 시용기간의 적용을 선택적 사항으로 규정하고 있는 경우, 근로계약에 시용기간의 적용을 명시하지 아니하고 고용한 근로자는 정식 사원으로 채용되었다고 보아야 한다.

⑤ 근로자에 대한 신원보증계약은 근로기준법상 위약 예정의 금지에 해당되어 무효이다.

해설 ① 사용자는 특별한 사정이 없는 한 근로자와 사이에 근로계약의 체결을 통하여 자신의 업무지휘권·업무명령권의 행사와 조화를 이루는 범위 내에서 근로자가 근로제공을 통하여 참다운 인격의 발전을 도모함으로써 자신의 인격을 실현시킬 수 있도록 배려하여야 할 신의칙상의 의무를 부담한다. 따라서 사용자가 근로자의 의사에 반하여 정당한 이유 없이 근로자의 근로제공을 계속적으로 거부하는 것은 이와 같은 근로자의 인격적 법익을 침해하는 것이 되어 사용자는 이로 인하여 근로자가 입게 되는 정신적 고통에 대하여 배상할 의무가 있다(대판 1996.4.23, 95다6823).

② 친권자, 후견인 또는 고용노동부장관은 근로계약이 미성년자에게 불리하다고 인정하는 경우에는 이를 해지할 수 있다(근로기준법 제67조 제2항).

③ 근로기준법 제22조

④ 취업규칙 중 시용기간의 적용에 관한 규정이 근로자에 대한 시용기간의 적용을 선택적 사항으로 규정하고 있으므로 근로자를 신규채용하는 경우에는 그 근로자에 대하여 시용기간을 적용할 것인가의 여부를 근로계약에 명시하여야 하는데 원고와의 근로계약에는 시용기간이 적용된다고 명시되지 않았으므로 원고는 시용근로자가 아닌 정식직원으로 채용된 근로자이다(대판 1991.11.26, 90다4914).

⑤ 근로기준법은 사용자가 근로자와의 사이에서 근로계약 불이행에 대한 위약금 또는 손해배상액을 예정하는 계약의 체결을 금지하는데 그치는 것이므로 근로자에 대한 신원보증계약은 이에 해당되지 아니한다(대판 1980.9.24, 80다1040).

정답 08 ③ 09 ⑤

10 근로기준법령상 사용자가 3년간 보존하여야 하는 근로계약에 관한 중요한 서류가 아닌 것은?

▸ 공인노무사 제27회

① 연소자의 증명에 관한 서류
② 휴가에 관한 서류
③ 승급 · 감급에 관한 서류
④ 퇴직금 중간정산에 관한 증명서류
⑤ 임금대장

해설 ① · ② · ③ · ⑤ 근로기준법 제42조, 시행령 제22조 제1항
④ 퇴직한 날부터 5년 보존(근로자퇴직급여 보장법 시행령 제3조 제2항)

정답 10 ④

Section 03 근로관계의 변경

01 **근로기준법상 인사와 징계에 관한 설명으로 옳지 않은 것은? (다툼이 있으면 판례에 따름)**

▸ 공인노무사 제33회

① 인사명령은 원칙적으로 인사권자인 사용자의 고유권한에 속한다.

② 사용자가 근로자 측과 성실한 협의절차를 거쳤는지는 전직처분이 정당한 이유가 있는지를 판단하는 요소의 하나이다.

③ 사용자가 인사처분을 함에 있어 노동조합의 사전 동의를 얻도록 단체협약에 규정하는 것은 사용자의 인사권의 본질적 내용을 침해하는 것으로 무효이다.

④ 근로자의 사생활에서의 비행이 기업의 사회적 평가를 훼손할 염려가 있는 것이라면 정당한 징계사유가 될 수 있다.

⑤ 여러 개의 징계사유 중 인정되는 일부 징계사유만으로 해당 징계처분의 타당성을 인정하기에 충분한지에 대한 증명책임은 사용자가 부담한다.

해설 ① 근로자에 대한 전직이나 전보처분은 근로자가 제공하여야 할 근로의 종류・내용・장소 등에 변경을 가져온다는 점에서 근로자에게 불이익한 처분이 될 수도 있으나, 원칙적으로 인사권자인 사용자의 권한에 속하므로 업무상 필요한 범위 안에서는 상당한 재량을 인정하여야 하고…(대판 2009.4.23. 2007두20157).

② 근로자와의 성실한 협의 등 신의칙상의 절차도 정당한 인사권의 행사 여부를 판단하는 하나의 요소가 된다. 그러나 그러한 절차를 거치지 않았다는 사정만으로 인사권행사가 권리남용에 해당하여 당연히 무효가 되는 것은 아니다(대판 1997.7.22. 97다18165・18172).

③ 사용자가 인사처분을 함에 있어 노동조합의 사전 동의나 승낙을 얻어야 한다거나 노동조합과 인사처분에 관한 논의를 하여 의견의 합치를 보아 인사처분을 하도록 규정된 경우에는 그 절차를 거치지 아니한 인사처분은 원칙적으로 무효라고 보아야 할 것이다(대판 1993.7.13. 92다50263).

④ 근로자의 사생활에서의 비행은 사업활동에 직접 관련이 있거나 기업의 사회적 평가를 훼손할 염려가 있는 것에 한하여 정당한 징계사유가 될 수 있다(대판 1994.12.13. 93누23275).

⑤ 여러 개의 징계사유 중 일부가 인정되지 않더라도 인정되는 다른 일부 징계사유만으로 해당 징계처분의 타당성을 인정하기에 충분한 경우에는 그 징계처분을 유지하여도 위법하지 아니하다. 다만 여러 개의 징계사유 중 일부 징계사유만으로 근로자에 대한 해당 징계처분의 타당성을 인정하기에 충분한 지는 해당 기업의 구체적인 상황에 따라 다를 수 있으므로, 사용자가 징계처분에 이르게 된 경위와 주된 징계사유, 전체 징계사유 중 인정된 징계사유의 내용과 비중, 징계사유 중 일부가 인정되지 않은 이유, 해당 징계처분의 종류, 해당 기업이 정하고 있는 징계처분 결정 절차, 해당 기업의 규모・사업성격 및 징계에 관한 기준과 관행 등에 비추어 인정된 징계사유만으로 동일한 징계처분을 할 가능성이 있는지를 고려하여 해당 징계처분을 유지하는 것이 근로자에게 예측하지 못한 불이익이 되지 않도록 신중하게 판단하여야 한다. 근로기준법 제31조에 의하여 부당해고구제재심판정을 다투는 소송에서 해고의 정당성에 관한 증명책임은 이를 주장하는 사용자가 부담하므로, 인정되는 일부 징계사유만으로 해당 징계처분의 타당성을 인정하기에 충분한지에 대한 증명책임도 사용자가 부담한다(대판 2019.11.28. 2017두57318).

정답 01 ③

02 근로자의 징계 등에 관한 설명으로 옳지 않은 것은? (다툼이 있으면 판례에 따름)

▸ 공인노무사 제31회

① 징계처분에서 징계사유로 삼지 아니한 비위행위라도 피징계자의 평소의 소행과 근무성적, 그 징계처분 사유 전후에 저지른 비위행위사실 등은 징계양정의 참작자료로 삼을 수 있다.
② 취업규칙에 따라 소명기회를 부여하였더라도 징계위원회가 그 개개의 혐의사항에 대하여 구체적으로 질문하고 징계대상자가 이에 대하여 빠짐없이 진술하도록 조치하지 않았다면 부당한 징계가 된다.
③ 대기발령은 그 사유가 정당한 경우에도 그 기간은 합리적인 범위 내에서 이루어져야 한다.
④ 여러 개의 징계사유 중 일부가 인정되지 않더라도 인정되는 다른 일부 징계사유만으로도 해당 징계처분의 타당성을 인정하기에 충분한 경우에는 그 징계처분이 위법하지 않다.
⑤ 노동조합 간부에 대한 징계처분을 함에 있어 노동조합과 합의하도록 단체협약에 규정된 경우 그 합의를 거치지 않은 징계처분은 원칙적으로 무효이다.

해설 ① 대판 2011.3.24, 2010다21962
② 징계위원회에서 징계대상자에게 징계혐의 사실을 고지하고 그에 대하여 진술할 기회를 부여하면 족한 것이지 그 혐의사실 개개의 사항에 대하여 구체적으로 발문을 하여 징계대상자가 이에 대하여 빠짐없이 진술하도록 조치하여야 하는 것은 아니다(대판 1995.7.14, 94누11491).
③ 대판 2013.5.9, 2012다64833
④ 대판 2019.11.28, 2017두57318
⑤ 대판 2003.6.10, 2001두3136

03 사용자의 징계권 행사에 관한 설명으로 옳지 않은 것은? (다툼이 있으면 판례에 따름)

▸ 공인노무사 제29회

① 징계처분에서 징계사유로 삼은 비위행위가 아닌 평소의 소행과 근무성적, 당해 징계 처분 사유 전후에 저지른 비위행위사실 등은 징계양정의 참작자료로 삼을 수 없다.
② 학력 등을 허위로 기재한 행위를 이유로 징계해고를 하는 경우에 그 정당성은 고용당시의 사정뿐 아니라, 고용 이후 해고에 이르기까지 그 근로자가 종사한 근로의 내용과 기간, 허위기재를 한 학력 등이 종사한 근로의 정상적인 제공에 지장을 초래하는지 여부 등을 종합적으로 고려하여 판단하여야 한다.
③ 사생활에서의 비행은 사업활동에 직접 관련이 있거나 기업의 사회적 평가를 훼손할 염려가 있는 것에 한하여 정당한 징계사유가 될 수 있다.
④ 근로기준법 제23조 제1항의 '정당한 이유'란 징계해고의 경우에는 사회통념상 근로계약을 계속시킬 수 없을 정도로 근로자에게 책임 있는 사유가 있는 것을 말한다.
⑤ 여러 개의 징계사유 중 일부가 인정되지 않더라도 인정되는 다른 일부 징계사유만으로도 해당 징계처분의 타당성을 인정하기에 충분한 경우에는 그 징계처분이 위법하지 않다.

해설 ① 근로자에게 여러 가지 징계혐의 사실이 있는 경우에는 징계사유 하나씩 또는 그중 일부의 사유만을 가지고 판단할 것이 아니고 전체의 사유에 비추어 판단하여야 하며, 징계처분에서 징계사유로 삼지 아니한 비위행위라도 징계종류 선택의 자료로서 피징계자의 평소 소행과 근무성적, 당해 징계처분 사유 전후에 저지른 비위행위 사실 등은 징계양정을 하면서 참작자료로 삼을 수 있다(대판 2011.3.24, 2010다21962).

② 대판 2012.7.5, 2009두16763

③ 사용자가 근로자에 대하여 징계권을 행사할 수 있는 것은 사업활동을 원활하게 수행하는 데 필요한 범위 내에서 규율과 질서를 유지하기 위한 데에 그 근거가 있으므로, 근로자의 사생활에서의 비행은 사업활동에 직접 관련이 있거나 기업의 사회적 평가를 훼손할 염려가 있는 것에 한하여 정당한 징계사유가 될 수 있다(대판 1994.12.13, 93누23275).

④ 대판 2003.7.8, 2001두8018

⑤ 대판 2019.11.28, 2017두57318

04 직위해제 또는 대기발령에 관한 설명으로 옳지 않은 것은?(다툼이 있으면 판례에 따름)

▸ 공인노무사 제24회

① 대기발령의 사유가 해소된 이후에도 부당하게 장기간 동안 대기발령조치를 유지하는 것은 정당성이 없다.

② 직위해제는 잠정적 조치로서 보직의 해제를 의미하므로 근로자의 비위행위에 대하여 행하는 징벌적 제재로서의 징계와는 그 성질이 다르다.

③ 실효된 직위해제처분이라도 인사규정 등에서 직위해제처분에 따른 효과로 승진・승급에 제한을 가하는 등의 법률상의 불이익을 규정하고 있는 경우에는 그 직위해제처분에 대한 구제를 신청할 이익이 있다.

④ 대기발령 후 일정한 기간이 경과하도록 복직발령을 받지 못한 경우에 당연퇴직된다는 인사규정에 따라 행한 당연퇴직처리는 해고에 해당하지 않는다.

⑤ 사용자가 자신의 귀책사유에 해당하는 경영상의 필요에 따라 근로자들에게 대기발령을 한 경우에는 그 근로자들에게 휴업수당을 지급하여야 한다.

해설 ① 대기발령 등의 인사명령을 받은 근로자가 상당한 기간에 걸쳐 근로의 제공을 할 수 없다거나 근로제공을 함이 매우 부적당한 경우가 아닌데도, 사회통념상 합리성이 없을 정도로 부당하게 장기간 동안 잠정적 지위의 상태로 유지하는 것은 특별한 사정이 없는 한 정당한 이유가 있다고 보기 어려우므로 그와 같은 조치는 무효라고 보아야 한다(대판 2013.5.9, 2012다64833).

② 근로자에 대한 **직위해제는** 일시적으로 당해 근로자에게 직위를 부여하지 아니함으로써 직무에 종사하지 못하도록 하는 **잠정적인 조치로서의 보직의 해제를 의미하므로**, 과거의 근로자의 비위행위에 대하여 기업질서 유지를 목적으로 행하여지는 **징벌적 제재로서의 징계와는 그 성질이 다르다**(대판 2006.8.25, 2006두5151).

정답 02 ② 03 ① 04 ④

③ 직위해제처분에 기하여 발생한 효과는 당해 직위해제처분이 실효되더라도 소급하여 소멸하는 것이 아니므로, **인사규정 등에서 직위해제처분에 따른 효과로 승진 · 승급에 제한을 가하는 등의 법률상 불이익을 규정하고 있는 경우에는 직위해제처분을 받은 근로자는 이러한 법률상 불이익을 제거하기 위하여 그 실효된 직위해제처분에 대한 구제를 신청할 이익이 있다**(대판 2010.7.29, 2007두18406).

④ 인사규정 등에 **대기발령 후 일정 기간이 경과하도록 복직발령을 받지 못하거나 직위를 부여받지 못하는 경우에는 당연퇴직된다는 규정을 두는 경우**, 대기발령에 이은 당연퇴직 처리를 일체로서 관찰하면 이는 근로자의 의사에 반하여 사용자의 일방적 의사에 따라 근로계약 관계를 종료시키는 것으로서 **실질상 해고에 해당하므로**, 사용자가 그 처분을 함에 있어서는 구 근로기준법(2007.1.26. 법률 제8293호로 개정되기 전의 것) 제30조 제1항 소정의 정당한 이유가 필요하다고 할 것이다(대판 2007.5.31, 2007두1460).

⑤ 대기발령은 근로기준법 제23조 제1항에서 정한 '휴직'에 해당한다고 볼 수 있다. 따라서 사용자가 자신의 귀책사유에 해당하는 경영상의 필요에 따라 개별 근로자들에 대하여 대기발령을 하였다면 이는 근로기준법 제46조 제1항에서 정한 휴업을 실시한 경우에 해당하므로 사용자는 그 근로자들에게 휴업수당을 지급할 의무가 있다(대판 2013.10.11, 2012다12870).

05 근로기준법상 사용자의 인사명령에 관한 설명으로 옳지 않은 것은? (다툼이 있으면 판례에 따름)

▸ 공인노무사 제27회

① 근로자에 대한 전직이나 전보처분은 원칙적으로 인사권자인 사용자의 권한에 속한다.

② 근로계약에서 근로의 내용이나 근무장소를 특별히 한정한 경우에 사용자가 근로자에 대하여 전보처분을 하려면 원칙적으로 근로자의 동의가 있어야 한다.

③ 근로자의 직무수행능력 부족을 이유로 한 잠정적 직위해제는 기업질서 유지를 목적으로 행하여지는 징벌적 제재로서의 징계와 그 성질이 동일하다.

④ 휴직명령은 근로자가 상당한 기간에 걸쳐 근로의 제공을 할 수 없다거나, 근로제공을 함이 매우 부적당하다고 인정되는 경우에는 정당한 이유에 해당된다.

⑤ 전적 시 당사자 사이에 종전의 근로관계를 승계하기로 하는 특약이 없었다면, 전적(轉籍)으로 근로관계는 단절된다.

해설 ① · ② 근로자에 대한 전직이나 전보처분은 근로자가 제공하여야 할 근로의 종류 · 내용 · 장소 등에 변경을 가져온다는 점에서 근로자에게 불이익한 처분이 될 수도 있으나 원칙적으로 인사권자인 사용자의 권한에 속하므로 업무상 필요한 범위 안에서는 상당한 재량을 가지며, 그것이 근로기준법에 위반되거나 권리남용에 해당하는 등 특별한 사정이 없는 한 무효라고는 할 수 없고, 다만 근로계약에서 근로 내용이나 근무장소를 특별히 한정한 경우에 사용자가 근로자에 대하여 전보나 전직처분을 하려면 원칙적으로 근로자의 동의가 있어야 한다(대판 2009.4.23, 2007두20157).

③ 직위해제는 일반적으로 근로자가 직무수행능력이 부족하거나 근무성적 또는 근무태도 등이 불량한 경우, 근로자에 대한 징계절차가 진행 중인 경우, 근로자가 형사사건으로 기소된 경우 등에 있어서 당해 근로자가 장래에 있어서 계속 직무를 담당하게 될 경우 예상되는 업무상의 장애 등을 예방하기 위하여 일시적으로 당해 근로자에게 직위를 부여하지 아니함으로써 직무에 종사하지 못하도록 하는 잠정적인 조치로서의 보직의 해제를 의미하고, 근로자의 과거의 비위행위에

대하여 기업질서유지를 목적으로 행하여지는 징벌적 제재로서의 징계와는 그 성질이 다르므로… (대판 2005.11.25, 2003두8210).

④ 근로기준법 제30조 제1항에서…… 사용자의 취업규칙이나 단체협약 등의 휴직근거규정에 의하여 사용자에게 일정한 휴직사유의 발생에 따른 휴직명령권을 부여하고 있다 하더라도 그 정해진 사유가 있는 경우 당해 휴직규정의 설정 목적과 그 실제 기능, 휴직명령권 발동의 합리성 여부 및 그로 인하여 근로자가 받게 될 신분상·경제상의 불이익 등 구체적인 사정을 모두 참작하여 근로자가 상당한 기간에 걸쳐 근로의 제공을 할 수 없다거나, 근로제공을 함이 매우 부적당하다고 인정되는 경우에만 정당한 이유가 있다고 보아야 한다(대판 2005.2.18, 2003다63029).

⑤ 전적은 종전 기업과의 근로관계를 합의 해지하고 이적하게 될 기업과 사이에 새로운 근로계약을 체결하는 것이므로, 유효한 전적이 이루어진 경우에 있어서는 당해 근로자의 종전 기업과의 근로관계는 단절되고 이적하게 될 기업이 당해 근로자의 종전 기업과의 근로관계를 승계하는 것은 아님이 원칙이나, 당사자 사이에 종전 기업과의 근로관계를 승계하기로 하는 특약이 있거나 이적하게 될 기업의 취업규칙 등에 종전 기업에서의 근속기간을 통산하도록 하는 규정이 있는 등의 특별한 사정이 있는 경우에는 당해 근로자의 종전 기업과의 근로관계는 단절되지 않고 이적하게 될 기업이 당해 근로자의 종전 기업과의 근로관계를 승계한다(대판 1997.12.26, 97다17575).

06 **징계에 관한 설명으로 옳지 않은 것은? (다툼이 있으면 판례에 따름)** ▸공인노무사 제28회

① 근로자의 사생활에서의 비행은 기업활동에 직접 관련이 있거나 기업의 사회적 평가를 훼손할 염려가 있는 경우 정당한 징계사유가 될 수 있다.

② 징계위원회에 무자격위원이 참여한 상태에서 징계처분이 이루어진 경우 그 위원을 제외하더라도 의결정족수가 충족된다면 그 징계처분은 유효하다.

③ 노동조합 간부에 대한 징계처분을 함에 있어 노동조합과 합의를 하도록 단체협약에 규정된 경우 그 절차를 거치지 않은 징계처분은 원칙적으로 무효이다.

④ 원래의 징계 과정에 절차 위반의 하자가 있더라도 재심 과정에서 보완되었다면 그 절차 위반의 하자는 치유된다.

⑤ 취업규칙에서 근로자에 대하여 감급(減給)의 제재를 정할 경우에 그 감액은 1회의 금액이 평균임금의 1일분의 2분의 1을, 총액이 1임금지급기의 임금 총액의 10분의 1을 초과하지 못한다.

해설 ① 사용자가 근로자에 대하여 징계권을 행사할 수 있는 것은 사업활동을 원활하게 수행하는 데 필요한 범위 내에서 규율과 질서를 유지하기 위한 데에 그 근거가 있으므로, 근로자의 사생활에서의 비행은 사업활동에 직접 관련이 있거나 기업의 사회적 평가를 훼손할 염려가 있는 것에 한하여 정당한 징계사유가 될 수 있다(대판 1994.12.13, 93누23275).

② 회사의 단체협약상의 징계규정에는 노동조합원을 징계하려면 상벌위원회의 심의를 거쳐야 하고 그 상벌위원회의 구성은 노사 각 4인씩으로 하여 노동조합원들을 참여시키도록 되어 있는데도 불구하고, 이러한 징계절차 규정을 위배하여 노동조합 측의 위원 2명만 참석시키고 자격이 없는 상조회 소속 근로자 2명을 포함하여 상벌위원회를 구성한 다음 그 상벌위원회의 결의를 거쳐

정답 05 ③ 06 ②

징계해고하였다면, 이러한 징계권의 행사는 징계사유가 인정되는 여부에 관계없이 절차에 있어서의 정의에 반하는 처사로서 무효라고 보아야 할 것이고, 이는 자격이 없는 위원을 제외하고서도 의결정족수가 충족된다 하더라도 그 상벌위원회의 구성 자체에 위법이 있는 이상 마찬가지이다(대판 1996.6.28, 94다53716).

③ 사용자가 인사처분을 함에 있어 노동조합의 사전 동의나 승낙을 얻어야 한다거나 노동조합과 인사처분에 관한 논의를 하여 의견의 합치를 보아 인사처분을 하도록 단체협약 등에 규정된 경우에는 그 절차를 거치지 아니한 인사처분은 원칙적으로 무효라고 보아야 할 것이나…(대판 2003.6.10, 2001두3136).

④ 대판 2009.2.12, 2008다70336

⑤ 근로기준법 제95조

07 징계에 관한 설명으로 옳지 않은 것은? (다툼이 있으면 판례에 따름) ▸공인노무사 제26회

① 합리적인 사유 없이 같은 정도의 비위행위에 대하여 일반적으로 적용하여 온 기준과 어긋나게 공평을 잃은 과중한 징계처분을 행하는 것은 위법하다.

② 단체협약에서 근로자에게 징계사유와 관련한 소명기회를 주도록 규정하고 있는 경우 근로자에게 그 기회를 제공하면 되는 것이고 소명 그 자체가 반드시 이루어져야 하는 것은 아니다.

③ 여러 개의 징계사유 중 일부가 인정되지 않더라도 인정되는 다른 일부 징계사유만으로도 해당 징계처분의 타당성을 인정하기에 충분한 경우에는 그 징계처분이 위법하지 않다.

④ 징계처분에서 징계사유로 삼지 아니한 비위행위 사실은 징계양정의 참작자료로 삼을 수 없다.

⑤ 징계규정에서 징계위원회에 출석하여 소명할 기회를 부여하고 있으면, 출석 통보의 시기와 방법에 관한 특별한 규정이 없더라도 소명자료를 준비할 만한 상당한 기간을 두고 개최 일시와 장소를 통보하여야 한다.

해설 ① 징계사유에 해당하는 행위가 있더라도…… 합리적인 사유 없이 같은 정도의 비행에 대하여 일반적으로 적용하여 온 기준과 어긋나게 공평을 잃은 징계처분을 선택함으로써 평등의 원칙을 위반한 경우에는, 그 징계처분은 재량권의 한계를 벗어난 것으로서 위법하다(대판 2017.10.31, 2014두45734).

② 대판 2007.12.27, 2007다51758

③ 대판 2014.6.26, 2014두35799

④ … 근로자에게 여러 가지 징계혐의 사실이 있는 경우에는 징계사유 하나씩 또는 그중 일부의 사유만을 가지고 판단할 것이 아니고 전체의 사유에 비추어 판단하여야 하며, 징계처분에서 징계사유로 삼지 아니한 비위행위라도 징계종류 선택의 자료로서 피징계자의 평소 소행과 근무성적, 당해 징계처분 사유 전후에 저지른 비위행위 사실 등은 징계양정을 하면서 참작자료로 삼을 수 있다(대판 2011.3.24, 2010다21962).

⑤ 대판 1991.7.23, 91다13731

08 **근로기준법상 근로관계와 영업양도에 관한 설명으로 옳지 않은 것은? (다툼이 있으면 판례에 따름)** ▸공인노무사 제33회

① 영업양도란 일정한 영업목적에 의하여 조직화된 업체를 그 동일성은 유지하면서 일체로서 이전하는 것이다.

② 영업양도에 의하여 근로계약관계가 포괄적으로 승계된 경우에는 승계 후의 퇴직금 규정이 승계 전의 퇴직금 규정보다 근로자에게 불리하더라도 승계 후의 퇴직금 규정을 적용한다.

③ 영업 전부의 양도가 이루어진 경우 영업양도 당사자 사이에 정당한 이유 없이 해고된 근로자를 승계의 대상에서 제외하기로 하는 특약은 「근로기준법」 제23조 제1항에서 정한 정당한 이유가 있어야 유효하다.

④ 영업재산의 일부를 유보한 채 영업시설을 양도했어도 그 양도한 부분만으로도 종래의 조직이 유지되어 있다고 사회관념상 인정되면 영업의 양도이다.

⑤ 근로관계의 승계를 거부하는 근로자에 대하여는 그 근로관계가 양수하는 기업에 승계되지 아니하고 여전히 양도하는 기업과 사이에 존속된다.

해설 ①·④ 상법상의 영업양도는 일정한 영업목적에 의하여 조직화된 업체, 즉 인적·물적 조직을 그 동일성은 유지하면서 일체로서 이전하는 것을 의미하고, 영업양도가 이루어졌는가의 여부는 단지 어떠한 영업재산이 어느 정도로 이전되어 있는가에 의하여 결정되어야 하는 것이 아니고 거기에 종래의 영업조직이 유지되어 그 조직이 전부 또는 중요한 일부로서 기능할 수 있는가에 의하여 결정되어야 하므로, 영업재산의 일부를 유보한 채 영업시설을 양도했어도 그 양도한 부분만으로도 종래의 조직이 유지되어 있다고 사회관념상 인정되면 그것을 영업의 양도라 볼 수 있고, 이러한 영업양도는 반드시 영업양도 당사자 사이의 명시적 계약에 의하여야 하는 것은 아니며 묵시적 계약에 의하여도 가능하다(대판 2009.1.15, 2007다17123·17130).

② 승계 후의 흡수회사 퇴직금규정이 승계 전의 해산회사의 퇴직금규정보다 근로자들에게 불리하다면 구 근로기준법 제95조 제1항 소정의 당해 근로자집단의 집단적인 의사결정 방법에 의한 동의 없이는 승계 후의 흡수회사의 퇴직금규정을 적용할 수도 없다(대판 2001.4.24, 99다9370).

③ 영업양도 당사자 사이에 근로관계의 일부를 승계의 대상에서 제외하기로 하는 특약이 있는 경우에는 그에 따라 근로관계의 승계가 이루어지지 않을 수 있으나, 그러한 특약은 실질적으로 해고에 해당되므로 근로기준법 제23조 제1항의 정당한 이유가 있어야 한다(대판 1994.6.28, 93다33173).

⑤ 영업의 일부양도가 있는 경우에 양도되는 영업부문에 소속된 근로자들의 근로관계는 원칙적으로 양수하는 기업에 승계되는 것이나 근로관계의 승계를 거부하는 근로자에 대하여는 그 근로관계가 양수하는 기업에 승계되지 아니하고 여전히 양도하는 기업과 사이에 존속되는 것이며, 이러한 경우 원래의 사용자는 영업 일부의 양도로 인한 경영상의 필요에 따라 감원이 불가피하게 되는 사정이 있어 정리해고로서의 정당한 요건이 갖추어져 있다면 그 절차에 따라 승계를 거부한 근로자를 해고할 수 있다고 할 것이다(대판 2000.10.13, 98다11437).

정답 07 ④ 08 ②

Section 04 근로관계의 종료

01 사용증명서와 근로자 명부 등에 관하여 근로기준법령에 규정된 내용으로 옳지 않은 것은?

▸ 공인노무사 제25회

① 근로기준법 제39조 제1항에 따라 사용증명서를 청구할 수 있는 자는 계속하여 30일 이상 근무한 근로자로 하되, 청구할 수 있는 기한은 퇴직 후 3년 이내로 한다.
② 사용증명서에는 근로자가 요구한 사항만을 적어야 한다.
③ 주소는 근로자 명부의 기재사항이다.
④ 사용기간이 50일 미만인 일용근로자에 대하여는 근로자명부를 작성하지 아니할 수 있다.
⑤ 사용자는 근로자명부를 3년간 보존하여야 한다.

해설 ① 시행령 제19조
② 제39조 제2항
③ 제41조, 시행령 제20조

> **법 제41조(근로자의 명부)**
> ① 사용자는 각 사업장별로 근로자 명부를 작성하고 근로자의 성명, 생년월일, 이력, 그 밖에 대통령령으로 정하는 사항을 적어야 한다. 다만, 대통령령으로 정하는 일용근로자에 대해서는 근로자 명부를 작성하지 아니할 수 있다.
> ② 제1항에 따라 근로자 명부에 적을 사항이 변경된 경우에는 지체 없이 정정하여야 한다.
>
> **시행령 제20조(근로자 명부의 기재사항)**
> 법 제41조 제1항에 따른 근로자 명부에는 고용노동부령으로 정하는 바에 따라 다음 각 호의 사항을 적어야 한다.
> 1. 성명
> 2. 성(性)별
> 3. 생년월일
> 4. 주소
> 5. 이력(履歷)
> 6. 종사하는 업무의 종류
> 7. 고용 또는 고용갱신 연월일, 계약기간을 정한 경우에는 그 기간, 그 밖의 고용에 관한 사항
> 8. 해고, 퇴직 또는 사망한 경우에는 그 연월일과 사유
> 9. 그 밖에 필요한 사항

④ 사용기간이 30일 미만인 일용근로자에 대하여는 근로자 명부를 작성하지 아니할 수 있다(시행령 제21조).
⑤ 사용자는 근로자 명부와 대통령령으로 정하는 근로계약에 관한 중요한 서류를 3년간 보존하여야 한다(제42조).

02 **근로기준법상 해고에 관한 설명으로 옳지 않은 것은? (다툼이 있으면 판례에 따름)**

▸ 공인노무사 제29회

① 부당해고등의 구제신청은 부당해고등이 있었던 날부터 3개월 이내에 하여야 한다.
② 사용자의 근로자에 대한 해고가 무효로 판단되는 경우에는 그 해고가 곧바로 불법행위를 구성한다.
③ 사용자가 해고사유 등을 서면으로 통지할 때는 근로자의 처지에서 해고사유가 무엇인지를 구체적으로 알 수 있어야 한다.
④ 노동위원회는 최초의 구제명령을 한 날을 기준으로 매년 2회의 범위에서 구제명령이 이행될 때까지 반복하여 최대 2년간 이행강제금을 부과할 수 있다.
⑤ 노동위원회는 해고에 대한 구제명령을 할 때에 근로자가 원직복직을 원하지 아니하면 원직복직 대신 근로자가 해고기간 동안 근로를 제공하였더라면 받을 수 있었던 임금상당액 이상의 금품을 근로자에게 지급하도록 명할 수 있다.

해설 ① 제28조 제2항
② **일반적으로 사용자의 근로자에 대한 해고 등의 불이익처분이 정당하지 못하여 무효로 판단되는 경우에 그러한 사유만에 의하여 곧바로 그 해고 등의 불이익처분이 불법행위를 구성하게 된다고 할 수는 없으나,** 사용자가 근로자에 대하여 징계해고 등을 할 만한 사유가 전혀 없는데도 오로지 근로자를 사업장에서 몰아내려는 의도하에 고의로 어떤 명목상의 해고사유 등을 내세워 징계라는 수단을 동원하여 해고 등의 불이익처분을 한 경우나, 해고 등의 이유로 된 어느 사실이 취업규칙 등 소정의 징계사유에 해당되지 아니하거나 징계사유로 삼을 수 없는 것임이 객관적으로 명백하고 또 조금만 주의를 기울였더라면 이와 같은 사정을 쉽게 알아 볼 수 있는데도 그것을 이유로 징계해고 등의 불이익처분을 한 경우처럼, 사용자에게 부당해고 등에 대한 고의·과실이 인정되는 경우에 있어서는 불법행위가 성립되어 그에 따라 입게 된 근로자의 정신적 고통에 대하여도 이를 배상할 의무가 있다(대판 1996.4.23, 95다6823).
③ 사용자가 해고사유 등을 서면으로 통지할 때는 근로자의 처지에서 해고사유가 무엇인지를 구체적으로 알 수 있어야 하고, 특히 징계해고의 경우에는 **해고의 실질적 사유가 되는 구체적 사실 또는 비위내용을 기재하여야 하며** 징계대상자가 위반한 단체협약이나 취업규칙의 조문만 나열하는 것으로는 충분하다고 볼 수 없다(대판 2011.10.27, 2011다42324).
④ 제33조 제5항
⑤ 제30조 제3항

정답 01 ④ 02 ②

03 근로기준법령상 해고 등에 관한 설명으로 옳지 않은 것은? (다툼이 있으면 판례에 따름)

▸ 공인노무사 제34회

① 사용자가 취업규칙에서 정한 해고사유에 해당한다는 이유로 근로자를 해고할 때에도 정당한 이유가 있어야 한다.

② 정년퇴직하게 된 근로자에게 기간제근로자로의 재고용에 대한 기대권이 인정되는 경우, 사용자가 기간제근로자로의 재고용을 합리적 이유 없이 거절하는 것은 근로자에게 효력이 없다.

③ 여러 개의 징계사유 중 일부만 징계사유로 인정되는 경우 해당 징계처분의 타당성을 인정하기에 충분한지에 대한 증명책임은 사용자가 부담한다.

④ 해고는 묵시적 의사표시에 의해서도 이루어질 수 있다.

⑤ 부당해고 구제신청에 관한 중앙노동위원회 명령의 취소를 구하는 소송에서 그 명령의 기초가 된 사실이 동일하더라도 노동위원회에서 주장하지 아니한 사유는 행정소송에서 주장할 수 없다.

해설 ① 근로기준법 제23조 제1항은 사용자는 근로자에게 정당한 이유 없이 해고를 하지 못한다고 규정하여 해고를 제한하고 있다. 사용자가 취업규칙에서 정한 해고사유에 해당한다는 이유로 근로자를 해고할 때에도 정당한 이유가 있어야 한다. 일반적으로 사용자가 근무성적이나 근무능력이 불량하여 직무를 수행할 수 없는 경우에 해고할 수 있다고 정한 취업규칙 등에 따라 근로자를 해고한 경우, 사용자가 근로자의 근무성적이나 근무능력이 불량하다고 판단한 근거가 되는 평가가 공정하고 객관적인 기준에 따라 이루어진 것이어야 할 뿐 아니라, 근로자의 근무성적이나 근무능력이 다른 근로자에 비하여 상대적으로 낮은 정도를 넘어 상당한 기간 동안 일반적으로 기대되는 최소한에도 미치지 못하고 향후에도 개선될 가능성을 인정하기 어렵다는 등 사회통념상 고용관계를 계속할 수 없을 정도인 경우에 한하여 해고의 정당성이 인정된다(대판 2022.9.15, 2018다251486).

② 근로자의 정년을 정한 근로계약, 취업규칙이나 단체협약 등이 법령에 위반되지 않는 한 그에 명시된 정년에 도달하여 당연퇴직하게 된 근로자와의 근로관계를 정년을 연장하는 등의 방법으로 계속 유지할 것인지는 원칙적으로 사용자의 권한에 속하는 것으로서, 해당 근로자에게 정년 연장을 요구할 수 있는 권리가 있다고 할 수 없다. 그러나 근로계약, 취업규칙, 단체협약 등에서 정년에 도달한 근로자가 일정한 요건을 충족하면 기간제근로자로 재고용해야 한다는 취지의 규정을 두고 있거나, 그러한 규정이 없더라도 재고용을 실시하게 된 경위 및 실시기간, 해당 직종 또는 직무 분야에서 정년에 도달한 근로자 중 재고용된 사람의 비율, 재고용이 거절된 근로자가 있는 경우 그 사유 등의 여러 사정을 종합해 볼 때, 사업장에 그에 준하는 정도의 재고용 관행이 확립되어 있다고 인정되는 등 근로계약 당사자 사이에 근로자가 정년에 도달하더라도 일정한 요건을 충족하면 기간제근로자로 재고용될 수 있다는 신뢰관계가 형성되어 있는 경우에는 특별한 사정이 없는 한 근로자는 그에 따라 정년 후 재고용되리라는 기대권을 가진다. 이와 같이 정년퇴직하게 된 근로자에게 기간제근로자로의 재고용에 대한 기대권이 인정되는 경우, 사용자가 기간제근로자로의 재고용을 합리적 이유 없이 거절하는 것은 부당해고와 마찬가지로 근로자에게 효력이 없다. 이러한 법리는, 특별한 사정이 없는 한 기간제근로자가 정년을 이유로 퇴직하게 된 경우에도 마찬가지로 적용된다(대판 2023.11.2, 2023두41727).

③ 여러 개의 징계사유 중 일부가 인정되지 않더라도 인정되는 다른 일부 징계사유만으로 해당 징계처분의 타당성을 인정하기에 충분한 경우에는 그 징계처분을 유지하여도 위법하지 아니하다. 다

만 여러 개의 징계사유 중 일부 징계사유만으로 근로자에 대한 해당 징계처분의 타당성을 인정하기에 충분한지는 해당 기업의 구체적인 상황에 따라 다를 수 있으므로, 사용자가 징계처분에 이르게 된 경위와 주된 징계사유, 전체 징계사유 중 인정된 징계사유의 내용과 비중, 징계사유 중 일부가 인정되지 않은 이유, 해당 징계처분의 종류, 해당 기업이 정하고 있는 징계처분 결정절차, 해당 기업의 규모·사업 성격 및 징계에 관한 기준과 관행 등에 비추어 인정된 징계사유만으로 동일한 징계처분을 할 가능성이 있는지를 고려하여 해당 징계처분을 유지하는 것이 근로자에게 예측하지 못한 불이익이 되지 않도록 신중하게 판단하여야 한다. 근로기준법 제31조에 의하여 부당해고구제재심판정을 다투는 소송에서 해고의 정당성에 관한 증명책임은 이를 주장하는 사용자가 부담하므로, 인정되는 일부 징계사유만으로 해당 징계처분의 타당성을 인정하기에 충분한지에 대한 증명책임도 사용자가 부담한다(대판 2019.11.28, 2017두57318).

④ 해고란 실제 사업장에서 불리는 명칭이나 절차에 관계없이 근로자의 의사에 반하여 사용자의 일방적 의사에 의하여 이루어지는 모든 근로계약관계의 종료를 의미한다. 해고는 명시적 또는 묵시적 의사표시에 의해서도 이루어질 수 있으므로, 묵시적 의사표시에 의한 해고가 있는지는 사용자의 노무수령거부 경위와 방법, 노무수령거부에 대하여 근로자가 보인 태도 등 제반 사정을 종합적으로 고려하여 사용자가 근로관계를 일방적으로 종료할 확정적 의사를 표시한 것으로 볼 수 있는지 여부에 따라 판단해야 한다(대판 2023.2.2, 2022두57695).

⑤ 부당해고 구제신청에 관한 중앙노동위원회의 명령 또는 결정의 취소를 구하는 소송에서 그 명령 또는 결정이 적법한지는 그 명령 또는 결정이 이루어진 시점을 기준으로 판단하여야 하고, 그 명령 또는 결정 후에 생긴 사유를 들어 적법 여부를 판단할 수는 없으나, 그 명령 또는 결정의 기초가 된 사실이 동일하다면 노동위원회에서 주장하지 아니한 사유도 행정소송에서 주장할 수 있다(대판 2021.7.29, 2016두64876).

04 **근로기준법상 경영상 이유에 의한 해고에 관한 설명으로 옳지 않은 것은? (다툼이 있으면 판례에 따름)** ▸ 공인노무사 제33회

① 경영 악화를 방지하기 위한 사업의 양도·인수·합병은 긴박한 경영상의 필요가 있는 것으로 본다.

② 해고가 요건을 모두 갖추어 정당한지 여부는 각 요건을 구성하는 개별 사정들을 종합적으로 고려하여 판단한다.

③ 사용자가 근로자의 과반수로 조직된 노동조합과의 협의 외에 해고의 대상인 일정 급수 이상 직원들만의 대표를 새로이 선출케 하여 그 대표와 별도로 협의를 하지 않았다고 하여 해고를 협의절차의 흠결로 무효라 할 수는 없다.

④ 사용자는 해고된 근로자에 대하여 생계안정, 재취업, 직업훈련 등 필요한 조치를 우선적으로 취하여야 한다.

⑤ 해고 근로자는 사용자의 우선 재고용의무 불이행에 대하여 우선 재고용의무가 발생한 때부터 고용관계가 성립할 때까지의 임금 상당 손해배상금을 청구할 수 있다.

정답 03 ⑤ 04 ④

해설 ① 제24조 제1항
② 대판 2002.7.9. 2000두9373
③ 대판 2002.7.9. 2001다29452
④ 정부는 제24조에 따라 해고된 근로자에 대하여 생계안정, 재취업, 직업훈련 등 필요한 조치를 우선적으로 취하여야 한다(제25조 제2항).
⑤ 대판 2020.11.26. 2016다13437

05 근로기준법령상 경영상 이유에 의한 해고에 관한 설명으로 옳지 않은 것은? (다툼이 있으면 판례에 따름)

▸ 공인노무사 제30회

① 경영 악화를 방지하기 위한 사업의 양도・인수・합병은 긴박한 경영상의 필요가 있는 것으로 본다.
② 상시 근로자수 99명 이하인 사업 또는 사업장의 사용자는 1개월 동안에 10명 이상의 인원을 경영상의 이유에 의하여 해고하려면 최초로 해고하려는 날의 30일 전까지 고용노동부장관에게 신고하여야 한다.
③ 사용자가 해고를 피하기 위한 방법과 해고의 기준 등에 관하여 근로자대표에게 해고를 하려는 날의 50일 전까지 통보하지 않은 경우 그 이유만으로 경영상 이유에 의한 해고는 부당하다.
④ 경영상의 이유에 의하여 근로자를 해고한 사용자는 근로자를 해고한 날로부터 3년 이내에 해고된 근로자가 해고 당시 담당하였던 업무와 같은 업무를 할 근로자를 채용하려고 할 경우 경영상의 이유에 의하여 해고된 근로자가 원하면 그 근로자를 우선적으로 고용하여야 한다.
⑤ 긴박한 경영상의 필요란 장래에 올 수도 있는 위기에 미리 대처하기 위하여 인원삭감이 필요한 경우도 포함하지만, 그러한 인원삭감은 객관적으로 보아 합리성이 있다고 인정되어야 한다.

해설 ① 제24조 제1항
② 제24조 제4항, 시행령 제10조 제1항 제1호
③ **60일 기간의 준수는 정리해고의 효력요건은 아니어서, 구체적 사안에서 통보 후 정리해고 실시까지의 기간이 그와 같은 행위를 하는 데 소요되는 시간으로 부족하였다는 등의 특별한 사정이 없으며, 정리해고의 그 밖의 요건은 충족되었다면 그 정리해고는 유효하다**(대판 2003.11.13. 2003두4119).
④ 제25조 제1항
⑤ 정리해고의 요건 중 **'긴박한 경영상의 필요'란 반드시 기업의 도산을 회피하기 위한 경우에 한정되지 아니하고, 장래에 올 수도 있는 위기에 미리 대처하기 위하여 인원삭감이 필요한 경우도 포함되지만, 그러한 인원삭감은 객관적으로 보아 합리성이 있다고 인정되어야 한다.** 또한 '긴박한 경영상의 필요'가 있는지를 판단할 때에는 법인의 어느 사업부문이 다른 사업부문과 인적・물적・장소적으로 분리・독립되어 있고 재무 및 회계가 분리되어 있으며 경영여건도 서로 달리하는 예외

적인 경우가 아니라면 법인의 일부 사업부문 내지 사업소의 수지만을 기준으로 할 것이 아니라 법인 전체의 경영사정을 종합적으로 검토하여 결정하여야 한다(대판 2015.5.28, 2012두25873).

06 **근로기준법상 경영상 이유에 의한 해고의 제한에 관한 설명으로 옳지 않은 것은? (다툼이 있으면 판례에 따름)** ▸공인노무사 제28회

① 긴박한 경영상의 필요란 기업의 일부 영업부문 내지 영업소의 수지만을 기준으로 할 것이 아니라 기업 전체의 경영사정을 종합적으로 검토하여 결정되어야 한다.

② 근로자의 과반수로 조직된 노동조합이 있는 경우에도 사용자가 그 노동조합과의 협의 외에 근로자집단의 대표와 별도로 협의하여야 한다.

③ 사용자는 대통령령으로 정하는 일정한 규모 이상의 인원을 해고하려면 대통령령으로 정하는 바에 따라 고용노동부장관에게 신고하여야 한다.

④ 경영 악화를 방지하기 위한 사업의 양도・인수・합병은 긴박한 경영상의 필요가 있는 것으로 본다.

⑤ 사용자가 해고를 회피하기 위한 방법에 관하여 노동조합 또는 근로자대표와 성실하게 협의하여 정리해고 실시에 관한 합의에 도달하였다면 이러한 사정도 해고회피노력의 판단에 참작되어야 한다.

해설 ① '긴박한 경영상의 필요'가 있는지를 판단할 때에는 법인의 어느 사업부문이 다른 사업부문과 인적・물적・장소적으로 분리・독립되어 있고 재무 및 회계가 분리되어 있으며 경영여건도 서로 달리하는 예외적인 경우가 아니라면 법인의 일부 사업부문 내지 사업소의 수지만을 기준으로 할 것이 아니라 법인 전체의 경영사정을 종합적으로 검토하여 결정하여야 한다(대판 2015.5.28, 2012두25873).

② 사용자는 해고를 피하기 위한 방법과 해고의 기준 등에 관하여 그 사업 또는 사업장에 근로자의 과반수로 조직된 노동조합이 있는 경우에는 그 노동조합(근로자의 과반수로 조직된 노동조합이 없는 경우에는 근로자의 과반수를 대표하는 자를 말한다. 이하 "근로자대표"라 한다)에 해고를 하려는 날의 50일 전까지 통보하고 성실하게 협의하여야 한다(근로기준법 제24조 제3항).

③ 근로기준법 제24조 제4항

④ 사용자가 경영상 이유에 의하여 근로자를 해고하려면 긴박한 경영상의 필요가 있어야 한다. 이 경우 경영 악화를 방지하기 위한 사업의 양도・인수・합병은 긴박한 경영상의 필요가 있는 것으로 본다(근로기준법 제24조 제1항).

⑤ 사용자가 정리해고를 실시하기 전에 다하여야 할 해고회피노력의 방법과 정도는 확정적・고정적인 것이 아니라 당해 사용자의 경영위기의 정도, 정리해고를 실시하여야 하는 경영상의 이유, 사업의 내용과 규모, 직급별 인원상황 등에 따라 달라지는 것이고, 사용자가 해고를 회피하기 위한 방법에 관하여 노동조합 또는 근로자대표와 성실하게 협의하여 정리해고 실시에 관한 합의에 도달하였다면 이러한 사정도 해고회피노력의 판단에 참작되어야 한다(대판 2002.7.9, 2001다29452).

정답 05 ③ 06 ②

07 근로기준법령상 경영상 이유에 의한 해고에 관한 설명으로 옳은 것은? ▸공인노무사 제27회

① 경영 악화를 방지하기 위한 사업의 양도는 긴박한 경영상의 필요가 있는 것으로 보지 않는다.

② 사용자가 경영상 이유에 의하여 일정한 규모 이상의 인원을 해고하려면 고용노동부장관에게 지체 없이 통보하여야 한다.

③ 사용자는 해고를 피하기 위한 방법 등에 관하여 해고를 하려는 날의 30일 전까지 근로자대표에게 통보하고 성실하게 협의하여야 한다.

④ 경영상 이유에 의한 해고를 하는 때에도 해고의 예고 규정은 적용된다.

⑤ 사용자는 경영상 이유에 의해 해고된 근로자에 대하여 생계안정, 재취업 등 필요한 조치를 우선적으로 취하여야 한다.

해설 ① 사용자가 경영상 이유에 의하여 근로자를 해고하려면 긴박한 경영상의 필요가 있어야 한다. 이 경우 경영 악화를 방지하기 위한 사업의 양도・인수・합병은 긴박한 경영상의 필요가 있는 것으로 본다(제24조 제1항).

② 법 제24조 제4항에 따라 사용자는 1개월 동안에 일정한 규모 이상의 인원을 해고하려면 최초로 해고하려는 날의 30일 전까지 고용노동부장관에게 신고하여야 한다(시행령 제10조 제1항).

③ 50일 전까지 통보(제24조 제3항)

④ 제26조

⑤ 정부는 제24조에 따라 해고된 근로자에 대하여 생계안정, 재취업, 직업훈련 등 필요한 조치를 우선적으로 취하여야 한다(제25조 제2항).

08 근로기준법령상 해고 예고의 예외 사유에 해당하지 않는 것은? ▸공인노무사 제28회

① 근로자가 계속 근로한 기간이 3개월 미만인 경우

② 6개월을 초과하여 단시간 근로를 계속한 경우

③ 천재・사변, 그 밖의 부득이한 사유로 사업을 계속하는 것이 불가능한 경우

④ 제품 또는 원료 등을 몰래 훔치거나 불법 반출한 경우

⑤ 사업장의 기물을 고의로 파손하여 생산에 막대한 지장을 가져온 경우

해설 제26조(해고의 예고)

사용자는 근로자를 해고(경영상 이유에 의한 해고를 포함한다)하려면 적어도 30일 전에 예고를 하여야 하고, 30일 전에 예고를 하지 아니하였을 때에는 30일분 이상의 통상임금을 지급하여야 한다. 다만, 다음 각 호의 어느 하나에 해당하는 경우에는 그러하지 아니하다.

1. 근로자가 계속 근로한 기간이 3개월 미만인 경우
2. 천재・사변, 그 밖의 부득이한 사유로 사업을 계속하는 것이 불가능한 경우
3. 근로자가 고의로 사업에 막대한 지장을 초래하거나 재산상 손해를 끼친 경우로서 고용노동부령으로 정하는 사유에 해당하는 경우

■ 근로기준법 시행규칙 [별표 1]

해고 예고의 예외가 되는 근로자의 귀책사유(제4조 관련)

1. 납품업체로부터 금품이나 향응을 제공받고 불량품을 납품받아 생산에 차질을 가져온 경우
2. 영업용 차량을 임의로 타인에게 대리운전하게 하여 교통사고를 일으킨 경우
3. 사업의 기밀이나 그 밖의 정보를 경쟁관계에 있는 다른 사업자 등에게 제공하여 사업에 지장을 가져온 경우
4. 허위 사실을 날조하여 유포하거나 불법 집단행동을 주도하여 사업에 막대한 지장을 가져온 경우
5. 영업용 차량 운송 수입금을 부당하게 착복하는 등 직책을 이용하여 공금을 착복, 장기유용, 횡령 또는 배임한 경우
6. 제품 또는 원료 등을 몰래 훔치거나 불법 반출한 경우
7. 인사·경리·회계담당 직원이 근로자의 근무상황 실적을 조작하거나 허위 서류 등을 작성하여 사업에 손해를 끼친 경우
8. 사업장의 기물을 고의로 파손하여 생산에 막대한 지장을 가져온 경우
9. 그 밖에 사회통념상 고의로 사업에 막대한 지장을 가져오거나 재산상 손해를 끼쳤다고 인정되는 경우

09 **근로기준법령상 해고 등에 관한 설명으로 옳지 않은 것은? (다툼이 있는 경우에는 판례에 의함)**

▸공인노무사 제25회

① 근로기준법 제27조 제1항에 따르면 사용자는 근로자를 해고하려면 해고사유와 해고시기를 서면으로 통지하여야 한다.

② 사용자가 시용기간 만료 시 본 근로계약 체결을 거부하는 것은 일반적인 해고보다 넓게 인정될 수 있으나, 그 경우에도 객관적으로 합리적인 이유가 존재하여 사회통념상 상당성이 있어야 한다.

③ 근로기준법 제26조(해고의 예고)는 계속 근로한 기간이 3개월 미만인 근로자에게는 적용하지 아니한다.

④ 사용자의 해고의 예고(근로기준법 제26조)는 일정 시점을 특정하여 하거나 언제 해고되는지를 근로자가 알 수 있는 방법으로 하여야 한다.

⑤ 시용근로관계에서 사용자가 본 근로계약 체결을 거부하는 경우에는 구체적·실질적인 거부사유를 서면으로 통지하여야 하는 것은 아니다.

해설 ②·⑤ 시용제도의 취지·목적에 비추어 볼 때, 사용자가 시용기간 만료 시 본 근로계약 체결을 거부하는 것은 일반적인 해고보다 넓게 인정될 수 있으나, 그 경우에도 객관적으로 합리적인 이유가 존재하여 사회통념상 상당성이 있어야 한다. 위와 같은 근로기준법 규정의 내용과 취지, 시용기간 만료 시 본 근로계약 체결 거부의 정당성 요건 등을 종합하면, 시용근로관계에서 사용자가

정답 07 ④ 08 ② 09 ⑤

본 근로계약 체결을 거부하는 경우에는 근로자에게 거부사유를 파악하여 대처할 수 있도록 구체적·실질적인 거부사유를 서면으로 통지하여야 한다(대판 2015.11.27, 2015두48136).

④ 근로기준법 제26조에서 사용자가 근로자를 해고하는 경우 적어도 30일 전에 예고를 하여야 하고, 30일 전에 예고를 하지 아니하였을 때에는 30일분 이상의 통상임금을 지급하도록 규정한 취지는 근로자로 하여금 해고에 대비하여 새로운 직장을 구할 수 있는 시간적 또는 경제적 여유를 주려는 것이므로, 사용자의 해고예고는 일정 시점을 특정하여 하거나 언제 해고되는지를 근로자가 알 수 있는 방법으로 하여야 한다(대판 2010.4.15, 2009도13833).

10 근로기준법령상 구제명령 등에 관한 설명으로 옳은 것은?

▸공인노무사 제34회

① 노동위원회는 천재·사변, 그 밖의 부득이한 사유가 발생하여 납부기한 내에 이행강제금을 납부하기 어려운 경우에는 그 사유가 없어진 날부터 30일 이내의 기간을 납부기한으로 할 수 있다.

② 노동위원회의 기각결정은 중앙노동위원회에 대한 재심 신청에 의하여 그 효력이 정지된다.

③ 노동위원회는 구제명령을 받은 후 이행기한까지 구제명령을 이행하지 아니한 사용자에게 3천만원 이하의 이행강제금을 부과한다.

④ 노동위원회는 법원의 확정판결에 따라 노동위원회의 구제명령이 취소되면 이행강제금의 부과·징수를 즉시 중지하고 이미 징수한 이행강제금은 반환하지 않는다.

⑤ 노동위원회는 구제명령을 받은 자가 구제명령을 이행하면 새로운 이행강제금을 부과하지 아니하고, 구제명령을 이행하기 전에 이미 부과된 이행강제금은 징수하지 않는다.

해설 ① 15일 이내(시행령 제12조 제2항)

② 노동위원회의 구제명령, 기각결정 또는 재심판정은 제31조에 따른 중앙노동위원회에 대한 재심 신청이나 행정소송 제기에 의하여 그 효력이 정지되지 아니한다(제32조).

③ 제33조 제1항

④ 노동위원회는 중앙노동위원회의 재심판정이나 법원의 확정판결에 따라 노동위원회의 구제명령이 취소되면 직권 또는 사용자의 신청에 따라 이행강제금의 부과·징수를 즉시 중지하고 이미 징수한 이행강제금을 반환하여야 한다(시행령 제15조 제1항).

⑤ 노동위원회는 구제명령을 받은 자가 구제명령을 이행하면 새로운 이행강제금을 부과하지 아니하되, 구제명령을 이행하기 전에 이미 부과된 이행강제금은 징수하여야 한다(제33조 제6항).

11 **근로기준법상 구제명령 등에 관한 설명으로 옳은 것은?** ▸공인노무사 제31회

① 중앙노동위원회의 재심판정에 대하여 사용자나 근로자는 재심판정서를 송달받은 날부터 20일 이내에 「행정소송법의 규정에 따라 소(訴)를 제기할 수 있다.

② 노동위원회의 구제명령, 기각결정 또는 재심판정은 중앙노동위원회에 대한 재심 신청이나 행정소송 제기에 의하여 그 효력이 정지된다.

③ 노동위원회는 부당해고에 대한 구제명령을 할 때에 근로자의 의사와 무관하게 사용자가 원하지 아니하면 원직복직을 명하는 대신 해고기간 동안 임금 상당액 이상의 금품을 근로자에게 지급하도록 명하여야 한다.

④ 노동위원회가 이행강제금을 부과할 때에는 이행강제금의 액수, 부과 사유 등을 구두로 통보하여야 한다.

⑤ 노동위원회는 이행강제금 납부의무자가 납부기한까지 이행강제금을 내지 아니하면 기간을 정하여 독촉을 하고 지정된 기간에 이행강제금을 아니하면 국세 체납처분의 예에 따라 징수할 수 있다.

해설
① 중앙노동위원회의 재심판정에 대하여 사용자나 근로자는 재심판정서를 송달받은 날부터 15일 이내에 「행정소송법」의 규정에 따라 소(訴)를 제기할 수 있다(제31조 제2항).
② 노동위원회의 구제명령, 기각결정 또는 재심판정은 제31조에 따른 중앙노동위원회에 대한 재심 신청이나 행정소송 제기에 의하여 그 효력이 정지되지 아니한다(제32조).
③ 노동위원회는 구제명령(해고에 대한 구제명령만을 말한다)을 할 때에 근로자가 원직복직(原職復職)을 원하지 아니하면 원직복직을 명하는 대신 근로자가 해고기간 동안 근로를 제공하였더라면 받을 수 있었던 임금 상당액 이상의 금품을 근로자에게 지급하도록 명할 수 있다(제30조 제3항).
④ 이행강제금을 부과할 때에는 이행강제금의 액수, 부과 사유, 납부기한, 수납기관, 이의제기방법 및 이의제기기관 등을 명시한 문서로써 하여야 한다(제33조 제3항).
⑤ 제33조 제7항

정답 10 ③ 11 ⑤

12 **근로기준법상 구제명령 등에 관한 설명으로 옳지 않은 것은?** ▸공인노무사 제28회

① 노동위원회는 심문을 끝내고 부당해고 등이 성립한다고 판정하면 사용자에게 구제명령을 하여야 한다.

② 노동위원회의 판정, 구제명령 및 기각결정은 사용자와 근로자에게 각각 서면으로 통지하여야 한다.

③ 지방노동위원회의 구제명령이나 기각결정에 불복하는 사용자나 근로자는 구제명령서나 기각결정서를 통지받은 날부터 10일 이내에 중앙노동위원회에 재심을 신청할 수 있다.

④ 중앙노동위원회의 재심판정에 대하여 사용자나 근로자는 재심판정서를 송달받은 날부터 30일 이내에 행정소송법의 규정에 따라 소(訴)를 제기할 수 있다.

⑤ 노동위원회의 구제명령, 기각결정 또는 재심판정은 중앙노동위원회에 대한 재심 신청이나 행정소송의 제기에 의하여 그 효력이 정지되지 아니한다.

해설 ① 제30조 제1항
② 제30조 제2항
③ 제31조 제1항
④ 15일 이내(제31조 제2항)
⑤ 제32조

13 **부당해고 등 구제제도에 관하여 근로기준법에 규정된 내용으로 옳지 않은 것은?**

▸공인노무사 제25회

① 노동위원회는 구제명령을 받은 자가 구제명령을 이행하면 새로운 이행강제금을 부과하지 아니하되, 구제명령을 이행하기 전에 이미 부과된 이행강제금은 징수하여야 한다.

② 사용자가 근로자에게 부당해고 등을 하면 근로자는 부당해고 등이 있었던 날부터 3개월 이내에 노동위원회에 구제를 신청할 수 있다.

③ 노동위원회가 구제명령을 할 때에 사용자의 신청에 따라 원직복직 대신 해고기간 동안의 임금 상당액 이상의 금품을 근로자에게 지급하도록 명할 수 있다.

④ 지방노동위원회의 구제명령에 불복하는 사용자는 구제명령서를 통지받은 날부터 10일 이내에 중앙노동위원회에 재심을 신청할 수 있다.

⑤ 노동위원회는 최초의 구제명령을 한 날을 기준으로 매년 2회의 범위에서 구제명령이 이행될 때까지 반복하여 이행강제금을 부과·징수할 수 있다. 이 경우 이행강제금은 2년을 초과하여 부과·징수하지 못한다.

해설 ① 제33조 제6항
② 제28조
③ 노동위원회는 제1항에 따른 구제명령(해고에 대한 구제명령만을 말한다)을 할 때에 근로자가 원직 복직을 원하지 아니하면 원직복직을 명하는 대신 근로자가 해고기간 동안 근로를 제공하였더라면 받을 수 있었던 임금 상당액 이상의 금품을 근로자에게 지급하도록 명할 수 있다(제30조 제3항).
④ 제31조 제1항
⑤ 제33조 제5항

14 근로기준법상 이행강제금에 관한 설명으로 옳은 것은?

▸ 공인노무사 제27회

① 노동위원회는 구제명령을 받은 후 이행기한 까지 구제명령을 이행하지 아니한 사용자에게 2천만원 이하의 이행강제금을 부과한다.
② 노동위원회는 2년을 초과하지 않는 범위 내에서 최초의 구제명령을 한 날을 기준으로 매년 2회의 범위에서 행정소송이 제기될 때까지 반복하여 이행강제금을 부과・징수할 수 있다.
③ 노동위원회는 이행강제금 납부의무자가 납부기한까지 이행강제금을 내지 아니하면 즉시 국세 체납처분의 예에 따라 징수할 수 있다.
④ 노동위원회는 구제명령을 받은 자가 구제명령을 이행하면 새로운 이행강제금을 부과하지 아니하고 구제명령을 이행하기 전에 이미 부과된 이행강제금의 부과처분은 취소하여야 한다.
⑤ 근로자는 구제명령을 받은 사용자가 이행기한까지 구제명령을 이행하지 아니하면 이행기한이 지난 때부터 15일 이내에 그 사실을 노동위원회에 알려줄 수 있다.

해설 ① 3천만원 이하의 이행강제금을 부과한다(제33조 제1항).
② 행정소송이 제기될 때까지가 아니고 구제명령이 이행될 때까지 이행강제금을 부과・징수할 수 있다(제33조 제5항).
③ 노동위원회는 이행강제금 납부의무자가 납부기한까지 이행강제금을 내지 아니하면 기간을 정하여 독촉을 하고 지정된 기간에 제1항에 따른 이행강제금을 내지 아니하면 국세 체납처분의 예에 따라 징수할 수 있다(제33조 제7항).
④ 노동위원회는 구제명령을 받은 자가 구제명령을 이행하면 새로운 이행강제금을 부과하지 아니하되, 구제명령을 이행하기 전에 이미 부과된 이행강제금은 징수하여야 한다(제33조 제6항).
⑤ 제33조 제8항

정답 12 ④ 13 ③ 14 ⑤

15 근로기준법령상 이행강제금에 관한 설명으로 옳지 않은 것은?

▸ 공인노무사 제26회

① 노동위원회는 이행강제금을 부과하기 30일 전까지 이행강제금을 부과·징수한다는 뜻을 사용자에게 미리 문서로써 알려주어야 한다.

② 노동위원회는 이행강제금을 부과하는 때에는 이행강제금의 부과통지를 받은 날부터 15일 이내의 납부기한을 정하여야 한다.

③ 노동위원회는 구제명령을 받은 자가 구제명령을 이행하더라도 그 이행 전에 이미 부과된 이행강제금은 징수하여야 한다.

④ 노동위원회는 법원의 확정판결에 따라 노동위원회의 구제명령이 취소되는 경우에도 이미 징수한 이행강제금은 반환하지 아니한다.

⑤ 노동위원회는 이행강제금 납부의무자가 납부기한까지 이행강제금을 내지 아니하면 기간을 정하여 독촉을 하고 지정된 기간에 이행강제금을 내지 아니하면 국세체납처분의 예에 따라 징수할 수 있다.

해설
① 제33조 제2항
② 시행령 제12조 제1항
③ 제33조 제6항
④ 노동위원회는 중앙노동위원회의 재심판정이나 법원의 확정판결에 따라 노동위원회의 구제명령이 취소되면 직권 또는 사용자의 신청에 따라 이행강제금의 부과·징수를 즉시 중지하고 이미 징수한 이행강제금을 반환하여야 한다(시행령 제15조 제1항).
⑤ 제33조 제7항

16 근로기준법령상 부당해고 구제제도에 관한 설명으로 옳지 않은 것은?

▸ 공인노무사 제27회

① 노동위원회는 사용자에게 구제명령을 하는 때에는 구제명령을 한 날부터 15일 이내의 이행기한을 정하여야 한다.

② 중앙노동위원회의 재심판정에 대하여 사용자나 근로자는 재심판정서를 송달받은 날부터 15일 이내에 행정소송을 제기할 수 있다.

③ 노동위원회는 구제명령을 할 때에 근로자가 원직복직을 원하지 아니하면 원직복직 대신 해고기간 동안의 임금 상당액 이상의 금품을 근로자에게 지급하도록 명할 수 있다.

④ 노동위원회의 구제명령은 행정소송 제기에 의하여 그 효력이 정지되지 아니한다.

⑤ 지방노동위원회의 구제명령에 불복하는 사용자는 구제명령서를 통지받은 날부터 10일 이내에 중앙노동위원회에 재심을 신청할 수 있다.

해설 ① 노동위원회는 법 제30조 제1항에 따라 사용자에게 구제명령을 하는 때에는 이행기한을 정하여야 한다. 이 경우 이행기한은 법 제30조 제2항에 따라 사용자가 구제명령을 서면으로 통지받은 날부터 30일 이내로 한다(시행령 제11조).
② 제31조 제2항
③ 제30조 제3항
④ 제32조
⑤ 제31조 제1항

17 근로기준법령상 구제명령 등에 관한 설명으로 옳지 않은 것은?

▸공인노무사 제26회

① 노동위원회는 사용자에게 구제명령을 하는 때에는 구제명령을 한 날부터 60일 이내의 이행기한을 정하여야 한다.
② 중앙노동위원회의 재심판정에 대하여 사용자나 근로자는 재심판정서를 송달받은 날부터 15일 이내에 행정소송법의 규정에 따라 소를 제기할 수 있다.
③ 노동위원회의 구제명령, 기각결정 또는 재심판정은 중앙노동위원회에 대한 재심신청이나 행정소송 제기에 의하여 그 효력이 정지되지 아니한다.
④ 구제명령을 이행하기 위하여 사용자가 객관적으로 노력하였으나 근로자의 소재불명 등으로 구제명령을 이행하기 어려운 것이 명백한 경우 노동위원회는 직권으로 그 사유가 없어진 뒤에 이행강제금을 부과할 수 있다.
⑤ 노동위원회는 심문을 끝내고 부당해고등이 성립한다고 판정하면 사용자에게 구제명령을 하여야 하며, 부당해고등이 성립하지 아니한다고 판정하면 구제신청을 기각하는 결정을 하여야 한다.

해설 ① 노동위원회는 사용자에게 구제명령을 하는 때에는 이행기한을 정하여야 한다. 이 경우 이행기한은 사용자가 구제명령을 서면으로 통지받은 날부터 30일 이내로 한다(시행령 제11조).
② 제31조 제2항
③ 제32조
④ 노동위원회는, 구제명령을 이행하기 위하여 사용자가 객관적으로 노력하였으나 근로자의 소재불명 등으로 구제명령을 이행하기 어려운 것이 명백한 경우와 천재・사변, 그 밖의 부득이한 사유로 구제명령을 이행하기 어려운 경우에는 직권 또는 사용자의 신청에 따라 그 사유가 없어진 뒤에 이행강제금을 부과할 수 있다(시행령 제14조).
⑤ 제30조 제1항

정답 15 ④ 16 ① 17 ①

18 **근로기준법령상 이행강제금에 관한 설명으로 옳지 않은 것은?** ▸공인노무사 제30회

① 노동위원회는 이행강제금을 부과하기 30일 전까지 이행강제금을 부과·징수한다는 뜻을 사용자에게 미리 문서로써 알려 주어야 한다.

② 노동위원회는 구제명령을 받은 자가 구제명령을 이행하면 구제명령을 이행하기 전에 이미 부과된 이행강제금은 징수하지 아니한다.

③ 노동위원회는 이행강제금을 부과하는 때에는 이행강제금의 부과통지를 받은 날부터 15일 이내의 납부기한을 정하여야 한다.

④ 노동위원회는 천재·사변, 그 밖의 부득이한 사유로 구제명령을 이행하기 어려운 경우에는 직권 또는 사용자의 신청에 따라 그 사유가 없어진 뒤에 이행강제금을 부과할 수 있다.

⑤ 노동위원회는 중앙노동위원회의 재심판정이나 법원의 확정판결에 따라 노동위원회의 구제명령이 취소되면 직권 또는 사용자의 신청에 따라 이행강제금의 부과·징수를 즉시 중지하고 이미 징수한 이행강제금을 반환하여야 한다.

해설 ① 제33조 제2항

② 노동위원회는 구제명령을 받은 자가 구제명령을 이행하면 새로운 이행강제금을 부과하지 아니하되, 구제명령을 이행하기 전에 이미 부과된 이행강제금은 징수하여야 한다(제33조 제6항).

③ 시행령 제12조 제1항

④ **시행령 제14조(이행강제금의 부과유예)**

노동위원회는 다음 각 호의 어느 하나에 해당하는 사유가 있는 경우에는 직권 또는 사용자의 신청에 따라 그 사유가 없어진 뒤에 이행강제금을 부과할 수 있다.

1. 구제명령을 이행하기 위하여 사용자가 객관적으로 노력하였으나 근로자의 소재불명 등으로 구제명령을 이행하기 어려운 것이 명백한 경우
2. 천재·사변, 그 밖의 부득이한 사유로 구제명령을 이행하기 어려운 경우

⑤ 시행령 제15조 제1항

19 근로기준법령상 구제신청과 구제명령에 관한 설명으로 옳은 것을 모두 고른 것은?

▸ 공인노무사 제32회

ㄱ. 노동위원회는 구제신청에 따라 당사자를 심문할 때 직권으로 증인을 출석하게 하여 필요한 사항을 질문할 수 있다.
ㄴ. 노동위원회는 근로계약기간의 만료로 원직복직이 불가능한 경우에도 부당해고가 성립한다고 판정하면 근로자가 해고기간 동안 근로를 제공하였더라면 받을 수 있었던 임금 상당액에 해당하는 금품을 사업주가 근로자에게 지급하도록 명할 수 있다.
ㄷ. 노동위원회가 사용자에게 구제명령을 하는 때에 정하는 이행기간은 사용자가 구제명령을 서면으로 통지받은 날부터 30일 이내로 한다.
ㄹ. 지방노동위원회의 구제명령에 불복하는 사용자는 중앙노동위원회에 재심을 신청하거나 「행정소송법」의 규정에 따라 소(訴)를 제기할 수 있다.

① ㄱ, ㄴ
② ㄷ, ㄹ
③ ㄱ, ㄴ, ㄷ
④ ㄴ, ㄷ, ㄹ
⑤ ㄱ, ㄴ, ㄷ, ㄹ

해설 ㄱ. 제29조 제2항
ㄴ. 제30조 제4항
ㄷ. 「노동위원회법」에 따른 노동위원회 법 제30조 제1항에 따라 사용자에게 구제명령을 하는 때에는 이행기한을 정하여야 한다. 이 경우 이행기한은 법 제30조 제2항에 따라 사용자가 구제명령을 서면으로 통지받은 날부터 30일 이내로 한다(시행령 제11조).
ㄹ. 「노동위원회법」에 따른 지방노동위원회의 구제명령이나 기각결정에 불복하는 사용자나 근로자는 구제명령서나 기각결정서를 통지받은 날부터 10일 이내에 중앙노동위원회에 재심을 신청할 수 있다(제31조 제1항). 제1항에 따른 중앙노동위원회의 재심판정에 대하여 사용자나 근로자는 재심판정서를 송달받은 날부터 15일 이내에 「행정소송법」의 규정에 따라 소(訴)를 제기할 수 있다(제31조 제2항).

정답 18 ② 19 ③

20 **근로기준법령상 구제명령 등에 관한 설명이다. (   )에 들어갈 내용을 옳게 나열한 것은?**

▸ 공인노무사 제30회

> • 중앙노동위원회의 재심판정에 대하여 사용자나 근로자는 재심판정서를 송달받은 날부터 (ㄱ)일 이내에 「행정소송법」의 규정에 따라 소(訴)를 재기할 수 있다.
> • 노동위원회의 구제명령 이행기한은 사용자가 구제명령을 서면으로 통지받은 날부터 (ㄴ)일 이내로 한다.

① ㄱ : 10, ㄴ : 15
② ㄱ : 10, ㄴ : 30
③ ㄱ : 15, ㄴ : 15
④ ㄱ : 15, ㄴ : 30
⑤ ㄱ : 30, ㄴ : 30

해설
• 중앙노동위원회의 재심판정에 대하여 사용자나 근로자는 재심판정서를 송달받은 날부터 15일 이내에 「행정소송법」의 규정에 따라 소(訴)를 제기할 수 있다(제31조 제2항).
• 노동위원회는 사용자에게 구제명령을 하는 때에는 이행기한을 정하여야 한다. 이 경우 이행기한은 법 제30조 제2항에 따라 사용자가 구제명령을 서면으로 통지받은 날부터 30일 이내로 한다(시행령 제11조).

정답 20 ④

Section 05 임금

01 **근로기준법령상 임금에 관한 설명으로 옳지 않은 것은? (다툼이 있으면 판례에 따름)**

▸ 공인노무사 제32회

① 근로자가 임금채권을 양도한 경우 양수인이 스스로 사용자에 대하여 임금의 지급을 청구할 수 있다.

② 사용자가 근로자의 임금지급에 갈음하여 사용자가 제3자에 대하여 가지는 채권을 근로자에게 양도하기로 하는 약정은 전부 무효임이 원칙이다.

③ 사용자가 근로자에게 퇴직금 명목으로 지급한 금원 상당의 부당이득반환채권을 자동채권으로 하여 근로자의 퇴직금채권을 상계하는 것은 퇴직금채권의 2분의 1을 초과하는 부분에 해당하는 금액에 관하여만 허용된다.

④ 「근로기준법」에서 정한 통상임금에 산입될 수당을 통상임금에서 제외하기로 하는 노사 간의 합의는 「근로기준법」에서 정한 기준과 전체적으로 비교하여 그에 미치지 못하는 근로조건이 포함된 부분에 한하여 무효로 된다.

⑤ 근로자가 퇴직하여 더 이상 근로계약 관계에 있지 않은 상황에서 퇴직 시 발생한 퇴직금 청구권을 나중에 포기하는 것은 허용된다.

해설 ① 임금채권을 양도한 경우에도 임금의 지급에 관하여는 직접불의 원칙에 따라 임금채권의 압류를 제외하고는 사용자는 임금을 근로자에게 직접 지급하여야 한다(대판 1996.3.22, 95다2630).

② 사용자가 근로자의 임금 지급에 갈음하여 사용자가 제3자에 대하여 가지는 채권을 근로자에게 양도하기로 하는 약정은 전부 무효임이 원칙이다. 다만 당사자 쌍방이 위와 같은 무효를 알았더라면 임금의 지급에 갈음하는 것이 아니라 지급을 위하여 채권을 양도하는 것을 의욕하였으리라고 인정될 때에는 무효행위 전환의 법리(민법 제138조)에 따라 그 채권양도 약정은 '임금의 지급을 위하여 한 것'으로서 효력을 가질 수 있다(대판 2012.3.29, 2011다101308).

③ 근로자가 퇴직금 명목으로 지급받은 금원은 무효인 퇴직금분할 약정에 따라 법률상 원인 없이 받은 부당이득으로서 사용자에게 반환해야 한다. 사용자의 부당이득반환채권을 자동채권으로 하여 근로자의 퇴직금채권과 상계하는 것은 허용되며, 그 상계는 퇴직금의 1/2을 초과하는 부분에 해당하는 금액에 대해서만 허용된다(대판 2010.5.20, 2007다90760 전원합의체).

④ 근로기준법에서 정한 통상임금에 산입될 수당을 통상임금에서 제외하기로 하는 노사 간의 합의는 전부가 무효가 되는 것이 아니라, 근로기준법에서 정한 기준과 전체적으로 비교하여 그에 미치지 못하는 근로조건이 포함된 부분에 한하여 무효로 된다(대판 2019.11.28, 2019다261084).

⑤ 퇴직금은 사용자가 일정 기간을 계속근로하고 퇴직하는 근로자에게 계속근로에 대한 대가로서 지급하는 후불적 임금의 성질을 띤 금원으로서 구체적인 퇴직금청구권은 근로관계가 끝나는 퇴직이라는 사실을 요건으로 발생한다. 최종 퇴직 시 발생하는 퇴직금청구권을 미리 포기하는 것은 강행법규인 근로기준법, 근로자퇴직급여 보장법에 위반되어 무효이다. 그러나 근로자가 퇴직하여 더 이상 근로계약관계에 있지 않은 상황에서 퇴직 시 발생한 퇴직금청구권을 나중에 포기하는 것은 허용되고, 이러한 약정이 강행법규에 위반된다고 볼 수 없다(대판 2018.7.12, 2018다21821 · 25502).

정답 01 ①

02 근로기준법령상 임금명세서의 기재사항으로 명시된 것을 모두 고른 것은? ▸ 공인노무사 제31회

ㄱ. 임금 총액	ㄴ. 임금지급일
ㄷ. 고용 연월일	ㄹ. 종사하는 업무

① ㄱ, ㄴ ② ㄷ, ㄹ ③ ㄱ, ㄴ, ㄹ
④ ㄴ, ㄷ, ㄹ ⑤ ㄱ, ㄴ, ㄷ, ㄹ

해설 • 사용자는 임금을 지급하는 때에는 근로자에게 임금의 구성항목 · 계산방법, 제43조 제1항 단서에 따라 임금의 일부를 공제한 경우의 내역 등 대통령령으로 정하는 사항을 적은 임금명세서를 서면(「전자문서 및 전자거래 기본법」 제2조 제1호에 따른 전자문서를 포함한다)으로 교부하여야 한다(제48조 제2항).

시행령 제27조의2(임금명세서의 기재사항)
사용자는 법 제48조 제2항에 따른 임금명세서에 다음 각 호의 사항을 적어야 한다.
1. 근로자의 성명, 생년월일, 사원번호 등 근로자를 특정할 수 있는 정보
2. 임금지급일
3. 임금 총액
4. 기본급, 각종 수당, 상여금, 성과금, 그 밖의 임금의 구성항목별 금액(통화 이외의 것으로 지급된 임금이 있는 경우에는 그 품명 및 수량과 평가총액을 말한다)
5. 임금의 구성항목별 금액이 출근일수 · 시간 등에 따라 달라지는 경우에는 임금의 구성항목별 금액 의 계산방법(연장근로, 야간근로 또는 휴일근로의 경우에는 그 시간 수를 포함한다)
6. 법 제43조 제1항 단서에 따라 임금의 일부를 공제한 경우에는 임금의 공제 항목별 금액과 총액 등 공제내역

03 근로기준법령상 임금에 관한 설명으로 옳지 않은 것은? (다툼이 있으면 판례에 따름)

▸ 공인노무사 제30회

① 근로자가 소정근로시간을 초과하여 근로를 제공함으로써 사용자로부터 추가로 지급받는 임금은 통상임금에 속한다.
② 평균임금 산정기간 중에 업무 외 질병을 사유로 사용자의 승인을 받아 휴업한 기간이 있는 경우에는 그 기간과 그 기간 중에 지급된 임금은 평균임금 산정기준이 되는 기간과 임금의 총액에서 각각 뺀다.
③ 법령 또는 단체협약에 특별한 규정이 있는 경우에는 임금의 일부를 공제하거나 통화 이외의 것으로 지급할 수 있다.
④ 상여금이 계속적 · 정기적으로 지급되고 그 지급액이 확정되어 있다면 이는 근로의 대가로 지급되는 임금의 성질을 가진다.
⑤ 사용자는 근로자가 혼인한 경우의 비용에 충당하기 위하여 임금 지급을 청구하면 지급기일 전이라도 이미 제공한 근로에 대한 임금을 지급하여야 한다.

해설 ① 근로자가 소정근로시간을 초과하여 근로를 제공하거나 근로계약에서 제공하기로 정한 근로 외의 근로를 특별히 제공함으로써 사용자로부터 추가로 지급받는 임금이나 소정근로시간의 근로와는 관련 없이 지급받는 임금은 소정근로의 대가라 할 수 없으므로 통상임금에 속하지 아니한다(대판 2013.12.18, 2012다89399 전원합의체).
② 시행령 제2조 제1항 제8호
③ 제43조 제1항 단서
④ 상여금이 계속적·정기적으로 지급되고 그 지급액이 확정되어 있다면 이는 근로의 대가로 지급되는 임금의 성질을 가지나 그 지급사유의 발생이 불확정이고 일시적으로 지급되는 것은 임금이라고 볼 수 없으며, 또한 그 상여금이 퇴직금 산정의 기초가 되는 평균임금에 산입될 수 있는지의 여부는 특별한 사정이 없는 한 퇴직 당시를 기준으로 판단하여야 한다(대판 2002.6.11, 2001다16722).
⑤ 제45조

PART 02

04 근로기준법상 임금에 관한 설명으로 옳지 않은 것은? (다툼이 있으면 판례에 따름)

▸ 공인노무사 제29회

① 실비변상적 금원은 평균임금 산정의 기초가 되는 임금 총액에 포함되지 않는다.
② 산출된 평균임금액이 그 근로자의 통상임금보다 적으면 그 통상임금액을 평균임금으로 한다.
③ 사용자와 근로자는 통상임금의 의미나 범위에 관하여 단체협약 등에 의해 따로 합의할 수 있다.
④ "평균임금"이란 이를 산정하여야 할 사유가 발생한 날 이전 3개월 동안에 그 근로자에게 지급된 임금의 총액을 그 기간의 총 일수로 나눈 금액을 말한다.
⑤ 정기상여금의 지급주기가 1개월을 넘는다는 사정만으로 그 임금이 통상임금에서 제외된다고 할 수는 없다.

해설 ① 근로자가 특수한 근무조건이나 환경에서 직무를 수행함으로 말미암아 추가로 소요되는 비용을 변상하기 위하여 지급되는 **실비변상적 금원 또는 사용자가 지급의무 없이 은혜적으로 지급하는 금원 등은 평균임금 산정의 기초가 되는 임금 총액에 포함되지 아니한다**(대판 2003.4.22, 2003다10650).
② 제2조 제2항
③ 통상임금은 근로조건의 기준을 마련하기 위하여 법이 정한 도구개념이므로, 사용자와 근로자가 통상임금의 의미나 범위 등에 관하여 단체협약 등에 의해 따로 합의할 수 있는 성질의 것이 아니다. 따라서 성질상 근로기준법상의 통상임금에 속하는 임금을 통상임금에서 제외하기로 노사 간에 합의하였다 하더라도 그 합의는 효력이 없다(대판 2013.12.18, 2012다89399 전원합의체).
④ 제2조 제1항 제6호
⑤ 대판 2013.12.18, 2012다89399

정답 02 ① 03 ① 04 ③

05 근로기준법상 임금에 관한 설명으로 옳지 않은 것은? (다툼이 있으면 판례에 따름)

▸ 공인노무사 제28회

① 임금은 통화(通貨)로 직접 근로자에게 그 전액을 지급하여야 한다.

② 임금은 매월 1회 이상 일정한 날짜를 정하여 지급하여야 한다.

③ 사용자가 근로자의 불법행위를 원인으로 한 손해배상 채권을 가지고 있더라도 근로자의 임금채권과 상계할 수 없다.

④ 근로자의 임금포기에 관한 약정에 대해서는 문언의 기재 내용에 따라 엄격하게 해석해야 하기 때문에 임금포기를 한 경위나 목적 등 여러 사정을 반영하는 합목적적 해석을 해서는 안 된다.

⑤ 근로자로부터 임금채권을 양수받은 자라 하더라도 사용자로부터 직접 임금을 지급받을 수 없다.

해설 ①·② 제43조

> 근로기준법 제43조(임금 지급)
>
> ① 임금은 통화(通貨)로 직접 근로자에게 그 전액을 지급하여야 한다. 다만, 법령 또는 **단체협약**에 특별한 규정이 있는 경우에는 **임금의 일부를 공제**하거나 **통화 이외의 것으로** 지급할 수 있다.
>
> ② 임금은 **매월 1회 이상** 일정한 날짜를 정하여 지급하여야 한다. 다만, 임시로 지급하는 임금, 수당, 그 밖에 이에 준하는 것 또는 대통령령으로 정하는 임금에 대하여는 그러하지 아니하다.

③ 근로자에 대한 임금은 직접 근로자에게 전액을 지급하여야 하는 것이므로 초과지급된 임금의 반환채권을 제외하고는 사용자가 근로자에 대하여 가지는 대출금이나 불법행위를 원인으로 한 채권으로써 근로자의 임금채권과 상계하지 못한다(대판 1999.7.13, 99도2168).

④ 근로자의 기본적 생활을 유지하고 인간다운 생활을 보장하기 위하여 마련된 근로기준법상의 임금에 관한 규정의 입법 취지에 비추어 보면 근로자의 임금포기에 관한 약정은 문언의 기재 내용을 엄격하게 해석하여야 할 것이나 그 임금포기를 한 경위나 목적 등 여러 사정에 따라 합목적적으로 해석하는 것이 오히려 근로자들의 의사나 이해에 합치되는 경우도 있다고 할 것인바…(대판 2002.11.8, 2002다35867).

⑤ 임금채권을 양도한 경우에도 임금의 지급에 관하여는 직접불의 원칙에 따라 임금채권의 압류를 제외하고는 사용자는 임금을 근로자에게 직접 지급하여야 한다(대판 1996.3.22, 95다2630).

06 **근로기준법령상 임금 지급에 관한 설명으로 옳지 않은 것은? (다툼이 있으면 판례에 따름)**

▸ 공인노무사 제26회

① 사용자가 근로자의 대리인에게 임금을 지급하는 것은 근로기준법에 위반된다.
② 임금은 매월 1회 이상 일정한 날짜를 정하여 근로자에게 지급하여야 하며, 연봉제를 적용하는 경우에도 마찬가지이다.
③ 근로자가 임금채권을 타인에게 양도한 경우 사용자는 임금채권의 양수인에게 임금을 지급할 수 있다.
④ 근로자가 본인의 혼인 비용에 충당하기 위하여 임금 지급을 청구하면 임금 지급기일 전이라도 이미 제공한 근로에 대한 임금을 지급하여야 한다.
⑤ 1개월을 초과하는 기간의 출근 성적에 따라 지급하는 정근수당은 매월 1회 이상 일정한 날짜를 정하여 지급하지 아니할 수 있다.

해설 ① 대리인에게 임금을 지급하는 것은 제43조 제1항(직접불원칙)에 위배된다.
② 연봉제의 경우에도 매월 1회 이상 정기불의 원칙이 적용된다.
③ 임금채권을 양도한 경우에도 임금의 지급에 관하여는 직접불의 원칙에 따라 임금채권의 압류를 제외하고는 사용자는 임금을 근로자에게 직접 지급하여야 한다(대판 1996.3.22, 95다2630).
④ 제45조, 시행령 제25조
⑤ 제43조 제2항, 시행령 제23조 제1호

07 **근로기준법상 임금 지급에 관한 설명으로 옳은 것은? (다툼이 있으면 판례에 따름)**

▸ 공인노무사 제24회

① 임금채권의 양수인은 스스로 사용자에 대하여 임금의 지급을 청구할 수 있다.
② 단체협약에 특별한 규정이 있는 경우에는 임금의 일부를 통화(通貨) 이외의 것으로 지급할 수 있다.
③ 노동조합은 조합원인 근로자의 임금을 대리하여 수령할 수 있다.
④ 근로자는 사용자에 대한 임금청구권을 지급기한이 도래한 이후에도 포기하지 못한다.
⑤ 임금 전액을 지급하지 않은 사용자에 대해서는 피해자의 명시적인 의사에 상관없이 처벌이 가능하다.

해설 ① 임금채권을 양도한 경우에도 임금의 지급에 관하여는 직접불의 원칙에 따라 임금채권의 압류를 제외하고는 사용자는 임금을 근로자에게 직접 지급하여야 한다(대판 1996.3.22, 95다2630).
② 제43조 제1항
③ 직접불원칙상 노동조합은 근로자의 임금을 대리하여 수령할 수 없다.
④ 이미 구체적으로 그 지급청구권이 발생한 임금은 근로자의 사적 재산영역으로 옮겨져 근로자의 처분에 맡겨진 것으로서 노동조합이 단체협약으로 이를 포기할 수는 없고 다만 근로자가 개별적으로 이를 포기할 수 있다 할 것인바… (대판 2003.9.5, 2001다14665).
⑤ 반의사불벌죄이다.

정답 05 ④ 06 ③ 07 ②

08 근로기준법령상 평균임금에 관한 설명으로 옳은 것은? (다툼이 있으면 판례에 따름)

▸ 공인노무사 제33회

① 계속적 · 정기적으로 지급되고 지급대상, 지급조건 등이 확정되어 있어 사용자에게 지급 의무가 있는 경영평가성과급은 평균임금 산정의 기초가 되는 임금에 포함된다.
② 사용자는 연장근로에 대하여는 평균임금의 100분의 50 이상을 가산하여 근로자에게 지급하여야 한다.
③ 평균임금의 산정기간 중에 출산전후휴가 기간이 있는 경우 그 기간은 산정기간에 포함된다.
④ 일용근로자의 평균임금은 최저임금위원회가 정하는 금액으로 한다.
⑤ 평균임금이란 이를 산정하여야 할 사유가 발생한 날 이전 3개월 동안에 그 근로자에게 지급된 임금의 총액을 그 기간의 총 근로시간 수로 나눈 금액을 말한다.

해설 ① 대판 2018.12.13, 2018다231536
② 사용자는 연장근로(제53조 · 제59조 및 제69조 단서에 따라 연장된 시간의 근로를 말한다)에 대하여는 통상임금의 100분의 50 이상을 가산하여 근로자에게 지급하여야 한다(제56조 제1항).
③ 평균임금 산정에서 제외되는 경우이다(시행령 제2조 제1항 제3호).
④ 일용근로자의 평균임금은 고용노동부장관이 사업이나 직업에 따라 정하는 금액으로 한다(시행령 제3조).
⑤ "평균임금"이란 이를 산정하여야 할 사유가 발생한 날 이전 3개월 동안에 그 근로자에게 지급된 임금의 총액을 그 기간의 총 일수로 나눈 금액을 말한다. 근로자가 취업한 후 3개월 미만인 경우도 이에 준한다(제2조 제1항 제6호).

09 근로기준법령상 통상임금에 관한 설명으로 옳지 않은 것은? (다툼이 있으면 판례에 따름)

▸ 공인노무사 제34회

① 고정성을 통상임금의 개념적 징표에서 제외하였으므로 주휴수당은 통상임금에 속한다.
② 근로자가 소정근로시간을 초과하여 근로를 제공함으로써 사용자로부터 추가로 지급받는 임금은 통상임금으로 볼 수 없다.
③ 통상임금에 산입될 수당을 통상임금에서 제외하기로 하는 노사합의에 따라 계산한 금액이 「근로기준법」에서 정한 기준에 미달할 때에는 그 미달하는 범위 내에서 노사합의는 무효이다.
④ 통상임금에 속하기 위한 성질을 갖춘 임금이 1개월을 넘는 기간마다 정기적으로 지급되는 경우, 그 임금이 소정근로의 대가로서 성질을 상실하게 되는 것이 아니다.
⑤ 통상임금은 근로자에게 정기적이고 일률적으로 소정근로 또는 총 근로에 대하여 지급하기로 정한 시간급 금액, 일급 금액, 주급 금액, 월급 금액 또는 도급 금액을 말한다.

해설 ① 고정성을 통상임금의 개념적 징표에서 제외하였어도 성질상 통상임금을 기초로 산정되는 주휴수당 등과 같은 법정수당은 개념적으로 통상임금이 될 수 없으므로 통상임금에 속하지 아니한다(대판(전합) 2024.12.19, 2020다247190).

② 근로자가 소정근로시간을 초과하여 근로를 제공하거나 근로계약에서 제공하기로 정한 근로 외의 근로를 특별히 제공함으로써 사용자로부터 추가로 지급받는 임금이나 소정근로시간의 근로와는 관련없이 지급받는 임금은 통상임금에 해당하지 않는다(대판(전합) 2013.12.18. 2012다89399).
③ 대판(전합) 2013.12.18. 2012다89399
④ 대판(전합) 2013.12.18. 2012다89399
⑤ 시행령 제6조 제1항

10 **통상임금에 관한 설명으로 옳지 않은 것은? (다툼이 있으면 판례에 따름)** ▸공인노무사 제24회

① 어떠한 임금이 통상임금에 속하는지 여부는 그 임금이 소정근로의 대가로 근로자에게 지급되는 금품으로서 정기적・일률적・고정적으로 지급되는 것인지를 기준으로 그 객관적인 성질에 따라 판단하여야 한다.
② 임금의 지급주기가 1개월을 넘는다는 사정만으로 그 임금이 통상임금에서 제외된다고 할 수는 없다.
③ 근무실적에서 최하 등급을 받더라도 최소한도의 지급이 확정되어 있다면 그 최소한도의 임금은 고정적 임금이라고 할 수 있다.
④ 근무일수에 따라 일할계산하여 지급되는 임금은 실제 근무일수에 따라 그 지급액이 달라지므로 고정적 임금이라고 할 수 없다.
⑤ '일률적'으로 지급되는 임금에는 '모든 근로자'에게 지급되는 것뿐만 아니라 '일정한 조건 또는 기준에 달한 모든 근로자'에게 지급되는 것도 포함된다.

해설 ※ **통상임금의 요건(대판 2013.12.18. 2012다94643 전원합의체)**
소정근로의 대가로서의 임금이 정기성, 일률성, 고정성을 모두 갖추고 있어야 통상임금에 해당함
1. 소정근로의 대가
근로자가 소정근로시간을 초과하여 근로를 제공하거나 근로계약에서 제공하기로 정한 근로 외의 근로를 특별히 제공함으로써 사용자로부터 추가로 지급받는 임금이나 소정근로시간의 근로와는 관련 없이 지급받는 임금은 통상임금에 해당하지 않음
2. 정기성
1) 정기성의 의미
미리 정해진 일정한 기간마다 정기적으로 지급되는 임금이어야 함
2) 1개월(1임금산정기간)을 초과하는 기간마다 지급되는 임금
어떤 임금이 1개월을 초과하는 기간마다 지급이 되더라도, 일정한 기간마다 정기적으로 지급되는 것이면 통상임금에 포함될 수 있음
3. 일률성
1) 일률성의 의미
'모든 근로자' 또는 '일정한 조건이나 기준에 달한 모든 근로자'에게 일률적으로 지급되어야 통상임금이 될 수 있음

정답 08 ① 09 ① 10 ④

2) '일정한 조건이나 기준에 달한 모든 근로자'의 의미

모든 근로자에게 지급되는 것은 아니더라도 일정한 조건이나 기준에 달한 근로자들에게는 모두 지급되는 것이면 일률성이 인정됨. '일정한 조건'이란 시시때때로 변동되지 않는 고정적인 조건이어야 하고 '근로'와 관련된 조건이어야 함.

4. 고정성

1) 고정성의 의미

초과근로(연장・야간・휴일근로)를 제공할 당시에, 그 지급 여부가 업적, 성과 기타 추가적인 조건과 관계없이 사전에 이미 확정되어 있는 것이어야 고정성이 인정됨. 따라서 고정적인 임금이란, 명칭을 묻지 않고, 소정근로시간을 근무한 근로자가 그 다음 날 퇴직한다고 하더라도 근로의 대가로 당연하고도 확정적으로 지급받게 되는 최소한의 임금을 의미

2) 고정성이 없다는 것의 의미

- 근로제공 이외에 추가적인 조건이 충족되어야 지급되는 임금이나, 그 충족 여부에 따라 지급액이 달라지는 임금 부분은 고정성이 없어 통상임금이 아님. 여기서 '추가적인 조건'이란 '초과근무를 하는 시점에 성취 여부가 불분명한 조건'을 의미함. 다만, 그 조건에 따라 달라지지 않는 부분만큼은 고정성이 있어 통상임금이 될 수 있음
- 실제 근무성적에 따라 지급여부나 지급액이 달라지는 성과급과 같은 임금이 고정성이 없어 통상임금이 될 수 없는 대표적인 경우(다만, 최소한도로 보장되는 부분만큼은 근무성적과 무관하게 누구나 받을 수 있는 고정적인 것이므로, 통상임금이 될 수 있음)
- 특정 시점에 재직 중일 것을 조건으로 하는 급여의 고정성
  근로자가 특정 시점 전에 퇴직하더라도 그 근무일수에 비례한 만큼의 임금이 지급되는 경우에는 근무일수에 비례하여 지급되는 한도에서는 고정성이 부정되지 않음

※ **통상임금의 요건(대판(전합) 2024.12.19, 2020다247190)**

- 종전 판례가 제시한 **고정성**을 통상임금의 개념적 징표에서 **제외**
- **[재직조건부 임금]** 근로자가 재직하는 것은 소정근로를 제공하기 위한 당연한 전제이므로, 재직조건이 부가되어 있다는 사정만으로 그 임금의 소정근로 대가성이나 통상임금성이 부정되지 않음
- **[근무일수 조건부 임금]** 소정근로를 온전하게 제공하는 근로자라면 충족할 소정근로일수 이내의 근무 일수 조건이 부가되어 있다는 사정만으로 그 임금의 통상임금성이 부정되지 않음. 반면 소정근로일수를 초과하는 근무일수 조건부 임금은 소정근로를 넘는 추가 근로의 대가이므로 통상임금이 아님
- **[성과급]** 근로자의 근무실적에 따라 지급되는 성과급은 일정한 업무성과나 평가결과를 충족하여야만 지급되므로 고정성을 통상임금의 개념적 징표에서 제외하더라도 일반적으로 '소정근로 대가성'을 갖추었다고 보기 어려워 통상임금에 해당하지 않음. 다만 근무실적과 무관하게 지급되는 최소 지급분은 소정근로의 대가에 해당함

11 **근로기준법령상 임금에 관한 설명으로 옳지 않은 것은?** ▸공인노무사 제31회

① 통상임금에는 1개월 이내의 주기마다 정기적으로 지급되는 임금과 수당만이 포함된다.
② 산출된 평균임금액이 그 근로자의 통상임금보다 적으면 그 통상임금액을 평균임금으로 한다.
③ 임금은 매월 1회 이상 일정한 날짜를 정하여 지급하여야 하며, 다만 임시로 지급하는 임금에 대하여는 그러하지 아니하다.
④ 평균임금의 산정기간 중에 출산전후휴가 기간이 있는 경우에는 그 기간과 그 기간 중에 지급된 임금은 평균임금 산정기준이 되는 기간과 임금의 총액에서 각각 뺀다.
⑤ 평균임금이란 이를 산정하여야 할 사유가 발생한 날 이전 3개월 동안에 그 근로자에게 지급된 임금의 총액을 그 기간의 총 일수로 나눈 금액을 말한다.

해설 ① 어떤 임금이 1개월을 초과하는 기간마다 지급이 되더라도, 일정한 기간마다 정기적으로 지급되는 것이면 통상임금에 포함될 수 있다(대판 2013.12.18, 2012다94643 전원합의체).
② 제2조 제2항
③ 제43조 제2항
④ 시행령 제2조 제1항 제3호
⑤ 제2조 제1항 제6호

12 **근로기준법령상 체불사업주 명단 공개에 관한 설명으로 옳지 않은 것은?** ▸공인노무사 제33회

① 고용노동부장관은 명단 공개를 할 경우에 체불사업주에게 3개월 이상의 기간을 정하여 소명 기회를 주어야 한다.
② 명단 공개는 공공장소에 1년간 게시한다.
③ 체불사업주가 법인인 경우에는 그 대표자의 성명・나이・주소 및 법인의 명칭・주소를 공개한다.
④ 관련 법령에 따라 임금등 체불자료를 받은 종합신용정보집중기관은 이를 체불사업주의 신용도・신용거래능력 판단과 관련한 업무에 이용할 수 있다.
⑤ 고용노동부장관은 체불사업주의 사망・폐업으로 임금등 체불자료 제공의 실효성이 없는 경우에는 종합신용정보집중기관에 임금등 체불자료를 제공하지 아니할 수 있다.

해설 ① 제43조의2 제2항
② 공개는 관보에 싣거나 인터넷 홈페이지, 관할 지방고용노동관서 게시판 또는 그 밖에 열람이 가능한 공공장소에 3년간 게시하는 방법으로 한다(시행령 제23조의3 제2항).
③ 고용노동부장관은 법 제43조의2 제1항에 따라 다음 각 호의 내용을 공개한다(시행령 제23조의3 제1항).

정답 11 ① 12 ②

1. 체불사업주의 성명 · 나이 · 상호 · 주소(체불사업주가 법인인 경우에는 그 대표자의 성명 · 나이 · 주소 및 법인의 명칭 · 주소를 말한다)
2. 명단 공개 기준일 이전 3년간의 임금등 체불액

④ 제1항에 따라 임금 등 체불자료를 받은 자는 이를 체불사업주의 신용도 · 신용거래능력 판단과 관련한 업무 외의 목적으로 이용하거나 누설하여서는 아니 된다(제43조의3 제2항).

⑤ 고용노동부장관은 「신용정보의 이용 및 보호에 관한 법률」 제25조 제2항 제1호에 따른 종합신용정보 집중기관이 임금 등 체불자료 제공일 이전 3년 이내 임금 등을 체불하여 2회 이상 유죄가 확정된 자로서 임금 등 체불자료 제공일 이전 1년 이내 임금 등의 체불총액이 2천만원 이상인 체불사업주, 상습체불사업주에 해당하는 체불사업주의 인적 사항과 체불액 등에 관한 자료(이하 "임금 등 체불자료"라 한다)를 요구할 때에는 임금등의 체불을 예방하기 위하여 필요하다고 인정하는 경우에 그 자료를 제공할 수 있다. 다만, 체불사업주의 사망 · 폐업으로 임금 등 체불자료 제공의 실효성이 없는 경우 등 대통령령으로 정하는 사유가 있는 경우에는 그러하지 아니하다(제43조의3 제1항).

13 근로기준법령상 체불사업주 명단 공개 등에 관한 설명으로 옳은 것은? ▸ 공인노무사 제30회

① 고용노동부장관은 체불사업주가 명단 공개 기준일 이전 1년 이내 임금등의 체불총액이 2천만원 이상인 경우에는 그 인적사항을 공개하여야 한다.

② 체불사업주의 인적사항 등에 대한 공개 여부를 심의하기 위하여 고용노동부에 임금체불정보심의위원회를 둔다.

③ 고용노동부장관이 체불사업주 명단을 공개할 경우, 체불사업주가 법인이라면 그 대표자의 성명 · 나이는 명단 공개의 내용에 포함되지 않는다.

④ 고용노동부장관은 체불사업주 명단을 공개할 경우에 체불사업주에게 1개월간 소명기회를 주어야 한다.

⑤ 임금 등 체불자료를 받은 종합신용정보집중기관은 이를 체불사업주의 신용도 · 신용거래능력 판단과 관련한 업무 외의 목적으로 이용할 수 있다.

해설 ① 고용노동부장관은 임금, 보상금, 수당, 그 밖의 모든 금품을 지급하지 아니한 체불사업주가 명단 공개 기준일 이전 3년 이내 임금 등을 체불하여 2회 이상 유죄가 확정된 자로서 명단 공개 기준일 이전 1년 이내 임금 등의 체불총액이 3천만원 이상인 경우에는 그 인적사항 등을 공개할 수 있다(제43조의2 제1항).

② 제43조의2 제3항

③ 체불사업주가 법인인 경우에는 그 대표자의 성명 · 나이 · 주소 및 법인의 명칭 · 주소를 공개한다(시행령 제23조의3 제1항 제1호).

④ 고용노동부장관은 체불사업주 명단 공개를 할 경우에 체불사업주에게 3개월 이상의 기간을 정하여 소명 기회를 주어야 한다(제43조의2 제2항).

⑤ 임금 등 체불자료를 받은 자(종합신용정보집중기관)는 이를 체불사업주의 신용도 · 신용거래능력 판단과 관련한 업무 외의 목적으로 이용하거나 누설하여서는 아니 된다(제43조의3 제2항).

14 **상시 5명 이상의 근로자를 사용하는 사업장의 휴업수당 지급과 관련하여 근로기준법령에 위반하지 않은 것을 모두 고른 것은?**

▸ 공인노무사 제29회

ㄱ. 사용자 A의 휴업에 귀책사유가 있어 평균임금의 100분의 80에 해당하는 금액을 휴업수당으로 지급하였다.
ㄴ. 사용자 B의 휴업에 귀책사유가 없어 휴업수당을 지급하지 아니하였다.
ㄷ. 사용자 C의 휴업에 귀책사유가 있는데 평균임금의 100분의 70에 해당하는 금액이 통상임금을 초과하므로 통상임금을 휴업수당으로 지급하였다.

① ㄱ ② ㄴ ③ ㄱ, ㄷ
④ ㄴ, ㄷ ⑤ ㄱ, ㄴ, ㄷ

해설 제46조(휴업수당)

① 사용자의 귀책사유로 휴업하는 경우에 사용자는 휴업기간 동안 그 근로자에게 평균임금의 100분의 70 이상의 수당을 지급하여야 한다. 다만, 평균임금의 100분의 70에 해당하는 금액이 통상임금을 초과하는 경우에는 통상임금을 휴업수당으로 지급할 수 있다.
② 제1항에도 불구하고 부득이한 사유로 사업을 계속하는 것이 불가능하여 노동위원회의 승인을 받은 경우에는 제1항의 기준에 못 미치는 휴업수당을 지급할 수 있다.

15 **근로기준법령상 휴업수당에 관한 설명으로 옳지 않은 것은? (다툼이 있으면 판례에 따름)**

▸ 공인노무사 제34회

① 평균임금의 100분의 70에 해당하는 금액이 통상임금을 초과하는 경우에는 통상임금을 휴업수당으로 지급할 수 있다.
② 휴업에는 근로자가 근로계약에 따라 근로를 제공할 의사가 있음에도 불구하고 그 의사에 반하여 취업이 거부되는 경우도 포함된다.
③ 사용자는 자신의 귀책사유에 해당하는 경영상의 필요에 따라 개별 근로자들에 대하여 대기발령을 한 경우 그 기간에 대한 휴업수당을 지급할 의무가 있다.
④ 부득이한 사유로 사업을 계속하는 것이 불가능한 경우에는 노동위원회의 승인을 얻어 휴업기간 동안 그 근로자에게 평균임금의 100분의 70 미만의 수당을 지급할 수 있다.
⑤ 사용자의 귀책사유로 휴업하는 경우에 지급하는 휴업수당은 임금으로 볼 수 없다.

해설 ① 제46조 제1항
②·③·⑤ 근로기준법 제46조 제1항에서 정하는 '휴업'에는 개개의 근로자가 근로계약에 따라 근로를 제공할 의사가 있는데도 그 의사에 반하여 취업이 거부되거나 불가능하게 된 경우도 포함되므로, 이는 '휴직'을 포함하는 광의의 개념인데, 근로기준법 제23조 제1항에서 정하는 '휴직'은 어떤

정답 13 ② 14 ⑤ 15 ⑤

근로자를 그 직무에 종사하게 하는 것이 불가능하거나 적당하지 아니한 사유가 발생한 때에 그 근로자의 지위를 그대로 두면서 일정한 기간 그 직무에 종사하는 것을 금지시키는 사용자의 처분을 말하는 것이고, '대기발령'은 근로자가 현재의 직위 또는 직무를 장래에 계속 담당하게 되면 업무상 장애 등이 예상되는 경우에 이를 예방하기 위하여 일시적으로 당해 근로자에게 직위를 부여하지 아니함으로써 직무에 종사하지 못하도록 하는 잠정적인 조치를 의미하므로, 대기발령은 근로기준법 제23조 제1항에서 정한 '휴직'에 해당한다고 볼 수 있다. 따라서 사용자가 자신의 귀책사유에 해당하는 경영상의 필요에 따라 개별 근로자들에 대하여 대기발령을 하였다면 이는 근로기준법 제46조 제1항에서 정한 휴업을 실시한 경우에 해당하므로 사용자는 그 근로자들에게 휴업수당을 지급할 의무가 있다. 채무자 회생 및 파산에 관한 법률 제179조 제1항 제10호는 "채무자의 근로자의 임금"을 공익채권으로 규정하고 있고, 근로기준법 제2조 제1항 제5호는 "임금이란 사용자가 근로의 대가로 근로자에게 임금, 봉급, 그 밖에 어떠한 명칭으로든지 지급하는 일체의 금품을 말한다." 라고 규정하고 있는데, 근로기준법 제46조 제1항에서 정한 "사용자의 귀책사유로 휴업하는 경우"에 지급하는 휴업수당은 비록 현실적 근로를 제공하지 않았다는 점에서는 근로제공과의 밀접도가 약하기는 하지만, 근로자가 근로제공의 의사가 있는데도 자신의 의사와 무관하게 근로를 제공하지 못하게 된 데 대한 대상(代償)으로 지급하는 것이라는 점에서 임금의 일종으로 보아야 하므로 휴업수당청구권은 채무자회생법에서 정한 공익채권에 해당한다(대판 2013.10.11, 2012다12870).

④ 제46조 제2항

16 근로기준법령상 사용자가 임금대장에 적어야 할 사항으로 명시된 것을 모두 고른 것은?

▸ 공인노무사 제34회

ㄱ. 임금 및 가족수당 계산의 기초가 되는 사항
ㄴ. 근로일수 및 근로시간수
ㄷ. 임금지급일
ㄹ. 임금액

① ㄱ, ㄴ
② ㄷ, ㄹ
③ ㄱ, ㄴ, ㄷ
④ ㄱ, ㄴ, ㄹ
⑤ ㄴ, ㄷ, ㄹ

해설 제48조(임금대장 및 임금명세서) 제1항

① 사용자는 각 사업장별로 임금대장을 작성하고 임금과 가족수당 계산의 기초가 되는 사항, 임금액, 그 밖에 대통령령으로 정하는 사항을 임금을 지급할 때마다 적어야 한다.

시행령 제27조(임금대장의 기재사항)

① 사용자는 법 제48조 제1항에 따른 임금대장에 다음 각 호의 사항을 근로자 개인별로 적어야 한다.

1. 성명
2. 생년월일, 사원번호 등 근로자를 특정할 수 있는 정보
3. 고용 연월일
4. 종사하는 업무
5. 임금 및 가족수당의 계산기초가 되는 사항
6. 근로일수
7. 근로시간수
8. 연장근로, 야간근로 또는 휴일근로를 시킨 경우에는 그 시간수
9. 기본급, 수당, 그 밖의 임금의 내역별 금액(통화 외의 것으로 지급된 임금이 있는 경우에는 그 품명 및 수량과 평가총액)
10. 법 제43조 제1항 단서에 따라 임금의 일부를 공제한 경우에는 그 금액

17 **근로기준법 위반사항 중 피해자의 명시적인 의사와 다르게 공소를 제기할 수 없는 경우는 몇 개인가?** ▸ 공인노무사 제32회

- 근로자에게 1주에 평균 1회 이상의 유급휴일을 보장하지 않는 경우
- 사용자의 귀책사유로 휴업하면서 휴업수당을 지급하지 않는 경우
- 연장・야간・휴일근로에 대한 가산수당을 지급하지 않는 경우
- 친권자나 후견인이 미성년자의 근로계약을 대리하는 경우
- 근로자를 즉시 해고하면서 해고예고수당을 지급하지 않는 경우

① 1개　　② 2개
③ 3개　　④ 4개
⑤ 5개

해설 제36조(금품 청산), 제43조(임금 지급), 제44조(도급사업에 대한 임금 지급), 제44조의2(건설업에서의 임금 지급 연대책임), 제46조(휴업수당), 제51조의3(근로한 기간이 단위기간보다 짧은 경우의 임금정산), 제52조(선택적 근로시간제) 제2항 제2호 또는 제56조(연장・야간 및 휴일근로)를 위반한 자에 대하여는 피해자의 명시적인 의사와 다르게 공소를 제기할 수 없다(제109조 제2항).

정답 16 ④ 17 ②

Section 06 근로시간

01 근로기준법령상 재량근로의 대상업무로 명시되지 않은 것은? ▸ 공인노무사 제31회

① 인문사회과학분야의 연구 업무
② 정보처리시스템의 교육 업무
③ 신문 사업에서의 기사의 취재 업무
④ 의복의 디자인 업무
⑤ 영화 제작 사업에서의 프로듀서 업무

해설

시행령 제31조(재량근로의 대상업무)
법 제58조 제3항 전단에서 "대통령령으로 정하는 업무"란 다음 각 호의 어느 하나에 해당하는 업무를 말한다.
1. 신상품 또는 신기술의 연구개발이나 인문사회과학 또는 자연과학분야의 연구 업무
2. 정보처리시스템의 설계 또는 분석 업무
3. 신문, 방송 또는 출판 사업에서의 기사의 취재, 편성 또는 편집 업무
4. 의복・실내장식・공업제품・광고 등의 디자인 또는 고안 업무
5. 방송 프로그램・영화 등의 제작 사업에서의 프로듀서나 감독 업무
6. 그 밖에 고용노동부장관이 정하는 업무

02 근로기준법령상 근로시간제도에 관한 설명으로 옳지 않은 것은? ▸ 공인노무사 제29회

① 임신 중인 여성 근로자에 대하여는 탄력적 근로시간제를 적용하지 아니한다.
② 선택적 근로시간제의 정산기간은 3개월 이내의 일정한 기간으로 정하여야 한다.
③ 당사자 간에 합의하면 1주 간에 12시간을 한도로 제50조의 근로시간을 연장할 수 있다.
④ 재량근로의 대상업무는 사용자가 근로자대표와 서면 합의로 정한 시간을 근로한 것으로 본다.
⑤ 사용자는 야간근로에 대하여는 통상임금의 100분의 50 이상을 가산하여 근로자에게 지급하여야 한다.

해설 ① 제51조 제3항, 제51조의2 제6항
② 선택적 근로시간제의 정산기간은 원칙적으로 1개월이다(예외적으로 신상품 또는 신기술의 연구개발업무의 경우에는 3개월)(제52조 제1항).
③ 제53조 제1항
④ 제58조 제3항
⑤ 제56조 제3항

03 근로기준법상 근로시간 및 휴게시간의 특례가 적용되는 사업을 모두 고른 것은?

▸ 공인노무사 제33회

ㄱ. 노선여객자동차운송사업	ㄴ. 수상운송업
ㄷ. 보건업	ㄹ. 영화업

① ㄱ, ㄴ　② ㄱ, ㄷ　③ ㄴ, ㄷ
④ ㄴ, ㄷ, ㄹ　⑤ ㄱ, ㄴ, ㄷ, ㄹ

해설 ③ ㄴ·ㄷ

> 제59조(근로시간 및 휴게시간의 특례)
> ① 「통계법」 제22조 제1항에 따라 국가데이터처장이 고시하는 산업에 관한 표준의 중분류 또는 소분류 중 다음 각 호의 어느 하나에 해당하는 사업에 대하여 사용자가 근로자대표와 서면으로 합의한 경우에는 제53조 제1항에 따른 주 12시간을 초과하여 연장근로를 하게 하거나 제54조에 따른 휴게시간을 변경할 수 있다.
> 1. 육상운송 및 파이프라인 운송업. 다만, 「여객자동차 운수사업법」 제3조 제1항 제1호에 따른 노선여객자동차운송사업은 제외한다.
> 2. 수상운송업
> 3. 항공운송업
> 4. 기타 운송관련 서비스업
> 5. 보건업
>
> ② 제1항의 경우 사용자는 근로일 종료 후 다음 근로일 개시 전까지 근로자에게 연속하여 11시간 이상의 휴식 시간을 주어야 한다.

04 근로기준법상 근로시간에 관한 설명으로 옳은 것은?

▸ 공인노무사 제32회

① 3개월 이내의 탄력적 근로시간제에 따라 근로자를 근로시킬 경우에는 근로일 종료 후 다음 근로일 개시 전까지 근로자에게 연속하여 11시간 이상의 휴식 시간을 주어야 한다.
② 3개월 이내의 탄력적 근로시간제에 따라 근로자를 근로시킬 경우에는 기존의 임금수준이 낮아지지 않도록 임금보전방안을 강구하여 고용노동부장관에게 신고하여야 한다.
③ 3개월 이내의 탄력적 근로시간제는 15세 이상 18세 미만의 근로자에 대하여는 적용하지 아니한다.
④ 3개월을 초과하는 탄력적 근로시간제에 있어 업무량 급증의 불가피한 사유가 발생한 때에는 근로자대표와의 합의를 거쳐 단위기간의 주별 근로시간을 변경해야 한다.
⑤ 15세 이상 18세 미만인 사람의 근로시간은 1일에 6시간, 1주에 30시간을 초과하지 못한다.

정답 01 ② 02 ② 03 ③ 04 ③

해설 ① 3개월을 초과하는 탄력적 근로시간제에 따라 근로자를 근로시킬 경우 근로일 종료 후 다음 근로일 개시 전까지 근로자에게 연속하여 11시간 이상의 휴식 시간을 주어야 한다(제51조의2 제2항).

② 3개월 이내의 탄력적 근로시간제에 따라 근로자를 근로시킬 경우에는 기존의 임금 수준이 낮아지지 아니하도록 임금보전방안(賃金補塡方案)을 강구하여야 한다(제51조 제4항). 3개월을 초과하는 탄력적 근로시간제에 따라 근로자를 근로시킬 경우에는 기존의 임금 수준이 낮아지지 아니하도록 임금항목을 조정 또는 신설하거나 가산임금 지급 등의 임금보전방안(賃金補塡方案)을 마련하여 고용노동부장관에게 신고하여야 한다(51조의2 제5항).

③ 탄력적 근로시간제는 15세 이상 18세 미만의 근로자와 임신 중인 여성 근로자에 대하여는 적용하지 아니한다(제51조 제3항, 제51조의2 제6항).

④ 사용자는 제1항에 따른 근로자대표와의 서면 합의 당시에는 예측하지 못한 천재지변, 기계 고장, 업무량 급증 등 불가피한 사유가 발생한 때에는 제1항 제2호에 따른 단위기간 내에서 평균하여 1주간의 근로시간이 유지되는 범위에서 근로자대표와의 협의를 거쳐 제1항 제3호의 사항을 변경할 수 있다(제51조의2 제4항).

⑤ 15세 이상 18세 미만인 사람의 근로시간은 1일에 7시간, 1주에 35시간을 초과하지 못한다. 다만, 당사자 사이의 합의에 따라 1일에 1시간, 1주에 5시간을 한도로 연장할 수 있다(제69조).

05 근로기준법령상 3개월을 초과하는 탄력적 근로시간제에 관한 규정에 따라 사용자와 근로자대표가 서면 합의로 정하는 사항에 해당하지 않는 것은?

▸ 공인노무사 제31회

① 대상 근로자의 범위
② 단위기간(3개월을 초과하고 6개월 이내의 일정한 기간으로 정하여야 한다)
③ 단위기간의 주별 근로시간
④ 단위기간의 일별 근로시간
⑤ 서면 합의의 유효기간

해설 ④는 해당하지 않는다.

> 제51조의2(3개월을 초과하는 탄력적 근로시간제)
>
> ① 사용자는 근로자대표와의 서면 합의에 따라 다음 각 호의 사항을 정하면 3개월을 초과하고 6개월 이내의 단위기간을 평균하여 1주간의 근로시간이 제50조 제1항의 근로시간을 초과하지 아니하는 범위에서 특정한 주에 제50조 제1항의 근로시간을, 특정한 날에 제50조 제2항의 근로시간을 초과하여 근로하게 할 수 있다. 다만, 특정한 주의 근로시간은 52시간을, 특정한 날의 근로시간은 12시간을 초과할 수 없다.
>
> 1. 대상 근로자의 범위
> 2. 단위기간(3개월을 초과하고 6개월 이내의 일정한 기간으로 정하여야 한다)
> 3. 단위기간의 주별 근로시간
> 4. 그 밖에 대통령령으로 정하는 사항(서면 합의의 유효기간)

06 근로기준법 제51조 제2항의 규정이다. (　　)에 들어갈 내용을 옳게 나열한 것은?

▸공인노무사 제30회

> 사용자는 근로자대표와의 서면 합의에 따라 다음 각 호의 사항을 정하면 3개월 이내의 단위기간을 평균하여 1주 간의 근로시간이 제50조 제1항의 근로시간을 초과하지 아니하는 범위에서 특정한 주에 제50조 제1항의 근로시간을, 특정한 날에 제50조 제2항의 근로시간을 초과하여 근로하게 할 수 있다. 다만, 특정한 주의 근로시간은 (ㄱ)시간을, 특정한 날의 근로시간은 (ㄴ)시간을 초과할 수 없다.

① ㄱ : 48, ㄴ : 10
② ㄱ : 48, ㄴ : 12
③ ㄱ : 52, ㄴ : 10
④ ㄱ : 52, ㄴ : 12
⑤ ㄱ : 68, ㄴ : 12

해설 사용자는 근로자대표와의 서면 합의에 따라 다음 각 호의 사항을 정하면 3개월 이내의 단위기간을 평균하여 1주 간의 근로시간이 제50조 제1항의 근로시간을 초과하지 아니하는 범위에서 특정한 주에 제50조 제1항의 근로시간을, 특정한 날에 제50조 제2항의 근로시간을 초과하여 근로하게 할 수 있다. 다만, 특정한 주의 근로시간은 52시간을, 특정한 날의 근로시간은 12시간을 초과할 수 없다(제51조 제2항).

07 근로기준법상 탄력적 근로시간제에서 임금 정산에 관한 규정이다. (　　)에 들어갈 내용으로 옳은 것은?

▸공인노무사 제33회

> 사용자는 제51조 및 제51조의2에 따른 단위기간 중 근로자가 근로한 기간이 그 단위기간보다 짧은 경우에는 그 단위기간 중 해당 근로자가 근로한 (　　　) 전부에 대하여 제56조 제1항에 따른 가산임금을 지급하여야 한다.

① 기간에서 1일 8시간을 초과하여 근로한 시간
② 기간에서 1주 40시간을 초과하여 근로한 시간
③ 기간에서 1일 8시간을 초과하거나 1주 40시간을 초과하여 근로한 시간
④ 기간을 평균하여 1일 8시간을 초과하여 근로한 시간
⑤ 기간을 평균하여 1주간에 40시간을 초과하여 근로한 시간

해설 사용자는 제51조 및 제51조의2에 따른 단위기간 중 근로자가 근로한 기간이 그 단위기간보다 짧은 경우에는 그 단위기간 중 해당 근로자가 근로한 기간을 평균하여 1주간에 40시간을 초과하여 근로한 시간 전부에 대하여 제56조 제1항에 따른 가산임금을 지급하여야 한다(제51조의3).

정답 05 ④ 06 ④ 07 ⑤

08 **근로기준법령상 근로시간에 관한 설명으로 옳은 것은?** ▸공인노무사 제26회

① 3개월 이내 탄력적 근로시간제에서 특정한 주의 근로시간의 한도는 56시간이다.

② 사용자가 2주 이내의 탄력적 근로시간제를 시행하려면 근로자대표와 서면 합의에 의해 미리 정하여야 한다.

③ 보건업에서 사용자가 근로자대표와 서면 합의를 한 경우에는 1주간에 12시간을 초과하는 연장근로가 가능하다.

④ 사용자가 근로자대표와 서면 합의로 정한 시간을 근로한 것으로 보는 재량근로의 대상업무에 정보처리시스템의 설계 업무는 해당하지 않는다.

⑤ 2주 이내의 탄력적 근로시간제를 실시하는 경우 특정한 날의 근로시간은 명시규정에 의하여 12시간으로 제한된다.

해설 ① 특정한 주의 근로시간 한도는 52시간이다(제51조 제2항).

② 근로자대표와 서면합의가 아니라 취업규칙(또는 취업규칙에 준하는 것 포함)에서 정하는 바에 따라 할 수 있다(제51조 제1항).

③ 제59조 제1항

④ 시행령 제31조

> **시행령 제31조(재량근로의 대상업무)**
> 법 제58조 제3항 전단에서 "대통령령으로 정하는 업무"란 다음 각 호의 어느 하나에 해당하는 업무를 말한다.
> 1. 신상품 또는 신기술의 연구개발이나 인문사회과학 또는 자연과학분야의 연구 업무
> 2. 정보처리시스템의 설계 또는 분석 업무
> 3. 신문, 방송 또는 출판 사업에서의 기사의 취재, 편성 또는 편집 업무
> 4. 의복・실내장식・공업제품・광고 등의 디자인 또는 고안 업무
> 5. 방송 프로그램・영화 등의 제작 사업에서의 프로듀서나 감독 업무
> 6. 그 밖에 고용노동부장관이 정하는 업무

⑤ 2주 단위 탄력적 근로시간제에서 특정한 주의 근로시간은 48시간을 초과할 수 없으나 특정한 날의 근로시간에 대한 제한은 없다(제51조 제1항).

09 근로기준법령상 단시간근로자의 근로조건에 관한 설명으로 옳지 않은 것은?

▸ 공인노무사 제34회

① 단시간근로자의 1일 소정근로시간 수는 4주 동안의 소정근로시간을 그 기간의 단시간근로자의 총 소정근로일 수로 나눈 시간 수로 한다.
② 단시간근로자에게만 적용되는 취업규칙을 불이익하게 변경하는 경우에는 적용대상이 되는 단시간근로자 과반수의 동의를 받아야 한다.
③ 단시간근로자의 연차 유급휴가에 대하여 지급해야 하는 임금은 시간급을 기준으로 한다.
④ 사용자는 단시간근로자와 합의한 경우에만 초과근로를 시킬 수 있다.
⑤ 여성인 단시간근로자의 출산전후휴가에 대하여 지급해야 하는 임금은 일급 통상임금을 기준으로 한다.

해설 ① 단시간근로자의 1일 소정근로시간 수는 4주 동안의 소정근로시간을 그 기간의 통상 근로자의 총 소정근로일 수로 나눈 시간 수로 한다(시행령 제9조 제1항 [별표 2] 2호 나목).
② 시행령 제9조 제1항 [별표 2] 5호 나목
③ 시행령 제9조 제1항 [별표 2] 4호 마목
④ 시행령 제9조 제1항 [별표 2] 3호 나목
⑤ 시행령 제9조 제1항 [별표 2] 4호 라목

10 근로기준법상 휴일근로에 관한 규정이다. (   )에 들어갈 숫자를 옳게 짝지은 것은?

▸ 공인노무사 제27회

> 사용자는 휴일근로에 대하여는 다음 각 호의 기준에 따른 금액 이상을 가산하여 근로자에게 지급하여야 한다.
> 1. 8시간 이내의 휴일근로 : 통상임금의 100분의 (ㄱ)
> 2. 8시간을 초과한 휴일근로 : 통상임금의 100분의 (ㄴ)

① ㄱ : 50, ㄴ : 100
② ㄱ : 50, ㄴ : 150
③ ㄱ : 50, ㄴ : 200
④ ㄱ : 100, ㄴ : 150
⑤ ㄱ : 100, ㄴ : 200

해설 제56조(연장 · 야간 및 휴일근로)
② 제1항에도 불구하고 사용자는 휴일근로에 대하여는 다음 각 호의 기준에 따른 금액 이상을 가산하여 근로자에게 지급하여야 한다.
1. 8시간 이내의 휴일근로 : 통상임금의 100분의 50
2. 8시간을 초과한 휴일근로 : 통상임금의 100분의 100

정답 08 ③ 09 ① 10 ①

Section 07 휴게, 휴일, 휴가

01 **근로기준법령상 연차 유급휴가에 관한 설명으로 옳지 않은 것은?** ▸공인노무사 제34회

① 사용자는 계속하여 근로한 기간이 1년 미만인 근로자에게 1개월 개근 시 1일의 유급 휴가를 주어야 한다.

② 근로자가 1년간 80퍼센트 미만 출근한 경우에는 연차 유급휴가를 전혀 부여받을 수 없다.

③ 연차 유급휴가기간에 지급하여야 하는 임금은 유급휴가를 주기 전이나 준 직후의 임금지급일에 지급하여야 한다.

④ 연차 유급휴가의 산정 시 근로자가 업무상의 부상 또는 질병으로 휴업한 기간은 출근한 것으로 본다.

⑤ 사용자는 근로자대표와의 서면합의에 따라 연차 유급휴가일을 갈음하여 특정한 근로일에 근로자를 휴무시킬 수 있다.

해설 ①·② 사용자는 계속하여 근로한 기간이 1년 미만인 근로자 또는 1년간 80퍼센트 미만 출근한 근로자에게 1개월 개근 시 1일의 유급휴가를 주어야 한다(제60조 제2항).

③ 법 제60조 제5항에 따라 지급하여야 하는 임금은 유급휴가를 주기 전이나 준 직후의 임금지급일에 지급하여야 한다(시행령 제33조).

④ 제60조 제6항 제1호

⑤ 제62조

02 **근로기준법령상 연차 유급휴가에 관한 설명으로 옳지 않은 것은? (다툼이 있으면 판례에 따름)** ▸공인노무사 제32회

① 사용자는 1년간 80퍼센트 미만 출근한 근로자에게 1개월 개근 시 1일의 유급휴가를 주어야 한다.

② 연차 휴가기간에 지급하여야 하는 임금은 유급휴가를 주기 전이나 준 직후의 임금지급일에 지급하여야 한다.

③ 근로자가 업무상 재해 등의 사정으로 말미암아 연차휴가를 사용할 해당 연도에 전혀 출근 하지 못한 경우라 하더라도 이미 부여받은 연차휴가를 사용하지 않은 데 따른 연차휴가수당은 청구할 수 있다.

④ 사용자는 근로자대표와의 서면합의에 따라 연차 유급휴가일을 갈음하여 특정한 근로일에 근로자를 휴무시킬 수 있다.

⑤ 근로자가 업무상 재해로 휴업한 기간은 소정근로일수와 출근일수에 모두 제외시켜 출근율을 계산하여야 한다.

해설 ① 제60조 제2항

② 사용자는 제1항부터 제4항까지의 규정에 따른 휴가를 근로자가 청구한 시기에 주어야 하고, 그 기간에 대하여는 취업규칙 등에서 정하는 통상임금 또는 평균임금을 지급하여야 한다(제60조 제5항). 법 제60조 제5항에 따라 지급하여야 하는 임금은 유급휴가를 주기 전이나 준 직후의 임금 지급일에 지급하여야 한다(시행령 제33조).

③ · ⑤ 연차유급휴가 산정을 위한 출근율 계산 시 **근로자가 업무상 재해로 휴업한 기간은 장단을 불문하고 소정근로일수와 출근일수에 모두 포함시켜 출근율을 계산하여야 한다.** 설령 그 기간이 1년 전체에 걸치거나 소정근로일수 전부를 차지한다고 하더라도, 이와 달리 볼 아무런 근거나 이유가 없다. … **근로자가 업무상 재해 등의 사정으로 말미암아 연차휴가를 사용할 해당 연도에 전혀 출근하지 못한 경우라 하더라도, 이미 부여받은 연차휴가를 사용하지 않은 데 따른 연차휴가수당은 청구할 수 있다.** 이러한 연차휴가수당의 청구를 제한하는 내용의 단체협약이나 취업규칙은 근로기준법에서 정하는 기준에 미치지 못하는 근로조건을 정한 것으로서, 효력이 없다(대판 2017.5.17, 2014다232296 · 232302).

④ 제62조

03 근로기준법상 연차 유급휴가에 관한 설명으로 옳지 않은 것은? ▸ 공인노무사 제31회

① 사용자는 계속하여 근로한 기간이 1년 미만인 근로자에게 1개월 개근 시 1일의 연차 유급휴가를 주어야 한다.

② 사용자는 1년간 80퍼센트 미만 출근한 근로자에게 1개월 개근 시 1일의 연차 유급휴가를 주어야 한다.

③ 연차 유급휴가 일수의 산정 시 근로자가 업무상의 질병으로 휴업한 기간은 출근한 것으로 보지 않는다.

④ 사용자가 근로자에게 주어야 하는 연차 유급휴가의 총 휴가 일수는 가산휴가를 포함하여 25일 한도로 한다.

⑤ 사용자는 근로자대표와의 서면 합의에 따라 연차 유급휴가일을 갈음하여 특정한 근로일에 근로자를 휴무시킬 수 있다.

해설 ① · ② 제60조 제2항

③ 연차 유급휴가 일수의 산정 시 근로자가 업무상의 부상 또는 질병으로 휴업한 기간은 출근한 것으로 본다(제60조 제6항 제1호).

④ 제60조 제4항

⑤ 제62조

정답 01 ② 02 ⑤ 03 ③

04 **근로기준법령상 연차 유급휴가에 관한 설명으로 옳지 않은 것은? (다툼이 있으면 판례에 따름)**

▸ 공인노무사 제30회

① 근로자가 연차휴가에 관한 권리를 취득한 후 1년이 지나기 전에 퇴직하는 등의 사유로 인하여 더 이상 연차휴가를 사용하지 못하게 될 경우 사용자에게 그 연차휴가일수에 상응하는 연차휴가수당을 청구할 수 없다.

② 연간 소정근로일수에 정당한 쟁의행위 기간이 차지하는 일수가 포함되어 있는 경우 연차 유급휴가 취득 요건과 관련한 출근율은 소정근로일수에서 그 쟁의행위 기간이 차지하는 일수를 제외한 나머지 일수를 기준으로 산정한다.

③ 사용자는 근로자대표와의 서면 합의에 따라 연차 유급휴가일을 갈음하여 특정한 근로일에 근로자를 휴무시킬 수 있다.

④ 사용자는 계속하여 근로한 기간이 1년 미만인 근로자에게 1개월 개근 시 1일의 유급휴가를 주어야 한다.

⑤ 연간 소정근로일수와 출근일수를 계산함에 있어서 사용자의 부당해고로 인하여 근로자가 출근하지 못한 기간은 연간 소정근로일수 및 출근일수에 모두 산입된다.

해설 ① 근로자가 연차휴가에 관한 권리를 취득한 후 1년 이내에 연차휴가를 사용하지 아니하거나 1년이 지나기 전에 퇴직하는 등의 사유로 인하여 더 이상 연차휴가를 사용하지 못하게 될 경우에는 사용자에게 연차휴가일수에 상응하는 임금인 연차휴가수당을 청구할 수 있다(대판 2017.5.17, 2014다232296 · 232302).

② 연차유급휴가가 1년간의 근로에 대한 대가로서의 성질을 갖고 있고 현실적인 근로의 제공이 없었던 쟁의행위 등 기간에는 원칙적으로 근로에 대한 대가를 부여할 의무가 없는 점 등을 종합적으로 고려할 때, 연간 소정근로일수에서 쟁의행위 등 기간이 차지하는 일수를 제외한 나머지 일수를 기준으로 근로자의 출근율을 산정하여 연차유급휴가 취득 요건의 충족 여부를 판단하여야 한다(대판 2013.12.26, 2011다4629).

③ 제62조

④ 제60조 제2항

⑤ 연간 소정근로일수와 출근일수를 계산할 때 사용자의 부당해고로 인하여 근로자가 출근하지 못한 기간을 근로자에 대하여 불리하게 고려할 수는 없으므로 그 기간은 연간 소정근로일수 및 출근일수에 모두 산입되는 것으로 보는 것이 타당하며, 설령 부당해고기간이 연간 총 근로일수 전부를 차지하고 있는 경우에도 달리 볼 수는 없다(대판 2014.3.13, 2011다95519).

05 **근로기준법상 연차 유급휴가에 관한 설명으로 옳지 않은 것은? (다툼이 있으면 판례에 따름)**

▸ 공인노무사 제29회

① 사용자는 계속하여 근로한 기간이 1년 미만인 근로자에게 1개월 개근 시 1일의 유급 휴가를 주어야 한다.

② 연차 유급휴가의 산정을 위한 출근율의 계산에서 출산전후휴가로 휴업한 기간은 출근한 것으로 본다.

③ 사용자는 근로자대표와의 서면 합의에 따라 연차 유급휴가일을 갈음하여 특정한 근로일에 근로자를 휴무시킬 수 있다.

④ 근로자가 업무상 재해로 연차 유급휴가를 사용할 해당 연도에 전혀 출근하지 못한 경우라면 미사용 연차 유급휴가에 대한 연차휴가수당은 청구할 수 없다.

⑤ 미사용 연차 유급휴가에 대하여는 통상임금의 100분의 50을 가산하여 지급하지 않아도 된다.

해설 ① 제60조 제2항

② 제60조 제6항 제2호

③ 제62조

④ 연차유급휴가 산정을 위한 출근율 계산 시 근로자가 업무상 재해로 휴업한 기간은 장단을 불문하고 소정근로일수와 출근일수에 모두 포함시켜 출근율을 계산하여야 한다. 설령 그 기간이 1년 전체에 걸치거나 소정근로일수 전부를 차지한다고 하더라도, 이와 달리 볼 아무런 근거나 이유가 없다.… 근로자가 업무상 재해 등의 사정으로 말미암아 연차휴가를 사용할 해당 연도에 전혀 출근하지 못한 경우라 하더라도, 이미 부여받은 연차휴가를 사용하지 않은 데 따른 연차휴가수당은 청구할 수 있다. 이러한 연차휴가수당의 청구를 제한하는 내용의 단체협약이나 취업규칙은 근로기준법에서 정하는 기준에 미치지 못하는 근로조건을 정한 것으로서, 효력이 없다(대판 2017.5.17, 2014다232296·232302).

⑤ 대판 1991.7.26, 90다카11636

06 **근로기준법 제60조 제1항에서 규정하고 있는 1년간 80% 이상 출근한 근로자에게 부여되는 연차 유급휴가에 관한 설명으로 옳지 않은 것은? (다툼이 있으면 판례에 따름)** ▸ 공인노무사 제28회

① 연차 유급휴가를 사용할 권리는 다른 특별한 정함이 없는 한 그 전년도 1년간의 근로를 마친 다음 날 발생한다.

② 연차 유급휴가를 사용하기 전에 퇴직 등의 사유로 근로관계가 종료되더라도 연차 유급휴가 수당을 청구할 권리는 그대로 유지된다.

③ 사용하지 아니한 휴가에 대한 보상을 지급하는 연차 유급휴가 수당에 대하여는 별도의 휴일근로수당이 적용되지 않는다.

④ 연차 유급휴가 규정을 적용하는 경우 육아휴직으로 휴업한 기간은 출근한 것으로 보지 않는다.

⑤ 연차 유급휴가 수당청구권의 소멸시효는 연차 유급휴가권을 취득한 날부터 1년이 경과하여 그 휴가불실시가 확정된 다음 날부터 기산한다.

정답 04 ① 05 ④ 06 ④

해설 ① 연차유급휴가의 소멸시효는 근로자가 휴가를 청구할 지위를 얻게 된 때, 즉 1년간의 근로를 마친 다음 날부터 진행한다. 계속근로기간이 1년 미만인 경우에는 1개월 개근한 날의 다음 날 발생한다.

② 근로자가 연차휴가에 관한 권리를 취득한 후 1년 이내에 연차휴가를 사용하지 아니하거나 1년이 지나기 전에 퇴직하는 등의 사유로 인하여 더 이상 연차휴가를 사용하지 못하게 될 경우에는 사용자에게 연차휴가일수에 상응하는 임금인 연차휴가수당을 청구할 수 있다(대판 2017.5.17, 2014다232296・232302).

③ 연차휴가제도는 주휴일이나 시간외근로제도와는 그 취지가 다르고 휴일과 휴가를 명백히 구분하고 있으므로 휴일근로수당을 지급해야 할 법적의무는 없는 것으로 본다(대판 1990.12.26, 90다카12493).

④ 근로자가 업무상의 부상 또는 질병으로 휴업한 기간, 출산전후휴가와 유산・사산휴가기간, 육아휴직 기간은 출근한 것으로 본다(제60조 제6항 제3호).

⑤ 연차 유급휴가 수당도 임금이므로 수당청구권의 소멸시효는 연차 유급휴가권을 취득한 날부터 1년이 경과하여 그 휴가불실시가 확정된 다음 날부터 3년간 소멸하지 아니한다.

07 근로기준법상 연차 유급휴가에 관한 설명으로 옳지 않은 것은?(다툼이 있으면 판례에 따름)

▸ 공인노무사 제24회

① 출근율 산정에 있어 근로자가 정당한 파업에 참가한 기간은 출근한 것으로 본다.

② 1년간 80퍼센트 미만 출근한 근로자에게 1개월 개근 시 1일의 연차 유급휴가를 주어야 한다.

③ 출근율 산정에 있어 근로자의 정직기간을 연간 소정근로일수에 포함시키되 출근일수에서 제외할 수 있다.

④ 6년차 근로자가 5년차에 80퍼센트 이상 출근하였다면 6년차 1년 동안 사용할 수 있는 연차 유급휴가는 17일이다.

⑤ 근로자가 연차 유급휴가를 언제부터 언제까지 사용할 것인지를 특정하지 않은 연차유급휴가의 청구는 그 효력이 없다.

해설 ① 연간 소정근로일수에서 쟁의행위 등 기간이 차지하는 일수를 제외한 나머지 일수를 기준으로 근로자의 출근율을 산정하여 연차유급휴가 취득 요건의 충족 여부를 판단하되, 그 요건이 충족된 경우에는 본래 평상적인 근로관계에서 8할의 출근율을 충족할 경우 산출되었을 연차유급휴가일수에 대하여 '연간 소정근로일수에서 쟁의행위 등 기간이 차지하는 일수를 제외한 나머지 일수'를 '연간 소정근로일수'로 나눈 비율을 곱하여 산출된 연차유급휴가일수를 근로자에게 부여함이 합리적이다(대판 2013.12.26, 2011다4629).

② 제60조 제2항

③ 연차유급휴가는 근로자에게 일정기간 근로의무를 면제함으로써 정신적・육체적 휴양의 기회를 제공하고 문화적 생활의 향상을 기하려는 데 그 의의가 있다. 그런데 정직이나 직위해제 등의 징계를 받은 근로자는 징계기간 중 근로자의 신분을 보유하면서도 근로의무가 면제되므로, 사용자는 취업규칙에서 근로자의 정직 또는 직위해제 기간을 소정 근로일수에 포함시키되 그 기간

중 근로의무가 면제되었다는 점을 참작하여 연차유급휴가 부여에 필요한 출근일수에는 포함하지 않는 것으로 규정할 수 있고, 이러한 취업규칙의 규정이 구 근로기준법 제59조에 반하여 근로자에게 불리한 것이라고 보기는 어렵다(대판 2008.10.9. 2008다41666).

④ 가산휴가 2일을 포함하여 연차 유급휴가는 17일이다.

⑤ 연・월차휴가권이 근로기준법상의 성립요건을 충족하는 경우에 당연히 발생하는 것이라고 하여도 이와 같이 발생한 휴가권을 구체화하려면 근로자가 자신에게 맡겨진 시기지정권을 행사하여 어떤 휴가를 언제부터 언제까지 사용할 것인지에 관하여 특정하여야 할 것이고 근로자가 이와 같은 특정을 하지 아니한 채 시기지정을 하더라도 이는 적법한 시기지정이라고 할 수 없어 그 효력이 발생할 수 없다(대판 1997.3.25. 96다4930).

08 **근로기준법상 근로시간과 휴식에 관한 설명으로 옳지 않은 것은? (다툼이 있으면 판례에 따름)**

▸ 공인노무사 제27회

① 근로시간을 산정함에 있어 작업을 위하여 근로자가 사용자의 지휘・감독 아래에 있는 대기시간 등은 근로시간으로 본다.

② 15세 이상 18세 미만의 근로자에게는 탄력적 근로시간제가 적용되지 않는다.

③ 선택적 근로시간제를 시행하려는 사용자는 근로자대표와 서면 합의를 하여야 한다.

④ 근로자에 대한 임금을 월급으로 지급할 경우 그 월급에는 근로기준법상 소정의 유급휴일에 대한 임금도 포함된다.

⑤ 사용자는 취업규칙이 정하는 바에 따라 연장근로에 대하여 임금을 지급하는 것을 갈음하여 휴가를 줄 수 있다.

해설 ① 제50조 제3항

② 제51조 제3항, 제51조의2 제6항

③ 제52조 제1항

④ 근로자에 대한 임금을 월급으로 지급할 경우 그 월급에는 구 근로기준법 제45조 소정의 유급휴일에 대한 임금도 포함된다고 할 것이고, 그와 같은 유급휴일에 대한 임금은 원래 소정 근로일수를 개근한 근로자에 대하여만 지급되는 것으로서 정기적, 일률적으로 지급되는 고정적인 임금이라고 할 수 없어 통상임금에는 해당되지 않는다고 할 것이어서 통상임금을 산정함에 있어서는 매월 지급받는 월 기본급과 고정수당을 합산한 월급에서 이와 같은 유급휴일에 대한 임금을 공제하여야 한다(대판 1998.4.24. 97다28421).

⑤ 사용자는 근로자대표와의 서면 합의에 따라 제51조의3, 제52조 제2항 제2호 및 제56조에 따른 연장근로・야간근로 및 휴일근로 등에 대하여 임금을 지급하는 것을 갈음하여 휴가를 줄 수 있다(제57조).

정답 07 ① 08 ⑤

09 근로기준법상 근로시간과 휴식에 관한 설명으로 옳은 것은? ▸공인노무사 제31회

① 사용자는 모든 근로자에게 근로시간이 8시간인 경우에는 30분의 휴게시간을 근로시간 도중에 주어야 한다.

② 사용자는 근로자에게 매월 평균 1회 이상의 유급휴일을 보장해야 한다.

③ 사용자는 근로자에게 대통령령으로 정하는 휴일을 유급으로 보장하여야 하므로 근로자대표와 서면 합의를 하였더라도 특정한 근로일로 대체할 수 없다.

④ 사용자는 8시간을 초과한 연장근로에 대하여는 통상임금의 100분의 100 이상을 가산하여 지급하여야 한다.

⑤ 사용자는 근로자대표와의 서면 합의에 따라 야간근로에 대하여 임금을 지급하는 것을 갈음하여 휴가를 줄 수 있다.

해설 ① 사용자는 근로시간이 4시간인 경우에는 30분 이상, 8시간인 경우에는 1시간 이상의 휴게시간을 근로시간 도중에 주어야 한다(제54조 제1항).
② 사용자는 근로자에게 1주에 평균 1회 이상의 유급휴일을 보장하여야 한다(제55조 제1항).
③ 사용자는 근로자에게 대통령령으로 정하는 휴일을 유급으로 보장하여야 한다. 다만, 근로자대표와 서면으로 합의한 경우 특정한 근로일로 대체할 수 있다(제55조 제2항).
④ 사용자는 연장근로(제53조 · 제59조 및 제69조 단서에 따라 연장된 시간의 근로를 말한다)에 대하여는 통상임금의 100분의 50 이상을 가산하여 근로자에게 지급하여야 한다(제56조 제1항).
⑤ 제57조

10 근로기준법상 휴식에 관한 설명으로 옳지 않은 것은? ▸공인노무사 제33회

① 사용자는 8시간을 초과한 휴일근로에 대하여는 통상임금의 100분의 50 이상을 가산하여 근로자에게 지급하여야 한다.

② 사용자는 근로자에게 1주에 평균 1회 이상의 유급휴일을 보장하여야 한다.

③ 사용자는 근로시간이 4시간인 경우에는 30분 이상의 휴게시간을 근로시간 도중에 주어야 한다.

④ 사용자는 계속하여 근로한 기간이 1년 미만인 근로자에게 1개월 개근 시 1일의 유급휴가를 주어야 한다.

⑤ 휴게(제54조)에 관한 규정은 감시(監視) 근로에 종사하는 사람으로서 사용자가 고용노동부장관의 승인을 받은 사람에 대하여는 적용하지 아니한다.

해설 ① 8시간을 초과한 휴일근로에 대해서는 통상임금의 100분의 100을 지급하여야 한다(제56조 제2항 제2호).
② 제55조 제1항
③ 제54조 제1항
④ 제60조 제2항
⑤ 제63조 제3호

정답 09 ⑤ 10 ①

Section 08 여성과 소년

01 **근로기준법령상 여성과 소년의 보호에 관한 설명으로 옳지 않은 것은?** ▸공인노무사 제32회

① 15세 미만인 자를 사용하는 사용자가 취직인허증을 갖추어 둔 경우에는 가족관계기록사항에 관한 증명서와 친권자나 후견인의 동의서를 갖추어 두지 않아도 된다.

② 사용자는 취직인허증이 못쓰게 된 경우에는 고용노동부령으로 정하는 바에 따라 지체 없이 재교부 신청을 하여야 한다.

③ 사용자는 임신 중의 여성이 명시적으로 청구하는 경우로서 고용노동부장관의 인가를 받은 경우 휴일에 근로하게 할 수 있다.

④ 생후 1년 미만의 유아를 가진 여성근로자가 청구하면 1일 2회 각각 60분 이상의 유급 수유 시간을 주어야 한다.

⑤ 사용자는 관리・감독 업무를 수행하기 위하여 일시적으로 필요한 경우 여성을 갱내(坑內)에서 근로시킬 수 있다.

해설 ① 사용자는 18세 미만인 사람에 대하여는 그 연령을 증명하는 가족관계기록사항에 관한 증명서와 친권자 또는 후견인의 동의서를 사업장에 갖추어 두어야 한다(제66조). 15세 미만인 자를 사용하는 사용자가 취직인허증을 갖추어 둔 경우에는 법 제66조에 따른 가족관계기록사항에 관한 증명서와 친권자나 후견인의 동의서를 갖추어 둔 것으로 본다(시행령 제36조 제2항).

② 사용자 또는 15세 미만인 자는 취직인허증이 못쓰게 되거나 이를 잃어버린 경우에는 고용노동부령으로 정하는 바에 따라 지체 없이 재교부 신청을 하여야 한다(시행령 제39조).

③ 제70조 제2항

④ 생후 1년 미만의 유아(乳兒)를 가진 여성 근로자가 청구하면 1일 2회 각각 30분 이상의 유급 수유 시간을 주어야 한다(제75조).

⑤ 사용자는 여성과 18세 미만인 사람을 갱내(坑內)에서 근로시키지 못한다. 다만, 보건・의료, 보도・취재 등 대통령령으로 정하는 업무를 수행하기 위하여 일시적으로 필요한 경우에는 그러하지 아니하다(제72조).

> **시행령 제42조(갱내근로 허용업무)**
> 법 제72조에 따라 여성과 18세 미만인 자를 일시적으로 갱내에서 근로시킬 수 있는 업무는 다음 각 호와 같다.
> 1. 보건, 의료 또는 복지 업무
> 2. 신문・출판・방송프로그램 제작 등을 위한 보도・취재업무
> 3. 학술연구를 위한 조사 업무
> 4. 관리・감독 업무
> 5. 제1호부터 제4호까지의 규정의 업무와 관련된 분야에서 하는 실습 업무

정답 01 ④

02 **근로기준법령상 취직인허증에 관한 설명으로 옳지 않은 것은?** ▸공인노무사 제30회

① 예술공연 참가를 위한 경우에는 13세 미만인 자도 취직인허증을 받을 수 있다.
② 의무교육 대상자가 취직인허증을 신청하는 경우 신청인은 사용자가 될 자의 취업확인서를 받아 친권자 또는 후견인과 연명으로 고용노동부장관에게 신청하여야 한다.
③ 고용노동부장관은 취직인허증 신청에 대하여 취직을 인허할 경우에는 고용노동부령으로 정하는 취직인허증에 직종을 지정하여 신청한 근로자와 사용자가 될 자에게 내주어야 한다.
④ 고용노동부장관은 거짓으로 취직인허증을 발급받은 사람에게는 그 인허를 취소하여야 한다.
⑤ 사용자 또는 15세 미만인 자는 취직인허증이 못쓰게 되거나 이를 잃어버린 경우에는 고용노동부령으로 정하는 바에 따라 지체 없이 재교부 신청을 하여야 한다.

해설 ① 시행령 제35조 제1항
② 취직인허증 신청은 학교장 및 친권자 또는 후견인의 서명을 받아 사용자가 될 자와 연명(連名)으로 고용노동부장관에게 신청하여야 한다(시행령 제35조 제2항·제3항).
③ 고용노동부장관은 취직인허증 신청에 대하여 취직을 인허할 경우에는 고용노동부령으로 정하는 취직인허증에 직종을 지정하여 신청한 근로자와 사용자가 될 자에게 내주어야 한다(시행령 제36조 제1항).
④ 제64조 제3항
⑤ 시행령 제39조

03 **근로기준법령상 취직인허증에 관한 설명으로 옳지 않은 것은?** ▸공인노무사 제34회

① 취직인허증의 신청은 학교장(의무교육 대상자와 재학 중인 자로 한정한다) 및 친권자 또는 후견인의 서명을 받아 사용자가 될 자와 연명(連名)으로 하여야 한다.
② 예술공연 참가를 위한 경우에는 13세 미만인 자도 취직인허증을 받을 수 있다.
③ 고용노동부장관은 임산부 등의 사용금지 직종에 대하여는 취직인허증을 발급할 수 없다.
④ 사용자가 취직인허증을 잃어버린 경우에는 15세 미만인 자의 동의를 얻어 재교부 신청을 하여야 한다.
⑤ 15세 미만인 자를 사용하는 사용자가 취직인허증을 갖추어 둔 경우에는 가족관계기록사항에 관한 증명서와 친권자나 후견인의 동의서를 갖추어 둔 것으로 본다.

해설 ① 시행령 제35조 제3항
② 시행령 제35조 제1항
③ 시행령 제37조, 시행령 제40조
④ 사용자 또는 15세 미만인 자는 취직인허증이 못쓰게 되거나 이를 잃어버린 경우에는 고용노동부령으로 정하는 바에 따라 지체 없이 재교부 신청을 하여야 한다(시행령 제39조).
⑤ 시행령 제36조 제2항

04 **근로기준법상 18세 미만인 사람에 관한 설명으로 옳지 않은 것은?** ▸공인노무사 제31회

① 사용자는 18세 미만인 사람을 보건상 유해·위험한 사업에 사용하지 못한다.

② 사용자는 18세 미만인 사람에 대하여는 그 연령을 증명하는 가족관계기록사항에 관한 증명서 또는 친권자나 후견인의 동의서를 사업장에 갖추어 두어야 한다.

③ 사용자는 18세 미만인 사람과 근로계약을 체결하는 경우에는 법령에 따른 근로조건을 서면으로 명시하여 교부하여야 한다.

④ 18세 미만인 사람의 근로시간은 당사자 사이의 합의에 따라 1일에 1시간, 1주에 5시간을 한도로 연장할 수 있다.

⑤ 18세 미만인 사람의 동의가 있는 경우로서 고용노동부장관의 인가를 받으면 사용자는 18세 미만인 사람을 휴일에 근로시킬 수 있다.

해설 ① 사용자는 임신 중이거나 산후 1년이 지나지 아니한 여성(이하 “임산부”라 한다)과 18세 미만자를 도덕상 또는 보건상 유해·위험한 사업에 사용하지 못한다(제65조 제1항).

② 사용자는 18세 미만인 사람에 대하여는 그 연령을 증명하는 가족관계기록사항에 관한 증명서와 친권자 또는 후견인의 동의서를 사업장에 갖추어 두어야 한다(제66조).

③ 제67조 제3항

④ 제69조

⑤ 제70조 제2항

05 **근로기준법상 여성과 소년에 관한 설명으로 옳지 않은 것은?** ▸공인노무사 제30회

① 사용자는 임신 중인 여성을 도덕상 또는 보건상 유해·위험한 사업에 사용하지 못한다.

② 고용노동부장관은 근로계약이 미성년자에게 불리하다고 인정하는 경우에는 이를 해지할 수 있다.

③ 15세 이상 18세 미만인 사람의 근로시간은 1일에 7시간, 1주에 35시간을 초과하지 못한다. 다만, 당사자 사이의 합의에 따라 1일에 1시간, 1주에 5시간을 한도로 연장할 수 있다.

④ 사용자는 18세 이상의 여성 근로자에 대하여는 그 근로자의 동의 없이 휴일근로를 시킬 수 있다.

⑤ 사용자는 산후 1년이 지나지 아니한 여성에 대하여는 단체협약이 있는 경우라도 1일에 2시간, 1주에 6시간, 1년에 150시간을 초과하는 시간외근로를 시키지 못한다.

해설 ① 사용자는 임신 중이거나 산후 1년이 지나지 아니한 여성(이하 “임산부”라 한다)과 18세 미만자를 도덕상 또는 보건상 유해·위험한 사업에 사용하지 못한다(제65조 제1항).

② 친권자, 후견인 또는 고용노동부장관은 근로계약이 미성년자에게 불리하다고 인정하는 경우에는 이를 해지할 수 있다(제67조 제2항).

정답 02 ② 03 ④ 04 ② 05 ④

③ 제69조
④ 사용자는 18세 이상의 여성을 오후 10시부터 오전 6시까지의 시간 및 휴일에 근로시키려면 그 근로자의 동의를 받아야 한다(제70조 제1항).
⑤ 제71조

06 근로기준법령상 미성년자 또는 연소자의 보호에 관한 설명으로 옳지 않은 것은?

▸ 공인노무사 제29회

① 미성년자는 독자적으로 임금을 청구할 수 있다.
② 친권자나 후견인은 미성년자의 근로계약을 대리할 수 없다.
③ 예술공연 참가를 위한 경우에는 13세 미만인 자도 취직인허증을 받을 수 있다.
④ 15세 이상 18세 미만인 자의 근로시간은 1일에 6시간, 1주에 34시간을 초과하지 못한다.
⑤ 고용노동부장관은 근로계약이 미성년자에게 불리하다고 인정하는 경우에는 이를 해지할 수 있다.

해설 ① 제68조
② 제67조 제1항
③ 법 제64조에 따라 취직인허증을 받을 수 있는 자는 13세 이상 15세 미만인 자로 한다. 다만, 예술공연 참가를 위한 경우에는 13세 미만인 자도 취직인허증을 받을 수 있다(시행령 제35조 제1항).
④ 15세 이상 18세 미만인 사람의 근로시간은 1일에 7시간, 1주에 35시간을 초과하지 못한다. 다만, 당사자 사이의 합의에 따라 1일에 1시간, 1주에 5시간을 한도로 연장할 수 있다(제69조).
⑤ 제67조 제2항

07 근로기준법상 근로계약에 관한 설명으로 옳지 않은 것은?

▸ 공인노무사 제28회

① 15세 미만인 자가 고용노동부장관이 발급한 취직인허증을 지니고 있으면 근로자로 사용할 수 있다.
② 사용자는 18세 미만인 자와 근로계약을 체결하는 경우에는 근로기준법 제17조에 따른 근로조건을 서면으로 명시하여 교부하여야 한다.
③ 근로기준법 제17조에 따라 명시된 근로조건이 사실과 다를 경우에 근로자는 근로조건 위반을 이유로 손해의 배상을 청구할 수 있으며 즉시 근로계약을 해제할 수 있다.
④ 친권자, 후견인 또는 고용노동부장관은 근로계약이 미성년자에게 불리하다고 인정하는 경우에는 이를 해지할 수 있다.
⑤ 미성년자의 근로계약은 미성년자의 동의를 얻어 친권자 또는 후견인이 대리할 수 있다.

해설 ① 제64조 제1항, 시행령 제35조 제1항
② 제67조 제3항
③ 제19조 제1항
④ 제67조 제2항
⑤ 친권자나 후견인은 미성년자의 근로계약을 대리할 수 없다(제67조 제1항).

08 근로기준법상 ( )에 들어갈 내용으로 옳은 것은? ▸ 공인노무사 제34회

> 사용자는 산후 1년이 지나지 아니한 여성에 대하여는 단체협약이 있는 경우라도 1일에 (ㄱ)시간, 1주에 (ㄴ)시간, 1년에 (ㄷ)시간을 초과하는 시간외근로를 시키지 못한다.

① ㄱ : 2, ㄴ : 6, ㄷ : 120
② ㄱ : 2, ㄴ : 8, ㄷ : 120
③ ㄱ : 2, ㄴ : 6, ㄷ : 150
④ ㄱ : 3, ㄴ : 6, ㄷ : 150
⑤ ㄱ : 3, ㄴ : 8, ㄷ : 120

해설 사용자는 산후 1년이 지나지 아니한 여성에 대하여는 단체협약이 있는 경우라도 1일에 **2시간**, 1주에 **6시간**, 1년에 **150시간**을 초과하는 시간외근로를 시키지 못한다(제71조).

09 근로기준법상 임산부의 보호에 관한 설명으로 옳지 않은 것은? ▸ 공인노무사 제32회

① 사용자는 임신 중의 여성 근로자에게 시간외근로를 하게 하여서는 아니 되며, 그 근로자의 요구와 관계없이 쉬운 종류의 근로로 전환하여야 한다.
② 사용자는 임신 중인 여성이 사산한 경우로서 그 근로자가 청구하면 대통령령으로 정하는 바에 따라 사산 휴가를 주어야 한다.
③ 사용자는 한 번에 둘 이상 자녀를 임신한 여성에게 출산 전과 출산 후를 통하여 120일의 출산전후휴가를 주어야 한다.
④ 사업주는 출산전후휴가 종료 후에는 휴가 전과 동일한 업무 또는 동등한 수준의 임금을 지급하는 직무에 복귀시켜야 한다.
⑤ 사용자는 1일 근로시간이 8시간인 임신 후 32주 이후에 있는 여성 근로자가 1일 2시간의 근로시간 단축을 신청하는 경우 이를 허용하여야 한다.

해설 ① 사용자는 임신 중의 여성 근로자에게 시간외근로를 하게 하여서는 아니 되며, 그 근로자의 요구가 있는 경우에는 쉬운 종류의 근로로 전환하여야 한다(제74조 제5항).

정답 06 ④ 07 ⑤ 08 ③ 09 ①

② 제74조 제3항
③ 사용자는 임신 중의 여성에게 출산 전과 출산 후를 통하여 90일(미숙아를 출산한 경우에는 100일, 한 번에 둘 이상 자녀를 임신한 경우에는 120일)의 출산전후휴가를 주어야 한다. 이 경우 휴가 기간의 배정은 출산 후에 45일(한 번에 둘 이상 자녀를 임신한 경우에는 60일) 이상이 되어야 하고, 미숙아의 범위, 휴가 부여 절차 등에 필요한 사항은 고용노동부령으로 정한다(제74조 제1항).
④ 제74조 제6항
⑤ 사용자는 임신 후 12주 이내 또는 32주 이후에 있는 여성 근로자(고용노동부령으로 정하는 유산, 조산 등 위험이 있는 여성 근로자의 경우 임신 전 기간)가 1일 2시간의 근로시간 단축을 신청하는 경우 이를 허용하여야 한다. 다만, 1일 근로시간이 8시간 미만인 근로자에 대하여는 1일 근로시간이 6시간이 되도록 근로시간 단축을 허용할 수 있다(제74조 제7항).

10 근로기준법상 여성의 보호에 관한 설명으로 옳은 것은?

▸ 공인노무사 제27회

① 사용자는 산후 2년이 지나지 아니한 여성을 보건상 유해・위험한 사업에 사용하지 못한다.
② 사용자는 임산부가 아닌 18세 이상의 여성을 보건상 유해・위험한 사업 중 임신 또는 출산에 관한 기능에 유해・위험한 사업에 사용하지 못한다.
③ 사용자는 여성을 휴일에 근로시키려면 근로자대표의 서면 동의를 받아야 한다.
④ 여성은 보건・의료, 보도・취재 등의 일시적 사유가 있더라도 갱내(坑內)에서 근로를 할 수 없다.
⑤ 사용자는 여성 근로자가 청구하면 월 1일의 유급생리휴가를 주어야 한다.

해설 ① 사용자는 임신 중이거나 산후 1년이 지나지 아니한 여성(이하 "임산부"라 한다)과 18세 미만자를 도덕상 또는 보건상 유해・위험한 사업에 사용하지 못한다(제65조 제1항).
② 제65조 제2항
③ 사용자는 18세 이상의 여성을 오후 10시부터 오전 6시까지의 시간 및 휴일에 근로시키려면 그 근로자의 동의를 받아야 한다(제70조 제1항).
④ 사용자는 여성과 18세 미만인 자를 갱내에서 근로시키지 못한다. 다만, 보건・의료, 보도・취재 등 대통령령으로 정하는 업무를 수행하기 위하여 일시적으로 필요한 경우에는 그러하지 아니하다(제72조).
⑤ 사용자는 여성 근로자가 청구하면 월 1일의 생리휴가를 주어야 하며(제73조), 근로기준법상 생리휴가는 무급휴가이다.

11 **소년에 관하여 근로기준법에 규정된 내용으로 옳지 않은 것은?** ▸공인노무사 제25회

① 사용자는 18세 미만인 자에 대하여는 그 연령을 증명하는 가족관계기록사항에 관한 증명서와 친권자 또는 후견인의 동의서를 사업장에 갖추어 두어야 한다.

② 미성년자는 독자적으로 임금을 청구할 수 없다.

③ 친권자, 후견인 또는 고용노동부장관은 근로계약이 미성년자에게 불리하다고 인정하는 경우에는 이를 해지할 수 있다.

④ 친권자나 후견인은 미성년자의 근로계약을 대리할 수 없다.

⑤ 15세 이상 18세 미만인 자의 근로시간은 1일에 7시간, 1주일에 35시간을 초과하지 못한다. 다만, 당사자 사이의 합의에 따라 1일에 1시간, 1주일에 5시간을 한도로 연장할 수 있다.

해설 ① 제66조
② 미성년자는 독자적으로 임금을 청구할 수 있다(제68조).
③ 제67조 제2항
④ 제67조 제1항
⑤ 제69조

12 **근로기준법령상 임산부의 보호에 관한 다음 규정 중 ( )에 들어갈 내용을 옳게 나열한 것은?** ▸공인노무사 제34회

> 시행규칙 제12조의2(미숙아의 범위 등)
> ① 법 제74조 제1항 전단에 따라 임신 중인 여성에게 출산 전과 출산 후를 통하여 (ㄱ)일의 출산전후휴가를 주어야 하는 미숙아의 범위는 임신 (ㄴ)주 미만의 출생아 또는 출생 시 체중이 2천 500그램 미만인 영유아로서, 특별한 의료적 관리를 위해 출생 후 (ㄷ)시간 이내에 신생아중환자실에 입원한 영유아로 한다.

① ㄱ : 100, ㄴ : 28, ㄷ : 12
② ㄱ : 100, ㄴ : 28, ㄷ : 24
③ ㄱ : 100, ㄴ : 37, ㄷ : 24
④ ㄱ : 120, ㄴ : 37, ㄷ : 48
⑤ ㄱ : 120, ㄴ : 40, ㄷ : 48

해설 법 제74조 제1항 전단에 따라 임신 중인 여성에게 출산 전과 출산 후를 통하여 **100일**의 출산전후휴가를 주어야 하는 미숙아의 범위는 임신 **37주** 미만의 출생아 또는 출생 시 체중이 2천500그램 미만인 영유아로서, 특별한 의료적 관리를 위해 출생 후 **24시간** 이내에 신생아중환자실에 입원한 영유아로 한다(시행규칙 제12조의2 제1항).

정답 10 ② 11 ② 12 ③

13 **근로기준법령상 여성과 소년의 보호에 관한 설명으로 옳지 않은 것은?** ▸공인노무사 제34회

① 사용자는 18세 이상의 임신 중인 여성을 휴일에 근로시키려면 그 근로자의 동의와 고용노동부장관의 인가를 받아야 한다.

② 15세 이상 18세 미만인 사람의 근로시간은 당사자 사이의 합의에 따라 1일에 1시간, 1주에 5시간을 한도로 연장할 수 있다.

③ 미성년자는 독자적으로 임금을 청구할 수 있다.

④ 고용노동부장관은 근로계약이 미성년자에게 불리하다고 인정하는 경우에는 이를 해지할 수 있다.

⑤ 사용자는 18세 미만인 사람과 근로계약을 체결하는 경우에 취업의 장소와 종사하여야 할 업무에 관한 사항을 서면(「전자문서 및 전자거래 기본법」에 따른 전자문서를 포함한다)으로 명시하여 교부하여야 한다.

해설 ① 사용자는 임산부와 18세 미만자를 오후 10시부터 오전 6시까지의 시간 및 휴일에 근로시키지 못한다. 다만, 다음 각 호의 어느 하나에 해당하는 경우로서 고용노동부장관의 인가를 받으면 그러하지 아니하다(제70조 제2항).

1. 18세 미만자의 동의가 있는 경우
2. 산후 1년이 지나지 아니한 여성의 동의가 있는 경우
3. 임신 중의 여성이 명시적으로 청구하는 경우

② 제69조

③ 제68조

④ 친권자, 후견인 또는 고용노동부장관은 근로계약이 미성년자에게 불리하다고 인정하는 경우에는 이를 해지할 수 있다(제67조 제2항).

⑤ 사용자는 18세 미만인 사람과 근로계약을 체결하는 경우에는 제17조에 따른 근로조건을 서면(「전자문서 및 전자거래 기본법」 제2조 제1호에 따른 전자문서를 포함한다)으로 명시하여 교부하여야 한다(제67조 제3항).

제17조(근로조건의 명시)

① 사용자는 근로계약을 체결할 때에 근로자에게 다음 각 호의 사항을 명시하여야 한다. 근로계약 체결 후 다음 각 호의 사항을 변경하는 경우에도 또한 같다(제17조 제1항).

1. 임금
2. 소정근로시간
3. 제55조에 따른 휴일
4. 제60조에 따른 연차 유급휴가
5. 그 밖에 대통령령으로 정하는 근로조건

시행령 제8조(명시하여야 할 근로조건)

법 제17조 제1항 제5호에서 "대통령령으로 정하는 근로조건"이란 다음 각 호의 사항을 말한다.

1. 취업의 장소와 종사하여야 할 업무에 관한 사항
2. 법 제93조 제1호부터 제12호까지의 규정에서 정한 사항
3. 사업장의 부속 기숙사에 근로자를 기숙하게 하는 경우에는 기숙사 규칙에서 정한 사항

14 **근로기준법상 임산부의 보호에 관한 설명으로 옳지 않은 것은?** ▸ 공인노무사 제33회

① 사용자는 산후 1년이 지나지 아니한 여성 근로자가 1일 소정근로시간을 유지하면서 업무의 시작 및 종료 시각의 변경을 신청하는 경우 이를 허용하여야 한다.

② 사용자는 한 명의 자녀를 임신한 여성에게 출산 전과 출산 후를 통하여 90일의 출산 전후휴가를 주어야 한다.

③ 사용자는 만 42세의 임신 중인 여성 근로자가 출산전후휴가를 청구하는 경우 출산 전 어느 때라도 휴가를 나누어 사용할 수 있도록 하여야 한다.

④ 사용자는 임신한 여성 근로자가 「모자보건법」상 임산부 정기건강진단을 받는 데 필요한 시간을 청구하는 경우 이를 허용하여야 한다.

⑤ 사용자는 임산부를 도덕상 또는 보건상 유해·위험한 사업에 사용하지 못한다.

해설 ① 사용자는 임신 중인 여성 근로자가 1일 소정근로시간을 유지하면서 업무의 시작 및 종료 시각의 변경을 신청하는 경우 이를 허용하여야 한다. 다만, 정상적인 사업 운영에 중대한 지장을 초래하는 경우 등 대통령령으로 정하는 경우에는 그러하지 아니하다(제74조 제9항).

② 제74조 제1항

③ 사용자는 임신 중인 여성 근로자가 유산의 경험 등 대통령령으로 정하는 사유로 제74조 제1항의 휴가를 청구하는 경우 출산 전 어느 때라도 휴가를 나누어 사용할 수 있도록 하여야 한다. 이 경우 출산 후의 휴가기간은 연속하여 45일(한 번에 둘 이상 자녀를 임신한 경우에는 60일) 이상이 되어야 한다(제74조 제2항).

> **시행령 제43조**
> ① 법 제74조 제2항 전단에서 "대통령령으로 정하는 사유"란 다음 각 호의 어느 하나에 해당하는 경우를 말한다.
> 1. 임신한 근로자에게 유산·사산의 경험이 있는 경우
> 2. 임신한 근로자가 출산전후휴가를 청구할 당시 연령이 만 40세 이상인 경우
> 3. 임신한 근로자가 유산·사산의 위험이 있다는 의료기관의 진단서를 제출한 경우

④ 제74조의2 제1항

⑤ 제65조 제1항

정답 13 ① 14 ①

15 **근로기준법령상 임산부의 보호에 관한 설명으로 옳지 않은 것은?** ▸공인노무사 제29회

① 한 번에 둘 이상 자녀를 임신한 경우 출산전후휴가 기간의 배정은 출산 후에 60일 이상이 되어야 한다.

② 사업주는 출산전후휴가 종료 후에는 휴가 전과 동일한 업무 또는 동등한 수준의 임금을 지급하는 직무에 복귀시켜야 한다.

③ 사용자는 임신 후 32주 이후에 있으며 1일 근로시간이 8시간인 여성 근로자가 1일 2시간의 근로시간 단축을 신청하는 경우 이를 허용하여야 한다.

④ 사용자는 임신 중의 여성 근로자에게 시간외근로를 하게 하여서는 아니 된다.

⑤ 사업주는 유산휴가를 청구한 근로자에게 임신기간이 28주 이상인 경우 유산한 날부터 30일까지 유산휴가를 주어야 한다.

해설 ① 제74조 제1항
② 제74조 제6항
③ 제74조 제7항
④ 제74조 제5항

제74조(임산부의 보호)

① 사용자는 임신 중의 여성에게 출산 전과 출산 후를 통하여 90일(미숙아를 출산한 경우에는 100일, 한 번에 둘 이상 자녀를 임신한 경우에는 120일)의 출산전후휴가를 주어야 한다. 이 경우 휴가 기간의 배정은 출산 후에 45일(한 번에 둘 이상 자녀를 임신한 경우에는 60일) 이상이 되어야 하고, 미숙아의 범위, 휴가 부여 절차 등에 필요한 사항은 고용노동부령으로 정한다.

② 사용자는 임신 중인 여성 근로자가 유산의 경험 등 대통령령으로 정하는 사유로 제1항의 휴가를 청구하는 경우 출산 전 어느 때라도 휴가를 나누어 사용할 수 있도록 하여야 한다. 이 경우 출산 후의 휴가 기간은 연속하여 45일(한 번에 둘 이상 자녀를 임신한 경우에는 60일) 이상이 되어야 한다.

③ 사용자는 임신 중인 여성이 유산 또는 사산한 경우로서 그 근로자가 청구하면 대통령령으로 정하는 바에 따라 유산·사산 휴가를 주어야 한다. 다만, 인공 임신중절 수술(「모자보건법」 제14조 제1항에 따른 경우는 제외한다)에 따른 유산의 경우는 그러하지 아니하다.

④ 제1항부터 제3항까지의 규정에 따른 휴가 중 최초 60일(한 번에 둘 이상 자녀를 임신한 경우에는 75일)은 유급으로 한다. 다만, 「남녀고용평등과 일·가정 양립 지원에 관한 법률」 제18조에 따라 출산전후휴가급여 등이 지급된 경우에는 그 금액의 한도에서 지급의 책임을 면한다.

⑤ 사용자는 임신 중의 여성 근로자에게 시간외근로를 하게 하여서는 아니 되며, 그 근로자의 요구가 있는 경우에는 쉬운 종류의 근로로 전환하여야 한다.

⑥ 사업주는 제1항에 따른 출산전후휴가 종료 후에는 휴가 전과 동일한 업무 또는 동등한 수준의 임금을 지급하는 직무에 복귀시켜야 한다.

⑦ 사용자는 임신 후 12주 이내 또는 32주 이후에 있는 여성 근로자(고용노동부령으로 정하는 유산, 조산 등 위험이 있는 여성 근로자의 경우 임신 전 기간)가 1일 2시간의 근로시간 단축을 신청하는 경우 이를 허용하여야 한다. 다만, 1일 근로시간이 8시간 미만인 근로자에 대하여는 1일 근로시간이 6시간이 되도록 근로시간 단축을 허용할 수 있다.

⑧ 사용자는 제7항에 따른 근로시간 단축을 이유로 해당 근로자의 임금을 삭감하여서는 아니된다.
⑨ 사용자는 임신 중인 여성 근로자가 1일 소정근로시간을 유지하면서 업무의 시작 및 종료 시각의 변경을 신청하는 경우 이를 허용하여야 한다. 다만, 정상적인 사업 운영에 중대한 지장을 초래하는 경우 등 대통령령으로 정하는 경우에는 그러하지 아니하다.
⑩ 제7항에 따른 근로시간 단축의 신청방법 및 절차, 제9항에 따른 업무의 시작 및 종료 시각 변경의 신청방법 및 절차 등에 관하여 필요한 사항은 대통령령으로 정한다.

⑤ **시행령 제43조(유산·사산휴가의 청구 등) 제3항**

③ 사업주는 시행령 제43조 제2항에 따라 유산·사산휴가를 청구한 근로자에게 다음 각 호의 기준에 따라 유산·사산휴가를 주어야 한다.
1. 유산 또는 사산한 근로자의 임신기간(이하 "임신기간"이라 한다)이 15주 이내인 경우 : 유산 또는 사산한 날부터 10일까지
2. 삭제〈2025.2.18.〉
3. 임신기간이 16주 이상 21주 이내인 경우 : 유산 또는 사산한 날부터 30일까지
4. 임신기간이 22주 이상 27주 이내인 경우 : 유산 또는 사산한 날부터 60일까지
5. 임신기간이 28주 이상인 경우 : 유산 또는 사산한 날부터 90일까지

16 근로기준법에 관한 설명으로 옳은 것을 모두 고른 것은?

▸공인노무사 제26회

ㄱ. 사용자는 산후 1년이 지나지 아니한 여성에 대하여는 단체협약이 있는 경우라도 1일에 2시간, 1주일에 6시간, 1년에 150시간을 초과하는 시간외근로를 시키지 못한다.
ㄴ. 4주 동안을 평균하여 1주 동안의 소정근로시간이 15시간 이상인 근로자에 대하여는 제55조에 따른 휴일을 적용하지 아니한다.
ㄷ. 단체협약에 특별한 규정이 있는 경우에는 임금의 일부를 공제할 수 있다.
ㄹ. 계속하여 근로한 기간이 1년 미만인 근로자가 80퍼센트 이상 출근한 경우 사용자는 그 근로자에게 15일의 유급휴가를 주어야 한다.

① ㄱ
② ㄱ, ㄷ
③ ㄴ, ㄹ
④ ㄴ, ㄷ, ㄹ
⑤ ㄱ, ㄴ, ㄷ, ㄹ

해설 ㄱ. 제71조
ㄴ. 4주 동안을 평균하여 1주 동안의 소정근로시간이 15시간 미만인 근로자에 대하여는 제55조와 제60조를 적용하지 아니한다(제18조 제3항).

정답 15 ⑤ 16 ②

ㄷ. 임금은 통화(通貨)로 직접 근로자에게 그 전액을 지급하여야 한다. 다만, 법령 또는 단체협약에 특별한 규정이 있는 경우에는 임금의 일부를 공제하거나 통화 이외의 것으로 지급할 수 있다(제43조 제1항).
ㄹ. 사용자는 계속하여 근로한 기간이 1년 미만인 근로자 또는 1년간 80퍼센트 미만 출근한 근로자에게 1개월 개근 시 1일의 유급휴가를 주어야 한다(제60조 제2항).

17 근로기준법상 휴일근로에 관한 설명으로 옳은 것을 모두 고른 것은? (단, 야간근로는 제외함)

▸ 공인노무사 제34회

ㄱ. 사용자는 8시간을 초과한 휴일근로에 대하여 통상임금의 100분의 100 이상을 가산하여 지급하여야 한다.
ㄴ. 사용자는 근로자대표와의 서면합의가 있는 경우에는 휴일근로에 대하여 임금을 지급하는 것을 갈음하여 휴가를 줄 수 있다.
ㄷ. 사용자가 18세 미만자의 동의만 얻으면 휴일근로를 시킬 수 있다.

① ㄱ
② ㄱ, ㄴ
③ ㄱ, ㄷ
④ ㄴ, ㄷ
⑤ ㄱ, ㄴ, ㄷ

해설 ㄱ. 제56조 제2항 제2호
ㄴ. 사용자는 근로자대표와의 서면합의에 따라 제51조의3, 제52조 제2항 제2호 및 제56조에 따른 연장근로 · 야간근로 및 휴일근로 등에 대하여 임금을 지급하는 것을 갈음하여 휴가를 줄 수 있다(제57조).
ㄷ. 제70조

제70조(야간근로와 휴일근로의 제한)
① 사용자는 18세 이상의 여성을 오후 10시부터 오전 6시까지의 시간 및 휴일에 근로시키려면 그 근로자의 동의를 받아야 한다.
② 사용자는 임산부와 18세 미만자를 오후 10시부터 오전 6시까지의 시간 및 휴일에 근로시키지 못한다. 다만, 다음 각 호의 어느 하나에 해당하는 경우로서 고용노동부장관의 인가를 받으면 그러하지 아니하다.
1. 18세 미만자의 동의가 있는 경우
2. 산후 1년이 지나지 아니한 여성의 동의가 있는 경우
3. 임신 중의 여성이 명시적으로 청구하는 경우
③ 사용자는 제2항의 경우 고용노동부장관의 인가를 받기 전에 근로자의 건강 및 모성 보호를 위하여 그 시행 여부와 방법 등에 관하여 그 사업 또는 사업장의 근로자대표와 성실하게 협의하여야 한다.

18 근로기준법상 야간근로에 관한 설명으로 옳지 않은 것은? ▸공인노무사 제33회

① 사용자는 야간근로에 대하여 통상임금의 100분의 50 이상을 가산하여 근로자에게 지급하여야 한다.

② 사용자는 근로자대표와의 서면 합의에 따라 야간근로에 대하여 임금을 지급하는 것을 갈음하여 휴가를 줄 수 있다.

③ 사용자는 18세 미만자의 경우 그의 동의가 있고 고용노동부장관의 인가를 받으면 야간근로를 시킬 수 있다.

④ 사용자는 18세 이상의 여성에 대하여는 그 근로자의 동의가 있는 경우에도 1일에 2시간, 1주에 6시간, 1년에 150시간을 초과하는 야간근로를 시키지 못한다.

⑤ 사용자는 임신 중의 여성이 명시적으로 청구하고 고용노동부장관의 인가를 받으면 야간근로를 시킬 수 있다.

해설 ① 제56조 제3항

② 사용자는 근로자대표와의 서면 합의에 따라 제51조의3, 제52조 제2항 제2호 및 제56조에 따른 연장근로·야간근로 및 휴일근로 등에 대하여 임금을 지급하는 것을 갈음하여 휴가를 줄 수 있다(제57조).

④ 제70조(18세 이상 여성의 야간근로 제한), 제71조(산후 1년이 지나지 않은 여성의 시간외근로 제한)

③·⑤ 제70조

> **제70조(야간근로와 휴일근로의 제한)**
>
> ① 사용자는 18세 이상의 여성을 오후 10시부터 오전 6시까지의 시간 및 휴일에 근로시키려면 그 근로자의 동의를 받아야 한다.
>
> ② 사용자는 임산부와 18세 미만자를 오후 10시부터 오전 6시까지의 시간 및 휴일에 근로시키지 못한다. 다만, 다음 각 호의 어느 하나에 해당하는 경우로서 고용노동부장관의 인가를 받으면 그러하지 아니하다.
>
> 1. 18세 미만자의 동의가 있는 경우
> 2. 산후 1년이 지나지 아니한 여성의 동의가 있는 경우
> 3. 임신 중의 여성이 명시적으로 청구하는 경우

정답 17 ② 18 ④

Section 09 직장 내 괴롭힘의 금지

01 **근로기준법상 직장 내 괴롭힘에 관한 설명으로 옳은 것은?** ▸ 공인노무사 제34회

① 사용자 또는 근로자는 직장에서의 지위 또는 관계 등의 우위를 이용하여 사용자 또는 다른 근로자에게 신체적·정신적 고통을 주는 행위를 하여서는 아니 된다.

② 누구든지 직장 내 괴롭힘 발생 사실을 알게 된 경우 그 사실을 사용자에게 신고하여야 한다.

③ 사용자는 조사기간 동안 피해근로자를 보호하기 위하여 행위자를 배치전환하여야 한다.

④ 사용자는 조사결과 직장 내 괴롭힘 발생사실이 확인된 때에는 피해근로자의 의견을 들어 지체 없이 행위자에 대하여 징계, 근무장소의 변경 등의 조치를 하여야 한다.

⑤ 직장 내 괴롭힘 발생 사실을 조사한 사람은 조사와 관련된 내용을 사용자에게 보고할 수 없다.

해설 ① 사용자 또는 근로자는 직장에서의 지위 또는 관계 등의 우위를 이용하여 업무상 적정범위를 넘어 다른 근로자에게 신체적·정신적 고통을 주거나 근무환경을 악화시키는 행위를 하여서는 아니 된다(제76조의2).

② 누구든지 직장 내 괴롭힘 발생 사실을 알게 된 경우 그 사실을 사용자에게 신고할 수 있다(제76조의3 제1항).

③ 사용자는 제2항에 따른 조사기간 동안 직장 내 괴롭힘과 관련하여 피해를 입은 근로자 또는 피해를 입었다고 주장하는 근로자(이하 "피해근로자등"이라 한다)를 보호하기 위하여 필요한 경우 해당 피해근로자 등에 대하여 근무장소의 변경, 유급휴가 명령 등 적절한 조치를 하여야 한다. 이 경우 사용자는 피해근로자 등의 의사에 반하는 조치를 하여서는 아니 된다(제76조의3 제3항).

④ 제76조의3 제5항

⑤ 직장 내 괴롭힘 발생 사실을 조사한 사람, 조사 내용을 보고받은 사람 및 그 밖에 조사 과정에 참여한 사람은 해당 조사 과정에서 알게 된 비밀을 피해근로자 등의 의사에 반하여 다른 사람에게 누설하여서는 아니 된다. 다만, 조사와 관련된 내용을 사용자에게 보고하거나 관계 기관의 요청에 따라 필요한 정보를 제공하는 경우는 제외한다(제76조의3 제7항).

02 **근로기준법상 직장 내 괴롭힘의 금지 등에 관한 설명으로 옳은 것을 모두 고른 것은?**

▸ 공인노무사 제33회

> ㄱ. 사용자는 직장 내 괴롭힘 예방 교육을 매년 실시하여야 한다.
> ㄴ. 사용자는 조사 기간 동안 직장 내 괴롭힘과 관련하여 피해를 입은 근로자를 보호하기 위하여 필요한 경우 해당 피해근로자에 대하여 근무장소의 변경 등 적절한 조치를 하여야 한다. 이 경우 사용자는 피해근로자의 의사에 반하는 조치를 하여서는 아니 된다.
> ㄷ. 사용자는 조사 결과 직장 내 괴롭힘 발생 사실이 확인된 때에는 피해근로자가 요청하면 배치전환, 유급휴가 명령 등 적절한 조치를 하여야 한다.

① ㄱ
② ㄴ
③ ㄱ, ㄷ
④ ㄴ, ㄷ
⑤ ㄱ, ㄴ, ㄷ

해설 ㄱ. 근로기준법상 직장 내 괴롭힘 예방교육에 관한 규정은 없다.
ㄴ. 제76조의3 제3항
ㄷ. 제76조의3 제4항

03 **근로기준법상 직장 내 괴롭힘에 관한 설명으로 옳지 않은 것은?** ▸ 공인노무사 제32회

① 사용자는 직장 내 괴롭힘 발생 사실을 인지한 경우에는 지체 없이 당사자 등을 대상으로 그 사실 확인을 위하여 객관적으로 조사를 실시하여야 한다.
② 사용자는 조사 기간 동안 직장 내 괴롭힘과 관련하여 피해를 입은 근로자를 보호하기 위하여 행위자에 대하여 근무장소의 변경조치를 하여야 한다.
③ 직장 내 괴롭힘 발생 사실을 조사한 사람은 해당 조사 과정에서 알게 된 비밀을 피해근로자 의사에 반하는 경우에도 관계 기관의 요청에 따라 필요한 정보를 제공할 수 있다.
④ 근로자는 직장에서의 지위 또는 관계 등의 우위를 이용하여 업무상 적정범위를 넘어 다른 근로자에게 신체적・정신적 고통을 주거나 근무환경을 악화시키는 행위를 하여서는 아니 된다.
⑤ 사용자가 직장 내 괴롭힘의 금지를 위반하여 직장 내 괴롭힘을 한 경우에는 1천만원 이하의 과태료를 부과한다.

해설 ① 제76조의3 제2항
② 사용자는 제76조의3 제2항에 따른 조사 기간 동안 직장 내 괴롭힘과 관련하여 피해를 입은 근로자 또는 피해를 입었다고 주장하는 근로자(이하 "피해근로자등"이라 한다)를 보호하기 위하여 필

정답 01 ④ 02 ④ 03 ②

요한 경우 해당 피해근로자등에 대하여 근무장소의 변경, 유급휴가 명령 등 적절한 조치를 하여야 한다. 이 경우 사용자는 피해근로자등의 의사에 반하는 조치를 하여서는 아니 된다(제76조의3 제3항).

③ 직장 내 괴롭힘 발생 사실을 조사한 사람, 조사 내용을 보고받은 사람 및 그 밖에 조사 과정에 참여한 사람은 해당 조사 과정에서 알게 된 비밀을 피해근로자등의 의사에 반하여 다른 사람에게 누설하여서는 아니 된다. 다만, 조사와 관련된 내용을 사용자에게 보고하거나 관계 기관의 요청에 따라 필요한 정보를 제공하는 경우는 제외한다(제76조의3 제7항).

④ 사용자 또는 근로자는 직장에서의 지위 또는 관계 등의 우위를 이용하여 업무상 적정범위를 넘어 다른 근로자에게 신체적·정신적 고통을 주거나 근무환경을 악화시키는 행위(이하 "직장 내 괴롭힘"이라 한다)를 하여서는 아니 된다(제76조의2).

⑤ 사용자(사용자의 「민법」 제767조에 따른 친족 중 대통령령으로 정하는 사람이 해당 사업 또는 사업장의 근로자인 경우를 포함)가 제76조의2를 위반하여 직장 내 괴롭힘을 한 경우에는 1천만 원 이하의 과태료를 부과한다(제116조 제1항).

04 근로기준법상 직장 내 괴롭힘의 금지 및 발생 시 조치에 관한 설명으로 옳은 것은?

▸ 공인노무사 제31회

① 근로자에게 신체적·정신적 고통을 주는 행위 외에 근무환경을 악화시키는 행위는 직장 내 괴롭힘에 관한 규정으로 규율되지 아니한다.

② 직장 내 괴롭힘의 발생 사실을 알게 된 경우 그 피해근로자의 동의가 없으면 누구든지 그 사실을 사용자에게 신고할 수 없다.

③ 사용자는 직장 내 괴롭힘 사실을 인지하더라도 그 신고의 접수가 없으면 사실확인을 위한 조사를 실시할 수 없다.

④ 사용자는 조사 결과 직장 내 괴롭힘 발생 사실이 확인된 때에는 피해근로자의 요청과 무관하게 피해근로자의 근무장소 변경, 배치전환 등 적절한 조치를 하여야 한다.

⑤ 사용자는 직장 내 괴롭힘의 피해근로자는 물론 그 발생 사실을 신고한 근로자에게도 해고나 그 밖의 불리한 처우를 하여서는 아니 된다.

해설 ① 사용자 또는 근로자는 직장에서의 지위 또는 관계 등의 우위를 이용하여 업무상 적정범위를 넘어 다른 근로자에게 신체적·정신적 고통을 주거나 근무환경을 악화시키는 행위(이하 "직장 내 괴롭힘"이라 한다)를 하여서는 아니 된다(제76조의2).

② 누구든지 직장 내 괴롭힘 발생 사실을 알게 된 경우 그 사실을 사용자에게 신고할 수 있다(제76조의3 제1항).

③ 사용자는 직장 내 괴롭힘 신고를 접수하거나 직장 내 괴롭힘 발생 사실을 인지한 경우에는 지체 없이 당사자 등을 대상으로 그 사실 확인을 위하여 객관적으로 조사를 실시하여야 한다(제76조의3 제2항).

④ 사용자는 제76조의3 제2항에 따른 조사 결과 직장 내 괴롭힘 발생 사실이 확인된 때에는 피해근로자가 요청하면 근무장소의 변경, 배치전환, 유급휴가 명령 등 적절한 조치를 하여야 한다(제76조의3 제4항).

⑤ 사용자는 직장 내 괴롭힘 발생 사실을 신고한 근로자 및 피해근로자등에게 해고나 그 밖의 불리한 처우를 하여서는 아니 된다(제76조의3 제6항).

05 근로기준법상 직장 내 괴롭힘의 금지에 관한 설명으로 옳지 않은 것은? ▸공인노무사 제29회

① 누구든지 직장 내 괴롭힘 발생 사실을 알게 된 경우 그 사실을 사용자에게 신고할 수 있다.

② 사용자는 직장 내 괴롭힘 발생 사실을 인지한 경우에는 지체 없이 그 사실 확인을 위한 조사를 실시하여야 한다.

③ 사용자는 직장 내 괴롭힘 발생 사실의 확인 조사 결과 그 사실이 확인된 때에는 피해근로자가 요청하면 근무장소의 변경 등 적절한 조치를 하여야 한다.

④ 사용자는 직장 내 괴롭힘 발생 사실을 신고한 근로자 및 피해근로자등에게 해고나 그 밖의 불리한 처우를 하여서는 아니 된다.

⑤ 사용자가 직장 내 괴롭힘 발생 사실의 확인 조사 결과 그 사실이 확인되었음에도 이에 대한 필요한 조치를 하지 아니한 경우 500만원 이하의 벌금을 부과한다.

해설 ① 제76조의3 제1항

② 제76조의3 제2항

③ 제76조의3 제4항

④ 제76조의3 제6항

⑤ 제76조의3 제2항 · 제4항 · 제5항 · 제7항을 위반하면 500만원 이하의 과태료를 부과한다(제116조 제2항). 제76조의3 제6항을 위반한 경우는 3년 이하의 징역 또는 3천만원 이하의 벌금에 처한다(제109조 제1항).

정답 04 ⑤ 05 ⑤

06 **근로기준법상 직장 내 괴롭힘에 관한 설명으로 옳지 않은 것은?** ▸공인노무사 제30회

① 누구든지 직장 내 괴롭힘 발생 사실을 알게 된 경우 그 사실을 사용자에게 신고하여야 한다.

② 사용자는 직장 내 괴롭힘 발생 사실을 인지한 경우에는 지체 없이 그 사실 확인을 위한 조사를 실시하여야 한다.

③ 사용자는 직장 내 괴롭힘에 대한 조사 기간 동안 피해근로자등을 보호하기 위하여 필요한 경우 해당 피해근로자등에 대하여 근무장소의 변경, 유급휴가 명령 등 적절한 조치를 하여야 한다. 이 경우 사용자는 피해근로자등의 의사에 반하는 조치를 하여서는 아니 된다.

④ 사용자는 직장 내 괴롭힘과 관련한 조사 결과 직장 내 괴롭힘 발생 사실이 확인된 때에는 지체 없이 행위자에 대하여 징계, 근무장소의 변경 등 필요한 조치를 하여야 한다. 이 경우 사용자는 징계 등의 조치를 하기 전에 그 조치에 대하여 피해근로자의 의견을 들어야 한다.

⑤ 사용자는 직장 내 괴롭힘에 대한 조사 결과 직장 내 괴롭힘 발생 사실이 확인된 때에는 피해근로자가 요청하면 근무장소의 변경, 배치전환, 유급휴가 명령 등 적절한 조치를 하여야 한다.

해설 ① 누구든지 직장 내 괴롭힘 발생 사실을 알게 된 경우 그 사실을 사용자에게 신고할 수 있다(제76조의3 제1항).
② 제76조의3 제2항
③ 제76조의3 제3항
④ 제76조의3 제5항
⑤ 제76조의3 제4항

정답 06 ①

Section 10 취업규칙

01 근로기준법상 취업규칙에 관한 설명으로 옳지 않은 것은? ▸공인노무사 제31회

① 근로자에게 불이익하게 변경된 취업규칙은 집단적 동의를 받았다고 하더라도 근로자의 개별적 동의가 없는 한 그 취업규칙보다 유리한 근로 계약 시 내용이 우선하여 적용된다.

② 사용자는 취업규칙의 작성 시 해당 사업 또는 사업장에 근로자의 과반수로 조직된 노동조합이 없는 경우에는 근로자의 과반수의 의견을 들어야 한다.

③ 취업규칙에서 근로자에 대하여 감급(減給)의 제재를 정할 경우에 그 감액은 1회의 금액이 통상임금의 1일분의 2분의 1을, 총액이 1임금지급기의 임금 총액의 5분의 1을 초과하지 못한다.

④ 표창과 제재에 관한 사항이 없는 취업규칙의 경우 고용노동부장관은 그 변경을 명할 수 있다.

⑤ 취업규칙이 기존의 근로자에게 불이익하게 변경되었는지 여부를 불문하고 사용자가 취업 규칙을 변경한 후 신규 취업한 근로자에게는 변경된 취업규칙이 적용된다.

해설
① 대판 2019.11.14, 2018다200709, 제97조 참조
② 제94조 제1항
③ 취업규칙에서 근로자에 대하여 감급(減給)의 제재를 정할 경우에 그 감액은 1회의 금액이 평균임금의 1일분의 2분의 1을, 총액이 1임금지급기의 임금 총액의 10분의 1을 초과하지 못한다(제95조).
④ 고용노동부장관은 법령이나 단체협약에 어긋나는 취업규칙의 변경을 명할 수 있다(제96조 제2항).
⑤ 취업규칙의 작성, 변경의 권한은 원칙적으로 사용자에게 있으므로 사용자는 그 의사에 따라 취업규칙을 작성, 변경할 수 있고, 사용자가 취업규칙을 변경한 경우에 취업규칙의 변경이 기존의 근로자에게 불이익한지 여부를 불문하고 취업규칙의 변경은 유효하여 현행의 법규적 효력을 가진 취업규칙은 변경된 취업규칙이므로, 그 변경 후에 근로관계를 갖게 된 근로자에 대하여는 변경된 취업규칙이 적용된다(대판 1999.11.12, 99다30473).

정답 01 ③

02 **근로기준법상 취업규칙에 관한 설명으로 옳지 않은 것은?** ▸공인노무사 제30회

① 취업규칙을 작성하여 고용노동부장관에게 신고하여야 하는 사용자는 상시 10명 이상의 근로자를 사용하는 사용자이다.

② 사용자가 취업규칙을 작성하여 고용노동부장관에게 신고하여야 하는 경우, 해당 취업규칙에는 업무상과 업무 외의 재해부조(災害扶助)에 관한 사항이 포함되어야 한다.

③ 사용자는 취업규칙의 작성에 관하여 해당 사업 또는 사업장에 근로자의 과반수로 조직된 노동조합이 있는 경우에는 그 노동조합, 근로자의 과반수로 조직된 노동조합이 없는 경우에는 근로자의 과반수의 의견을 들어야 한다.

④ 취업규칙에서 근로자에 대하여 감급(減給)의 제재를 정할 경우에 그 감액은 1회의 금액이 평균임금의 1일분의 2분의 1을, 총액이 1임금지급기의 임금 총액의 10분의 1을 초과하지 못한다.

⑤ 고용노동부장관은 법령이나 단체협약에 어긋나는 취업규칙에 대하여 노동위원회의 의결을 받아 그 변경을 명하여야 한다.

해설 ① 제93조
② 제93조 제10호
③ 제94조 제1항
④ 제95조
⑤ 고용노동부장관은 법령이나 단체협약에 어긋나는 취업규칙의 변경을 명할 수 있다(제96조 제2항).

03 **근로기준법령상 취업규칙 불이익 변경에 관한 설명으로 옳지 않은 것은? (다툼이 있으면 판례에 따름)** ▸공인노무사 제32회

① 취업규칙의 개정이 근로자들에게 불이익하게 변경된 것인지는 취업규칙의 개정이 이루어진 시점을 기준으로 판단하여야 한다.

② 근로조건이 이원화되어 있어 변경된 취업규칙이 적용되어 직접적으로 불이익을 받게 되는 근로자 집단 이외에 변경된 취업규칙의 적용이 예상되는 근로자 집단이 없는 경우에는 변경된 취업규칙이 적용되어 불이익을 받는 근로자 집단만이 동의주체가 된다.

③ 취업규칙이 근로자의 동의없이 불이익하게 변경된 후에 이루어진 자의에 따른 사직 및 재입사로 근로관계가 단절된 근로자에 대하여 재입사 후 적용되는 취업규칙은 변경 전 취업 규칙이다.

④ 근로자의 동의를 얻지 않은 취업규칙 불이익 변경의 경우 그 변경으로 기득이익이 침해되는 기존의 근로자에게는 종전 취업규칙의 효력이 그대로 유지되지만, 변경 후에 근로관계를 갖게 된 근로자에게는 변경된 취업규칙이 적용된다.

⑤ 취업규칙 불이익 변경 시 근로자 과반수로 구성된 노동조합이 없는 때에는 근로자들의 회의 방식에 의한 과반수 동의가 필요하다.

해설 ① 취업규칙의 일부인 퇴직금 규정의 개정이 근로자들에게 유리한지 불리한지 여부를 판단하기 위하여는 퇴직금 지급률의 변화와 함께 그와 대가관계나 연계성이 있는 기초임금의 변화도 고려하여 종합적으로 판단하여야 하지만, 그 판단의 기준 시점은 퇴직금 규정의 개정이 이루어진 시점이다(대판 2000.9.29, 99다45376).

② 여러 근로자 집단이 하나의 근로조건 체계 내에 있어 비록 취업규칙의 불이익변경 시점에는 일부 근로자 집단만이 직접적인 불이익을 받더라도 그 나머지 다른 근로자 집단에게도 장차 직급의 승급 등으로 변경된 취업규칙의 적용이 예상되는 경우에는 일부 근로자 집단은 물론 장래 변경된 취업규칙 규정의 적용이 예상되는 근로자 집단을 포함한 전체 근로자 집단이 동의주체가 되고, 그렇지 않고 근로조건이 이원화되어 있어 변경된 취업규칙이 적용되어 직접적으로 불이익을 받게 되는 근로자 집단 이외에 변경된 취업규칙의 적용이 예상되는 근로자 집단이 없는 경우에는 변경된 취업규칙이 적용되어 불이익을 받는 근로자 집단만이 동의주체가 된다(대판 2009.11.12, 2009다49377).

③ 취업규칙이 근로자의 동의 없이 불이익하게 변경된 후에 이루어진 자의에 따른 사직 및 재입사로 근로 관계가 단절된 근로자에 대하여 재입사 후 적용되는 취업규칙은 변경된 취업규칙이다(대판 1996.10.15, 95다53188).

④ 기존 근로자집단의 동의를 얻지 못한 취업규칙은 기득권이 침해되는 기존 근로자에게는 무효이지만, 신규근로자에게는 변경의 효력이 미친다(대판 1992.12.22, 91다45165 전원합의체).

⑤ 제97조 제1항

취업규칙에 규정된 근로조건의 내용을 근로자에게 불이익하게 변경하는 경우에 근로자 과반수로 구성된 노동조합이 없는 때에는 근로자들의 회의 방식에 의한 과반수 동의가 필요하다고 하더라도, 그 회의 방식은 반드시 한 사업 또는 사업장의 전 근로자가 일시에 한자리에 집합하여 회의를 개최하는 방식만이 아니라 한 사업 또는 사업장의 기구별 또는 단위 부서별로 사용자 측의 개입이나 간섭이 배제된 상태에서 근로자 상호 간에 의견을 교환하여 찬반의견을 집약한 후 이를 전체적으로 취합하는 방식도 허용된다고 할 것인데, 여기서 사용자 측의 개입이나 간섭이라 함은 사용자 측이 근로자들의 자율적이고 집단적인 의사결정을 저해할 정도로 명시 또는 묵시적인 방법으로 동의를 강요하는 경우를 의미하고 사용자 측이 단지 변경될 취업규칙의 내용을 근로자들에게 설명하고 홍보하는 데 그친 경우에는 사용자 측의 부당한 개입이나 간섭이 있었다고 볼 수 없다(대판 2003.11.14, 2001다18322).

정답 02 ⑤ 03 ③

04 **근로기준법상 취업규칙의 불이익변경에서 근로자 측의 집단적 동의권에 관한 설명으로 옳지 않은 것은? (다툼이 있으면 판례에 따름)** ▸ 공인노무사 제33회

① 노동조합이나 근로자들이 집단적 동의권을 남용하였다고 볼 만한 특별한 사정이 없는 한 해당 취업규칙의 변경에 사회통념상 합리성이 있다는 이유만으로 그 유효성을 인정할 수는 없다.

② 취업규칙의 불리한 변경에 대하여 근로자가 가지는 집단적 동의권은 변경되는 취업규칙의 내용이 갖는 타당성이나 합리성으로 대체될 수 없다.

③ 권리남용금지 원칙의 적용은 당사자의 주장이 있어야 가능하므로, 집단적 동의권의 남용에 해당하는지에 대하여는 법원이 직권으로 판단할 수 없다.

④ 근로자의 집단적 동의가 없다고 하여 취업규칙의 불리한 변경이 항상 불가능한 것은 아니다.

⑤ 근로자가 가지는 집단적 동의권은 사용자의 일방적 취업규칙의 변경 권한에 한계를 설정하고 헌법 제32조 제3항의 취지와 「근로기준법」 제4조가 정한 근로조건의 노사대등결정원칙을 실현하는 데에 중요한 의미를 갖는 절차적 권리이다.

해설 대판 2023.5.11. 2017다35588 · 35595 전원합의체

① 노동조합이나 근로자들이 집단적 동의권을 남용하였다고 볼 만한 특별한 사정이 없는 한 해당 취업규칙의 작성 또는 변경에 사회통념상 합리성이 있다는 이유만으로 그 유효성을 인정할 수는 없다.

②·⑤ 취업규칙의 불리한 변경에 대하여 근로자가 가지는 집단적 동의권은 사용자의 일방적 취업규칙의 변경 권한에 한계를 설정하고 헌법 제32조 제3항의 취지와 근로기준법 제4조가 정한 근로조건의 노사대등결정 원칙을 실현하는 데에 중요한 의미를 갖는 절차적 권리로서, 변경되는 취업규칙의 내용이 갖는 타당성이나 합리성으로 대체될 수 있는 것이라고 볼 수 없다.

③ 신의성실 또는 권리남용금지 원칙의 적용은 강행규정에 관한 것으로서 당사자의 주장이 없더라도 법원이 그 위반 여부를 직권으로 판단할 수 있으므로, 집단적 동의권의 남용에 해당하는지에 대하여도 법원은 직권으로 판단할 수 있다.

④ 노동조합이나 근로자들이 집단적 동의권을 남용하였다고 볼 만한 특별한 사정이 있는 경우에는 취업규칙의 불이익변경의 유효성을 인정할 여지가 있으므로, 근로자의 집단적 동의가 없다고 하여 취업규칙의 불리한 변경이 항상 불가능한 것도 아니다. …… 취업규칙을 근로자에게 불리하게 변경하면서 근로자의 집단적 동의를 받지 않았다면 이를 원칙적으로 무효로 보되, 다만 노동조합이나 근로자들이 집단적 동의권을 남용한 경우에 한하여 유효성을 인정하는 것이 단체협약에 의한 노동조합의 동의권에 관한 대법원 판례의 태도와 일관되고 법규범 체계에 부합하는 해석이다.

05 근로기준법상 취업규칙의 작성과 변경에 관한 설명으로 옳지 않은 것은? (다툼이 있으면 판례에 따름)

▸ 공인노무사 제33회

① 취업규칙에서 정한 기준에 미달하는 근로조건을 정한 근로계약은 그 부분에 관하여는 무효로 한다.

② 근로관계 종료 후의 권리·의무에 관한 사항은 사용자와 근로자 사이에 존속하는 근로관계와 직접 관련되는 것으로서 근로자의 대우에 관하여 정한 사항이라도 취업규칙에서 정한 근로조건에 해당한다고 할 수 없다.

③ 취업규칙의 작성·변경에 관한 권한은 원칙적으로 사용자에게 있다.

④ 취업규칙은 원칙적으로 객관적인 의미에 따라 해석하여야 하고, 문언의 객관적 의미를 벗어나는 해석은 신중하고 엄격하여야 한다.

⑤ 사용자가 근로자들에게 불리하게 취업규칙을 변경함에 있어서 근로자들의 집단적 의사결정 방법에 의한 동의를 얻지 아니하였다고 하더라도, 현행의 법규적 효력을 가진 취업규칙은 변경된 취업규칙이다.

해설 ① 제97조

② 취업규칙에서 정한 복무규율과 근로조건은 근로관계의 존속을 전제로 하는 것이지만, 사용자와 근로자 사이의 근로관계 종료 후의 권리·의무에 관한 사항이라고 하더라도 사용자와 근로자 사이에 존속하는 근로관계와 직접 관련되는 것으로서 근로자의 대우에 관하여 정한 사항이라면 이 역시 취업규칙에서 정한 근로조건에 해당한다(대판 2022.9.29, 2018다301527).

③ 대판 1999.6.22, 98두6647

④ 취업규칙은 노사 간의 집단적인 법률관계를 규정하는 법규범의 성격을 갖는 것이므로 명확한 증거가 없는 한 그 문언의 객관적 의미를 무시하는 해석이나 그에 이르는 사실인정은 신중하고 엄격하여야 할 것이다(대판 2003.3.14, 2002다69631).

⑤ 사용자가 취업규칙에서 정한 근로조건을 근로자에게 불리하게 변경함에 있어서 근로자의 동의를 얻지 않은 경우에 그 변경으로 기득이익이 침해되는 기존의 근로자에 대한 관계에서는 그 변경의 효력이 미치지 않게 되어 종전 취업규칙의 효력이 그대로 유지 되지만, 그 변경 후에 변경된 취업규칙에 따른 근로조건을 수용하고 근로관계를 갖게 된 근로자에 대한 관계에서는 당연히 변경된 취업규칙이 적용되어야 하고, 기득이익의 침해라는 효력배제사유가 없는 변경 후의 취업근로자에 대해서까지 그 변경의 효력을 부인하여 종전 취업규칙이 적용되어야 한다고 볼 근거가 없다. 위와 같은 경우에 취업 규칙변경 후에 취업한 근로자에게 적용되는 취업규칙과 기존근로자에게 적용되는 취업규칙이 병존하는 것처럼 보이지만, 현행의 법규적 효력을 가진 취업규칙은 변경된 취업규칙이고 다만 기존근로자에 대한 관계에서 기득 이익침해로 그 효력이 미치지 않는 범위 내에서 종전 취업규칙이 적용될 뿐이므로, 하나의 사업 내에 둘 이상의 취업규칙을 둔 것과 같이 볼 수는 없다(대판 1992.12.22, 91다45165 전원합의체).

정답 04 ③ 05 ②

06 근로기준법상 취업규칙에 관한 설명으로 옳은 것은? (다툼이 있으면 판례에 따름)

▸ 공인노무사 제29회

① 사용자는 취업규칙을 근로자에게 불리하게 변경하는 경우에는 근로자 과반수의 의견을 들어야 한다.

② 상시 5명 이상의 근로자를 사용하는 사용자는 근로기준법에서 정한 사항에 관한 취업규칙을 작성하여 고용노동부장관에게 신고하여야 한다.

③ 사용자가 애초에 취업규칙을 작성함에 있어 근로자 과반수의 의견을 듣지 아니하거나 그 동의를 얻지 아니한 경우 그 취업규칙의 내용이 근로기준법에 위반되는지와 관계없이 그 취업규칙은 전부 무효가 된다.

④ 취업규칙의 일부를 이루는 급여규정의 변경이 일부의 근로자에게는 유리하고 일부의 근로자에게는 불리한 경우 그러한 변경에 근로자집단의 동의를 요하는지를 판단하는 것은 근로자 전체에 대하여 획일적으로 결정되어야 한다.

⑤ 근로자의 집단적 의사결정방법에 의한 동의 없이 이루어진 취업규칙의 불리한 변경은 그 변경 후에 취업한 근로자에 대하여 효력이 없다.

해설 ① 사용자는 취업규칙의 작성 또는 변경에 관하여 해당 사업 또는 사업장에 근로자의 과반수로 조직된 노동조합이 있는 경우에는 그 노동조합, 근로자의 과반수로 조직된 노동조합이 없는 경우에는 근로자의 과반수의 의견을 들어야 한다. 다만, 취업규칙을 근로자에게 불리하게 변경하는 경우에는 그 동의를 받아야 한다(제94조 제1항).

② 상시 10명 이상의 근로자를 사용하는 사용자는 다음 각 호의 사항에 관한 취업규칙을 작성하여 고용노동부장관에게 신고하여야 한다. 이를 변경하는 경우에도 또한 같다(제93조).

③ 사용자가 취업규칙을 작성하거나 변경함에 있어 당해 사업장 근로자의 과반수의 의견을 들어야 하며, 취업규칙을 근로자에게 불이익하게 변경하는 경우에는 그 동의를 얻어야 하고 그 동의를 얻지 못한 경우에는 근로자에게 불이익하게 변경되는 부분은 무효라고 할 것이지만, 애초에 취업규칙을 작성함에 있어 근로자 과반수의 의견을 듣지 아니하거나 그 동의를 얻지 아니하였다 하더라도 그 취업규칙의 내용이 근로기준법에 위반되지 않는 한 그 취업규칙이 전부 무효가 되는 것은 아니다(대판 1991.4.9, 90다16245).

④ 취업규칙의 일부를 이루는 급여규정의 변경이 일부의 근로자에게는 유리하고 일부의 근로자에게는 불리한 경우 그러한 변경에 근로자집단의 동의를 요하는지를 판단하는 것은 **근로자 전체에 대하여 획일적으로 결정되어야 할 것이고**, 또 이러한 경우 취업규칙의 변경이 근로자에게 전체적으로 유리한지 불리한지를 객관적으로 평가하기가 어려우며, 같은 개정에 의하여 근로자 상호간의 이 · 불리에 따른 이익이 충돌되는 경우에는 그러한 개정은 근로자에게 불이익한 것으로 취급하여 근로자들 전체의 의사에 따라 결정하게 하는 것이 타당하다(대판 1993.5.14, 93다1893).

⑤ 사용자가 취업규칙에서 정한 근로조건을 근로자에게 불리하게 변경함에 있어서 근로자의 동의를 얻지 않은 경우에 그 변경으로 기득이익이 침해되는 기존의 근로자에 대한 관계에서는 변경의 효력이 미치지 않게 되어 종전 취업규칙의 효력이 그대로 유지되지만, **변경 후에 변경된 취업규칙에 따른 근로조건을 수용하고 근로관계를 갖게 된 근로자에 대한 관계에서는 당연히 변경된 취업규칙이 적용되어야 하고, 기득이익의 침해라는 효력배제사유가 없는 변경 후의 취업근로자에 대해서까지 변경의 효력을 부인하여 종전 취업규칙이 적용되어야 한다고 볼 근거가 없다**(대판 1992.12.22, 91다45165 전원합의체).

07 근로기준법상 취업규칙에 관한 설명으로 옳지 않은 것은? (다툼이 있으면 판례에 따름)

▸ 공인노무사 제28회

① 사용자는 근로자의 근로조건, 근로형태, 직종 등의 특수성에 따라 근로자 일부에게 적용되는 별도의 취업규칙을 작성할 수 있다.
② 취업규칙 작성 시 과반수 노동조합이 있는 경우 사용자는 노동조합 대표자의 의견과 함께 집단적 회의방식으로 조합원의 의견을 들어야 한다.
③ 취업규칙의 변경이 여러 근로자 집단 중 하나의 근로자 집단에게만 불이익하지만 향후 다른 근로자 집단에게도 변경된 취업규칙의 적용이 예상된다면, 해당 근로자집단을 포함한 근로자 집단이 취업규칙 불이익변경의 동의주체가 된다.
④ 사용자가 취업규칙 불이익변경 절차를 거치지 않았더라도 노동조합이 불이익변경된 취업규칙에 따르기로 하는 단체협약을 체결한 경우에는 그 단체협약의 적용을 받게 되는 기존의 근로자들에게 변경된 취업규칙이 적용된다.
⑤ 취업규칙이 기존의 근로자에게 불이익하게 변경되었는지 여부를 불문하고, 사용자가 취업규칙을 변경한 후 신규 취업한 근로자에게는 변경된 취업규칙이 적용된다.

해설 ① 취업규칙은 같은 사업장에 소속된 모든 근로자에 대하여 일률적으로 적용되어야 하는 것은 아니고, 사용자는 근로자의 근로조건, 근로형태, 직종 등의 특수성에 따라 근로자 일부에 적용되는 별도의 취업규칙을 작성할 수 있다(대판 2000.2.25, 98다11628).

② 사용자는 취업규칙의 작성 또는 변경에 관하여 해당 사업 또는 사업장에 근로자의 과반수로 조직된 노동조합이 있는 경우에는 그 노동조합, 근로자의 과반수로 조직된 노동조합이 없는 경우에는 근로자의 과반수의 의견을 들어야 한다. 다만, 취업규칙을 근로자에게 불리하게 변경하는 경우에는 그 동의를 받아야 한다(제94조 제1항).

③ 여러 근로자 집단이 하나의 근로조건 체계 내에 있어 비록 취업규칙의 불이익변경 시점에는 일부 근로자 집단만이 직접적인 불이익을 받더라도 그 나머지 다른 근로자 집단에게도 장차 직급의 승급 등으로 변경된 취업규칙의 적용이 예상되는 경우에는 일부 근로자 집단은 물론 장래 변경된 취업규칙 규정의 적용이 예상되는 근로자 집단을 포함한 전체 근로자 집단이 동의주체가 되고, 그렇지 않고 근로조건이 이원화되어 있어 변경된 취업규칙이 적용되어 직접적으로 불이익을 받게 되는 근로자 집단 이외에 변경된 취업규칙의 적용이 예상되는 근로자 집단이 없는 경우에는 변경된 취업규칙이 적용되어 불이익을 받는 근로자 집단만이 동의주체가 된다(대판 2009.11.12, 2009다49377).

④ 취업규칙 중 퇴직금 지급률에 관한 규정의 변경이 근로자에게 불이익함에도 불구하고 사용자가 근로자의 집단적 의사결정 방법에 의한 동의를 얻지 아니한 채 변경을 함으로써 기득이익을 침해하게 되는 기존의 근로자에 대하여는 종전의 퇴직금 지급률이 적용되어야 하는 경우에도 노동조합이 사용자 측과 변경된 퇴직금 지급률을 따르기로 하는 내용의 단체협약을 체결한 경우에는, 기득이익을 침해하게 되는 기존의 근로자에 대하여 종전의 퇴직금 지급률이 적용되어야 함을 알았는지 여부에 관계없이 원칙적으로 그 협약의 적용을 받게 되는 기존의 근로자에 대하여도 변경된 퇴직금 지급률이 적용되어야 한다(대판 1997.8.22, 96다6967).

⑤ 취업규칙의 작성, 변경의 권한은 원칙적으로 사용자에게 있으므로 사용자는 그 의사에 따라 취업규칙을 작성, 변경할 수 있고, 사용자가 취업규칙을 변경한 경우에 취업규칙의 변경이 기존의 근로자에게 불이익한지 여부를 불문하고 취업규칙의 변경은 유효하여 현행의 법규적 효력을 가진

정답 06 ④ 07 ②

취업규칙은 변경된 취업규칙이므로, 그 변경 후에 근로관계를 갖게 된 근로자에 대하여는 변경된 취업규칙이 적용된다(대판 1999.11.12, 99다30473).

08 근로기준법상 취업규칙에 관한 설명으로 옳지 않은 것은? (다툼이 있으면 판례에 따름)

▸ 공인노무사 제27회

① 고용노동부장관은 법령이나 단체협약에 어긋나는 취업규칙의 변경을 명할 수 있다.
② 상시 10명 이상의 근로자를 사용하는 사용자는 취업규칙을 작성하여 고용노동부장관에게 신고하여야 한다.
③ 사용자는 근로자의 근로조건, 근로형태, 직종 등의 특수성이 있더라도 근로자일부에 적용되는 별도의 취업규칙을 작성할 수 없다.
④ 사용자는 취업규칙을 근로자에게 불리하게 변경하는 경우에 해당 사업장에 근로자의 과반수로 조직된 노동조합이 있는 경우에는 그 노동조합의 동의를 받아야 한다.
⑤ 취업규칙에서 정한 기준에 미달하는 근로조건을 정한 근로계약은 그 부분에 관하여는 무효로 한다.

해설 ① 제96조 제2항
② 제93조
③ 취업규칙은 같은 사업장에 소속된 모든 근로자에 대하여 일률적으로 적용되어야 하는 것은 아니고, 사용자는 근로자의 근로조건, 근로형태, 직종 등의 특수성에 따라 근로자 일부에 적용되는 별도의 취업규칙을 작성할 수 있다(대판 2000.2.25, 98다11628).
④ 제94조 제1항
⑤ 제97조

09 근로기준법상 취업규칙의 변경에 관한 설명으로 옳은 것은? (다툼이 있으면 판례에 따름)

▸ 공인노무사 제26회

① 근로자의 집단적 의사결정방법에 의한 동의 없이 이루어진 취업규칙의 불리한 변경은 그 변경 후에 취업한 근로자에 대하여 효력이 없다.
② 노동조합이 없는 경우에 취업규칙의 불이익 변경은 근로자들이 직접 선출한 대표의 동의가 있어야 효력이 있다.
③ 근로자 과반수로 조직된 노동조합이 있는 경우 취업규칙의 불이익 변경은 근로자 과반수의 동의가 있어야 효력이 있다.
④ 취업규칙의 변경이 일부 근로자에게는 유리하고 일부 근로자에게는 불리한 경우 각 근로자집단의 규모를 비교하여 불이익 변경인지 여부를 판단한다.
⑤ 취업규칙 불이익변경에 대해 노동조합이나 근로자들이 집단적 동의권을 남용하였는지에 대해 법원은 직권으로 판단할 수 있다.

해설 ① 기존 근로자집단의 동의를 얻지 못한 취업규칙은 기득권이 침해되는 기존 근로자에게는 무효이지만, 신규근로자에게는 변경의 효력이 미친다(대판 1992.12.22, 91다45165 전원합의체).

②·③ 사용자는 취업규칙의 작성 또는 변경에 관하여 해당 사업 또는 사업장에 근로자의 과반수로 조직된 노동조합이 있는 경우에는 그 노동조합, 근로자의 과반수로 조직된 노동조합이 없는 경우에는 근로자의 과반수의 의견을 들어야 한다. 다만, 취업규칙을 근로자에게 불리하게 변경하는 경우에는 그 동의를 받아야 한다(제94조 제1항).

④ 일부 근로자에게 불리하고 일부 근로자에게 유리한 경우 전체적으로 불이익한 변경으로 본다(대판 1993.12.28, 92다50416).

⑤ 신의성실 또는 권리남용금지 원칙의 적용은 강행규정에 관한 것으로서 당사자의 주장이 없더라도 법원이 그 위반 여부를 직권으로 판단할 수 있으므로, 집단적 동의권의 남용에 해당하는지에 대하여도 법원은 직권으로 판단할 수 있다(대판 2023.5.11, 2017다35588·35595 전원합의체).

10 **취업규칙에 관하여 근로기준법에 규정된 내용에 관한 설명으로 옳지 않은 것은? (다툼이 있는 경우에는 판례에 의함)** ▸공인노무사 제25회

① 취업규칙의 변경이 일부 근로자에게는 유리하지만 다른 일부 근로자에게는 불리할 수 있어서 근로자에게 전체적으로 유리한지 불리한지를 단정적으로 평가하기가 어려운 경우에는 근로자에게 불이익한 경우로 취급하여서는 아니 된다.

② 상시 10명 이상의 근로자를 사용하는 사용자는 근로기준법에서 정한 사항에 관한 취업규칙을 작성하여 고용노동부장관에게 신고하여야 한다.

③ 취업규칙은 법령이나 해당 사업 또는 사업장에 대하여 적용되는 단체협약과 어긋나서는 아니 된다.

④ 고용노동부장관은 법령이나 단체협약에 어긋나는 취업규칙의 변경을 명할 수 있다.

⑤ 취업규칙에서 정한 기준에 미달하는 근로조건을 정한 근로계약은 그 부분에 관하여는 무효로 한다.

해설 ① 취업규칙의 일부를 이루는 급여규정의 변경이 일부의 근로자에게는 유리하고 일부의 근로자에게는 불리한 경우 그러한 변경에 근로자집단의 동의를 요하는지를 판단하는 것은 근로자 전체에 대하여 획일적으로 결정되어야 할 것이고, 또 이러한 경우 취업규칙의 변경이 근로자에게 전체적으로 유리한지 불리한지를 객관적으로 평가하기가 어려우며, 같은 개정에 의하여 근로자 상호간의 이·불리에 따른 이익이 충돌되는 경우에는 그러한 개정은 근로자에게 불이익한 것으로 취급하여 근로자들 전체의 의사에 따라 결정하게 하는 것이 타당하다(대판 1993.5.14, 93다1893).

② 제93조

③ 제96조 제1항

④ 제96조 제2항

⑤ 제97조

정답 08 ③ 09 ⑤ 10 ①

11 근로기준법에 규정된 내용으로 옳지 않은 것은?

▸ 공인노무사 제25회

① 사용자는 여성 근로자가 청구하면 월 1일의 생리휴가를 주어야 한다.

② 사용자는 기숙사 생활의 자치에 필요한 임원 선거에 간섭하지 못한다.

③ 생후 1년 미만의 유아(乳兒)를 가진 여성 근로자가 청구하면 1일 2회 각각 30분 이상의 유급 수유 시간을 주어야 한다.

④ 취업규칙에서 근로자에 대하여 감급(減給)의 제재를 정할 경우에 그 감액은 1회의 금액이 통상임금의 1일분의 2분의 1을, 총액이 1임금지급기의 임금 총액의 10분의 1을 초과하지 못한다.

⑤ 사용자는 근로자가 출산, 질병, 재해, 그 밖에 대통령령으로 정하는 비상(非常)한 경우의 비용에 충당하기 위하여 임금 지급을 청구하면 지급기일 전이라도 이미 제공한 근로에 대한 임금을 지급하여야 한다.

해설
① 제73조
② 제98조 제2항
③ 제75조
④ 감액은 평균임금의 1일분의 2분의 1을 초과하지 못한다(제95조).
⑤ 제45조

정답 11 ④

Section 11 기숙사, 근로감독관, 벌칙

01 **근로기준법상 근로감독관에 관한 설명으로 옳지 않은 것은?** ▸ 공인노무사 제34회

① 근로감독관은 「근로기준법」 위반의 죄에 관하여 사법경찰관의 직무를 수행한다.
② 근로감독관은 사업장, 기숙사, 그 밖의 부속 건물을 현장조사할 수 있다.
③ 근로감독관은 사용자뿐만 아니라 근로자에 대하여도 심문할 수 있다.
④ 근로감독관을 그만 둔 날로부터 1년이 경과한 후에는 직무상 알게 된 비밀을 엄수할 의무가 없다.
⑤ 「근로기준법」에 따른 현장조사, 서류의 제출, 심문 등의 수사는 검사와 근로감독관이 전담하여 수행한다.

해설 ① 근로감독관은 이 법이나 그 밖의 노동관계법령 위반의 죄에 관하여 「사법경찰관리의 직무를 행할 자와 그 직무범위에 관한 법률」에서 정하는 바에 따라 사법경찰관의 직무를 수행한다(제102조 제5항).
②・③ 근로감독관은 사업장, 기숙사, 그 밖의 부속 건물을 현장조사하고 장부와 서류의 제출을 요구할 수 있으며 사용자와 근로자에 대하여 심문(尋問)할 수 있다(제102조 제1항).
④ 근로감독관은 직무상 알게 된 비밀을 엄수하여야 한다. 근로감독관을 그만 둔 경우에도 또한 같다(제103조).
⑤ 이 법이나 그 밖의 노동관계법령에 따른 현장조사, 서류의 제출, 심문 등의 수사는 검사와 근로감독관이 전담하여 수행한다. 다만, 근로감독관의 직무에 관한 범죄의 수사는 그러하지 아니하다(제105조).

02 **근로기준법상 근로감독관 등에 관한 설명으로 옳지 않은 것은?** ▸ 공인노무사 제31회

① 근로조건의 기준을 확보하기 위하여 고용노동부와 그 소속 기관에 근로감독관을 둔다.
② 근로감독관은 사업장을 현장조사하고 장부와 서류의 제출을 요구할 수 있으며 사용자와 근로자에 대하여 심문(尋問)할 수 있다.
③ 의사인 근로감독관은 취업을 금지하여야 할 질병에 걸릴 의심이 있는 근로자에 대하여 검진할 수 있다.
④ 근로감독관은 근로감독관을 그만 둔 경우에도 직무상 알게 된 비밀을 엄수하여야 한다.
⑤ 「근로기준법」에 따른 현장조사, 서류의 제출, 근로감독관의 직무에 관한 범죄 등의 수사는 검사와 근로감독관이 전담하여 수행한다.

해설 ① 제101조 제1항
② 제102조 제1항
③ 제102조 제2항

정답 01 ④ 02 ⑤

④ 근로감독관은 직무상 알게 된 비밀을 엄수하여야 한다. 근로감독관을 그만 둔 경우에도 또한 같다(제103조).

⑤ 이 법이나 그 밖의 노동 관계 법령에 따른 현장조사, 서류의 제출, 심문 등의 수사는 검사와 근로감독관이 전담하여 수행한다. 다만, 근로감독관의 직무에 관한 범죄의 수사는 그러하지 아니하다(제105조).

03 근로기준법상 근로감독관에 관한 설명으로 옳지 않은 것은?

▸ 공인노무사 제29회

① 근로감독관은 사용자와 근로자에 대하여 심문할 수 있다.

② 근로조건의 기준을 확보하기 위하여 고용노동부와 그 소속 기관에 근로감독관을 둔다.

③ 근로감독관은 사업장, 기숙사, 그 밖의 부속 건물을 현장조사하고 장부와 서류의 제출을 요구할 수 있다.

④ 근로감독관의 위촉을 받은 의사는 취업을 금지하여야 할 질병에 걸릴 의심이 있는 근로자에 대하여 검진할 수 있다.

⑤ 근로감독관은 근로기준법 위반의 죄에 관하여 경찰관직무집행법에서 정하는 바에 따라 사법경찰관의 직무를 수행한다.

해설 ①·③ 근로감독관은 사업장, 기숙사, 그 밖의 부속 건물을 현장조사하고 장부와 서류의 제출을 요구할 수 있으며 사용자와 근로자에 대하여 심문(尋問)할 수 있다(제102조 제1항).

② 제101조 제1항

④ 제102조 제2항

⑤ 근로감독관은 이 법이나 그 밖의 노동 관계 법령 위반의 죄에 관하여 「사법경찰관리의 직무를 행할 자와 그 직무범위에 관한 법률」(사법경찰직무법)에서 정하는 바에 따라 사법경찰관의 직무를 수행한다(제102조 제5항).

04 근로기준법상 근로감독관에 관한 설명으로 옳지 않은 것은?

▸ 공인노무사 제27회

① 근로감독관이 근로기준법을 위반한 사실을 고의로 묵과하면 5년 이하의 징역에 처한다.

② 사용자는 근로기준법의 시행과 관련하여 근로감독관의 요구가 있으면 지체 없이 필요한 사항에 대하여 보고하거나 출석하여야 한다.

③ 근로감독관은 사용자와 근로자에 대하여 심문할 수 있다.

④ 근로감독관은 재직 여부를 불문하고 직무상 알게 된 비밀을 엄수하여야 한다.

⑤ 근로감독관의 위촉을 받은 의사는 취업을 금지하여야 할 질병에 걸릴 의심이 있는 근로자에 대하여 검진할 수 있다.

해설 ① 근로감독관이 근로기준법을 위반한 사실을 고의로 묵과하면 3년 이하의 징역 또는 5년 이하의 자격정지에 처한다(제108조).

② 사용자 또는 근로자는 근로기준법의 시행에 관하여 고용노동부장관·노동위원회 또는 근로감독관의 요구가 있으면 지체 없이 필요한 사항에 대하여 보고하거나 출석하여야 한다(제13조).

③ 근로감독관은 사업장, 기숙사, 그 밖의 부속 건물을 현장조사하고 장부와 서류의 제출을 요구할 수 있으며 사용자와 근로자에 대하여 심문(尋問)할 수 있다(제102조 제1항).
④ 근로감독관은 직무상 알게 된 비밀을 엄수하여야 한다. 근로감독관을 그만 둔 경우에도 또한 같다(제103조).
⑤ 의사인 근로감독관이나 근로감독관의 위촉을 받은 의사는 취업을 금지하여야 할 질병에 걸릴 의심이 있는 근로자에 대하여 검진할 수 있다(제102조 제2항).

05 **근로기준법령상 기숙사에 관한 설명으로 옳지 않은 것은?** ▸공인노무사 제34회

① 사용자는 기숙사 생활의 자치에 필요한 임원 선거에 간섭하지 못한다.
② 사용자는 기숙사규칙의 작성 또는 변경에 관하여 기숙사에 기숙하는 근로자의 과반수의 동의를 받아야 한다.
③ 기숙사 침실의 넓이는 1인당 2.5제곱미터 이상으로 한다.
④ 사용자는 소음이나 진동이 심한 장소 등 근로자의 안전하고 쾌적한 거주가 어려운 환경의 장소에 기숙사를 설치해서는 안 된다.
⑤ 기숙사에 기숙하는 근로자가 기숙사규칙 중 안전과 보건에 관한 사항을 위반한 경우에는 500만원 이하의 과태료를 부과한다.

해설 ① 제98조 제2항
② 사용자는 기숙사규칙의 작성 또는 변경에 관하여 기숙사에 기숙하는 근로자의 과반수를 대표하는 자의 동의를 받아야 한다(제99조 제2항).
③ 시행령 제58조
④ 사용자는 소음이나 진동이 심한 장소, 산사태나 눈사태 등 자연재해의 우려가 현저한 장소, 습기가 많거나 침수의 위험이 있는 장소, 오물이나 폐기물로 인한 오염의 우려가 현저한 장소 등 근로자의 안전하고 쾌적한 거주가 어려운 환경의 장소에 기숙사를 설치해서는 안 된다(시행령 제56조).
⑤ 사용자와 기숙사에 기숙하는 근로자는 기숙사규칙을 지켜야 한다(제99조 제3항).

※ • 부속 기숙사에 근로자를 기숙시키는 사용자는 다음 각 호의 사항에 관하여 기숙사규칙을 작성하여야 한다(제99조 제1항).
1. 기상(起床), 취침, 외출과 외박에 관한 사항
2. 행사에 관한 사항
3. 식사에 관한 사항
4. 안전과 보건에 관한 사항
5. 건설물과 설비의 관리에 관한 사항
6. 그 밖에 기숙사에 기숙하는 근로자 전체에 적용될 사항

• 다음 각 호의 어느 하나에 해당하는 자에게는 500만원 이하의 과태료를 부과한다(제116조 제2항).
1. 제13조에 따른 고용노동부장관, 노동위원회 또는 근로감독관의 요구가 있는 경우에 보고 또는 출석을 하지 아니하거나 거짓된 보고를 한 자

정답 03 ⑤ 04 ① 05 ②

> 2. 제14조, 제39조, 제41조, 제42조, 제48조, 제66조, 제74조 제7항 · 제9항, 제76조의3 제2항 · 제4항 · 제5항 · 제7항, 제91조, 제93조, 제98조 제2항 및 제99조를 위반한 자
> 3. 제51조의2 제5항에 따른 임금보전방안을 신고하지 아니한 자
> 4. 제102조에 따른 근로감독관 또는 그 위촉을 받은 의사의 현장조사나 검진을 거절, 방해 또는 기피하고 그 심문에 대하여 진술을 하지 아니하거나 거짓된 진술을 하며 장부 · 서류를 제출하지 아니하거나 거짓 장부 · 서류를 제출한 자

06 근로기준법령상 벌칙에 관한 설명으로 옳지 않은 것은?

▸ 공인노무사 제34회

① 근로감독관이 이 법을 위반한 사실을 고의로 묵과하면 3년 이하의 징역 또는 5년 이하의 자격정지에 처한다.
② 휴업수당을 지급하지 않은 자에 대하여는 피해자의 명시적인 의사와 다르게 공소를 제기할 수 없다.
③ 행정소송을 제기하여 확정된 구제명령을 이행하지 아니한 자는 1년 이하의 징역 또는 1천만원 이하의 벌금에 처한다.
④ 해당 사업 또는 사업장의 '사용자의 배우자'인 근로자가 다른 근로자에게 직장 내 괴롭힘을 한 경우에는 1천만원 이하의 과태료를 부과한다.
⑤ 검사는 확정된 구제명령을 이행하지 않은 경우 노동위원회에 통보하여 고발을 요청하여야 한다.

해설 ① 제108조
② 제36조, 제43조, 제44조, 제44조의2, 제46조, 제51조의3, 제52조 제2항 제2호 또는 제56조를 위반한 자에 대하여는 피해자의 명시적인 의사와 다르게 공소를 제기할 수 없다. 다만, 제43조의2에 따라 명단 공개된 체불사업주가 명단 공개 기간 중에 제36조, 제43조, 제44조, 제44조의2, 제46조, 제51조의3, 제52조 제2항 제2호 또는 제56조를 위반한 경우에는 그러하지 아니하다(제109조 제2항).
③ 제111조
④ 사용자(사용자의 「민법」 제767조에 따른 친족 중 대통령령으로 정하는 사람이 해당 사업 또는 사업장의 근로자인 경우를 포함한다)가 제76조의2를 위반하여 직장 내 괴롭힘을 한 경우에는 1천만원 이하의 과태료를 부과한다(제116조 제1항).

> **시행령 제59조의3(사용자의 친족인 근로자의 범위)**
> 법 제116조 제1항에서 "대통령령으로 정하는 사람"이란 다음 각 호의 사람을 말한다.
> 1. 사용자의 배우자
> 2. 사용자의 4촌 이내의 혈족
> 3. 사용자의 4촌 이내의 인척

⑤ 제111조의 죄는 노동위원회의 고발이 있어야 공소를 제기할 수 있다(제112조 제1항). 검사는 제1항에 따른 죄에 해당하는 위반행위가 있음을 노동위원회에 통보하여 고발을 요청할 수 있다(제112조 제2항).

정답 06 ⑤

Chapter 02 최저임금법

01

최저임금법령에 관한 설명으로 옳지 않은 것은? ▸ 공인노무사 제34회

① 최저임금의 적용을 받는 사용자는 근로자에게 최저임금에 산입하지 아니하는 임금에 관하여 주지시켜야 한다.

② 사용자는 최저임금의 내용을 매년 8월 5일까지 근로자에게 주지시켜야 한다.

③ 동거하는 친족만을 사용하는 사업에는 최저임금법을 적용하지 아니한다.

④ 연장근로에 대한 임금 및 가산임금은 최저임금에 산입하지 아니한다.

⑤ 도급으로 사업을 행하는 경우 도급인이 책임져야 할 사유로 수급인이 근로자에게 최저임금액에 미치지 못하는 임금을 지급한 경우 도급인은 해당 수급인과 연대하여 책임을 진다.

해설 ① 법 제11조에 따라 사용자가 근로자에게 주지시켜야 할 최저임금의 내용은 다음 각 호와 같다(시행령 제11조 제1항).

1. 적용을 받는 근로자의 최저임금액
2. 법 제6조 제4항에 따라 최저임금에 산입하지 아니하는 임금
3. 법 제7조에 따라 해당 사업에서 최저임금의 적용을 제외할 근로자의 범위
4. 최저임금의 효력발생 연월일

② 사용자는 제1항에 따른 최저임금의 내용을 법 제10조 제2항에 따른 최저임금의 효력발생일 전날까지 근로자에게 주지시켜야 한다(시행령 제11조 제2항).

③ 이 법은 근로자를 사용하는 모든 사업 또는 사업장(이하 "사업"이라 한다)에 적용한다. 다만, 동거하는 친족만을 사용하는 사업과 가사(家事) 사용인에게는 적용하지 아니한다(제3조 제1항).

④ 「최저임금법」(이하 "법"이라 한다) 제6조 제4항 제1호에서 "고용노동부령으로 정하는 임금"이란 다음 각 호의 어느 하나에 해당하는 것을 말한다(시행규칙 제2조 제1항).

1. 연장근로 또는 휴일근로에 대한 임금 및 연장·야간 또는 휴일 근로에 대한 가산임금
2. 「근로기준법」 제60조에 따른 연차 유급휴가의 미사용수당
3. 유급으로 처리되는 휴일(「근로기준법」 제55조 제1항에 따른 유급휴일은 제외한다)에 대한 임금
4. 그 밖에 명칭에 관계없이 제1호부터 제3호까지의 규정에 준하는 것으로 인정되는 임금

⑤ 제6조 제7항

정답 01 ②

02 최저임금법령상 최저임금위원회에 관한 설명으로 옳은 것은? ▸공인노무사 제34회

① 고용노동부장관은 최저임금위원회로 하여금 근로자의 생계비에 관한 조사를 하게 할 수 있다.

② 최저임금위원회의 회의는 공익위원 3분의 1 이상이 소집을 요구하는 경우에 위원장이 소집한다.

③ 최저임금을 심의하기 위하여 재정경제부에 최저임금위원회를 둔다.

④ 사무국에는 최저임금의 심의 등에 필요한 전문적인 사항을 조사·연구하게 하기 위하여 5명의 연구위원을 둘 수 있다.

⑤ 최저임금위원회는 근로자위원, 사용자위원, 공익위원 각 7명으로 구성한다.

해설 ① 고용노동부장관은 위원회로 하여금 법 제23조에 따른 근로자의 생계비와 임금실태에 관한 조사를 하게 할 수 있다(시행령 제19조).

② 위원회의 회의는 다음 각 호의 경우에 위원장이 소집한다(제17조 제1항).

1. 고용노동부장관이 소집을 요구하는 경우
2. 재적위원 3분의 1 이상이 소집을 요구하는 경우
3. 위원장이 필요하다고 인정하는 경우

③ 최저임금에 관한 심의와 그 밖에 최저임금에 관한 중요 사항을 심의하기 위하여 고용노동부에 최저임금위원회를 둔다(제12조).

④ 사무국에는 최저임금의 심의 등에 필요한 전문적인 사항을 조사·연구하게 하기 위하여 3명 이내의 연구위원을 둘 수 있다(제20조 제2항).

⑤ 최저임금위원회는 근로자위원, 사용자위원, 공익위원 각 9명으로 구성한다(제14조 제1항).

03 최저임금법령상 최저임금의 결정 등에 관한 설명으로 옳지 않은 것은? ▸공인노무사 제33회

① 고용노동부장관은 매년 3월 31일까지 최저임금위원회에 최저임금에 관한 심의를 요청하여야 한다.

② 최저임금위원회는 고용노동부장관으로부터 최저임금에 관한 심의 요청을 받은 경우 이를 심의하여 최저임금안을 의결하고 심의 요청을 받은 날부터 90일 이내에 고용노동부장관에게 제출하여야 한다.

③ 고용노동부장관은 최저임금위원회가 심의하여 제출한 최저임금안에 따라 최저임금을 결정하기가 어렵다고 인정되면 20일 이내에 그 이유를 밝혀 위원회에 10일 이상의 기간을 정하여 재심의를 요청할 수 있다.

④ 고용노동부장관은 매년 8월 5일까지 최저임금을 결정하여야 한다.

⑤ 사용자를 대표하는 자는 고시된 최저임금안에 대하여 이의가 있으면 고시된 날부터 30일 이내에 고용노동부장관에게 이의를 제기할 수 있다.

해설 ① 시행령 제7조

② 제8조 제2항

③ 제8조 제3항
④ 제8조 제1항
⑤ 근로자를 대표하는 자나 사용자를 대표하는 자는 고시된 최저임금안에 대하여 이의가 있으면 고시된 날부터 10일 이내에 대통령령으로 정하는 바에 따라 고용노동부장관에게 이의를 제기할 수 있다(제9조 제2항).

04 최저임금법령상 최저임금위원회에 관한 설명으로 옳지 않은 것은? ▸공인노무사 제33회

① 위원장과 부위원장은 공익위원 중에서 위원회가 선출한다.
② 위원회에 2명의 상임위원을 두며, 상임위원은 근로자위원과 사용자위원 각 1명으로 한다.
③ 위원의 임기는 3년으로 하되, 연임할 수 있다.
④ 위원회의 회의는 이 법으로 따로 정하는 경우 외에는 재적위원 과반수의 출석과 출석위원 과반수의 찬성으로 의결한다.
⑤ 위원은 임기가 끝났더라도 후임자가 임명되거나 위촉될 때까지 계속하여 직무를 수행한다.

해설 ① 제15조 제2항
② 위원회에 2명의 상임위원을 두며, 상임위원은 공익위원이 된다(제14조 제2항). 위원회는 근로자위원, 사용자위원, 공익위원 각 9명으로 구성한다(제14조 제1항).
③ 제14조 제3항
④ 제17조 제3항
⑤ 제14조 제5항

05 최저임금법령상 최저임금의 적용을 받는 사용자가 근로자에게 주지시켜야 할 최저임금의 내용을 모두 고른 것은? ▸공인노무사 제32회

ㄱ. 적용을 받는 근로자의 최저임금액
ㄴ. 최저임금에 산입하지 아니하는 임금
ㄷ. 해당 사업에서 최저임금의 적용을 제외할 근로자의 범위
ㄹ. 최저임금의 효력발생 연월일

① ㄱ, ㄷ ② ㄴ, ㄹ ③ ㄱ, ㄴ, ㄷ
④ ㄱ, ㄴ, ㄹ ⑤ ㄱ, ㄴ, ㄷ, ㄹ

해설 시행령 제11조(주지 의무)
① 법 제11조에 따라 사용자가 근로자에게 주지시켜야 할 최저임금의 내용은 다음 각 호와 같다.
1. 적용을 받는 근로자의 최저임금액
2. 법 제6조 제4항에 따라 최저임금에 산입하지 아니하는 임금

정답 02 ① 03 ⑤ 04 ② 05 ⑤

3. 법 제7조에 따라 해당 사업에서 최저임금의 적용을 제외할 근로자의 범위
4. 최저임금의 효력발생 연월일

② 사용자는 제1항에 따른 최저임금의 내용을 법 제10조 제2항에 따른 최저임금의 효력발생일 전날까지 근로자에게 주지시켜야 한다.

06 최저임금법에 관한 설명으로 옳지 않은 것은? ▸ 공인노무사 제31회

① 「선원법」의 적용을 받는 선원과 선원을 사용하는 선박의 소유자에게는 적용하지 아니한다.

② 고용노동부장관은 최저임금을 결정한 때에는 지체 없이 그 내용을 고시하여야 한다.

③ 최저임금은 근로자의 생계비, 유사 근로자의 임금, 노동생산성 및 소득분배율 등을 고려하여 정한다.

④ 최저임금액은 시간・일(日)・주(週)・월(月) 또는 연(年)을 단위로 하여 정한다.

⑤ 고용노동부장관은 최저임금위원회가 심의하여 의결한 최저임금안에 따라 최저임금을 결정하여야 한다.

해설 ① 제3조 제2항

② 제10조 제1항

③ 제4조 제1항

④ 최저임금액(최저임금으로 정한 금액을 말한다. 이하 같다)은 시간・일(日)・주(週) 또는 월(月)을 단위로 하여 정한다. 이 경우 일・주 또는 월을 단위로 하여 최저임금액을 정할 때에는 시간급(時間給)으로도 표시하여야 한다(제5조 제1항).

⑤ 제8조 제1항

07 최저임금법령에 관한 설명으로 옳지 않은 것은? ▸ 공인노무사 제30회

① 1년 미만의 기간을 정하여 근로계약을 체결하고 수습 중에 있는 근로자로서 수습을 시작한 날부터 6개월 이내인 사람에 대하여는 고용노동부장관에 의해 고시된 최저임금액보다 적은 최저임금액을 정할 수 있다.

② 사용자가 고용노동부장관의 인가를 받아 최저임금의 적용을 제외할 수 있는 자는 정신 또는 신체의 장애가 업무 수행에 직접적으로 현저한 지장을 주는 것이 명백하다고 인정되는 사람으로 한다.

③ 최저임금위원회는 필요하다고 인정하면 사업의 종류별 또는 특정 사항별로 전문위원회를 둘 수 있다.

④ 고용노동부장관은 매년 8월 5일까지 최저임금을 결정하여야 한다.

⑤ 최저임금위원회에는 관계 행정기관의 공무원 중에서 3명 이내의 특별위원을 둘 수 있다.

해설 ① 1년 이상의 기간을 정하여 근로계약을 체결하고 수습 중에 있는 근로자로서 수습을 시작한 날부터 3개월 이내인 사람에 대하여는 대통령령으로 정하는 바에 따라 제1항에 따른 최저임금액과 다른 금액으로 최저임금액을 정할 수 있다. 다만, 단순노무업무로 고용노동부장관이 정하여 고시한 직종에 종사하는 근로자는 제외한다(제5조 제2항).
② 제7조 제1호, 시행령 제6조
③ 제19조 제1항
④ 제8조 제1항
⑤ 제16조 제1항

08 최저임금법에 관한 설명으로 옳은 것을 모두 고른 것은?

▸공인노무사 제29회

ㄱ. 선원법의 적용을 받는 선원과 선원을 사용하는 선박의 소유자에게는 적용하지 아니한다.
ㄴ. 최저임금은 매년 12월 31일까지 결정하여 고시한다.
ㄷ. 최저임금위원회는 대통령 소속으로 둔다.
ㄹ. 고용노동부장관은 근로자의 생계비와 임금실태 등을 매년 조사하여야 한다.

① ㄱ, ㄴ ② ㄱ, ㄷ ③ ㄱ, ㄹ
④ ㄴ, ㄷ ⑤ ㄷ, ㄹ

해설 ㄱ. 제3조 제2항
ㄴ. 고용노동부장관은 매년 8월 5일까지 최저임금을 결정하여야 한다(제8조 제1항).
ㄷ. 최저임금에 관한 심의와 그 밖에 최저임금에 관한 중요 사항을 심의하기 위하여 고용노동부에 최저임금위원회를 둔다(제12조).
ㄹ. 제23조

09 최저임금법에 관한 설명으로 옳지 않은 것은?

▸공인노무사 제28회

① 최저임금액을 일(日)·주(週) 또는 월(月)을 단위로 하여 정할 때에는 시간급(時間給)으로도 표시하여야 한다.
② 최저임금은 근로자의 생계비, 유사 근로자의 임금, 노동생산성 및 소득분배율 등을 고려하여 정한다. 이 경우 사업의 종류별로 구분하여 정할 수 있다.
③ 사용자는 최저임금법에 따른 최저임금을 이유로 종전의 임금수준을 낮출 수 있다.
④ 도급으로 사업을 행하는 경우 도급인이 책임져야 할 사유로 수급인이 근로자에게 최저임금액에 미치지 못하는 임금을 지급한 경우 도급인은 해당 수급인과 연대(連帶)하여 책임을 진다.

정답 06 ④ 07 ① 08 ③ 09 ③

⑤ 최저임금의 적용을 받는 근로자와 사용자 사이의 근로계약 중 최저임금액에 미치지 못하는 금액을 임금으로 정한 부분은 무효이다.

해설 ① 제5조 제1항
② 제4조 제1항
③ 임금수준을 낮추어서는 아니 된다(제6조 제2항).
④ 제6조 제7항
⑤ 제6조 제3항

10 **최저임금법에 관한 내용으로 옳지 않은 것은?** ▸ 공인노무사 제27회

① 최저임금법은 선원법의 적용을 받는 선원과 선원을 사용하는 선박의 소유자에게는 적용하지 아니한다.
② 최저임금액은 시간·일·주 또는 월을 단위로 정하되, 일·주 또는 월을 단위로 하여 최저임금액을 정할 때에는 시간급으로도 표시하여야 한다.
③ 사용자는 최저임금법에 따른 최저임금을 이유로 종전의 임금수준을 낮추어서는 아니 된다.
④ 최저임금에 관한 중요 사항을 심의하기 위하여 대통령 직속의 최저임금위원회를 둔다.
⑤ 고용노동부장관은 근로자의 생계비와 임금실태 등을 매년 조사하여야 한다.

해설 ① 제3조 제2항
② 제5조 제1항
③ 제6조 제2항
④ 최저임금에 관한 심의와 그 밖에 최저임금에 관한 중요 사항을 심의하기 위하여 고용노동부에 최저임금위원회를 둔다(제12조).
⑤ 고용노동부장관은 근로자의 생계비와 임금실태 등을 매년 조사하여야 한다(제23조).

11 **최저임금법에 관한 설명으로 옳지 않은 것은?** ▸ 공인노무사 제26회

① 1년 미만의 기간을 정하여 근로계약을 체결한 근로자에 대하여는 고용노동부장관에 의해 고시된 최저임금액보다 적은 최저임금액을 정할 수 있다.
② 최저임금은 사업의 종류별로 구분하여 정할 수 있다.
③ 사용자는 이 법에 따른 최저임금을 이유로 종전의 임금수준을 낮추어서는 아니 된다.
④ 신체장애로 근로능력이 현저히 낮은 자로서 사용자가 고용노동부장관의 인가를 받은 자에 대하여는 최저임금을 적용하지 아니한다.
⑤ 도급으로 사업을 행하는 경우 도급인이 책임져야 할 사유로 수급인이 근로자에게 최저임금액에 미치지 못하는 임금을 지급한 경우 도급인은 해당 수급인과 연대하여 책임을 진다.

해설 ① 1년 이상의 기간을 정하여 근로계약을 체결하고 수습 중에 있는 근로자로서 수습을 시작한 날부터 3개월 이내인 사람에 대하여는 대통령령으로 정하는 바에 따라 제1항에 따른 최저임금액과 다른 금액으로 최저임금액을 정할 수 있다. 다만, 단순노무업무로 고용노동부장관이 정하여 고시한 직종에 종사하는 근로자는 제외한다(제5조 제2항).

② 제4조 제1항

③ 제6조 제2항

④ 제7조

⑤ 제6조 제7항

12 최저임금법에 관한 설명으로 옳은 것은? (다툼이 있으면 판례에 따름) ▸ 공인노무사 제24회

① 최저임금은 사업의 종류별, 지역별로 구분하여 정하여야 한다.

② 최저임금위원회는 근로자와 사용자 및 정부를 각각 대표하는 위원으로 구성한다.

③ 일반택시운송사업에서 운전업무에 종사하는 근로자의 최저임금에 산입되는 임금의 범위에서 생산고에 따른 임금은 제외된다.

④ 감시 또는 단속적으로 근로에 종사하는 자로서 사용자가 고용노동부장관의 승인을 받은 자의 최저임금은 고용노동부장관이 결정·고시한 최저임금액의 90%로 한다.

⑤ 근로자와 사용자가 최저임금의 적용을 위한 임금에 산입되지 않는 임금을 최저임금의 적용을 위한 임금의 범위에 산입하여 최저임금에 미달하는 부분을 보전하기로 약정한 경우 그 임금 약정은 유효하다.

해설 ① 최저임금은 근로자의 생계비, 유사 근로자의 임금, 노동생산성 및 소득분배율 등을 고려하여 정한다. 이 경우 사업의 종류별로 구분하여 정할 수 있다(제4조 제1항).

② 근로자를 대표하는 위원, 사용자를 대표하는 위원, 공익을 대표하는 위원 각 9명으로 구성된다(제14조 제1항).

③ 일반택시운송사업에서 운전업무에 종사하는 근로자의 최저임금에 산입되는 임금의 범위는 생산고에 따른 임금을 제외한 대통령령으로 정하는 임금으로 한다(제6조 제5항).

④ 2015년부터 감시·단속적 근로에 종사하는 자도 감액할 수 없다.

⑤ 근로자와 사용자가 최저임금의 적용을 위한 임금에 산입되지 않는 임금을 최저임금의 적용을 위한 임금의 범위에 산입하여 최저임금에 미달하는 부분을 보전하기로 약정한 경우 그 임금 약정은 최저임금법 제6조 제3항에 반하여 무효이다(대판 2007.1.11, 2006다64245).

정답 10 ④ 11 ① 12 ③

Chapter 03 남녀고용평등과 일·가정 양립 지원에 관한 법률

01 **남녀고용평등과 일·가정 양립 지원에 관한 법령에 관한 설명으로 옳지 않은 것은?**

▸ 공인노무사 제34회

① 직무의 성격에 비추어 특정 성(性)이 불가피하게 요구되는 경우, 사업주가 그 성(性)을 이유로 채용 또는 근로의 조건을 다르게 하더라도 이 법에 따른 차별에 해당하지 않는다.

② 가사사용인에 대하여는 이 법의 전부를 적용하지 아니한다.

③ 상시 4명 이하의 근로자를 사용하는 사업 또는 사업장에 대하여는 이 법의 전부를 적용하지 아니한다.

④ 근로자는 상호 이해를 바탕으로 남녀가 동등하게 존중받는 직장문화를 조성하기 위하여 노력하여야 한다.

⑤ 고용노동부장관은 남녀고용평등 실현과 일·가정의 양립에 관한 기본계획을 5년마다 수립하여야 한다.

해설 ① "차별"이란 사업주가 근로자에게 성별, 혼인, 가족 안에서의 지위, 임신 또는 출산 등의 사유로 합리적인 이유 없이 채용 또는 근로의 조건을 다르게 하거나 그 밖의 불리한 조치를 하는 경우[사업주가 채용조건이나 근로조건은 동일하게 적용하더라도 그 조건을 충족할 수 있는 남성 또는 여성이 다른 한 성(性)에 비하여 현저히 적고 그에 따라 특정 성에게 불리한 결과를 초래하며 그 조건이 정당한 것임을 증명할 수 없는 경우를 포함한다]를 말한다. 다만, 다음 각 목의 어느 하나에 해당하는 경우는 제외한다(제2조 제1호).

가. 직무의 성격에 비추어 특정성이 불가피하게 요구되는 경우
나. 여성 근로자의 임신·출산·수유 등 모성보호를 위한 조치를 하는 경우
다. 그 밖에 이 법 또는 다른 법률에 따라 적극적 고용개선조치를 하는 경우

②·③ 이 법은 근로자를 사용하는 모든 사업 또는 사업장(이하 "사업"이라 한다)에 적용한다. 다만, 대통령령으로 정하는 사업에 대하여는 이 법의 전부 또는 일부를 적용하지 아니할 수 있다(제3조 제1항). 「남녀고용평등과 일·가정 양립 지원에 관한 법률」 제3조 제1항 단서에 따라 동거하는 친족만으로 이루어지는 사업 또는 사업장(이하 "사업"이라 한다)과 가사사용인에 대하여는 법의 전부를 적용하지 아니한다(시행령 제2조 제1항)

④ 제5조 제1항

⑤ 제6조의2 제1항

02 남녀고용평등과 일 · 가정 양립 지원에 관한 법령상 육아휴직에 관한 설명으로 옳지 않은 것은?

▸ 공인노무사 제34회

① 임신 중인 여성 근로자는 유산 또는 사산의 위험이 있는 경우 휴직개시예정일 7일 전까지 육아휴직을 신청할 수 있다.

② 근로자는 육아휴직종료예정일을 연기하려는 경우에는 한 번만 연기할 수 있다.

③ 육아휴직을 신청한 근로자는 휴직개시예정일의 7일 전까지 사유를 밝혀 그 신청을 철회할 수 있다.

④ 사업주는 휴직개시예정일의 전날까지 해당 사업에서 계속 근로한 기간이 6개월 미만인 근로자가 육아휴직을 신청하는 경우에 이를 허용하여야 한다.

⑤ 사업주는 육아휴직 중인 근로자로부터 영유아의 사망 등에 대한 사실을 통지받은 경우에는 통지받은 날부터 30일 이내로 근무개시일을 지정하여 그 근로자에게 알려야 한다.

해설 ① • 법 제19조 제1항 본문에 따라 육아휴직을 신청하려는 근로자는 휴직개시예정일의 30일 전까지 신청서에 다음 각 호의 사항을 적어 사업주에게 제출해야 한다. 이 경우 제6호의 사항에 대해서는 신청서에 해당 사실을 증명하는 서류를 첨부해야 한다(시행령 제11조 제1항).

1. 신청인의 성명, 생년월일 등 인적사항
2. 육아휴직 대상인 영유아의 성명 · 생년월일(임신 중인 여성근로자가 육아휴직을 신청하는 경우에는 영유아의 성명을 적지 않으며, 생년월일 대신 출산예정일을 적어야 한다)
3. 휴직개시예정일
4. 육아휴직을 종료하려는 날(이하 "휴직종료예정일"이라 한다)
5. 육아휴직 신청 연월일
6. 법 제19조 제2항 각 호의 어느 하나에 해당하는 경우에는 그에 해당한다는 사실

• 제1항 및 제2항 후단에도 불구하고 다음 각 호의 어느 하나에 해당하는 경우에는 휴직개시예정일 7일 전까지 육아휴직을 신청할 수 있다(시행령 제11조 제3항).

1. 임신 중인 여성 근로자에게 유산 또는 사산의 위험이 있는 경우
2. 출산 예정일 이전에 자녀가 출생한 경우
3. 배우자의 사망, 부상, 질병 또는 신체적 · 정신적 장애나 배우자와의 이혼 등으로 해당 영유아를 양육하기 곤란한 경우

② 근로자는 휴직종료예정일을 연기하려는 경우에는 한 번만 연기할 수 있다. 이 경우 당초의 휴직종료예정일 30일 전(제11조 제3항 제1호 또는 제3호의 사유로 휴직종료예정일을 연기하려는 경우에는 당초의 예정일 7일 전)까지 사업주에게 휴직종료예정일의 연기를 신청해야 한다(시행령 제12조 제2항).

③ 시행령 제13조 제1항

④ 사업주는 임신 중인 여성 근로자가 모성을 보호하거나 근로자가 만 8세 이하 또는 초등학교 2학년 이하의 자녀(입양한 자녀를 포함한다. 이하 같다)를 양육하기 위하여 휴직(이하 "육아휴직"이라 한다)을 신청하는 경우에 이를 허용하여야 한다. 다만, 대통령령으로 정하는 경우에는 그러하지 아니하다(제19조 제1항). 법 제19조 제1항 단서에서 "대통령령으로 정하는 경우"란 육아휴직을 시작하려는 날(이하 "휴직개시예정일"이라 한다)의 전날까지 해당 사업에서 계속 근로한 기간이 6개월 미만인 근로자가 신청한 경우를 말한다(시행령 제10조).

정답 01 ③ 02 ④

⑤ • 육아휴직 중인 근로자는 다음 각 호의 구분에 따른 사유가 발생하면 그 사유가 발생한 날부터 7일 이내에 그 사실을 사업주에게 알려야 한다(시행령 제14조 제1항).
1. 임신 중인 여성 근로자가 육아휴직 중인 경우 : 유산 또는 사산
2. 제1호 외의 근로자가 육아휴직 중인 경우
가. 해당 영유아의 사망
나. 해당 영유아와 동거하지 않고 영유아의 양육에도 기여하지 않게 된 경우
• 사업주는 제1항에 따라 육아휴직 중인 근로자로부터 영유아의 사망 등에 대한 사실을 통지받은 경우에는 통지받은 날부터 30일 이내로 근무개시일을 지정하여 그 근로자에게 알려야 한다(시행령 제14조 제2항).

03 **남녀고용평등과 일 · 가정 양립 지원에 관한 법률상 분쟁의 예방과 해결에 관한 설명으로 옳지 않은 것은?** ▸ 공인노무사 제34회

① 노동위원회에 차별적 처우 등의 시정 신청을 할 수 있는 자는 사업주에게 고용된 사람과 취업할 의사를 가진 사람이다.
② 직장 내 성희롱 행위를 한 사람에 대하여 징계 등 필요한 조치를 하지 않은 경우 피해근로자는 노동위원회에 차별적 처우 등의 시정신청을 할 수 있다.
③ 노동위원회는 차별적 처우 등에 해당된다고 판정한 때에는 해당 사업주에게 시정명령을 하여야 한다.
④ 고용노동부장관은 확정된 시정명령에 대하여 사업주에게 이행상황을 제출할 것을 요구할 수 있다.
⑤ 사업주가 성희롱 발생 사실을 신고한 근로자에게 부당한 감봉조치를 한 경우 그 근로자는 노동위원회에 차별적 처우 등의 시정신청을 할 수 있다.

해설 ① "근로자"란 사업주에게 고용된 사람과 취업할 의사를 가진 사람을 말한다(제2조 제4호).
②・⑤ 근로자는 사업주로부터 다음 각 호의 어느 하나에 해당하는 차별적 처우 등(이하 "차별적 처우 등"이라 한다)을 받은 경우 「노동위원회법」 제1조에 따른 노동위원회(이하 "노동위원회"라 한다)에 그 시정을 신청할 수 있다. 다만, 차별적 처우 등을 받은 날(제1호 및 제3호에 따른 차별적 처우 등이 계속되는 경우에는 그 종료일)부터 6개월이 지난 때에는 그러하지 아니하다(제26조 제1항).
1. 제7조부터 제11조까지 중 어느 하나를 위반한 행위(이하 "차별적 처우"라 한다)
2. 제14조 제4항 또는 제14조의2 제1항에 따른 적절한 조치를 하지 아니한 행위
3. 제14조 제6항을 위반한 불리한 처우 또는 제14조의2 제2항을 위반한 해고나 그 밖의 불이익한 조치
③ 제29조 제1항
④ 제29조의4 제1항

04 **남녀고용평등과 일·가정 양립 지원에 관한 법률에 관한 설명으로 옳지 않은 것은?**

▸공인노무사 제33회

① 사업주는 사업장의 남녀고용평등 이행을 촉진하기 위하여 그 사업장 소속 근로자 중 노사협의회가 추천하는 사람을 명예고용평등감독관으로 위촉하여야 한다.
② 사업주가 동일 가치 노동의 기준을 정할 때에는 노사협의회의 근로자를 대표하는 위원의 의견을 들어야 한다.
③ 사업주가 가족돌봄을 위한 근로시간 단축을 허용하는 경우 단축 후 근로시간은 주당 15시간 이상이어야 하고 30시간을 넘어서는 아니 된다.
④ 사업주는 근로자가 인공수정 등 난임치료를 받기 위하여 휴가를 청구하는 경우에 연간 6일 이내의 휴가를 주어야 하며, 이 경우 최초 2일은 유급으로 한다.
⑤ 사업주는 55세 이상의 근로자에게 은퇴를 준비하기 위한 근로시간 단축을 허용한 경우에 그 근로자가 단축된 근로시간 외에 연장근로를 명시적으로 청구하면 주 12시간 이내에서 연장근로를 시킬 수 있다.

해설 ① 고용노동부장관은 사업장의 남녀고용평등 이행을 촉진하기 위하여 그 사업장 소속 근로자 중 노사가 추천하는 사람을 명예고용평등감독관으로 위촉할 수 있다(제24조 제1항).
② 제8조 제2항
③ 제22조의3 제3항
④ 제18조의3 제1항
⑤ 제22조의4 제3항

05 **남녀고용평등과 일·가정 양립 지원에 관한 법률상 ( )에 들어갈 내용을 옳게 나열한 것은?**

▸공인노무사 제33회

> • 사업주는 근로자가 배우자의 출산을 이유로 휴가를 고지하는 경우에 (ㄱ)일의 휴가를 주어야 한다.
> • 배우자 출산휴가는 근로자의 배우자가 출산한 날부터 (ㄴ)일이 지나면 사용할 수 없다.
> • 가족돌봄 휴직 기간은 연간 최장 (ㄷ)일로 한다.

① ㄱ : 10, ㄴ : 90, ㄷ : 90
② ㄱ : 10, ㄴ : 60, ㄷ : 90
③ ㄱ : 10, ㄴ : 90, ㄷ : 180
④ ㄱ : 20, ㄴ : 120, ㄷ : 90
⑤ ㄱ : 20, ㄴ : 120, ㄷ : 180

정답 03 ② 04 ① 05 ④

해설 • 사업주는 근로자가 배우자의 출산을 이유로 휴가(이하 "배우자 출산휴가"라 한다)를 고지하는 경우에 20일의 휴가를 주어야 한다. 이 경우 사용한 휴가기간은 유급으로 한다(제18조의2 제1항).
• 배우자 출산휴가는 근로자의 배우자가 출산한 날부터 120일이 지나면 사용할 수 없다(제18조의2 제3항).
• 가족돌봄휴직 기간은 연간 최장 90일로 하며, 이를 나누어 사용할 수 있을 것. 이 경우 나누어 사용하는 1회의 기간은 30일 이상이 되어야 한다(제22조의2 제4항 제1호).

06 남녀고용평등과 일 · 가정 양립 지원에 관한 법률상 육아기 근로시간 단축에 관한 설명으로 옳지 않은 것은?

▸ 공인노무사 제33회

① 육아기 근로시간 단축을 한 근로자의 평균임금을 산정하는 경우에는 그 근로자의 육아기 근로시간 단축 기간을 평균임금 산정기간에서 제외한다.
② 사업주가 육아기 근로시간 단축을 허용하지 아니하는 경우에는 해당 근로자에게 그 사유를 서면으로 통보하여야 한다.
③ 육아기 근로시간 단축을 허용하는 경우 단축 후 근로시간은 주당 10시간 이상이어야 하고 30시간을 넘어서는 아니 된다.
④ 근로자는 육아기 근로시간 단축을 나누어 사용할 수 있다.
⑤ 사업주는 근로자의 육아기 근로시간 단축기간이 끝난 후에 그 근로자를 육아기 근로시간 단축 전과 같은 업무 또는 같은 수준의 임금을 지급하는 직무에 복귀시켜야 한다.

해설 ① 제19조의3 제4항
② 제19조의2 제2항
③ 사업주가 제1항에 따라 해당 근로자에게 육아기 근로시간 단축을 허용하는 경우 단축 후 근로시간은 주당 15시간 이상이어야 하고 35시간을 넘어서는 아니 된다(제19조의2 제3항).
④ 근로자는 육아기 근로시간 단축을 나누어 사용할 수 있다. 이 경우 나누어 사용하는 1회의 기간은 1개월(근로계약기간의 만료로 1개월 이상 근로시간 단축을 사용할 수 없는 기간제근로자에 대해서는 남은 근로계약기간을 말한다) 이상이 되어야 한다(제19조의4 제2항).
⑤ 제19조의2 제6항

07 **남녀고용평등과 일 · 가정 양립 지원에 관한 법률상 분쟁의 예방과 해결에 관한 설명으로 옳지 않은 것은?** ▸ 공인노무사 제32회

① 근로자가 노동위원회에 차별적 처우 등의 시정신청을 하는 경우에는 차별적 처우 등의 내용을 구체적으로 명시하여야 한다.

② 노동위원회는 확정된 시정명령에 대하여 사업주에게 이행상황을 제출할 것을 요구할 수 있다.

③ 노동위원회는 사업주의 차별적 처우 등이 반복되는 경우에는 손해액을 기준으로 3배를 넘지 아니하는 범위에서 배상을 명령할 수 있다.

④ 고용노동부장관은 사업주가 차별적 처우를 한 경우에는 그 시정을 요구할 수 있다.

⑤ 근로자는 사업주로부터 차별적 처우 등을 받은 경우 노동위원회에 차별적 처우 등을 받은 날(차별적 처우 등이 계속되는 경우에는 그 종료일)부터 6개월 이내에 그 시정을 신청할 수 있다.

해설 ① 제26조 제2항

② 고용노동부장관은 확정된 시정명령에 대하여 사업주에게 이행상황을 제출할 것을 요구할 수 있다(제29조의4 제1항).

③ 제29조의2 제1항에 따라 배상을 하도록 한 경우 그 배상액은 차별적 처우 등으로 근로자에게 발생한 손해액을 기준으로 정한다. 다만, 노동위원회는 사업주의 차별적 처우 등에 명백한 고의가 인정되거나 차별적 처우 등이 반복되는 경우에는 그 손해액을 기준으로 3배를 넘지 아니하는 범위에서 배상을 명령할 수 있다(제29조의2 제2항).

④ 제29조의5 제1항

⑤ 제26조 제1항

08 **남녀고용평등과 일 · 가정 양립 지원에 관한 법률상 가족돌봄 등을 위한 근로시간 단축에 관한 설명으로 옳지 않은 것은?** ▸ 공인노무사 제32회

① 사업주는 근로시간 단축을 하고 있는 근로자가 명시적으로 청구하는 경우에는 단축된 근로시간 외에 주 12시간 이내에서 연장근로를 시킬 수 있다.

② 사업주가 해당 근로자에게 근로시간 단축을 허용하는 경우 단축 후 근로시간은 주당 15시간 이상이어야 하고 30시간을 넘어서는 아니 된다.

③ 근로자는 근로자의 학업을 위한 경우에는 근로시간 단축의 기간을 연장할 수 없다.

④ 사업주가 근로시간 단축을 허용하지 아니하는 경우에는 해당 근로자에게 그 사유를 서면으로 통보하고 그 밖의 조치를 통하여 지원할 수 있는지를 해당 사업장의 근로자대표와 서면으로 협의하여야 한다.

⑤ 근로시간 단축을 한 근로자의 근로조건은 사업주와 그 근로자 간에 서면으로 정한다.

정답 06 ③ 07 ② 08 ④

해설 ① 사업주는 제22조의3에 따라 근로시간 단축을 하고 있는 근로자에게 단축된 근로시간 외에 연장근로를 요구할 수 없다. 다만, 그 근로자가 명시적으로 청구하는 경우에는 사업주는 주 12시간 이내에서 연장근로를 시킬 수 있다(제22조의4 제3항).
⑤ 제22조의3에 따라 근로시간 단축을 한 근로자의 근로조건(근로시간 단축 후 근로시간을 포함한다)은 사업주와 그 근로자 간에 서면으로 정한다(제22조의4 제2항).
②・③・④ 제22조의3

> 제22조의3(가족돌봄 등을 위한 근로시간 단축)
> ① 사업주는 근로자가 다음 각 호의 어느 하나에 해당하는 사유로 근로시간의 단축을 신청하는 경우에 이를 허용하여야 한다. 다만, 대체인력 채용이 불가능한 경우, 정상적인 사업 운영에 중대한 지장을 초래하는 경우 등 대통령령으로 정하는 경우에는 그러하지 아니하다.
> 1. 근로자가 가족의 질병, 사고, 노령으로 인하여 그 가족을 돌보기 위한 경우
> 2. 근로자 자신의 질병이나 사고로 인한 부상 등의 사유로 자신의 건강을 돌보기 위한 경우
> 3. 55세 이상의 근로자가 은퇴를 준비하기 위한 경우
> 4. 근로자의 학업을 위한 경우
>
> ② 제1항 단서에 따라 사업주가 근로시간 단축을 허용하지 아니하는 경우에는 해당 근로자에게 그 사유를 서면으로 통보하고 휴직을 사용하게 하거나 그 밖의 조치를 통하여 지원할 수 있는지를 해당 근로자와 협의하여야 한다.
> ③ 사업주가 제1항에 따라 해당 근로자에게 근로시간 단축을 허용하는 경우 단축 후 근로시간은 주당 15시간 이상이어야 하고 30시간을 넘어서는 아니 된다.
> ④ 근로시간 단축의 기간은 1년 이내로 한다. 다만, 제1항 제1호부터 제3호까지의 어느 하나에 해당하는 근로자는 합리적 이유가 있는 경우에 추가로 2년의 범위 안에서 근로시간 단축의 기간을 연장할 수 있다.

09 남녀고용평등과 일・가정 양립 지원에 관한 법률에 대한 설명으로 옳지 않은 것은?

▸ 공인노무사 제31회

① 이 법과 관련한 분쟁에서 입증책임은 사업주와 근로자가 각각 부담한다.
② 사업주는 근로자를 모집・채용할 때 그 직무의 수행에 필요하지 아니한 용모・키・체중 등의 신체적 조건, 미혼 조건을 제시하거나 요구하여서는 아니 된다.
③ 사업주가 임금차별을 목적으로 설립한 별개의 사업은 동일한 사업으로 본다.
④ 누구든지 직장 내 성희롱 발생 사실을 알게 된 경우 그 사실을 해당 사업주에게 신고할 수 있다.
⑤ 적극적 고용개선조치란 현존하는 남녀 간의 고용차별을 없애거나 고용평등을 촉진하기 위하여 잠정적으로 특정 성을 우대하는 조치를 말한다.

해설 ① 이 법과 관련한 분쟁해결(제26조부터 제29조까지 및 제29조의2부터 제29조의7까지를 포함한다)에서 입증책임은 사업주가 부담한다(제30조).

② 제7조 제2항
③ 제8조 제3항
④ 제14조 제1항
⑤ 제2조 제3호

10 **남녀고용평등과 일 · 가정 양립 지원에 관한 법률상 육아기 근로시간 단축에 관한 설명으로 옳지 않은 것은?** ▸공인노무사 제30회

① 사업주가 해당 근로자에게 육아기 근로시간 단축을 허용하는 경우 단축 후 근로시간은 주당 15시간 이상이어야 하고 35시간을 넘어서는 아니 된다.
② 사업주는 정상적인 사업 운영에 중대한 지장을 초래하는 경우에는 육아기 근로시간 단축을 허용하지 아니할 수 있다.
③ 사업주는 육아기 근로시간 단축을 하고 있는 근로자에게 단축된 근로시간 외에 연장근로를 요구할 수 없다. 다만, 그 근로자가 명시적으로 청구하는 경우에는 사업주는 주 12시간 이내에서 연장근로를 시킬 수 있다.
④ 사업주는 근로자의 육아기 근로시간 단축기간이 끝난 후에 그 근로자를 육아기 근로시간 단축 전과 같은 업무 또는 같은 수준의 임금을 지급하는 직무에 복귀시켜야 한다.
⑤ 육아기 근로시간 단축을 한 근로자에 대하여 「근로기준법」에 따른 평균임금을 산정하는 경우에는 그 근로자의 육아기 근로시간 단축 기간은 평균임금 산정기간에 포함한다.

해설 ① 제19조의2 제3항
② 사업주는 근로자가 만 12세 이하 또는 초등학교 6학년 이하의 자녀를 양육하기 위하여 근로시간의 단축을 신청하는 경우에 이를 허용하여야 한다. 다만, 대체인력 채용이 불가능한 경우, 정상적인 사업 운영에 중대한 지장을 초래하는 경우 등 대통령령으로 정하는 경우에는 그러하지 아니하다(제19조의2 제1항).
③ 제19조의3 제3항
④ 제19조의2 제6항
⑤ 육아기 근로시간 단축을 한 근로자에 대하여 「근로기준법」 제2조 제6호에 따른 평균임금을 산정하는 경우에는 그 근로자의 육아기 근로시간 단축 기간을 평균임금 산정기간에서 제외한다(제19조의3 제4항).

정답 09 ① 10 ⑤

11 **남녀고용평등과 일 · 가정 양립 지원에 관한 법률상 배우자 출산휴가에 대한 설명으로 옳은 것은?**

▸ 공인노무사 제29회

① 사업주는 근로자가 배우자 출산휴가를 고지하는 경우에 5일의 휴가를 주어야 한다.
② 배우자 출산휴가를 사용한 휴가기간 중 3일은 유급으로 한다.
③ 배우자 출산휴가는 2회에 한정하여 나누어 사용할 수 있다.
④ 배우자 출산휴가는 근로자의 배우자가 출산한 날부터 120일이 지나면 사용할 수 없다.
⑤ 출산전후휴가급여가 지급되었더라도 배우자 출산휴가에 대한 급여는 전액 지급되어야 한다.

해설 ①② 사업주는 근로자가 배우자의 출산을 이유로 휴가(이하 "배우자 출산휴가"라 한다)를 고지하는 경우에 20일의 휴가를 주어야 한다. 이 경우 사용한 휴가기간은 유급으로 한다(제18조의2 제1항).
③ 배우자 출산휴가는 3회에 한정하여 나누어 사용할 수 있다(제18조의2 제4항).
④ 제18조의2 제3항
⑤ 출산전후휴가급여 등이 지급된 경우에는 그 금액의 한도에서 지급의 책임을 면한다(제18조의2 제2항).

12 **남녀고용평등과 일 · 가정 양립지원에 관한 법률에 대한 설명으로 옳지 않은 것은? (다툼이 있으면 판례에 따름)**

▸ 공인노무사 제28회

① 사업주는 근로자를 모집하거나 채용할 때 남녀를 차별하여서는 아니 된다.
② 직장내 성희롱과 관련된 분쟁해결에서 입증책임은 사업주가 부담한다.
③ 가족돌봄휴직 기간은 연간 최장 60일로 하며, 이를 나누어 사용할 수 있다.
④ 동일가치의 노동이라 함은 당해 사업 내의 서로 비교되는 남녀 간의 노동이 그 직무가 다소 다르더라도 객관적인 직무평가 등에 의하여 본질적으로 동일한 가치가 있는 노동을 포함한다.
⑤ 사업주는 근로자가 배우자의 출산을 이유로 휴가를 고지하는 경우에 20일의 휴가를 주어야 한다. 이 경우 사용한 휴가기간은 유급으로 한다.

해설 ① 제7조 제1항
② 남녀고용평등법과 관련한 분쟁해결에서 입증책임은 사업주가 부담한다(제30조).
③ 가족돌봄휴직 기간은 연간 최장 90일로 하며, 이를 나누어 사용할 수 있다. 이 경우 나누어 사용하는 1회의 기간은 30일 이상이 되어야 한다(제22조의2 제4항 제1호).
④ '동일가치의 노동'이란 당해 사업장 내의 서로 비교되는 남녀 간의 노동이 동일하거나 실질적으로 거의 같은 성질의 노동 또는 그 직무가 다소 다르더라도 객관적인 직무평가 등에 의하여 본질적으로 동일한 가치가 있다고 인정되는 노동에 해당하는 것을 말한다(대판 2013.3.14, 2010다101011).
⑤ 제18조의2 제1항

13 **남녀고용평등과 일 · 가정 양립 지원에 관한 법령의 내용으로 옳은 것은?** ▸공인노무사 제27회

① 사업주는 근로자가 초등학교 2학년 이하의 자녀(입양한 자녀를 제외한다)를 양육하기 위하여 휴직을 신청하는 경우에 이를 허용하여야 한다.

② 사업주는 정상적인 사업 운영에 중대한 지장을 초래하는 경우에는 육아휴직 및 육아기 근로시간 단축을 허용하지 아니할 수 있다.

③ 육아기 근로시간 단축 기간은 근속기간에 포함되나 육아휴직 기간은 근속기간에 포함되지 않는다.

④ 사업주는 사업을 계속할 수 없는 경우에도 육아휴직 중인 근로자를 육아휴직기간에 해고하지 못한다.

⑤ 사업주는 육아기 근로시간 단축을 하고 있는 근로자의 명시적 청구가 있으면 단축된 근로시간 외에 주 12시간 이내에서 연장근로를 시킬 수 있다.

해설 ① 입양한 자녀를 포함한다(제19조 제1항).

② 육아기 근로시간 단축의 경우 정상적인 사업 운영에 중대한 지장을 초래하는 경우 예외가 인정되나 육아휴직에서는 같은 이유로 예외가 인정되지 않는다.

③ 육아휴직 기간도 근속기간에 포함된다(제19조 제4항).

④ 사업주는 육아휴직을 이유로 해고나 그 밖의 불리한 처우를 하여서는 아니 되며, 육아휴직 기간에는 그 근로자를 해고하지 못한다. 다만, 사업을 계속할 수 없는 경우에는 그러하지 아니하다(제19조 제3항).

⑤ 사업주는 제19조의2에 따라 육아기 근로시간 단축을 하고 있는 근로자에게 단축된 근로시간 외에 연장근로를 요구할 수 없다. 다만, 그 근로자가 명시적으로 청구하는 경우에는 사업주는 주 12시간 이내에서 연장근로를 시킬 수 있다(제19조의3 제3항).

14 **남녀고용평등과 일 · 가정 양립 지원에 관한 법률의 내용으로 옳지 않은 것은?** ▸공인노무사 제26회

① 근로자란 사업주에게 고용된 자와 취업할 의사를 가진 자를 말한다.

② 적극적 고용개선조치란 현존하는 남녀 간의 고용차별을 없애거나 고용평등을 촉진하기 위하여 잠정적으로 특정 성을 우대하는 조치를 말한다.

③ 사업주가 임금차별을 목적으로 설립한 별개의 사업은 동일한 사업으로 본다.

④ 사업주는 여성의 직업능력 개발 및 향상을 위하여 모든 직업능력 개발 훈련에서 남녀에게 평등한 기회를 보장하여야 한다.

⑤ 사업주는 근로자가 배우자의 출산을 이유로 출산일로부터 30일 내에 휴가를 청구하는 경우 5일의 유급휴가를 주어야 한다.

해설 ① 제2조 제4호

② 제2조 제3호

정답 11 ④ 12 ③ 13 ⑤ 14 ⑤

③ 제8조 제3항
④ 국가, 지방자치단체 및 사업주는 여성의 직업능력 개발 및 향상을 위하여 모든 직업능력 개발 훈련에서 남녀에게 평등한 기회를 보장하여야 한다(제16조).
⑤ 사업주는 근로자가 배우자의 출산을 이유로 휴가를 고지하는 경우에 20일의 휴가를 주어야 한다. 이 경우 사용한 휴가기간은 유급으로 한다(제18조의2 제1항). 배우자 출산휴가는 근로자의 배우자가 출산한 날부터 120일이 지나면 사용할 수 없다(제18조의2 제3항).

15 남녀고용평등과 일 · 가정 양립지원에 관한 법령에 규정된 내용으로 옳지 않은 것은?

▸ 공인노무사 제25회

① 사업주, 상급자 또는 근로자는 직장 내 성희롱을 하여서는 아니 된다.
② 사업주는 직장 내 성희롱 예방 교육을 연 1회 이상 하여야 한다.
③ 사업주는 직장 내 성희롱 예방 교육을 고용노동부장관이 지정하는 기관에 위탁하여 실시할 수 있다.
④ 사업주는 근로자가 배우자의 출산을 이유로 휴가를 청구하는 경우에 5일의 범위에서 3일 이상의 휴가를 주어야 한다.
⑤ 육아휴직의 기간은 원칙적으로 1년 이내로 한다.

해설 ① 제12조
② 사업주 및 근로자는 성희롱 예방 교육을 받아야 한다(제13조 제2항). 사업주는 법 제13조에 따라 직장 내 성희롱 예방을 위한 교육을 연 1회 이상 하여야 한다(시행령 제3조 제1항).
③ 사업주는 성희롱 예방 교육을 고용노동부장관이 지정하는 기관(이하 "성희롱 예방 교육기관"이라 한다)에 위탁하여 실시할 수 있다(제13조의2 제1항).
④ 사업주는 근로자가 배우자의 출산을 이유로 휴가(이하 "배우자 출산휴가"라 한다)를 고지하는 경우에 20일의 휴가를 주어야 한다. 이 경우 사용한 휴가기간은 유급으로 한다(제18조의2 제1항).
⑤ 제19조 제2항

> **제19조(육아휴직)**
> ② 육아휴직의 기간은 1년 이내로 한다. 다만, 다음 각 호의 어느 하나에 해당하는 근로자의 경우 6개월 이내에서 추가로 육아휴직을 사용할 수 있다. 〈개정 2024.10.22.〉
> 1. 같은 자녀를 대상으로 부모가 모두 육아휴직을 각각 3개월 이상 사용한 경우의 부 또는 모
> 2. 「한부모가족지원법」 제4조 제1호의 부 또는 모
> 3. 고용노동부령으로 정하는 장애아동의 부 또는 모

정답 15 ④

Chapter 04 산업안전보건법

01 **산업안전보건법령상 산업안전보건위원회에 관한 설명으로 옳은 것을 모두 고른 것은?**

▸ 공인노무사 제34회

ㄱ. 산업안전보건위원회에서 심의·의결한 업무는 안전관리자의 업무에 해당한다.
ㄴ. 보호구 구입 시 적격품 여부 확인에 관한 사항은 산업안전보건위원회의 심의·의결 사항에 해당하지 않는다.
ㄷ. 근로자대표는 사업주에게 산업안전보건위원회가 의결한 사항을 통지하여 줄 것을 요청할 수 있고, 사업주는 이에 성실히 따라야 한다.
ㄹ. 사업주는 공정안전보고서를 작성할 때 산업안전보건위원회가 설치되어 있지 아니한 사업장의 경우에는 근로자대표의 동의를 받아야 한다.

① ㄱ, ㄴ ② ㄷ, ㄹ ③ ㄱ, ㄴ, ㄷ
④ ㄴ, ㄷ, ㄹ ⑤ ㄱ, ㄴ, ㄷ, ㄹ

해설 ㄱ. 시행령 제18조 제1항 제1호
ㄴ. 제24조 제2항, 제15조 제1항 제8호
ㄷ. 제35조

제35조(근로자대표의 통지 요청)
근로자대표는 사업주에게 다음 각 호의 사항을 통지하여 줄 것을 요청할 수 있고, 사업주는 이에 성실히 따라야 한다.
1. 산업안전보건위원회(제75조에 따라 노사협의체를 구성·운영하는 경우에는 노사협의체를 말한다)가 의결한 사항
2. 제47조에 따른 안전보건진단 결과에 관한 사항
3. 제49조에 따른 안전보건개선계획의 수립·시행에 관한 사항
4. 제64조제 1항 각 호에 따른 도급인의 이행 사항
5. 제110조 제1항에 따른 물질안전보건자료에 관한 사항
6. 제125조 제1항에 따른 작업환경측정에 관한 사항
7. 그 밖에 고용노동부령으로 정하는 안전 및 보건에 관한 사항

ㄹ. 사업주는 제1항에 따라 공정안전보고서를 작성할 때 산업안전보건위원회의 심의를 거쳐야 한다. 다만, 산업안전보건위원회가 설치되어 있지 아니한 사업장의 경우에는 근로자대표의 의견을 들어야 한다(제44조 제2항).

정답 01 ③

02 **산업안전보건법령상 위험성평가에 관한 설명으로 옳지 않은 것은?** ▸ 공인노무사 제34회

① 사업주는 위험성평가의 결과와 조치사항에 따른 자료를 3년간 보존해야 한다.
② 사업주가 위험성평가의 결과와 조치사항을 기록・보존할 때에는 위험성 결정의 내용이 포함되어야 한다.
③ 사업주는 위험성평가 시 고용노동부장관이 정하여 고시하는 바에 따라 해당 작업장의 근로자를 참여시켜야 한다.
④ "위험성평가"란 사업주가 유해인자에 대한 측정계획을 수립한 후 시료를 채취하고 분석・평가하는 것을 말한다.
⑤ 사업주는 건설물로 인한 유해・위험요인을 찾아내어 부상 및 질병으로 이어질 수 있는 위험성의 크기가 허용 가능한 범위인지를 평가하여야 한다.

해설 ①・②

- 사업주는 제1항에 따른 평가의 결과와 조치사항을 고용노동부령으로 정하는 바에 따라 기록하여 보존하여야 한다(제36조 제3항).
- 사업주가 법 제36조 제3항에 따라 위험성평가의 결과와 조치사항을 기록・보존할 때에는 다음 각 호의 사항이 포함되어야 한다(시행규칙 제37조 제1항).
  1. 위험성평가 대상의 유해・위험요인
  2. 위험성 결정의 내용
  3. 위험성 결정에 따른 조치의 내용
  4. 그 밖에 위험성평가의 실시내용을 확인하기 위하여 필요한 사항으로서 고용노동부장관이 정하여 고시하는 사항
- 사업주는 제1항에 따른 자료를 3년간 보존해야 한다(시행규칙 제37조 제2항).

③ 제36조 제2항
④ "작업환경측정"이란 작업환경 실태를 파악하기 위하여 해당 근로자 또는 작업장에 대하여 사업주가 유해인자에 대한 측정계획을 수립한 후 시료(試料)를 채취하고 분석・평가하는 것을 말한다(제2조 제13호).
⑤ 사업주는 건설물, 기계・기구・설비, 원재료, 가스, 증기, 분진, 근로자의 작업행동 또는 그 밖의 업무로 인한 유해・위험 요인을 찾아내어 부상 및 질병으로 이어질 수 있는 위험성의 크기가 허용 가능한 범위인지를 평가하여야하고, 그 결과에 따라 이 법과 이 법에 따른 명령에 따른 조치를 하여야 하며, 근로자에 대한 위험 또는 건강장해를 방지하기 위하여 필요한 경우에는 추가적인 조치를 하여야 한다(제36조 제1항).

03 **산업안전보건법상 사업주가 보건조치를 하여야 하는 건강장해에 해당하는 경우는 모두 몇 개인가?** ▸ 공인노무사 제34회

• 산소결핍에 의한 건강장해	• 단순반복작업에 의한 건강장해
• 방사선에 의한 건강장해	• 계측감시 작업에 의한 건강장해
• 사업장에서 배출되는 기체에 의한 건강장해	

① 1개 ② 2개 ③ 3개
④ 4개 ⑤ 5개

해설 사업주는 다음 각 호의 어느 하나에 해당하는 건강장해를 예방하기 위하여 필요한 조치(이하 "보건조치"라 한다)를 하여야 한다(제39조 제1항).

1. 원재료・가스・증기・분진・흄(fume, 열이나 화학반응에 의하여 형성된 고체증기가 응축되어 생긴 미세입자를 말한다)・미스트(mist, 공기 중에 떠다니는 작은 액체방울을 말한다)・**산소결핍**・병원체 등에 의한 건강장해
2. **방사선**・유해광선・고열・한랭・초음파・소음・진동・이상기압 등에 의한 건강장해
3. 사업장에서 배출되는 **기체**・액체 또는 찌꺼기 등에 의한 건강장해
4. **계측감시**(計測監視), 컴퓨터 단말기 조작, 정밀공작(精密工作) 등의 작업에 의한 건강장해
5. **단순반복작업** 또는 인체에 과도한 부담을 주는 작업에 의한 건강장해
6. 환기・채광・조명・보온・방습・청결 등의 적정기준을 유지하지 아니하여 발생하는 건강장해
7. 폭염・한파에 장시간 작업함에 따라 발생하는 건강장해

04 **산업안전보건법령에 관한 설명으로 옳지 않은 것은?** ▸ 공인노무사 제31회

① 직업성 질병자가 동시에 2명 발생한 재해는 중대재해에 해당한다.
② 사업주는 전기, 열, 그 밖의 에너지에 의한 위험으로 인한 산업재해를 예방하기 위하여 필요한 조치를 하여야 한다.
③ 사업주는 산업재해가 발생할 급박한 위험이 있을 때에는 즉시 작업을 중지시키고 근로자를 작업장소에서 대피시키는 등 안전 및 보건에 관하여 필요한 조치를 하여야 한다.
④ 사업주는 산업재해 예방을 위한 조치를 할 수 있는 능력을 갖춘 사업주에게 도급하여야 한다.
⑤ 사업주는 「산업안전보건법」과 이 법에 따른 명령의 요지 및 안전보건관리규정을 각 사업장의 근로자가 쉽게 볼 수 있는 장소에 게시하거나 갖추어 두어 근로자에게 널리 알려야 한다.

해설 ① **시행규칙 제3조(중대재해의 범위)**
법 제2조 제2호에서 "고용노동부령으로 정하는 재해"란 다음 각 호의 어느 하나에 해당하는 재해를 말한다.

정답 02 ④ 03 ⑤ 04 ①

1. 사망자가 1명 이상 발생한 재해
2. 3개월 이상의 요양이 필요한 부상자가 동시에 2명 이상 발생한 재해
3. 부상자 또는 직업성 질병자가 동시에 10명 이상 발생한 재해

② 제38조 제1항
③ 제51조
④ 제61조
⑤ 제34조

05 **산업안전보건법령상 안전보건관리규정에 관한 설명으로 옳지 않은 것은?** ▸ 공인노무사 제33회

① 취업규칙은 안전보건관리규정에 반할 수 없다. 이 경우 취업규칙 중 안전보건관리규정에 반하는 부분에 관하여는 안전보건관리규정으로 정한 기준에 따른다.
② 상시근로자 수가 300명인 보험업 사업주는 안전보건관리규정을 작성하여야 한다.
③ 사업주는 안전보건관리규정을 작성할 때 산업안전보건위원회가 설치되어 있지 아니한 사업장의 경우에는 근로자대표의 동의를 받아야 한다.
④ 근로자는 안전보건관리규정을 지켜야 한다.
⑤ 사고조사 및 대책수립에 관한 사항은 안전보건관리규정에 포함되어야 한다.

해설 ① 안전보건관리규정은 단체협약 또는 취업규칙에 반할 수 없다. 이 경우 안전보건관리규정 중 단체협약 또는 취업규칙에 반하는 부분에 관하여는 그 단체협약 또는 취업규칙으로 정한 기준에 따른다(제25조 제2항).

② 안전보건관리규정을 작성해야 할 사업의 종류 및 상시근로자 수는 별표 2와 같다(시행규칙 제25조 제1항).

※ 안전보건관리규정을 작성해야 할 사업의 종류 및 상시근로자 수(시행규칙 제25조 제1항 관련 [별표 2])

사업의 종류	상시근로자 수
1. 농업 2. 어업 3. 소프트웨어 개발 및 공급업 4. 컴퓨터 프로그래밍, 시스템 통합 및 관리업 4의2. 영상・오디오물 제공 서비스업 5. 정보서비스업 6. 금융 및 보험업 7. 임대업; 부동산 제외 8. 전문, 과학 및 기술 서비스업(연구개발업은 제외한다) 9. 사업지원 서비스업 10. 사회복지 서비스업	300명 이상
11. 제1호부터 제4호까지, 제4호의2 및 제5호부터 제10호까지의 사업을 제외한 사업	100명 이상

③ 사업주는 안전보건관리규정을 작성하거나 변경할 때에는 산업안전보건위원회의 심의 · 의결을 거쳐야 한다. 다만, 산업안전보건위원회가 설치되어 있지 아니한 사업장의 경우에는 근로자대표의 동의를 받아야 한다(제26조).

④ 제27조

⑤ 사업주는 사업장의 안전 및 보건을 유지하기 위하여 다음 각 호의 사항이 포함된 안전보건관리규정을 작성하여야 한다(제25조 제1항).

1. 안전 및 보건에 관한 관리조직과 그 직무에 관한 사항
2. 안전보건교육에 관한 사항
3. 작업장의 안전 및 보건 관리에 관한 사항
4. 사고 조사 및 대책 수립에 관한 사항
5. 그 밖에 안전 및 보건에 관한 사항

06 산업안전보건법상 용어의 정의로 옳지 않은 것은?

▸ 공인노무사 제33회

① "산업재해"란 노무를 제공하는 사람이 업무에 관계되는 건설물 · 설비 · 원재료 · 가스 · 증기 · 분진 등에 의하거나 작업 또는 그 밖의 업무로 인하여 사망 또는 부상하거나 질병에 걸리는 것을 말한다.

② "작업환경측정"이란 산업재해를 예방하기 위하여 잠재적 위험성을 발견하고 그 개선대책을 수립할 목적으로 조사 · 평가하는 것을 말한다.

③ "관계수급인"이란 도급이 여러 단계에 걸쳐 체결된 경우에 각 단계별로 도급받은 사업주 전부를 말한다.

④ "건설공사발주자"란 건설공사를 도급하는 자로서 건설공사의 시공을 주도하여 총괄 · 관리하지 아니하는 자를 말한다. 다만, 도급받은 건설공사를 다시 도급하는 자는 제외한다.

⑤ "도급인"이란 물건의 제조 · 건설 · 수리 또는 서비스의 제공, 그 밖의 업무를 도급하는 사업주를 말한다. 다만, 건설공사발주자는 제외한다.

해설 ① 제2조 제1호

② "작업환경측정"이란 작업환경 실태를 파악하기 위하여 해당 근로자 또는 작업장에 대하여 사업주가 유해인자에 대한 측정계획을 수립한 후 시료(試料)를 채취하고 분석 · 평가하는 것을 말한다(제2조 제13호).

③ 제2조 제9호

④ 제2조 제10호

⑤ 제2조 제7호

정답 05 ① 06 ②

07 산업안전보건법령상 근로자의 보건관리에 관한 설명으로 옳지 않은 것은? ▸공인노무사 제33회

① 사업주는 잠수 작업에 종사하는 근로자에게는 1일 5시간을 초과하여 근로하게 해서는 아니 된다.

② 도급인의 사업장에서 관계수급인의 근로자가 작업을 하는 경우에는 도급인이 법정 자격을 가진 자로 하여금 작업환경측정을 하도록 하여야 한다.

③ 사업주는 근로자대표(관계수급인의 근로자대표를 포함한다)가 요구하면 작업환경 측정 시 근로자대표를 참석시켜야 한다.

④ 사업주는 건강진단을 실시하는 경우 근로자대표가 요구하면 근로자대표를 참석시켜야 한다.

⑤ 사업주는 근로자(관계수급인의 근로자를 포함한다)가 신체적 피로와 정신적 스트레스를 해소할 수 있도록 휴식시간에 이용할 수 있는 휴게시설을 갖추어야 한다.

해설 ① 사업주는 유해하거나 위험한 작업으로서 높은 기압에서 하는 작업 등 대통령령으로 정하는 작업에 종사하는 근로자에게는 1일 6시간, 1주 34시간을 초과하여 근로하게 해서는 아니 된다(제139조 제1항).
② 제125조 제2항
③ 제125조 제4항
④ 제132조 제1항
⑤ 제128조의2 제1항

08 산업안전보건법령에 관한 설명으로 옳지 않은 것은? ▸공인노무사 제26회

① 해당 사업장 근로자의 안전과 보건을 유지・증진시키기 위하여 필요한 사항은 산업안전보건위원회의 심의의결을 거쳐야 한다.

② 안전보건관리책임자는 해당 사업에서 그 사업을 실질적으로 총괄관리하는 사람이어야 한다.

③ 사업주는 근로자대표가 요구할 때에는 근로자에 대한 건강진단 시 근로자대표를 참석시켜야 한다.

④ 근로자 1명 이상이 사망한 산업재해는 중대재해에 해당한다.

⑤ 안전・보건상 유해하거나 위험한 모든 작업은 고용노동부장관의 허가를 받지 아니하면 그 작업만을 분리하여 도급을 줄 수 없다.

해설 ① 제24조 제2항 제4호
② 제15조 제1항
③ 사업주는 제129조부터 제131조까지의 규정에 따른 건강진단을 실시하는 경우 근로자대표가 요구하면 근로자대표를 참석시켜야 한다(제132조 제1항).
④ 제2조 제2호, 시행규칙 제3조

⑤ 사업주는 자신의 사업장에서 안전 및 보건에 유해하거나 위험한 작업 중 급성 독성, 피부 부식성 등이 있는 물질의 취급 등 대통령령으로 정하는 작업을 도급하려는 경우에는 고용노동부장관의 승인을 받아야 한다. 이 경우 사업주는 고용노동부령으로 정하는 바에 따라 안전 및 보건에 관한 평가를 받아야 한다(제59조 제1항).

09 산업안전보건법상 유해·위험 방지 조치 중 사업주의 의무로 명시되어 있지 않은 것은?

▸ 공인노무사 제32회

① 위험성평가의 실시(산업안전보건법 제36조)
② 공정안전보고서의 작성·제출(산업안전보건법 제44조)
③ 중대재해 원인조사(산업안전보건법 제56조)
④ 유해·위험방지계획서의 작성·제출(산업안전보건법 제42조)
⑤ 안전보건표지의 설치·부착(산업안전보건법 제37조)

해설 ① 사업주는 건설물, 기계·기구·설비, 원재료, 가스, 증기, 분진, 근로자의 작업행동 또는 그 밖의 업무로 인한 유해·위험 요인을 찾아내어 부상 및 질병으로 이어질 수 있는 위험성의 크기가 허용 가능한 범위인지를 평가하여야 하고, 그 결과에 따라 이 법과 이 법에 따른 명령에 따른 조치를 하여야 하며, 근로자에 대한 위험 또는 건강장해를 방지하기 위하여 필요한 경우에는 추가적인 조치를 하여야 한다(제36조 제1항).

② 사업주는 사업장에 대통령령으로 정하는 유해하거나 위험한 설비가 있는 경우 그 설비로부터의 위험물질 누출, 화재 및 폭발 등으로 인하여 사업장 내의 근로자에게 즉시 피해를 주거나 사업장 인근 지역에 피해를 줄 수 있는 사고로서 대통령령으로 정하는 사고(이하 "중대산업사고"라 한다)를 예방하기 위하여 대통령령으로 정하는 바에 따라 공정안전보고서를 작성하고 고용노동부장관에게 제출하여 심사를 받아야 한다. 이 경우 공정안전보고서의 내용이 중대산업사고를 예방하기 위하여 적합하다고 통보받기 전에는 관련된 유해하거나 위험한 설비를 가동해서는 아니 된다(제44조 제1항).

③ 고용노동부장관은 중대재해가 발생하였을 때에는 그 원인 규명 또는 산업재해 예방대책 수립을 위하여 그 발생 원인을 조사할 수 있다(제56조 제1항).

④ 사업주는 다음 각 호의 어느 하나에 해당하는 경우에는 이 법 또는 이 법에 따른 명령에서 정하는 유해·위험 방지에 관한 사항을 적은 계획서(이하 "유해위험방지계획서"라 한다)를 작성하여 고용노동부령으로 정하는 바에 따라 고용노동부장관에게 제출하고 심사를 받아야 한다(제42조 제1항).

⑤ 사업주는 유해하거나 위험한 장소·시설·물질에 대한 경고, 비상시에 대처하기 위한 지시·안내 또는 그 밖에 근로자의 안전 및 보건 의식을 고취하기 위한 사항 등을 그림, 기호 및 글자 등으로 나타낸 표지(이하 이 조에서 "안전보건표지"라 한다)를 근로자가 쉽게 알아 볼 수 있도록 설치하거나 붙여야 한다(제37조 제1항).

정답 07 ① 08 ⑤ 09 ③

10 **산업안전보건법에 관한 설명으로 옳지 않은 것은?** ▸공인노무사 제28회

① 산업안전보건법은 국가 · 지방자치단체 및 공기업에는 적용하지 않는다.

② 사업주는 사업장의 안전 · 보건을 유지하기 위하여 안전 · 보건교육에 관한 사항 등이 포함된 안전보건관리규정을 작성하여 각 사업장에 게시하거나 갖춰 두고, 이를 근로자에게 알려야 한다.

③ 사업주는 산업안전보건법에 따른 건강진단 시 근로자대표가 요구할 때에는 근로자대표를 입회시켜야 한다.

④ 사업주는 고객의 폭언등으로 인하여 고객응대근로자에게 건강장해가 발생하거나 발생할 현저한 우려가 있는 경우에는 업무의 일시적 중단 또는 전환 등 대통령령으로 정하는 필요한 조치를 하여야 한다.

⑤ 산업안전보건위원회가 설치되어 있지 아니한 사업장의 사업주는 근로자대표의 동의를 받아 안전보건관리규정을 작성하여야 한다.

해설 ① 이 법은 모든 사업에 적용한다. 다만, 유해 · 위험의 정도, 사업의 종류, 사업장의 상시근로자 수(건설공사의 경우에는 건설공사 금액을 말한다. 이하 같다) 등을 고려하여 대통령령으로 정하는 종류의 사업 또는 사업장에는 이 법의 전부 또는 일부를 적용하지 아니할 수 있다(제3조).

② • 사업주는 사업장의 안전 및 보건을 유지하기 위하여 다음 각 호의 사항이 포함된 안전보건관리규정을 작성하여야 한다(제25조 제1항).

1. 안전 및 보건에 관한 관리조직과 그 직무에 관한 사항
2. 안전보건교육에 관한 사항
3. 작업장의 안전 및 보건 관리에 관한 사항
4. 사고 조사 및 대책 수립에 관한 사항
5. 그 밖에 안전 및 보건에 관한 사항

• 사업주는 이 법과 이 법에 따른 명령의 요지 및 안전보건관리규정을 각 사업장의 근로자가 쉽게 볼 수 있는 장소에 게시하거나 갖추어 두어 근로자에게 널리 알려야 한다(제34조).

③ 제132조 제1항

④ 사업주는 고객의 폭언등으로 인하여 근로자에게 건강장해가 발생하거나 발생할 현저한 우려가 있는 경우에는 업무의 일시적 중단 또는 전환 등 대통령령으로 정하는 필요한 조치를 하여야 한다(제41조 제2항).

⑤ 사업주는 안전보건관리규정을 작성하거나 변경할 때에는 산업안전보건위원회의 심의 · 의결을 거쳐야 한다. 다만, 산업안전보건위원회가 설치되어 있지 아니한 사업장의 경우에는 근로자대표의 동의를 받아야 한다(제26조).

11 **산업안전보건법에 관한 내용으로 옳은 것을 모두 고른 것은?** ▸공인노무사 제27회

ㄱ. 이 법은 국가 및 지방자치단체에는 적용하지 않는다.
ㄴ. 사업주는 근로자대표가 요구할 때에는 근로자에 대한 건강진단 시 근로자대표를 참석시켜야 한다.
ㄷ. 사업주는 안전·보건의식을 북돋우기 위한 홍보·교육 및 무재해운동 등 안전문화 추진을 성실히 이행할 책무를 진다.
ㄹ. 고용노동부장관은 건강장해가 발생할 우려가 있는 업무에 종사하는 사람의 직업병조기발견 및 지속적인 건강관리를 위하여 일정 요건에 해당하는 사람에게 건강관리 카드를 발급하여야 한다.

① ㄱ
② ㄱ, ㄷ
③ ㄴ, ㄹ
④ ㄴ, ㄷ, ㄹ
⑤ ㄱ, ㄴ, ㄷ, ㄹ

해설 ㄱ. 이 법은 모든 사업에 적용한다. 다만, 유해·위험의 정도, 사업의 종류, 사업장의 상시근로자 수(건설공사의 경우에는 건설공사 금액을 말한다. 이하 같다) 등을 고려하여 대통령령으로 정하는 종류의 사업 또는 사업장에는 이 법의 전부 또는 일부를 적용하지 아니할 수 있다(제3조).
ㄴ. 사업주는 제129조부터 제131조까지의 규정에 따른 건강진단을 실시하는 경우 근로자대표가 요구하면 근로자대표를 참석시켜야 한다(제132조 제1항).
ㄷ. 정부는 산업 안전 및 보건에 관한 의식을 북돋우기 위한 홍보·교육 등 안전문화 확산 추진을 성실히 이행할 책무를 진다(제4조 제5호).
ㄹ. 고용노동부장관은 고용노동부령으로 정하는 건강장해가 발생할 우려가 있는 업무에 종사하였거나 종사하고 있는 사람 중 고용노동부령으로 정하는 요건을 갖춘 사람의 직업병 조기발견 및 지속적인 건강관리를 위하여 건강관리카드를 발급하여야 한다(제137조 제1항).

정답 10 ① 11 ③

12 **산업안전보건법에 관한 설명으로 옳지 않은 것은?** ▸공인노무사 제29회

① 근로자는 산업재해가 발생할 급박한 위험이 있는 경우에는 작업을 중지하고 대피할 수 있다.

② 사업주는 사업장에 근로자위원, 사용자위원 및 공익위원이 같은 수로 구성되는 산업안전보건위원회를 운영하여야 한다.

③ 산업재해 예방에 관한 기본계획은 고용노동부장관이 수립하며 산업재해보상보험 및 예방심의위원회의 심의를 거쳐 공표하여야 한다.

④ 고용노동부장관은 산업재해를 예방하기 위하여 대통령령으로 정하는 사업장의 근로자 산업재해 발생건수, 재해율 또는 그 순위 등을 공표하여야 한다.

⑤ 고용노동부장관은 역학조사를 하는 경우 근로자대표가 요구할 때 그를 역학조사에 참석하게 할 수 있다.

해설 ① 제52조 제1항

② 사업주는 사업장의 안전 및 보건에 관한 중요 사항을 심의・의결하기 위하여 사업장에 근로자위원과 사용자위원이 같은 수로 구성되는 산업안전보건위원회를 구성・운영하여야 한다(제24조 제1항).

③ 고용노동부장관은 산업재해 예방에 관한 기본계획을 수립하여야 한다(제7조 제1항). 고용노동부장관은 제7조 제1항에 따라 수립한 기본계획을 「산업재해보상보험법」 제8조 제1항에 따른 산업재해보상보험 및 예방심의위원회의 심의를 거쳐 공표하여야 한다. 이를 변경하려는 경우에도 또한 같다(제7조 제2항).

④ 제10조 제1항

⑤ 제141조 제1항

13 **산업안전보건법상 작업중지에 관한 설명으로 옳지 않은 것은?** ▸공인노무사 제30회

① 사업주는 산업재해가 발생할 급박한 위험이 있을 때에는 즉시 작업을 중지시키고 근로자를 작업장소에서 대피시키는 등 안전 및 보건에 관하여 필요한 조치를 하여야 한다.

② 근로자는 산업재해가 발생할 급박한 위험이 있는 경우에는 작업을 중지하고 대피할 수 있다.

③ 사업주는 중대재해가 발생하였을 때에는 즉시 해당 작업을 중지시키고 근로자를 작업장소에서 대피시키는 등 안전 및 보건에 관하여 필요한 조치를 하여야 한다.

④ 중대재해 발생으로 작업이 중지된 경우, 사업주는 작업중지 해제에 관한 전문가 등으로 구성된 심의위원회의 심의를 거쳐 작업중지를 해제하여야 한다.

⑤ 사업주는 산업재해가 발생할 급박한 위험이 있다고 근로자가 믿을 만한 합리적인 이유가 있을 때에는 작업을 중지하고 대피한 근로자에 대파여 해고나 그 밖의 불리한 처우를 해서는 아니 된다.

해설 ① 제51조
② 제52조 제1항
③ 제54조 제1항
④ 고용노동부장관은 사업주가 작업중지의 해제를 요청한 경우에는 작업중지 해제에 관한 전문가 등으로 구성된 심의위원회의 심의를 거쳐 고용노동부령으로 정하는 바에 따라 작업중지를 해제하여야 한다(제55조 제3항).
⑤ 제52조 제4항

정답 12 ② 13 ④

PART 02

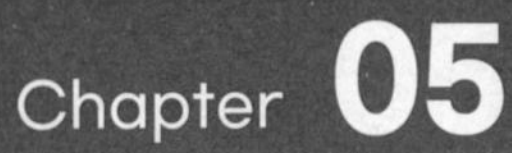

기간제 및 단시간근로자 보호 등에 관한 법률

01 **기간제 및 단시간근로자 보호 등에 관한 법률상 조정·중재에 관한 설명으로 옳은 것은?**

▸ 공인노무사 제34회

① 노동위원회는 차별적 처우의 시정신청에 따른 심문의 과정에서 직권으로 조정절차를 개시할 수 없다.

② 노동위원회의 승낙이 있는 경우에는 차별적 처우의 시정신청을 한 날부터 14일 후에도 조정을 신청할 수 있다.

③ 노동위원회는 특별한 사유가 없으면 조정절차를 개시한 때부터 90일 이내에 조정안을 제시하여야 한다.

④ 중재결정서에는 관계당사자와 중재에 관여한 위원전원이 서명·날인하여야 한다.

⑤ 조정의 내용에는 적절한 배상 등이 포함될 수 없다.

해설 ① 노동위원회는 심문의 과정에서 관계당사자 쌍방 또는 일방의 신청 또는 직권에 의하여 조정절차를 개시할 수 있고, 관계당사자가 미리 노동위원회의 중재결정에 따르기로 합의하여 중재를 신청한 경우에는 중재를 할 수 있다(제11조 제1항).

② 제1항의 규정에 따라 조정 또는 중재를 신청하는 경우에는 제9조의 규정에 따른 차별적 처우의 시정신청을 한 날부터 14일 이내에 하여야 한다. 다만, 노동위원회의 승낙이 있는 경우에는 14일 후에도 신청할 수 있다(제11조 제2항).

③ 노동위원회는 특별한 사유가 없으면 조정절차를 개시하거나 중재신청을 받은 때부터 60일 이내에 조정안을 제시하거나 중재결정을 하여야 한다(제11조 제4항).

④ 조정조서에는 관계당사자와 조정에 관여한 위원전원이 서명·날인하여야 하고, 중재결정서에는 관여한 위원전원이 서명·날인하여야 한다(제11조 제6항).

⑤ 제11조의 규정에 따른 조정·중재 또는 제12조의 규정에 따른 시정명령의 내용에는 차별적 행위의 중지, 임금 등 근로조건의 개선(취업규칙, 단체협약 등의 제도개선 명령을 포함한다) 또는 적절한 배상 등이 포함될 수 있다(제13조 제1항).

02 **기간제 및 단시간근로자 보호 등에 관한 법령상 2년을 초과하여 기간제근로자로 사용할 수 있는 경우를 모두 고른 것은?** ▸ 공인노무사 제34회

ㄱ. 기업의 부설 연구기관에서 연구업무에 직접 종사하는 경우
ㄴ. 「국가기술자격법」에 따른 기술사 등급의 국가기술자격을 소지하고 해당 분야에 종사하는 경우
ㄷ. 「고등교육법」에 따른 학교에서 「고등교육법」에 따른 조교의 업무에 종사하는 경우
ㄹ. 4주 동안(4주 미만으로 근로하는 경우에는 그 기간)을 평균하여 1주 동안의 소정근로시간이 15시간 미만인 근로자를 사용하는 경우

① ㄱ, ㄴ　② ㄱ, ㄴ, ㄷ　③ ㄱ, ㄷ, ㄹ
④ ㄴ, ㄷ, ㄹ　⑤ ㄱ, ㄴ, ㄷ, ㄹ

해설 ㄱ. 시행령 제3조 제3항 제8호 마목
ㄴ. 시행령 제3조 제1항 제2호
ㄷ. 시행령 제3조 제3항 제4호 가목
ㄹ. 시행령 제3조 제3항 제6호

03 **기간제 및 단시간근로자 보호 등에 관한 법률에 관한 설명으로 옳지 않은 것은? (다툼이 있으면 판례에 따름)** ▸ 공인노무사 제34회

① 근로조건이 명시된 서면을 교부하지 않는 경우 500만원 이하의 과태료를 부과한다.
② 사용자가 근로계약을 체결할 때 서면으로 명시하여야 하는 사항 중 '근로일 및 근로일별 근로시간'은 단시간근로자에 한정한다.
③ 사용자는 단시간근로자의 동의를 얻어 소정근로시간을 초과하여 근로하게 하는 경우에도 1주간에 12시간을 초과하여 근로하게 할 수 없다.
④ 불리한 처우가 '기간의 정함이 없는 근로계약을 체결한 근로자'와 비교하여 기간제근로자만이 가질 수 있는 속성을 원인으로 하는 경우 '기간제근로자임을 이유로 한 불리한 처우'에 해당한다.
⑤ 사용자는 학업을 이유로 근로자가 단시간근로를 신청하는 때에는 해당 근로자를 단시간근로자로 전환하도록 노력하여야 한다.

해설 ① 근로조건을 서면으로 명시하지 아니한 경우 500만원 이하의 과태료를 부과한다(제24조 제2항 제2호 참조).

정답 01 ② 02 ⑤ 03 ①

② 사용자는 기간제근로자 또는 단시간근로자와 근로계약을 체결하는 때에는 다음 각 호의 모든 사항을 서면으로 명시하여야 한다. 다만, 제6호는 단시간근로자에 한정한다(제17조).
1. 근로계약기간에 관한 사항
2. 근로시간 · 휴게에 관한 사항
3. 임금의 구성항목 · 계산방법 및 지불방법에 관한 사항
4. 휴일 · 휴가에 관한 사항
5. 취업의 장소와 종사하여야 할 업무에 관한 사항
6. 근로일 및 근로일별 근로시간

③ 제6조 제1항
④ 기간제근로자에 대한 불합리한 차별을 시정하고 기간제근로자의 근로조건 보호를 강화하려는 기간제법의 입법 취지와 목적(기간제법 제1조) 등에 비추어 볼 때, 불리한 처우가 '기간의 정함이 없는 근로계약을 체결한 근로자'와 비교하여 기간제근로자만이 가질 수 있는 속성을 원인으로 하는 경우 '기간제근로자임을 이유로 한 불리한 처우'에 해당하고, 모든 기간제근로자가 아닌 일부 기간제근로자만이 불리한 처우를 받는다고 하더라도 달리 볼 수 없다(대판 2023.6.29, 2019두55262).
⑤ 제7조 제2항

04 기간제 및 단시간근로자 보호 등에 관한 법률에 관한 설명으로 옳은 것을 모두 고른 것은?

▸ 공인노무사 제33회

ㄱ. 근로자가 학업, 직업훈련 등을 이수함에 따라 그 이수에 필요한 기간을 정한 경우 2년을 초과하여 기간제근로자로 사용할 수 있다.
ㄴ. 「고령자고용촉진법」상 고령자와 근로계약을 체결하는 경우 2년을 초과하여 기간제근로자로 사용할 수 있다.
ㄷ. 국가 및 지방자치단체의 기관에 대하여는 상시 사용하는 근로자의 수와 관계없이 이 법을 적용한다.
ㄹ. 휴직 · 파견 등으로 결원이 발생하여 해당 근로자가 복귀할 때까지 그 업무를 대신할 필요가 있는 경우 2년을 초과하여 기간제근로자로 사용할 수 있다.

① ㄱ, ㄴ, ㄷ
② ㄱ, ㄴ, ㄹ
③ ㄱ, ㄷ, ㄹ
④ ㄴ, ㄷ, ㄹ
⑤ ㄱ, ㄴ, ㄷ, ㄹ

해설 ㄱ · ㄴ · ㄹ. 제4조

제4조(기간제근로자의 사용)
① 사용자는 2년을 초과하지 아니하는 범위 안에서(기간제 근로계약의 반복갱신 등의 경우에는 그 계속근로한 총기간이 2년을 초과하지 아니하는 범위 안에서) 기간제근로자를 사용할

> 수 있다. 다만, 다음 각 호의 어느 하나에 해당하는 경우에는 2년을 초과하여 기간제근로자로 사용할 수 있다.
> 1. 사업의 완료 또는 특정한 업무의 완성에 필요한 기간을 정한 경우
> 2. 휴직·파견 등으로 결원이 발생하여 해당 근로자가 복귀할 때까지 그 업무를 대신할 필요가 있는 경우
> 3. 근로자가 학업, 직업훈련 등을 이수함에 따라 그 이수에 필요한 기간을 정한 경우
> 4. 「고령자고용촉진법」 제2조 제1호의 고령자와 근로계약을 체결하는 경우
> 5. 전문적 지식·기술의 활용이 필요한 경우와 정부의 복지정책·실업대책 등에 따라 일자리를 제공하는 경우로서 대통령령으로 정하는 경우
> 6. 그 밖에 제1호부터 제5호까지에 준하는 합리적인 사유가 있는 경우로서 대통령령으로 정하는 경우

ㄷ. 국가 및 지방자치단체의 기관에 대하여는 상시 사용하는 근로자의 수와 관계없이 이 법을 적용한다(제3조 제3항).

05 기간제 및 단시간근로자 보호 등에 관한 법률상 기간제근로자 차별적 처우의 시정에 관한 설명으로 옳지 않은 것은? (다툼이 있으면 판례에 따름)

▸공인노무사 제33회

① 노동위원회는 신청인이 주장한 비교대상 근로자와 동일성이 인정되는 범위 내에서 조사, 심리를 거쳐 적합한 근로자를 비교대상 근로자로 선정할 수 있다.

② 기간제근로자가 차별 시정신청을 하는 때에는 차별적 처우의 내용을 구체적으로 명시하여야 한다.

③ 기간제근로자는 계속되는 차별적 처우를 받은 경우 차별적 처우의 종료일부터 3개월이 지난 때에는 노동위원회에 그 시정을 신청할 수 없다.

④ 고용노동부장관은 사용자가 기간제근로자에 대해 차별적 처우를 한 경우에는 그 시정을 요구할 수 있다.

⑤ 노동위원회는 사용자의 차별적 처우에 명백한 고의가 인정되거나 차별적 처우가 반복되는 경우에는 손해액을 기준으로 3배를 넘지 아니하는 범위에서 배상을 명령할 수 있다.

해설 ① 노동위원회 차별시정제도의 취지와 직권주의적 특성, 비교대상성 판단의 성격 등을 고려하면, 노동위원회는 신청인이 주장한 비교대상 근로자와 동일성이 인정되는 범위 내에서 조사, 심리를 거쳐 적합한 근로자를 비교대상 근로자로 선정할 수 있다(대판 2023.11.30, 2019두53952).

② 제9조 제2항

③ 기간제근로자 또는 단시간근로자는 차별적 처우를 받은 경우 노동위원회에 그 시정을 신청할 수 있다. 다만, 차별적 처우가 있은 날(계속되는 차별적 처우는 그 종료일)부터 6개월이 지난 때에는 그러하지 아니하다(제9조 제1항).

④ 제15조의2 제1항

⑤ 제13조 제2항

정답 04 ⑤ 05 ③

06 **기간제 및 단시간근로자 보호 등에 관한 법률상 사용자가 기간제근로자와 근로계약을 체결하는 때 서면으로 명시하여야 하는 것을 모두 고른 것은?** ▸ 공인노무사 제33회

ㄱ. 휴일·휴가에 관한 사항
ㄴ. 근로시간·휴게에 관한 사항
ㄷ. 취업의 장소와 종사하여야 할 업무에 관한 사항
ㄹ. 근로일 및 근로일별 근로시간

① ㄱ, ㄴ
② ㄴ, ㄹ
③ ㄷ, ㄹ
④ ㄱ, ㄴ, ㄷ
⑤ ㄱ, ㄴ, ㄷ, ㄹ

해설 사용자는 기간제근로자 또는 단시간근로자와 근로계약을 체결하는 때에는 다음 각 호의 모든 사항을 서면으로 명시하여야 한다. 다만, 제6호는 단시간근로자에 한정한다(제17조).

1. 근로계약기간에 관한 사항
2. 근로시간·휴게에 관한 사항
3. 임금의 구성항목·계산방법 및 지불방법에 관한 사항
4. 휴일·휴가에 관한 사항
5. 취업의 장소와 종사하여야 할 업무에 관한 사항
6. 근로일 및 근로일별 근로시간

07 **기간제 및 단시간근로자 보호 등에 관한 법령상 사용기간의 제한과 관련된 설명으로 옳지 않은 것은? (다툼이 있으면 판례에 따름)** ▸ 공인노무사 제32회

① 사용자의 부당한 갱신거절로 인해 근로자가 실제로 근로를 제공하지 못한 기간도 계약갱신에 대한 정당한 기대권이 존속하는 범위에서는 「기간제 및 단시간근로자 보호 등에 관한 법률」에서 정한 2년의 사용제한기간에 포함된다.
② 사용자는 4주 동안을 평균하여 1주 동안의 소정근로시간이 15시간 미만인 근로자를 2년을 초과하여 기간제근로자로 사용할 수 없다.
③ 사용자는 외국에서 수여받은 박사 학위를 소지하고 해당 분야에 종사하는 근로자를 2년을 초과하여 기간제근로자로 사용할 수 있다.
④ 사용자는 기간의 정함이 없는 근로계약을 체결하고자 하는 경우에는 해당 사업 또는 사업장의 동종 또는 유사한 업무에 종사하는 기간제근로자를 우선적으로 고용하도록 노력하여야 한다.
⑤ 「기간제 및 단시간근로자 보호 등에 관한 법률」은 총 사용기간을 2년으로 제한할 뿐 그 기간 중에 반복갱신의 횟수는 제한하고 있지 않다.

해설 ① 기간을 정하여 근로계약을 체결한 경우에도, 근로계약, 취업규칙, 단체협약 등에서 기간만료에도 불구하고 일정한 요건이 충족되면 당해 근로계약이 갱신된다는 취지의 규정을 두고 있거나, 그러한 규정이 없더라도 당해 근로관계를 둘러싼 여러 사정을 종합하여 볼 때, 근로계약 당사자 사이에 일정한 요건이 충족되면 근로계약이 갱신된다는 신뢰관계가 형성되어 있어 근로자에게 그에 따라 근로계약이 갱신될 수 있으리라는 정당한 기대권이 인정되는 경우에는, 사용자가 이에 위반하여 부당하게 근로계약의 갱신을 거절하는 것은 부당해고와 마찬가지로 아무런 효력이 없고, 기간만료 후의 근로관계는 종전의 근로계약이 갱신된 것과 동일하다. 이러한 기간제법의 기간제 근로자 보호 취지, 사용자의 부당한 갱신거절로 인한 효과 등을 고려하면, 사용자의 부당한 갱신거절로 인해 근로자가 실제로 근로를 제공하지 못한 기간도 계약갱신에 대한 정당한 기대권이 존속하는 범위에서는 기간제법 제4조 제2항에서 정한 2년의 사용제한기간에 포함된다고 보아야 한다(대판 2018.6.19, 2013다85523).

② 시행령 제3조 제3항 제6호

③ 시행령 제3조 제1항 제1호

④ 제5조

⑤ 사용자는 2년을 초과하지 아니하는 범위 안에서(기간제 근로계약의 반복갱신 등의 경우에는 그 계속 근로한 총기간이 2년을 초과하지 아니하는 범위 안에서) 기간제근로자를 사용할 수 있다(제4조 제1항).

08 기간제 및 단시간근로자 보호 등에 관한 법률에 관한 내용으로 옳지 않은 것은?

▸ 공인노무사 제32회

① 사용자는 가사를 이유로 근로자가 단시간근로를 신청하는 때에는 해당 근로자를 단시간 근로자로 전환하도록 노력하여야 한다.

② 단시간근로자의 동의를 받으면 소정근로시간을 초과하여 근로를 하게 할 수 있으나, 1주 12시간을 초과할 수는 없다.

③ 사업장에서 「기간제 및 단시간근로자 보호 등에 관한 법률」을 위반한 사실이 있는 경우 근로자는 그 사실을 고용노동부장관 또는 근로감독관에게 통지할 수 있다.

④ 기간제근로자와 근로계약을 체결할 때 근로계약기간 등 근로조건의 서면명시를 하지 않으면 500만원 이하의 벌금에 처한다.

⑤ 사용자는 단시간근로자와 근로계약을 체결하는 때에는 근로일 및 근로일별 근로시간을 서면으로 명시하여야 한다.

해설 ① 사용자는 가사, 학업 그 밖의 이유로 근로자가 단시간근로를 신청하는 때에는 해당 근로자를 단시간 근로자로 전환하도록 노력하여야 한다(제7조 제2항).

② 사용자는 단시간근로자에 대하여 「근로기준법」 제2조의 소정근로시간을 초과하여 근로하게 하는 경우에는 해당 근로자의 동의를 얻어야 한다. 이 경우 1주간에 12시간을 초과하여 근로하게 할 수 없다(제6조 제1항).

정답 06 ④ 07 ② 08 ④

③ 사업 또는 사업장에서 이 법 또는 이 법에 의한 명령을 위반한 사실이 있는 경우에는 근로자는 그 사실을 고용노동부장관 또는 근로감독관에게 통지할 수 있다(제18조).
④ 500만원 이하의 과태료를 부과한다(제24조 제2항 제2호).
⑤ 사용자는 기간제근로자 또는 단시간근로자와 근로계약을 체결하는 때에는 다음 각 호의 모든 사항을 서면으로 명시하여야 한다. 다만, 제6호는 단시간근로자에 한정한다(제17조).
1. 근로계약기간에 관한 사항
2. 근로시간・휴게에 관한 사항
3. 임금의 구성항목・계산방법 및 지불방법에 관한 사항
4. 휴일・휴가에 관한 사항
5. 취업의 장소와 종사하여야 할 업무에 관한 사항
6. 근로일 및 근로일별 근로시간

09 기간제 및 단시간근로자 보호 등에 관한 법률에 대한 설명으로 옳은 것은?

▸ 공인노무사 제31회

① 상시 5인 이상의 동거의 친족만을 사용하는 사업 또는 사업장에 적용된다.
② 휴직・파견 등으로 결원이 발생하여 해당 근로자가 복귀할 때까지 그 업무를 대신할 필요가 있는 경우에는 2년을 초과하여 기간제 근로자로 사용할 수 있다.
③ 단시간근로자의 초과근로에 대하여 사용자는 평균임금의 100분의 100 이상을 가산하여 지급하여야 한다.
④ 사용자는 단시간근로자와 근로계약을 체결할 때 근로일별 근로시간을 서면으로 명시하지 않아도 된다.
⑤ 사용자는 통상근로자를 채용하고자 하는 경우에는 해당 사업 또는 사업장의 동종 또는 유사한 업무에 종사하는 단시간근로자를 우선적으로 고용하여야 한다.

해설 ① 이 법은 상시 5인 이상의 근로자를 사용하는 모든 사업 또는 사업장에 적용한다. 다만, 동거의 친족만을 사용하는 사업 또는 사업장과 가사사용인에 대하여는 적용하지 아니한다(제3조 제1항).
② 제4조 제1항 제2호
③ 사용자는 제6조 제1항에 따른 초과근로에 대하여 통상임금의 100분의 50 이상을 가산하여 지급하여야 한다(제6조 제3항).
④ 제17조 제6호
⑤ 사용자는 통상근로자를 채용하고자 하는 경우에는 해당 사업 또는 사업장의 동종 또는 유사한 업무에 종사하는 단시간근로자를 우선적으로 고용하도록 노력하여야 한다(제7조 제1항).

10 기간제 및 단시간근로자 보호 등에 관한 법령에 관한 설명으로 옳지 않은 것은?

▸ 공인노무사 제30회

① 박사 학위를 소지하고 해당 분야에 종사하는 경우에는 2년을 초과하여 기간제근로자로 사용할 수 있다.

② 특정한 업무의 완성에 필요한 기간을 정한 경우에는 2년을 초과하여 기간제근로자로 사용할 수 있다.

③ 사용자는 기간의 정함이 없는 근로계약을 체결하려는 경우에 당해 사업 또는 사업장의 동종 또는 유사한 업무에 종사하는 기간제근로자를 우선적으로 고용하여야 한다.

④ 고용노동부장관은 확정된 시정명령에 대하여 사용자에게 이행상황을 제출할 것을 요구할 수 있다.

⑤ 사용자는 기간제근로자임을 이유로 해당 사업 또는 사업장에서 동종 또는 유사한 업무에 종사하는 기간의 정함이 없는 근로계약을 체결한 근로자에 비하여 차별적 처우를 하여서는 아니 된다.

해설 ① 제4조 제1항 제5호, 시행령 제3조 제1항 제1호
② 제4조 제1항 제1호
③ 사용자는 기간의 정함이 없는 근로계약을 체결하고자 하는 경우에는 해당 사업 또는 사업장의 동종 또는 유사한 업무에 종사하는 기간제근로자를 우선적으로 고용하도록 노력하여야 한다(제5조).
④ 제15조 제1항
⑤ 제8조 제1항

11 기간제 및 단시간근로자 보호 등에 관한 법률에 대한 설명으로 옳지 않은 것은?

▸ 공인노무사 제29회

① 동거의 친족만을 사용하는 사업에 대하여는 적용하지 아니한다.

② 사용자는 가사, 학업 그 밖의 이유로 근로자가 단시간근로를 신청하는 때에는 당해 근로자를 단시간근로자로 전환하도록 노력하여야 한다.

③ 차별적 처우와 관련한 분쟁에 있어서 입증책임은 사용자가 부담한다.

④ 노동위원회는 사용자의 차별적 처우에 명백한 고의가 인정되는 경우에는 손해액을 기준으로 3배를 넘지 아니하는 범위에서 배상을 명령할 수 있다.

⑤ 노동위원회는 차별시정명령을 받은 후 이행기까지 시정명령을 이행하지 아니한 사용자에게 이행강제금을 부과한다.

해설 ① 이 법은 상시 5인 이상의 근로자를 사용하는 모든 사업 또는 사업장에 적용한다. 다만, 동거의 친족만을 사용하는 사업 또는 사업장과 가사사용인에 대하여는 적용하지 아니한다(제3조 제1항).
② 제7조 제2항

정답 09 ② 10 ③ 11 ⑤

③ 제9조 제4항
④ 제13조 제2항
⑤ 기간제 및 단시간근로자 보호 등에 관한 법률에는 이행강제금 제도가 규정되어 있지 않다.

12 기간제 및 단시간근로자 보호 등에 관한 법률상 차별시정제도에 대한 설명으로 옳지 않은 것은?

▸ 공인노무사 제28회

① 기간제근로자는 차별적 처우를 받은 경우 노동위원회에 차별적 처우가 있은 날부터 6개월이 경과하기 전에 그 시정을 신청할 수 있다.
② 기간제근로자가 차별적 처우의 시정신청을 하는 때에는 차별적 처우의 내용을 구체적으로 명시하여야 한다.
③ 노동위원회는 차별적 처우의 시정신청에 따른 심문의 과정에서 관계당사자 쌍방 또는 일방의 신청 또는 직권에 의하여 조정(調停)절차를 개시할 수 있다.
④ 노동위원회는 사용자의 차별적 처우에 명백한 고의가 인정되거나 차별적 처우가 반복되는 경우에는 손해액을 기준으로 3배를 넘지 아니하는 범위에서 배상을 명할 수 있다.
⑤ 시정신청을 한 근로자는 사용자가 확정된 시정명령을 이행하지 아니하는 경우 이를 중앙노동위원회에 신고하여야 한다.

해설 ① 제9조 제1항
② 제9조 제2항
③ 제11조 제1항
④ 제13조 제2항
⑤ 시정신청을 한 근로자는 사용자가 확정된 시정명령을 이행하지 아니하는 경우 이를 고용노동부장관에게 신고할 수 있다(제15조 제2항).

13 기간제 및 단시간근로자 보호 등에 관한 법률상 단시간근로자에 관한 설명으로 옳지 않은 것은?

▸ 공인노무사 제27회

① "단시간근로자"란 1주 동안의 소정근로시간이 그 사업장에서 같은 종류의 업무에 종사하는 통상 근로자의 1주 동안의 소정근로시간에 비하여 짧은 근로자를 말한다.
② 사용자는 통상근로자를 채용하고자 하는 경우에는 당해 사업 또는 사업장의 동종 또는 유사한 업무에 종사하는 단시간근로자를 우선적으로 고용하여야 한다.
③ 사용자는 단시간근로자에 대하여 근로기준법상 소정근로시간을 초과하여 근로하게 하는 경우에는 당해 근로자의 동의를 얻어야 한다.
④ 사용자는 학업을 이유로 근로자가 단시간근로를 신청하는 때에는 당해 근로자를 단시간근로자로 전환하도록 노력하여야 한다.

⑤ 사용자는 단시간근로자임을 이유로 당해 사업 또는 사업장의 동종 또는 유사한 업무에 종사하는 통상근로자에 비하여 차별적 처우를 하여서는 아니 된다.

해설 ① 근로기준법 제2조 제1항 제9호
② 고용하도록 노력하여야 한다(제7조 제1항).
③ 제6조 제1항
④ 제7조 제2항
⑤ 제8조 제2항

14 기간제 및 단시간근로자 보호 등에 관한 법률의 내용으로 옳은 것은? ▸공인노무사 제26회

① 노동위원회가 차별적 처우의 시정신청에 대하여 시정명령을 발하는 경우 그 시정명령의 내용에 취업규칙, 단체협약 등의 제도개선 명령은 포함될 수 없다.
② 경영성과에 따른 성과금에 있어서 불리하게 처우하는 것은 합리적인 이유와 무관하게 차별적 처우에 해당하지 아니한다.
③ 사용자는 기간제근로자와 근로계약을 체결하는 때에는 근로일 및 근로일별 근로시간을 서면으로 명시하여야 한다.
④ 사용자는 단시간근로자에 대하여 근로기준법에 따른 소정근로시간을 초과하여 근로하게 하는 경우에는 당해 근로자의 동의를 얻으면 1주간에 12시간을 초과하여 근로하게 할 수 있다.
⑤ 단시간근로자에 대한 차별적 처우의 금지와 관련한 분쟁에 있어서 입증책임은 사용자가 부담한다.

해설 ① 시정명령의 내용에는 차별적 행위의 중지, 임금 등 근로조건의 개선(취업규칙, 단체협약 등의 제도개선 명령을 포함한다) 또는 적절한 배상 등이 포함될 수 있다(제13조 제1항).
② 경영성과에 따른 성과금도 차별금지영역에 해당된다(제2조 제3호).
③ 근로일 및 근로일별 근로시간은 단시간근로자의 서면명시사항이다(제17조).
④ 사용자는 단시간근로자에 대하여 「근로기준법」 제2조의 소정근로시간을 초과하여 근로하게 하는 경우에는 당해 근로자의 동의를 얻어야 한다. 이 경우 1주간에 12시간을 초과하여 근로하게 할 수 없다(제6조 제1항).
⑤ 분쟁에 있어서 입증책임은 사용자가 부담한다(제9조 제4항).

정답 12 ⑤ 13 ② 14 ⑤

15 기간제 및 단시간근로자 보호 등에 관한 법률에 규정된 내용으로 옳지 않은 것은?

▸ 공인노무사 제25회

① 기간제 및 단시간근로자 보호 등에 관한 법률은 기간제근로자 및 단시간근로자에 대한 불합리한 차별을 시정하고 기간제근로자 및 단시간근로자의 근로조건 보호를 강화함으로써 노동시장의 건전한 발전에 이바지함을 목적으로 한다.

② 국가 및 지방자치단체의 기관에 대하여는 상시 사용하는 근로자의 수에 관계없이 기간제 및 단시간근로자 보호 등에 관한 법률을 적용한다.

③ 사용자는 통상근로자를 채용하고자 하는 경우에는 당해 사업 또는 사업장의 동종 또는 유사한 업무에 종사하는 단시간근로자를 우선적으로 고용하도록 노력하여야 한다.

④ 사용자는 가사, 학업 그 밖의 이유로 근로자가 단시간근로를 신청하는 때에는 당해 근로자를 단시간근로자로 전환하여야 한다.

⑤ 사용자는 기간의 정함이 없는 근로계약을 체결하고자 하는 경우에는 당해 사업 또는 사업장의 동종 또는 유사한 업무에 종사하는 기간제근로자를 우선적으로 고용하도록 노력하여야 한다.

해설 ① 제1조

② 제3조 제3항

③ 제7조 제1항

④ 사용자는 가사, 학업 그 밖의 이유로 근로자가 단시간근로를 신청하는 때에는 당해 근로자를 단시간근로자로 전환하도록 노력하여야 한다(제7조 제2항).

⑤ 제5조

정답 15 ④

Chapter 06 파견근로자 보호 등에 관한 법률

01 **파견근로자 보호 등에 관한 법률에 관한 설명으로 옳지 않은 것은?** ▸공인노무사 제34회

① 사용사업주는 파견근로자에게 1주에 평균 1회 이상의 유급휴일을 보장하여야 한다.

② 파견사업주는 1년간 80퍼센트 이상 출근한 파견근로자에게 15일의 유급휴가를 주어야 한다.

③ 생후 1년 미만의 유아를 가진 여성인 파견근로자가 청구하면 사용사업주는 유급 수유시간을 주어야 한다.

③ 생후 1년 미만의 유아를 가진 여성인 파견근로자가 청구하면 사용사업주가 유급 수유시간을 주어야 한다.

④ 파견사업주는 파견근로자와 근로계약 불이행에 대한 위약금 또는 손해배상액을 예정하는 계약을 체결하지 못한다.

⑤ 사용사업주가 파견근로자에게 유급휴일을 주는 경우 그 휴일에 대하여 유급으로 지급되는 임금은 사용사업주가 지급하여야 한다.

해설 ①·⑤ 「근로기준법」 제55조, 제73조 및 제74조 제1항에 따라 사용사업주가 파견근로자에게 유급휴일 또는 유급휴가를 주는 경우 그 휴일 또는 휴가에 대하여 유급으로 지급되는 임금은 파견사업주가 지급하여야 한다(제34조 제3항).

②·③·④ 파견 중인 근로자의 파견근로에 관하여는 파견사업주 및 사용사업주를 「근로기준법」 제2조 제1항 제2호의 사용자로 보아 같은 법을 적용한다. 다만, 「근로기준법」 제15조부터 제36조까지, 제39조, 제41조부터 제43조까지, 제43조의2, 제43조의3, 제44조, 제44조의2, 제44조의3, 제45조부터 제48조까지, 제56조, 제60조, 제64조, 제66조부터 제68조까지 및 제78조부터 제92조까지의 규정을 적용할 때에는 파견사업주를 사용자로 보고, 같은 법 제50조부터 제55조까지, 제58조, 제59조, 제62조, 제63조, 제69조부터 제74조까지, 제74조의2 및 제75조를 적용할 때에는 사용사업주를 사용자로 본다(제34조 제1항).

정답 01 ⑤

02 **파견근로자 보호 등에 관한 법률상 파견사업주가 마련하여야 할 조치에 관한 설명으로 옳지 않은 것은?**

▸ 공인노무사 제34회

① 파견근로자는 파견사업주에게 해당 근로자파견의 대가에 관하여 그 내역을 제시할 것을 요구할 수 있다.

② 파견사업주는 파견근로자의 고용관계가 끝난 후 사용사업주가 그 파견근로자를 고용하는 것을 정당한 이유 없이 금지하는 내용의 근로자파견계약을 체결하여서는 아니 된다.

③ 파견사업주는 그가 고용한 근로자 중 파견근로자로 고용하지 아니한 사람을 근로자파견의 대상으로 하려는 경우에는 그의 동의를 받을 필요가 없다.

④ 파견사업주가 근로자파견을 하려는 경우 미리 해당 파견근로자에게 서면으로 알려 주어야 하는 사항에 파견근로자의 수도 포함된다.

⑤ 파견사업주는 근로자파견을 할 경우에는 파견근로자의 성명을 사용사업주에게 통지하여야 한다.

해설 ① 제26조 제2항

② 제25조 제2항

③ 파견사업주는 그가 고용한 근로자 중 파견근로자로 고용하지 아니한 사람을 근로자파견의 대상으로 하려는 경우에는 미리 해당 근로자에게 그 취지를 서면으로 알리고 그의 동의를 받아야 한다(제24조 제2항).

④ 파견사업주는 근로자파견을 하려는 경우에는 미리 해당 파견근로자에게 제20조 제1항 각 호의 사항과 그 밖에 고용노동부령으로 정하는 사항을 서면으로 알려 주어야 한다(제26조 제1항).

> 제20조(계약의 내용 등) 제1항
>
> ① 근로자파견계약의 당사자는 고용노동부령으로 정하는 바에 따라 다음 각 호의 사항을 포함하는 근로자파견계약을 서면으로 체결하여야 한다.
>
> 1. 파견근로자의 수
> 2. 파견근로자가 종사할 업무의 내용
> 3. 파견 사유(제5조제2항에 따라 근로자파견을 하는 경우만 해당한다)
> 4. 파견근로자가 파견되어 근로할 사업장의 명칭 및 소재지, 그 밖에 파견근로자의 근로 장소
> 5. 파견근로 중인 파견근로자를 직접 지휘·명령할 사람에 관한 사항
> 6. 근로자파견기간 및 파견근로 시작일에 관한 사항
> 7. 업무 시작 및 업무 종료의 시각과 휴게시간에 관한 사항
> 8. 휴일·휴가에 관한 사항
> 9. 연장·야간·휴일근로에 관한 사항
> 10. 안전 및 보건에 관한 사항
> 11. 근로자파견의 대가
> 12. 그 밖에 고용노동부령으로 정하는 사항

⑤ 제27조

03 **파견근로자 보호 등에 관한 법률상 근로자파견 대상 업무에 해당하지 않는 것을 모두 고른 것은?** ▸공인노무사 제33회

> ㄱ. 건설공사현장에서 이루어지는 업무
> ㄴ. 「선원법」상 선원의 업무
> ㄷ. 「물류정책기본법」상 하역업무로서 「직업안정법」에 따라 근로자공급사업 허가를 받은 지역의 업무

① ㄱ ② ㄴ ③ ㄱ, ㄷ
④ ㄴ, ㄷ ⑤ ㄱ, ㄴ, ㄷ

해설 다음 각 호의 업무에 대하여는 근로자파견사업을 하여서는 아니 된다(제5조 제3항).

1. 건설공사현장에서 이루어지는 업무
2. 「항만운송사업법」 제3조 제1호, 「한국철도공사법」 제9조 제1항 제1호, 「농수산물유통 및 가격안정에 관한 법률」 제40조, 「물류정책기본법」 제2조 제1항 제1호의 하역업무로서 「직업안정법」 제33조의 규정에 따라 근로자공급사업 허가를 받은 지역의 업무
3. 「선원법」 제2조 제1호에 따른 선원의 업무
4. 「산업안전보건법」 제58조의 규정에 따른 유해하거나 위험한 업무
5. 그 밖에 근로자 보호 등의 이유로 근로자파견사업의 대상으로는 적절하지 못하다고 인정하여 대통령령이 정하는 업무

04 **파견근로자 보호 등에 관한 법률에 관한 설명으로 옳지 않은 것은?** ▸공인노무사 제33회

① 파견사업주는 쟁의행위 중인 사업장에 그 쟁의행위로 중단된 업무의 수행을 위하여 근로자를 파견하여서는 아니 된다.
② 파견사업주는 자기의 명의로 타인에게 근로자파견사업을 하게 하여서는 아니 된다.
③ 「결혼중개업의 관리에 관한 법률」상 결혼중개업에 해당하는 사업을 하는 자는 근로자파견사업을 할 수 없다.
④ 근로자파견사업을 하려는 자는 고용노동부장관의 허가를 받아야 한다.
⑤ 근로자파견사업 갱신허가의 유효기간은 그 갱신 전의 허가의 유효기간이 끝나는 날부터 기산하여 2년으로 한다.

해설 ① 제16조 제1항
② 제15조
③ 제14조
④ 제7조 제1항
⑤ 갱신허가의 유효기간은 그 갱신 전의 허가의 유효기간이 끝나는 날의 다음 날부터 기산(起算)하여 3년으로 한다(제10조 제3항).

정답 02 ③ 03 ⑤ 04 ⑤

05 파견근로자 보호 등에 관한 법령상 파견이 허용되는 업무는? ▸공인노무사 제30회

① 출산으로 결원이 생긴 제조업의 직접생산공정업무
② 건설공사현장에서 이루어지는 업무
③ 「선원법」 제2조 제1호의 선원의 업무
④ 「산업안전보건법」 제58조에 따른 유해하거나 위험한 업무
⑤ 「여객자동차 운수사업법」 제1조 제3호에 따른 여객자동차운송사업에서의 운전업무

해설 ① 근로자파견사업은 제조업의 직접생산공정업무를 제외하고 전문지식·기술·경험 또는 업무의 성질 등을 고려하여 적합하다고 판단되는 업무로서 대통령령으로 정하는 업무를 대상으로 한다(제5조 제1항). 제1항에도 불구하고 출산·질병·부상 등으로 결원이 생긴 경우 또는 일시적·간헐적으로 인력을 확보하여야 할 필요가 있는 경우에는 근로자파견사업을 할 수 있다(제5조 제2항).
②·③·④·⑤ 파견금지업무(제5조 제3항, 시행령 제2조 제2항 제5호)

06 파견근로자 보호 등에 관한 법률에 대한 설명으로 옳지 않은 것은? ▸공인노무사 제29회

① 사용사업주는 파견근로자를 사용하고 있는 업무에 근로자를 직접 고용하려는 경우에는 해당 파견근로자를 우선적으로 고용하여야 한다.
② 파견근로자는 차별적 처우를 받은 경우 차별적 처우가 있은 날부터 6개월 이내에 노동위원회에 그 시정을 신청할 수 있다.
③ 차별적 처우의 금지 및 시정에 관한 규정은 사용사업주가 상시 4명 이하의 근로자를 사용하는 경우에는 적용하지 아니한다.
④ 고용노동부장관은 확정된 차별시정명령을 이행할 의무가 있는 파견사업주의 사업장에서 해당 시정명령의 효력이 미치는 근로자 이외의 파견근로자에 대하여 차별적 처우가 있는 경우에는 그 시정을 요구할 수 있다.
⑤ 사용사업주는 파견근로자의 적절한 파견근로를 위하여 사용사업관리책임자를 선임하여야 한다.

해설 ① 사용사업주는 파견근로자를 사용하고 있는 업무에 근로자를 직접 고용하려는 경우에는 해당 파견근로자를 우선적으로 고용하도록 노력하여야 한다(제6조의2 제4항).
② 제21조 제3항, 기간제법 제9조 제1항
③ 제21조 제4항
④ 제21조의3 제1항
⑤ 제32조 제1항

07 **파견근로자 보호 등에 관한 법률상 사용사업주가 파견근로자를 직접 고용할 의무가 발생하는 경우를 모두 고른 것은?** ▸공인노무사 제28회

> ㄱ. 고용노동부장관의 허가를 받지 않고 근로자파견 사업을 하는 자로부터 근로자파견의 역무를 제공받은 경우
> ㄴ. 제조업의 직접생산공정업무에서 일시적・간헐적으로 사용기간 내에 파견근로자를 사용한 경우
> ㄷ. 건설공사현장에서 이루어지는 업무에서 부상으로 결원이 생겨 파견근로자를 사용한 경우
> ㄹ. 건설공사현장에서 이루어지는 업무에서 연차 유급휴가로 결원이 생겨 파견근로자를 사용한 경우

① ㄱ, ㄷ
② ㄱ, ㄹ
③ ㄱ, ㄴ, ㄷ
④ ㄱ, ㄷ, ㄹ
⑤ ㄱ, ㄴ, ㄷ, ㄹ

해설 ④ ㄱ・ㄷ・ㄹ.

> **제5조(근로자파견 대상 업무 등)**
> ① 근로자파견사업은 제조업의 직접생산공정업무를 제외하고 전문지식・기술・경험 또는 업무의 성질 등을 고려하여 적합하다고 판단되는 업무로서 대통령령으로 정하는 업무를 대상으로 한다.
> ② 출산・질병・부상 등으로 결원이 생긴 경우 또는 일시적・간헐적으로 인력을 확보하여야 할 필요가 있는 경우에는 근로자파견사업을 할 수 있다.
>
> **제6조의2(고용의무)**
> ① 사용사업주가 다음 각 호의 어느 하나에 해당하는 경우에는 해당 파견근로자를 직접 고용하여야 한다.
> 1. 제5조 제1항의 근로자파견 대상 업무에 해당하지 아니하는 업무에서 파견근로자를 사용하는 경우(제5조 제2항에 따라 근로자파견사업을 한 경우는 제외한다)
> 2. 제5조 제3항(건설공사현장에서 이루어지는 업무에 대하여는 근로자파견사업을 하여서는 아니 된다)을 위반하여 파견근로자를 사용하는 경우
> 3. 제6조 제2항을 위반하여 2년을 초과하여 계속적으로 파견근로자를 사용하는 경우
> 4. 제6조 제4항을 위반하여 파견근로자를 사용하는 경우
> 5. 제7조 제3항을 위반하여 근로자파견의 역무를 제공받은 경우

ㄴ. 제5조 제1항 : 제조업의 직접생산공정업무는 제외한다.

정답 05 ① 06 ① 07 ④

08 파견근로자 보호 등에 관한 법률의 내용으로 옳은 것은? ▸공인노무사 제26회

① 60세인 파견근로자를 근로자파견대상업무에 파견하는 경우 2년을 초과하여 근로자파견기간을 연장할 수 있다.

② 근로자파견대상업무에 해당하지 않는 업무에 파견근로자를 사용하는 경우 사용사업주는 해당 파견근로자를 직접 고용한 것으로 간주된다.

③ 근로기준법에 따라 사용사업주가 파견근로자에게 유급휴일을 주는 경우 그 휴일에 대하여 유급으로 지급되는 임금은 사용사업주가 지급하여야 한다.

④ 파견사업주는 근로자대표의 동의가 있으면 쟁의행위 중인 사업장에 그 쟁의행위로 중단된 업무의 수행을 위하여 근로자를 파견할 수 있다.

⑤ 사용사업주는 파견근로자를 사용하고 있는 업무에 근로자를 직접 고용하려면 그 파견근로자를 우선적으로 고용해야 한다.

해설 ① 「고용상 연령차별금지 및 고령자고용촉진에 관한 법률」 제2조 제1호의 고령자인 파견근로자에 대하여는 2년을 초과하여 근로자파견기간을 연장할 수 있다(제6조 제3항).

② 파견근로자를 직접 고용하여야 한다(제6조의2 제1항).

③ 「근로기준법」 제55조, 제73조 및 제74조 제1항에 따라 사용사업주가 파견근로자에게 유급휴일 또는 유급휴가를 주는 경우 그 휴일 또는 휴가에 대하여 유급으로 지급되는 임금은 파견사업주가 지급하여야 한다(제34조 제3항).

④ 파견사업주는 쟁의행위 중인 사업장에 그 쟁의행위로 중단된 업무의 수행을 위하여 근로자를 파견하여서는 아니 된다(제16조 제1항).

⑤ 사용사업주는 파견근로자를 사용하고 있는 업무에 근로자를 직접 고용하려는 경우에는 해당 파견근로자를 우선적으로 고용하도록 노력하여야 한다(제6조의2 제4항).

09 파견근로자 보호 등에 관한 법률에 대한 설명으로 옳지 않은 것은? ▸공인노무사 제31회

① 파견사업주는 쟁의행위 중인 사업장에 그 쟁의행위로 중단된 업무의 수행을 위하여 근로자를 파견하여서는 아니 된다.

② 파견사업주는 파견근로자의 고용관계가 끝난 후 사용사업주가 그 파견근로자를 고용하는 것을 정당한 이유 없이 금지하는 내용의 근로자파견계약을 체결하여서는 아니 된다.

③ 파견사업주는 파견근로자의 적절한 파견근로를 위하여 사용사업관리책임자를 선임하여야 한다.

④ 파견사업주의 근로자파견사업을 폐지하는 신고가 있을 때에는 근로자파견사업의 허가는 신고일부터 그 효력을 잃는다.

⑤ 근로자파견사업 허가의 유효기간은 3년으로 한다.

해설 ① 제16조 제1항

② 제25조 제2항

③ 파견사업주는 파견근로자의 적절한 고용관리를 위하여 제8조 제1호부터 제5호까지에 따른 결격 사유에 해당하지 아니하는 사람 중에서 파견사업관리책임자를 선임하여야 한다(제28조 제1항).
④ 제11조 제2항
⑤ 제10조 제1항

10 **파견근로자 보호 등에 관한 법률상 근로기준법의 적용 특례에 관한 설명으로 옳지 않은 것은?**
▸공인노무사 제32회

① 휴업수당의 지급에 대해서는 사용사업주를 사용자로 본다.
② 근로자 퇴직 시 금품청산에 대해서는 파견사업주를 사용자로 본다.
③ 휴게시간의 부여에 대해서는 사용사업주를 사용자로 본다.
④ 연차유급휴가의 부여에 대해서는 파견사업주를 사용자로 본다.
⑤ 야간근로수당의 지급에 대해서는 파견사업주를 사용자로 본다.

해설 파견 중인 근로자의 파견근로에 관하여는 파견사업주 및 사용사업주를 「근로기준법」 제2조 제1항 제2호의 사용자로 보아 같은 법을 적용한다. 다만, 「근로기준법」 제15조부터 **제36조(금품 청산)**까지, 제39조, 제41조부터 제43조까지, 제43조의2, 제43조의3, 제44조, 제44조의2, 제44조의3, 제45조부터 제48조까지, **제56조(연장·야간 및 휴일 근로)**, **제60조(연차 유급휴가)**, 제64조, 제66조부터 제68조까지 및 제78조부터 제92조까지의 규정을 적용할 때에는 파견사업주를 사용자로 보고, 같은 법 **제50조(근로시간 및 휴게시간)**부터 제55조까지, 제58조, 제59조, 제62조, 제63조, 제69조부터 제74조까지, 제74조의2 및 제75조를 적용할 때에는 사용사업주를 사용자로 본다(제34조 제1항).

11 **파견근로자보호 등에 관한 법률상 파견 중인 근로자의 파견근로에 관하여 사용사업주를 근로기준법 제2조의 사용자로 보는 근로기준법상 규정은?**
▸공인노무사 제27회

① 근로조건의 명시(제17조)
② 해고 등의 제한(제23조)
③ 계약서류의 보존(제42조)
④ 연장근로의 제한(제53조)
⑤ 연소자 증명서(제66조)

해설 ④ 다만, 「근로기준법」 제15조부터 제36조까지, 제39조, 제41조부터 제43조까지, 제43조의2, 제43조의3, 제44조, 제44조의2, 제44조의3, 제45조부터 제48조까지, 제56조, 제60조, 제64조, 제66조부터 제68조까지 및 제78조부터 제92조까지의 규정을 적용할 때에는 파견사업주를 사용자로 보고, 같은 법 제50조부터 제55조까지, 제58조, 제59조, 제62조, 제63조, 제69조부터 제74조까지, 제74조의2 및 제75조를 적용할 때에는 사용사업주를 사용자로 본다(파견법 제34조 제1항 단서).

정답 08 ① 09 ③ 10 ① 11 ④

직업안정법

01 직업안정법에 관한 설명으로 옳지 않은 것은? ▸ 공인노무사 제34회

① 「노동조합 및 노동관계조정법」에 따른 노동조합은 국내 근로자공급사업의 허가를 받을 수 없다.
② 직업소개사업자는 「공중위생관리법」의 숙박업을 경영할 수 없다.
③ 근로자공급사업에는 「파견근로자 보호 등에 관한 법률」에 따른 근로자파견사업은 제외된다.
④ 직업안정기관의 장은 구인신청의 수리(受理)를 거부하여서는 안되지만, 구인신청의 내용이 법령을 위반한 경우에는 그러하지 아니하다.
⑤ 무료직업소개사업을 하는 자가 18세 미만의 구직자를 소개하는 경우에는 친권자나 후견인의 취업동의서를 받아야 한다.

해설 ① 국내 근로자공급사업의 경우는 「노동조합 및 노동관계조정법」에 따른 노동조합이 허가를 받을 수 있다(제33조 제3항).
② 제26조
③ 제2조의2 제7호
④ 제8조
⑤ 제21조의3 제1항

02 직업안정법상 용어의 정의로 옳지 않은 것은? ▸ 공인노무사 제29회

① "직업안정기관"이란 직업소개, 직업지도 등 직업안정업무를 수행하는 지방고용노동행정기관을 말한다.
② "직업소개"란 구인 또는 구직의 신청을 받아 구직자 또는 구인자(求人者)를 탐색하거나 구직자를 모집하여 구인자와 구직자 간에 고용계약이 성립되도록 알선하는 것을 말한다.
③ "무료직업소개사업"이란 수수료, 회비 또는 그 밖의 어떠한 금품도 받지 아니하고 하는 직업소개사업을 말한다.
④ "근로자공급사업"이란 근로자파견사업을 포함하여 공급계약에 따라 근로자를 타인에게 사용하게 하는 사업을 말한다.
⑤ "고용서비스"란 구인자 또는 구직자에 대한 고용정보의 제공, 직업소개, 직업지도 또는 직업능력개발 등 고용을 지원하는 서비스를 말한다.

해설 ① 제2조의2 제1호
② 제2조의2 제2호
③ 제2조의2 제4호
④ "근로자공급사업"이란 공급계약에 따라 근로자를 타인에게 사용하게 하는 사업을 말한다. 다만, 「파견근로자 보호 등에 관한 법률」 제2조 제2호에 따른 근로자파견사업은 제외한다(제2조의2 제7호).
⑤ 제2조의2 제9호

03 직업안정법상 직업소개에 관한 설명으로 옳지 않은 것은? ▸공인노무사 제33회

① 국외 무료직업소개사업을 하려는 자는 고용노동부장관에게 신고하여야 한다.
② 근로복지공단이 업무상 재해를 입은 근로자를 대상으로 하는 직업소개의 경우 신고를 하지 아니하고 무료직업소개사업을 할 수 있다.
③ 국내 유료직업소개사업을 하려는 자는 고용노동부장관에게 등록하여야 한다.
④ 유료직업소개사업을 등록한 자는 그 등록증을 대여하여서는 아니 된다.
⑤ 유료직업소개사업을 하는 자는 구직자에게 제공하기 위하여 구인자로부터 선급금을 받아서는 아니 된다.

해설 ① 제18조 제1항
② 제18조 제4항

> **제18조 제4항**
> 제18조 제1항에도 불구하고 다음 각 호의 어느 하나에 해당하는 직업소개의 경우에는 신고를 하지 아니하고 무료직업소개사업을 할 수 있다.
> 1. 「한국산업인력공단법」에 따른 한국산업인력공단이 하는 직업소개
> 2. 「장애인고용촉진 및 직업재활법」에 따른 한국장애인고용공단이 장애인을 대상으로 하는 직업소개
> 3. 교육 관계법에 따른 각급 학교의 장, 「국민 평생 직업능력 개발법」에 따른 공공직업훈련시설의 장이 재학생·졸업생 또는 훈련생·수료생을 대상으로 하는 직업소개
> 4. 「산업재해보상보험법」에 따른 근로복지공단이 업무상 재해를 입은 근로자를 대상으로 하는 직업소개

③ 유료직업소개사업은 소개대상이 되는 근로자가 취업하려는 장소를 기준으로 하여 국내유료직업소개사업과 국외유료직업소개사업으로 구분하되, 국내유료직업소개사업을 하려는 자는 주된 사업소의 소재지를 관할하는 시장·군수·구청장에게 등록하여야 하고, 국외유료직업소개사업을 하려는 자는 고용노동부장관에게 등록하여야 한다. 등록한 사항을 변경하려는 경우에도 또한 같다(제19조 제1항).
④ 제21조
⑤ 제21조의2

정답 01 ① 02 ④ 03 ③

04 직업안정법에 관한 설명으로 옳은 것은?

▸ 공인노무사 제32회

① 고용노동부장관은 직업안정기관에 직업소개, 직업지도 및 고용정보 제공 등의 업무를 담당하는 민간직업상담원을 배치하여야 한다.

② 고용노동부장관은 새로 취업하려는 사람에게 직업지도를 하여야 한다.

③ 누구든지 국외에 취업할 근로자를 모집한 경우에는 고용노동부장관에게 신고하여야 한다.

④ 고용노동부장관은 무료직업소개사업 경비의 전부 또는 일부를 보조하여야 한다.

⑤ 직업안정기관의 장은 구직신청 내용이 법령을 위반한 경우에도 구직신청의 수리를 거부하여서는 아니 된다.

해설 ① 고용노동부장관은 직업안정기관에 직업소개, 직업지도 및 고용정보 제공 등의 업무를 담당하는 공무원이 아닌 직업상담원(이하 "민간직업상담원"이라 한다)을 배치할 수 있다(제4조의4 제1항).

② 직업안정기관의 장은 다음 각 호의 어느 하나에 해당하는 사람에게 직업지도를 하여야 한다(제14조 제1항).

1. 새로 취업하려는 사람
2. 신체 또는 정신에 장애가 있는 사람
3. 그 밖에 취업을 위하여 특별한 지도가 필요한 사람

③ 제30조 제1항

④ 고용노동부장관은 제18조에 따른 무료직업소개사업 경비의 전부 또는 일부를 보조할 수 있다(제45조).

⑤ 직업안정기관의 장은 구직신청의 수리를 거부하여서는 아니 된다. 다만, 그 신청 내용이 법령을 위반한 경우에는 그러하지 아니하다(제9조 제1항).

05 직업안정법에 관한 설명으로 옳지 않은 것은?

▸ 공인노무사 제31회

① 직업안정기관의 장은 구인자가 구인조건을 밝히기를 거부하는 경우 구인신청의 수리(受理)를 거부할 수 있다.

② 직업안정기관의 장은 통근할 수 있는 지역에서 구직자에게 그 희망과 능력에 알맞은 직업을 소개할 수 없을 경우에는 광범위한 지역에 걸쳐 직업소개를 할 수 있다.

③ 한국장애인고용공단이 장애인을 대상으로 하는 직업소개의 경우에는 신고를 하지 아니하고 무료직업소개사업을 할 수 있다.

④ 유료직업소개사업의 등록을 하고 유료직업소개사업을 하는 자는 구직자에게 제공하기 위하여 구인자로부터 선급금을 받을 수 있다.

⑤ 근로자를 고용하려는 자는 광고, 문서 또는 정보통신망 등 다양한 매체를 활용하여 자유롭게 근로자를 모집할 수 있다.

해설 ① 제8조

> **제8조(구인의 신청)**
> 직업안정기관의 장은 구인신청의 수리(受理)를 거부하여서는 아니 된다. 다만, 다음 각 호의 어느 하나에 해당하는 경우에는 그러하지 아니하다.
> 1. 구인신청의 내용이 법령을 위반한 경우
> 2. 구인신청의 내용 중 임금, 근로시간, 그 밖의 근로조건이 통상적인 근로조건에 비하여 현저하게 부적당하다고 인정되는 경우
> 3. 구인자가 구인조건을 밝히기를 거부하는 경우
> 4. 구인자가 구인신청 당시 「근로기준법」 제43조의2에 따라 명단이 공개 중인 체불사업주인 경우

② 제12조

③ 제18조 제1항에도 불구하고 다음 각 호의 어느 하나에 해당하는 직업소개의 경우에는 신고를 하지 아니하고 무료직업소개사업을 할 수 있다(제18조 제4항).

1. 「한국산업인력공단법」에 따른 한국산업인력공단이 하는 직업소개
2. 「장애인고용촉진 및 직업재활법」에 따른 한국장애인고용공단이 장애인을 대상으로 하는 직업소개
3. 교육 관계법에 따른 각급 학교의 장, 「국민 평생 직업능력 개발법」에 따른 공공직업훈련시설의 장이 재학생·졸업생 또는 훈련생·수료생을 대상으로 하는 직업소개
4. 「산업재해보상보험법」에 따른 근로복지공단이 업무상 재해를 입은 근로자를 대상으로 하는 직업소개

④ 제19조 제1항에 따라 등록을 하고 유료직업소개사업을 하는 자 및 그 종사자는 구직자에게 제공하기 위하여 구인자로부터 선급금을 받아서는 아니 된다(제21조의2).

⑤ 제28조

06 직업안정법에 관한 설명으로 옳지 않은 것은? ▸공인노무사 제26회

① 직업안정기관의 장은 구인자가 구인조건을 밝히기를 거부하는 경우 구인신청의 수리(受理)를 거부할 수 있다.

② 직업안정기관의 장은 구직자의 취업 기회를 확대하고 산업에 부족한 인력의 수급을 지원하기 위하여 구인·구직의 개척에 노력하여야 한다.

③ 이 법에 따라 등록을 하고 유료직업소개사업을 하는 자 및 그 종사자는 구직자에게 제공하기 위하여 구인자로부터 선급금을 받을 수 있다.

④ 이 법에 따라 무료직업소개사업을 하는 자와 그 종사자는 18세 미만의 구직자를 소개하는 경우 친권자나 후견인의 취업동의서를 받아야 한다.

⑤ 누구든지 고용노동부장관의 허가를 받지 아니하고는 근로자공급사업을 하지 못한다.

정답 04 ③ 05 ③ 06 ③

해설 ① 제8조
② 제17조
③ 등록을 하고 유료직업소개사업을 하는 자 및 그 종사자는 구직자에게 제공하기 위하여 구인자로부터 선급금을 받아서는 아니 된다(제21조의2).
④ 제18조 및 제19조에 따라 무료직업소개사업 또는 유료직업소개사업을 하는 자와 그 종사자(이하 이 조에서 "직업소개사업자등"이라 한다)는 구직자의 연령을 확인하여야 하며, 18세 미만의 구직자를 소개하는 경우에는 친권자나 후견인의 취업동의서를 받아야 한다(제21조의3 제1항).
⑤ 제33조

07 직업안정법상 근로자공급사업제 관한 설명으로 옳지 않은 것은?

▸ 공인노무사 제30회

① 누구든지 고용노동부장관의 허가를 받지 아니하고는 근로자공급사업을 하지 못한다.
② 근로자공급사업은 공급대상이 되는 근로자가 취업하려는 장소를 기준으로 국내 근로자공급사업과 국외 근로자공급사업으로 구분한다.
③ 「파견근로자 보호 등에 관한 법률」에 따른 파견사업주는 국내 근로자공급사업의 허가를 받을 수 있다.
④ 국내에서 제조업을 하고 있는 자는 국외 근로자공급사업의 허가를 받을 수 있다.
⑤ 「민법」에 따른 비영리법인은 연예인을 대상으로 하는 국외 근로자공급사업의 허가를 받을 수 있다.

해설 ① 제33조 제1항
②·③·④·⑤ 제33조 제3항

제33조(근로자공급사업)

③ 근로자공급사업은 공급대상이 되는 근로자가 취업하려는 장소를 기준으로 국내 근로자공급사업과 국외 근로자공급사업으로 구분하며, 각각의 사업의 허가를 받을 수 있는 자의 범위는 다음 각 호와 같다.
1. 국내 근로자공급사업의 경우는 「노동조합 및 노동관계조정법」에 따른 노동조합
2. 국외 근로자공급사업의 경우는 국내에서 제조업·건설업·용역업, 그 밖의 서비스업을 하고 있는 자. 다만, 연예인을 대상으로 하는 국외 근로자공급사업의 허가를 받을 수 있는 자는 「민법」 제32조에 따른 비영리법인으로 한다.

정답 07 ③

근로자퇴직급여보장법

01 **근로자퇴직급여 보장법령상 퇴직연금제도의 수급권을 담보로 제공할 수 있는 사유에 해당하는 것을 모두 고른 것은?** ▸ 공인노무사 제34회

ㄱ. 무주택자인 가입자가 본인 명의로 주택을 구입하는 경우
ㄴ. 무주택자인 가입자가 주거를 목적으로 「민법」에 따른 전세금을 부담하는 경우(이 경우 가입자가 하나의 사업 또는 사업장에 근로하는 동안 1회로 한정한다)
ㄷ. 가입자가 6개월 이상 요양을 필요로 하는 가입자의 배우자의 질병이나 부상에 대한 의료비(「소득세법 시행령」에 따른 의료비를 말한다)를 부담하는 경우
ㄹ. 가입자 본인의 대학등록금을 가입자가 부담하는 경우
ㅁ. 사용자가 기존의 정년을 연장하는 조건으로 취업규칙을 통하여 일정나이를 기준으로 임금을 줄이는 제도를 시행하는 경우

① ㄱ, ㄴ, ㅁ ② ㄷ, ㄹ, ㅁ ③ ㄱ, ㄴ, ㄷ, ㄹ
④ ㄴ, ㄷ, ㄹ, ㅁ ⑤ ㄱ, ㄴ, ㄷ, ㄹ, ㅁ

해설 ④ ㄱ·ㄴ·ㄷ·ㄹ.

시행령 제2조(퇴직연금제도 수급권의 담보제공 사유 등)
① 「근로자퇴직급여 보장법」(이하 "법"이라 한다) 제7조 제2항 전단에서 "주택구입 등 대통령령으로 정하는 사유와 요건을 갖춘 경우"란 다음 각 호의 어느 하나에 해당하는 경우를 말한다.
1. 무주택자인 가입자가 본인 명의로 주택을 구입하는 경우
1의2. 무주택자인 가입자가 주거를 목적으로 「민법」 제303조에 따른 전세금 또는 「주택임대차보호법」 제3조의2에 따른 보증금을 부담하는 경우. 이 경우 가입자가 하나의 사업 또는 사업장(이하 "사업"이라 한다)에 근로하는 동안 1회로 한정한다.
2. 가입자가 6개월 이상 요양을 필요로 하는 다음 각 목의 어느 하나에 해당하는 사람의 질병이나 부상에 대한 의료비(「소득세법 시행령」 제118조의5 제1항 및 제2항에 따른 의료비를 말한다. 이하 같다)를 부담하는 경우
가. 가입자 본인
나. 가입자의 배우자
다. 가입자 또는 그 배우자의 부양가족(「소득세법」 제50조 제1항 제3호에 따른 부양가족을 말한다. 이하 같다)
3. 담보를 제공하는 날부터 거꾸로 계산하여 5년 이내에 가입자가 「채무자 회생 및 파산에 관한 법률」에 따라 파산선고를 받은 경우
4. 담보를 제공하는 날부터 거꾸로 계산하여 5년 이내에 가입자가 「채무자 회생 및 파산에 관한 법률」에 따라 개인회생절차개시 결정을 받은 경우

정답 01 ③

4의2. 다음 각 목의 어느 하나에 해당하는 사람의 대학등록금, 혼례비 또는 장례비를 가입자가 부담하는 경우
가. 가입자 본인
나. 가입자의 배우자
다. 가입자 또는 그 배우자의 부양가족
5. 사업주의 휴업 실시로 근로자의 임금이 감소하거나 재난(「재난 및 안전관리 기본법」 제3조 제1호에 따른 재난을 말한다. 이하 같다)으로 피해를 입은 경우로서 고용노동부장관이 정하여 고시하는 사유와 요건에 해당하는 경우

② 법 제7조 제2항 전단에서 "대통령령으로 정하는 한도"란 다음 각 호의 구분에 따른 한도를 말한다.
1. 제1항 제1호, 제1호의2, 제2호부터 제4호까지 및 제4호의2의 경우 : 가입자별 적립금의 100분의 50
2. 제1항 제5호의 경우 : 임금 감소 또는 재난으로 입은 가입자의 피해 정도 등을 고려하여 고용노동부장관이 정하여 고시하는 한도

ㅁ. 시행령 제3조 제1항 제6호(퇴직금 중간정산사유)

02 근로자퇴직급여 보장법상 확정급여형퇴직연금제도에 관한 설명으로 옳지 않은 것은?

▸ 공인노무사 제34회

① 확정급여형퇴직연금제도란 근로자가 받을 급여의 수준이 사전에 결정되어 있는 퇴직연금제도를 말한다.
② 확정급여형퇴직연금제도의 설정 전에 해당 사업에서 제공한 근로기간에 대하여는 가입기간으로 할 수 없고, 이 경우 퇴직금을 미리 정산한 기간은 제외한다.
③ 확정급여형퇴직연금제도를 설정하려는 사용자는 근로자대표의 동의를 얻거나 의견을 들어 확정급여형퇴직연금규약을 작성하여 고용노동부장관에게 신고하여야 한다.
④ 연금은 55세 이상으로서 가입기간이 10년 이상인 가입자에게 지급하며, 이 경우 연금의 지급기간은 5년 이상이어야 한다.
⑤ 일시금은 연금수급 요건을 갖추지 못하거나 일시금 수급을 원하는 가입자에게 지급한다.

해설 ① 제2조 제8호
② 확정급여형 퇴직연금제도의 설정 전에 해당 사업에서 제공한 근로기간에 대하여도 가입기간으로 할 수 있다. 이 경우 제8조제2항에 따라 퇴직금을 미리 정산한 기간은 제외한다(제14조 제2항).
③ 제13조
④·⑤ 확정급여형퇴직연금제도의 급여 종류는 연금 또는 일시금으로 하되, 수급요건은 다음 각 호와 같다(제17조 제1항).
1. 연금은 55세 이상으로서 가입기간이 10년 이상인 가입자에게 지급할 것. 이 경우 연금의 지급기간은 5년 이상이어야 한다.
2. 일시금은 연금수급 요건을 갖추지 못하거나 일시금 수급을 원하는 가입자에게 지급할 것

03 근로자퇴직급여 보장법상 퇴직급여제도에 관한 설명으로 옳지 않은 것은?

▸ 공인노무사 제33회

① 사용자는 계속근로기간이 1년 미만인 근로자에 대하여는 퇴직급여제도를 설정하지 않아도 된다.

② 퇴직급여제도를 설정하는 경우에 하나의 사업에서 급여 및 부담금 산정방법의 적용 등에 관하여 차등을 두어서는 아니 된다.

③ 사용자가 퇴직급여제도를 다른 종류의 퇴직급여제도로 변경하려는 경우에는 근로자의 과반수를 대표하는 자와 사전협의를 하여야 한다.

④ 사용자는 근로자가 퇴직한 경우에는 그 지급사유가 발생한 날부터 14일 이내에 퇴직금을 지급하여야 하나, 특별한 사정이 있는 경우에는 당사자 간의 합의에 따라 지급기일을 연장할 수 있다.

⑤ 퇴직금을 받을 권리는 3년간 행사하지 아니하면 시효로 인하여 소멸한다.

해설
① 제4조 제1항
② 제4조 제2항
③ 사용자가 퇴직급여제도를 설정하거나 설정된 퇴직급여제도를 다른 종류의 퇴직급여제도로 변경하려는 경우에는 근로자의 과반수가 가입한 노동조합이 있는 경우에는 그 노동조합, 근로자의 과반수가 가입한 노동조합이 없는 경우에는 근로자 과반수(이하 "근로자대표"라 한다)의 동의를 받아야 한다(제4조 제3항).
④ 제9조 제1항
⑤ 제10조

04 근로자퇴직급여 보장법에 관한 설명으로 옳은 것은?

▸ 공인노무사 제30회

① 확정급여형퇴직연금제도란 급여의 지급을 위하여 사용자가 부담하여야 할 부담금의 수준이 사전에 결정되어 있는 퇴직연금제도를 말한다.

② 확정기여형퇴직연금제도란 근로자가 받을 급여의 수준이 사전에 결정되어 있는 퇴직연금제도를 말한다.

③ 사용자는 계속근로기간이 1년 미만인 근로자에 대하여도 퇴직급여제도를 설정하여야 한다.

④ 사용자는 근로자가 퇴직한 경우에는 그 지급사유가 발생한 날부터 14일 이내에 퇴직금을 지급하여야 하지만, 특별한 사정이 있는 경우에는 당사자 간의 합의에 따라 퇴직금의 지급기일을 연장할 수 있다.

⑤ 퇴직급여제도의 일시금을 수령한 사람은 개인형퇴직연금제도를 설정할 수 없다.

정답 02 ② 03 ③ 04 ④

해설 ① "확정급여형퇴직연금제도"란 근로자가 받을 급여의 수준이 사전에 결정되어 있는 퇴직연금제도를 말한다(제2조 제8호).

② "확정기여형퇴직연금제도"란 급여의 지급을 위하여 사용자가 부담하여야 할 부담금의 수준이 사전에 결정되어 있는 퇴직연금제도를 말한다(제2조 제9호).

③ 사용자는 퇴직하는 근로자에게 급여를 지급하기 위하여 퇴직급여제도 중 하나 이상의 제도를 설정하여야 한다. 다만, 계속근로기간이 1년 미만인 근로자, 4주간을 평균하여 1주간의 소정근로시간이 15시간 미만인 근로자에 대하여는 그러하지 아니하다(제4조 제1항).

④ 제9조 제1항

⑤ **제24조 제2항**

다음 각 호의 어느 하나에 해당하는 사람은 개인형퇴직연금제도를 설정할 수 있다.

1. 퇴직급여제도의 일시금을 수령한 사람
2. 확정급여형퇴직연금제도, 확정기여형퇴직연금제도 또는 중소기업퇴직연금기금제도의 가입자로서 자기의 부담으로 개인형퇴직연금제도를 추가로 설정하려는 사람
3. 자영업자 등 안정적인 노후소득 확보가 필요한 사람으로서 대통령령으로 정하는 사람

05 근로자퇴직급여 보장법에 관한 설명으로 옳지 않은 것은? ▸공인노무사 제29회

① 퇴직연금제도의 급여를 받을 권리는 양도할 수 없다.

② 퇴직연금사업자는 자산관리업무에 관한 계약 체결과 관련된 약관을 변경하려는 경우 미리 고용노동부장관에게 보고하여야 한다.

③ 퇴직금제도를 설정하려는 사용자는 계속근로기간 1년에 대하여 30일분 이상의 평균임금을 퇴직금으로 퇴직 근로자에게 지급할 수 있는 제도를 설정하여야 한다.

④ 퇴직금을 받을 권리는 3년간 행사하지 아니하면 시효로 인하여 소멸한다.

⑤ 확정기여형퇴직연금제도에 가입한 근로자는 주택구입 등 대통령령으로 정하는 사유가 발생하면 적립금을 중도인출할 수 있다.

해설 ① 제7조 제1항

② 퇴직연금사업자는 제28조 제1항 및 제29조 제1항에 따른 계약 체결과 관련된 약관 또는 표준계약서를 제정하거나 변경하려는 경우에는 미리 금융감독원장에게 보고하여야 한다(제33조 제7항).

③ 제8조 제1항

④ 제10조

⑤ 제22조

06 **근로자퇴직급여 보장법에 관한 설명으로 옳지 않은 것은?** ▸공인노무사 제28회

① 퇴직급여제도란 확정급여형퇴직연금제도, 확정기여형퇴직연금제도, 중소기업퇴직연금기금제도 및 퇴직금 제도를 말한다.
② 사용자는 퇴직급여제도를 설정하는 경우에 하나의 사업에서 급여 및 부담금 산정방법의 적용 등에 관하여 차등을 두어서는 아니 된다.
③ 사용자는 계속근로기간이 1년 미만인 근로자, 4주간을 평균하여 1주간의 소정근로시간이 15시간 미만인 근로자에 대하여는 퇴직급여제도를 설정하지 않아도 된다.
④ 사용자가 퇴직급여제도를 설정하거나 설정된 퇴직급여제도를 다른 종류의 퇴직급여제도로 변경하려는 경우 근로자의 과반수가 가입한 노동조합이 없는 경우에는 근로자 과반수의 동의를 받아야 한다.
⑤ 퇴직금제도를 설정하려는 사용자는 계속근로기간 1년에 대하여 30일분 이상의 통상임금을 퇴직금으로 퇴직근로자에게 지급할 수 있는 제도를 설정하여야 한다.

해설 ① 제2조 제6호
② 제4조 제2항
③ 제4조 제1항 단서
④ 제4조 제3항
⑤ 통상임금이 아니고 평균임금이다(제8조 제1항).

07 **근로자퇴직급여 보장법령에 관한 설명으로 옳지 않은 것은?** ▸공인노무사 제26회

① 사용자는 4주간을 평균하여 1주간의 소정근로시간이 15시간 미만인 근로자에 대하여는 퇴직급여제도를 설정하여야 할 의무가 없다.
② 상시 10명 미만의 근로자를 사용하는 사업의 경우 사용자가 개별 근로자의 동의를 받거나 근로자의 요구에 따라 개인형퇴직연금제도를 설정하는 경우에는 해당 근로자에 대하여 퇴직급여제도를 설정한 것으로 본다.
③ 사용자는 무주택자인 근로자가 본인 명의로 주택을 구입하기 위해 퇴직금 중간정산을 요구하는 경우 근로자가 퇴직하기 전에 해당 근로자의 계속근로기간에 대한 퇴직금을 미리 정산하여 지급할 수 있다.
④ 확정기여형퇴직연금제도를 설정한 사용자는 가입자의 연간 임금총액의 12분의 1 이상에 해당하는 부담금을 현금으로 가입자의 확정기여형퇴직연금제도 계정에 납입하여야 한다.
⑤ 확정급여형퇴직연금제도의 경우 55세 이상으로서 가입기간이 10년 이상인 가입자에게 연금으로 지급하되 연금의 지급기간은 10년 이상이어야 한다.

정답 05 ② 06 ⑤ 07 ⑤

해설 ① 제4조 제1항 단서
② 제25조 제1항
③ 제8조 제2항, 시행령 제3조
④ 제20조 제1항
⑤ **제17조(급여 종류 및 수급요건 등) 제1항**
확정급여형퇴직연금제도의 급여 종류는 연금 또는 일시금으로 하되, 수급요건은 다음 각 호와 같다.
1. 연금은 55세 이상으로서 가입기간이 10년 이상인 가입자에게 지급할 것. 이 경우 연금의 지급기간은 5년 이상이어야 한다.
2. 일시금은 연금수급 요건을 갖추지 못하거나 일시금 수급을 원하는 가입자에게 지급할 것

08 근로자퇴직급여 보장법에 규정된 내용으로 옳은 것은?

▸ 공인노무사 제25회

① 근로자퇴직급여 보장법에 따른 퇴직금을 받을 권리는 1년간 행사하지 아니하면 시효로 인하여 소멸한다.
② 근로자퇴직급여 보장법은 동거하는 친족만을 사용하는 사업 및 가구 내 고용활동에는 적용하지 아니한다.
③ 사용자는 계속근로기간이 1년 미만인 근로자에 대하여 퇴직급여제도 중 하나 이상의 제도를 설정하여야 한다.
④ 퇴직연금사업자는 매년 2회 이상 적립금액 및 운용수익률 등을 고용노동부령으로 정하는 바에 따라 가입자에게 알려야 한다.
⑤ 확정기여형퇴직연금제도란 근로자가 받을 급여의 수준이 사전에 결정되어 있는 퇴직연금제도를 말한다.

해설 ① 이 법에 따른 퇴직금을 받을 권리는 3년간 행사하지 아니하면 시효로 인하여 소멸한다(제10조).
② 이 법은 근로자를 사용하는 모든 사업 또는 사업장(이하 “사업”이라 한다)에 적용한다. 다만, 동거하는 친족만을 사용하는 사업 및 가구 내 고용활동에는 적용하지 아니한다(제3조).
③ 사용자는 퇴직하는 근로자에게 급여를 지급하기 위하여 퇴직급여제도 중 하나 이상의 제도를 설정하여야 한다. 다만, 계속근로기간이 1년 미만인 근로자, 4주간을 평균하여 1주간의 소정근로시간이 15시간 미만인 근로자에 대하여는 그러하지 아니하다(제4조 제1항).
④ 퇴직연금사업자는 매년 1회 이상 적립금액 및 운용수익률 등을 고용노동부령으로 정하는 바에 따라 가입자에게 알려야 한다(제18조).
⑤ “확정기여형퇴직연금제도”란 급여의 지급을 위하여 사용자가 부담하여야 할 부담금의 수준이 사전에 결정되어 있는 퇴직연금제도를 말한다(제2조 제9호).

09 **근로자퇴직급여 보장법령상 확정기여형퇴직연금제도에 가입한 근로자가 적립금을 중도인출 할 수 있는 경우를 모두 고른 것은?** ▸공인노무사 제33회

ㄱ. 무주택자인 가입자가 주거를 목적으로 「주택임대차보호법」 제3조의2에 따른 보증금을 부담하는 경우(가입자가 하나의 사업 또는 사업장에 근로하는 동안 1회로 한정한다)
ㄴ. 무주택자인 가입자가 본인 명의로 주택을 구입하는 경우
ㄷ. 가입자 배우자의 부양가족의 장례비를 가입자가 부담하는 경우

① ㄱ　② ㄷ　③ ㄱ, ㄴ
④ ㄴ, ㄷ　⑤ ㄱ, ㄴ, ㄷ

해설 ③ ㄱ·ㄴ.

시행령 제14조(확정기여형퇴직연금제도의 중도인출 사유)
① 법 제22조에서 "주택구입 등 대통령령으로 정하는 사유"란 다음 각 호의 어느 하나에 해당하는 경우를 말한다.
1. 제2조 제1항 제1호·제1호의2 또는 제5호(재난으로 피해를 입은 경우로 한정한다)에 해당하는 경우
1의2. 제2조 제1항 제2호에 해당하는 경우로서 가입자가 본인 연간 임금총액의 1천분의 125를 초과하여 의료비를 부담하는 경우
2. 중도인출을 신청한 날부터 거꾸로 계산하여 5년 이내에 가입자가 「채무자 회생 및 파산에 관한 법률」에 따라 파산선고를 받은 경우
3. 중도인출을 신청한 날부터 거꾸로 계산하여 5년 이내에 가입자가 「채무자 회생 및 파산에 관한 법률」에 따라 개인회생절차개시 결정을 받은 경우
4. 법 제7조 제2항 후단에 따라 퇴직연금제도의 급여를 받을 권리를 담보로 제공하고 대출을 받은 가입자가 그 대출 원리금을 상환하기 위한 경우로서 고용노동부장관이 정하여 고시하는 사유에 해당하는 경우
② 제1항 제4호에 해당하는 사유로 적립금을 중도인출하는 경우 그 중도인출 금액은 대출 원리금의 상환에 필요한 금액 이하로 한다.

시행령 제2조(퇴직연금제도 수급권의 담보제공 사유 등)
① 「근로자퇴직급여 보장법」(이하 "법"이라 한다) 제7조 제2항 전단에서 "주택구입 등 대통령령으로 정하는 사유와 요건을 갖춘 경우"란 다음 각 호의 어느 하나에 해당하는 경우를 말한다.
1. 무주택자인 가입자가 본인 명의로 주택을 구입하는 경우
1의2. 무주택자인 가입자가 주거를 목적으로 「민법」 제303조에 따른 전세금 또는 「주택임대차보호법」 제3조의2에 따른 보증금을 부담하는 경우. 이 경우 가입자가 하나의 사업 또는 사업장(이하 "사업"이라 한다)에 근로하는 동안 1회로 한정한다.
2. 가입자가 6개월 이상 요양을 필요로 하는 다음 각 목의 어느 하나에 해당하는 사람의 질병이나 부상에 대한 의료비(「소득세법 시행령」 제118조의5 제1항 및 제2항에 따른 의료비를 말한다. 이하 같다)를 부담하는 경우
가. 가입자 본인

정답 08 ② 09 ③

나. 가입자의 배우자
다. 가입자 또는 그 배우자의 부양가족(「소득세법」 제50조 제1항 제3호에 따른 부양가족을 말한다. 이하 같다)
3. 담보를 제공하는 날부터 거꾸로 계산하여 5년 이내에 가입자가 「채무자 회생 및 파산에 관한 법률」에 따라 파산선고를 받은 경우
4. 담보를 제공하는 날부터 거꾸로 계산하여 5년 이내에 가입자가 「채무자 회생 및 파산에 관한 법률」에 따라 개인회생절차개시 결정을 받은 경우
4의2. 다음 각 목의 어느 하나에 해당하는 사람의 대학등록금, 혼례비 또는 장례비를 가입자가 부담하는 경우
가. 가입자 본인
나. 가입자의 배우자
다. 가입자 또는 그 배우자의 부양가족
5. 사업주의 휴업 실시로 근로자의 임금이 감소하거나 재난(「재난 및 안전관리 기본법」 제3조 제1호에 따른 재난을 말한다. 이하 같다)으로 피해를 입은 경우로서 고용노동부장관이 정하여 고시하는 사유와 요건에 해당하는 경우

10 근로자퇴직급여 보장법령상 퇴직금의 중간정산 사유에 해당하지 않는 것은?

▸ 공인노무사 제27회

① 무주택자인 근로자가 본인 명의로 주택을 구입하는 경우
② 사용자가 기존의 정년을 보장하는 조건으로 단체협약 및 취업규칙을 통하여 일정 나이를 기준으로 임금을 줄이는 제도를 시행하는 경우
③ 퇴직금 중간정산을 신청하는 날부터 역산하여 5년 이내에 근로자가 「채무자 회생 및 파산에 관한 법률」에 따라 파산선고를 받은 경우
④ 퇴직금 중간정산을 신청하는 날부터 역산하여 5년 이내에 근로자가 「채무자 회생 및 파산에 관한 법률」에 따라 개인회생절차개시 결정을 받은 경우
⑤ 사용자가 근로자와의 합의에 따라 연장근로시간을 1일 1시간 또는 1주 5시간 이상 변경한 경우

해설 ①·②·③·④·⑤ 근로자퇴직급여보장법 제8조 제2항, 시행령 제3조

시행령 제3조(퇴직금의 중간정산 사유)
① 법 제8조 제2항 전단에서 "주택구입 등 대통령령으로 정하는 사유"란 다음 각 호의 경우를 말한다.
1. 무주택자인 근로자가 본인 명의로 주택을 구입하는 경우
2. 무주택자인 근로자가 주거를 목적으로 「민법」 제303조에 따른 전세금 또는 「주택임대차보호법」 제3조의2에 따른 보증금을 부담하는 경우. 이 경우 근로자가 하나의 사업에 근로하는 동안 1회로 한정한다.

3. 근로자가 6개월 이상 요양을 필요로 하는 다음 각 목의 어느 하나에 해당하는 사람의 질병이나 부상에 대한 의료비를 해당 근로자가 본인 연간 임금총액의 1천분의 125를 초과하여 부담하는 경우
   가. 근로자 본인
   나. 근로자의 배우자
   다. 근로자 또는 그 배우자의 부양가족
4. 퇴직금 중간정산을 신청하는 날부터 거꾸로 계산하여 5년 이내에 근로자가 「채무자 회생 및 파산에 관한 법률」에 따라 파산선고를 받은 경우
5. 퇴직금 중간정산을 신청하는 날부터 거꾸로 계산하여 5년 이내에 근로자가 「채무자 회생 및 파산에 관한 법률」에 따라 개인회생절차개시 결정을 받은 경우
6. 사용자가 기존의 정년을 연장하거나 보장하는 조건으로 단체협약 및 취업규칙 등을 통하여 일정 나이, 근속시점 또는 임금액을 기준으로 임금을 줄이는 제도를 시행하는 경우

6의2. **사용자가 근로자와의 합의에 따라 소정근로시간을 1일 1시간 또는 1주 5시간 이상 단축함으로써 단축된 소정근로시간에 따라 근로자가 3개월 이상 계속 근로하기로 한 경우**

6의3. 법률 제15513호 근로기준법 일부개정법률의 시행에 따른 근로시간의 단축으로 근로자의 퇴직금이 감소되는 경우

7. 재난으로 피해를 입은 경우로서 고용노동부장관이 정하여 고시하는 사유에 해당하는 경우

② 사용자는 제1항 각 호의 사유에 따라 퇴직금을 미리 정산하여 지급한 경우 근로자가 퇴직한 후 5년이 되는 날까지 관련 증명 서류를 보존하여야 한다.

11 **근로자퇴직급여 보장법령상 퇴직급여제도에 관한 설명으로 옳지 않은 것은?** ▸공인노무사 제32회

① 가입자의 부양가족의 혼례비를 가입자가 부담하는 경우에는 퇴직연금제도의 급여를 받을 권리는 담보로 제공할 수 없다.

② 무주택자인 가입자가 본인 명의로 주택을 구입하는 경우 가입자별 적립금의 100분의 50 한도에서 퇴직연금제도의 급여를 받을 권리를 담보로 제공할 수 있다.

③ 6개월 이상 요양을 필요로 하는 근로자의 부상의료비를 근로자 본인 연간 임금총액의 1천분의 125를 초과하여 부담하는 경우 퇴직금을 미리 정산하여 지급할 수 있다.

④ 퇴직금을 중간정산하여 지급한 후의 퇴직금 산정을 위한 계속근로기간은 정산시점부터 새로 계산한다.

⑤ 사용자는 퇴직금을 미리 정산하여 지급한 경우 근로자가 퇴직한 후 5년이 되는 날까지 관련 증명 서류를 보존하여야 한다.

정답 10 ⑤ 11 ①

해설 ① 퇴직연금제도(중소기업퇴직연금기금제도를 포함한다. 이하 이 조에서 같다)의 급여를 받을 권리는 양도 또는 압류하거나 담보로 제공할 수 없다(제7조 제1항). 제7조 제1항에도 불구하고 가입자는 주택구입 등 대통령령으로 정하는 사유와 요건을 갖춘 경우에는 대통령령으로 정하는 한도에서 퇴직연금제도의 급여를 받을 권리를 담보로 제공할 수 있다(제2항). 가입자 본인, 가입자의 배우자, 가입자 또는 그 배우자의 부양가족의 대학등록금, 혼례비 또는 장례비를 가입자가 부담하는 경우 퇴직연금제도의 급여를 받을 권리를 담보로 제공할 수 있다(시행령 제2조 제1항 제4의2).

② 시행령 제2조 제1항 제1호, 제2항 제1호
③ 시행령 제3조 제1항 제3호
④ 제8조 제2항
⑤ 시행령 제3조 제2항

12 **근로자퇴직급여 보장법령에 관한 설명으로 옳지 않은 것은?** ▸공인노무사 제31회

① 사용자가 퇴직급여제도를 설정하려는 경우에 근로자 과반수가 가입한 노동조합이 있는 경우에는 그 노동조합의 동의를 받아야 한다.
② 무주택자인 근로자는 본인 명의로 주택을 구입하는 경우에 퇴직금 중간정산을 요구할 수 있다.
③ 퇴직금을 받을 권리는 3년간 행사하지 아니하면 시효로 인하여 소멸한다.
④ 중소기업퇴직연금기금제도의 급여를 받을 권리는 양도 또는 압류할 수 없다.
⑤ 퇴직연금사업자는 매분기당 1회 이상 적립금액 및 운용수익률 등을 고용노동부령으로 정하는 바에 따라 가입자에게 알려야 한다.

해설 ① 사용자가 퇴직급여제도를 설정하거나 설정된 퇴직급여제도를 다른 종류의 퇴직급여제도로 변경하려는 경우에는 근로자의 과반수가 가입한 노동조합이 있는 경우에는 그 노동조합, 근로자의 과반수가 가입한 노동조합이 없는 경우에는 근로자 과반수(이하 "근로자대표"라 한다)의 동의를 받아야 한다(제4조 제3항).

② 시행령 제3조 제1항 제1호
③ 제10조
④ 제7조 제1항
⑤ 퇴직연금사업자는 매년 1회 이상 적립금액 및 운용수익률 등을 고용노동부령으로 정하는 바에 따라 가입자에게 알려야 한다(제18조).

정답 12 ⑤

Chapter 09 임금채권보장법

01 **임금채권보장법상 퇴직한 근로자가 청구하면 고용노동부장관이 대지급금을 지급해야 하는 경우를 모두 고른 것은?** ▸공인노무사 제34회

> ㄱ. 「채무자 회생 및 파산에 관한 법률」에 따른 회생절차개시의 결정이 있는 경우
> ㄴ. 「채무자 회생 및 파산에 관한 법률」에 따른 파산선고의 결정이 있는 경우
> ㄷ. 사업주가 근로자에게 미지급 임금 등을 지급하라는 「민사집행법」에 따른 확정된 종국판결이 있는 경우
> ㄹ. 고용노동부장관이 근로자에게 이 법에 따라 체불임금등과 체불사업주 등을 증명하는 서류를 발급하여 사업주의 미지급임금등이 확인된 경우

① ㄱ, ㄴ ② ㄴ, ㄹ ③ ㄷ, ㄹ
④ ㄱ, ㄴ, ㄷ ⑤ ㄱ, ㄴ, ㄷ, ㄹ

해설 고용노동부장관은 사업주가 다음 각 호의 어느 하나에 해당하는 경우에 퇴직한 근로자가 지급받지 못한 임금 등의 지급을 청구하면 제3자의 변제에 관한 「민법」 제469조에도 불구하고 그 근로자의 미지급 임금 등을 사업주를 대신하여 지급한다(제7조 제1항).

1. 「채무자 회생 및 파산에 관한 법률」에 따른 회생절차개시의 결정이 있는 경우
2. 「채무자 회생 및 파산에 관한 법률」에 따른 파산선고의 결정이 있는 경우
3. 고용노동부장관이 대통령령으로 정한 요건과 절차에 따라 미지급 임금등을 지급할 능력이 없다고 인정하는 경우
4. 사업주가 근로자에게 미지급 임금등을 지급하라는 다음 각 목의 어느 하나에 해당하는 판결, 명령, 조정 또는 결정 등이 있는 경우
   가. 「민사집행법」 제24조에 따른 확정된 종국판결
   나. 「민사집행법」 제56조 제3호에 따른 확정된 지급명령
   다. 「민사집행법」 제56조 제5호에 따른 소송상 화해, 청구의 인낙(認諾) 등 확정판결과 같은 효력을 가지는 것
   라. 「민사조정법」 제28조에 따라 성립된 조정
   마. 「민사조정법」 제30조에 따른 확정된 조정을 갈음하는 결정
   바. 「소액사건심판법」 제5조의7 제1항에 따른 확정된 이행권고결정
5. 고용노동부장관이 근로자에게 제12조에 따라 체불임금 등과 체불사업주 등을 증명하는 서류(이하 "체불임금 등 · 사업주 확인서"라 한다)를 발급하여 사업주의 미지급임금 등이 확인된 경우

정답 01 ⑤

02 임금채권보장법에 관한 설명으로 옳지 않은 것은? ▸공인노무사 제34회

① 대지급금수급계좌의 예금에 관한 채권은 압류할 수 없다.
② 사업주가 이 법을 위반하는 사실이 있으면 근로자는 그 사실을 근로감독관에게 신고하여 시정을 위한 조치를 요구할 수 있다.
③ 대지급금을 반환받을 권리는 3년간 행사하지 아니하면 시효로 소멸한다.
④ 임금채권보장 업무에 종사하였던 자는 누구든지 업무 수행과 관련하여 알게 된 사업주의 정보를 누설하여서는 아니 된다.
⑤ 고용노동부장관이 해당 근로자에게 대지급금을 지급하였을 때에는 「근로기준법」에 따른 임금채권 우선변제권은 대위되는 권리에 존속하지 않는다.

해설 ① 제11조의2 제4항
② 제25조
③ 부담금이나 그 밖에 이 법에 따른 징수금을 징수하거나 대지급금·부담금을 반환받을 권리는 3년간 행사하지 아니하면 시효로 소멸한다(제26조 제1항).
④ 임금채권보장 업무에 종사하거나 종사하였던 자는 누구든지 업무 수행과 관련하여 알게 된 사업주 또는 근로자 등의 정보를 누설하거나 다른 용도로 사용하여서는 아니 된다(제23조의2 제6항).
⑤ 고용노동부장관은 제7조 또는 제7조의2에 따라 해당 근로자에게 대지급금을 지급하였을 때에는 그 지급한 금액의 한도에서 그 근로자가 해당 사업주에 대하여 미지급 임금등을 청구할 수 있는 권리를 대위(代位)한다(제8조 제1항). 「근로기준법」 제38조에 따른 임금채권 우선변제권 및 「근로자퇴직급여 보장법」 제12조 제2항에 따른 퇴직급여등 채권 우선변제권은 제1항에 따라 대위되는 권리에 존속한다(제8조 제2항).

03 임금채권보장법령에 관한 설명으로 옳지 않은 것은? ▸공인노무사 제33회

① 도산대지급금을 지급받으려는 사람은 도산등사실인정이 있은 날부터 3년 이내에 근로복지공단에 직접 대지급금의 지급을 청구해야 한다.
② 이 법은 국가와 지방자치단체가 직접 수행하는 사업에 적용하지 아니한다.
③ 재직 근로자에 대한 대지급금은 해당 근로자가 하나의 사업에 근로하는 동안 1회만 지급한다.
④ 임금채권보장기금은 고용노동부장관이 관리·운용한다.
⑤ 고용노동부장관은 사업주로부터 임금등을 지급받지 못한 근로자의 생활안정을 위하여 근로자의 신청에 따라 생계비에 필요한 비용을 융자할 수 있다.

해설 ① 대지급금을 지급받으려는 사람은 다음 각 호의 구분에 따른 기간 이내에 고용노동부장관에게 대지급금의 지급을 청구해야 한다(시행령 제9조 제1항).

1. 도산대지급금의 경우 : 파산선고등 또는 도산등사실인정이 있은 날부터 2년 이내
2. 법 제7조 제1항 제4호에 따른 대지급금의 경우: 판결등이 있은 날부터 1년 이내
3. 법 제7조 제1항 제5호에 따른 대지급금의 경우: 체불임금등 · 사업주확인서가 최초로 발급된 날부터 6개월 이내
4. 법 제7조의2 제1항에 따른 대지급금의 경우: 판결등이 있은 날부터 1년 이내 또는 체불임금등 · 사업주확인서가 최초로 발급된 날부터 6개월 이내

② 제3조
③ 제7조의2 제4항
④ 제20조 제1항
⑤ 제7조의3 제2항

04 임금채권보장법령상 대지급금에 관한 설명으로 옳지 않은 것은? ▸ 공인노무사 제29회

① 고용노동부장관은 대지급금의 지급에 충당하기 위하여 임금채권보장기금을 설치한다.
② 대지급금은 근로기준법에 따른 휴업수당을 포함하지 않는다.
③ 소액대지급금은 판결이 있는 날부터 1년 이내에 청구하여야 한다.
④ 대지급금을 받을 권리가 있는 사람이 부상으로 대지급금을 수령할 수 없는 경우에는 그 가족에게 수령을 위임할 수 있다.
⑤ 대지급금을 지급받을 권리는 양도 또는 압류할 수 없다.

해설 ① 제17조
② 대지급금의 범위는 최종 3개월분 임금, 최종 3년간 퇴직급여 등, 최종 3개월분 휴업수당, 최종 3개월분 출산전후휴가급여이다(제7조 제2항).
③ 시행령 제9조 제1항 제2호
④ 제11조의2 제2항, 시행령 제18조의2 제1항
⑤ 제11조의2 제1항

정답 02 ⑤ 03 ① 04 ②

05 임금채권보장법에 관한 설명으로 옳지 않은 것은?

▸ 공인노무사 제28회

① 미성년자인 근로자는 독자적으로 대지급금의 지급을 청구할 수 없다.

② 고용노동부장관이 사업주의 신청에 따라 체불 임금등을 지급하는 데 필요한 비용을 융자하는 경우, 융자금액은 고용노동부장관이 해당 근로자에게 직접 지급하여야 한다.

③ 고용노동부장관은 근로자에게 대지급금을 지급하였을 때에는 그 지급한 금액의 한도에서 그 근로자가 해당 사업주에 대하여 미지급 임금 등을 청구할 수 있는 권리를 대위(代位)한다.

④ 사업장 규모 등 고용노동부령으로 정하는 기준에 해당하는 근로자가 대지급금을 청구하는 경우 고용노동부령으로 정하는 공인노무사로부터 대지급금 청구서 작성, 사실확인 등에 관한 지원을 받을 수 있다.

⑤ 고용노동부장관은 대지급금을 지급하는 데 드는 비용에 충당하기 위하여 사업주로부터 부담금을 징수한다.

해설 ① 미성년자인 근로자는 독자적으로 대지급금의 지급을 청구할 수 있다(임금채권보장법 제11조의2 제3항).
② 제7조의3
③ 제8조 제1항
④ 제7조 제5항
⑤ 제9조 제1항

06 임금채권보장법에 관한 설명으로 옳지 않은 것은?

▸ 공인노무사 제26회

① 대지급금의 범위에는 재해보상금이 포함되지 않는다.

② 이 법은 국가와 지방자치단체가 직접 수행하는 사업에 적용된다.

③ 고용노동부장관은 대지급금을 지급하는 데 드는 비용에 충당하기 위하여 사업주로부터 부담금을 징수한다.

④ 임금채권보장기금의 관리・운용에 관한 중요사항을 심의하기 위하여 고용노동부에 임금채권보장기금심의위원회를 둔다.

⑤ 고용노동부장관이 근로자에게 대지급금을 지급하였을 때에는 그 지급한 금액의 한도에서 그 근로자가 해당 사업주에 대하여 미지급 임금등을 청구할 수 있는 권리를 대위(代位)한다.

해설 ① 제7조 제2항
② 이 법은 「산업재해보상보험법」 제6조에 따른 사업 또는 사업장(이하 "사업"이라 한다)에 적용한다. 다만, 국가와 지방자치단체가 직접 수행하는 사업은 그러하지 아니하다(제3조).
③ 제9조 제1항

④ 제6조 제1항
⑤ 제8조 제1항

07 임금채권보장법상 대지급금에 관한 설명으로 옳지 않은 것은? ▸공인노무사 제31회

① 고용노동부장관은 근로자에게 대지급금을 지급하였을 때에는 그 지급한 금액의 한도에서 그 근로자가 해당 사업주에게 대하여 미지급 임금 등을 청구할 수 있는 권리를 대위(代位)한다.
② 「근로기준법」에 따른 휴업수당 중 최종 3개월분은 퇴직한 근로자에 대한 대지급금 범위에 든다.
③ 대지급금에 관한 규정은 국가와 지방자치단체가 직접 수행하는 사업에 적용된다.
④ 미성년자인 근로자는 독자적으로 대지급금의 지급을 청구할 수 있다.
⑤ 대지급금수급계좌의 예금에 관한 채권은 압류할 수 없다.

해설 ① 제8조 제1항
② 제7조 제1항에 따라 고용노동부장관이 사업주를 대신하여 지급하는 체불 임금등 대지급금(이하 "대지급금"이라 한다)의 범위는 다음 각 호와 같다. 다만, 대통령령으로 정하는 바에 따라 제1항 제1호부터 제3호까지의 규정에 따른 대지급금의 상한액과 같은 항 제4호 및 제5호에 따른 대지급금의 상한액은 근로자의 퇴직 당시의 연령 등을 고려하여 따로 정할 수 있으며 대지급금이 적은 경우에는 지급하지 아니할 수 있다(제7조 제2항).
1. 「근로기준법」 제38조 제2항 제1호에 따른 임금 및 「근로자퇴직급여 보장법」 제12조 제2항에 따른 최종 3년간의 퇴직급여등
2. 「근로기준법」 제46조에 따른 휴업수당(최종 3개월분으로 한정한다)
3. 「근로기준법」 제74조 제4항에 따른 출산전후휴가기간 중 급여(최종 3개월분으로 한정한다)

③ 이 법은 「산업재해보상보험법」 제6조에 따른 사업 또는 사업장(이하 "사업"이라 한다)에 적용한다. 다만, 국가와 지방자치단체가 직접 수행하는 사업은 그러하지 아니하다(제3조).
④ 제11조의2 제3항
⑤ 제11조의2 제4항

정답 05 ① 06 ② 07 ③

08 임금채권보장법령상 대지급금에 관한 설명으로 옳지 않은 것은? ▸공인노무사 제32회

① 퇴직한 근로자의 대지급금을 지급받을 권리는 양도 또는 압류하거나 담보로 제공할 수 없다.

② 대지지급금을 받을 권리가 있는 사람이 부상으로 대지급금을 수령할 수 없는 경우에는 그 가족에게 수령을 위임할 수 있다.

③ 도산대지급금의 경우 도산등사실인정이 있은 날부터 1년 이내 고용노동부장관에게 대지급금지급을 청구해야 한다.

④ 대지급금수급계좌의 예금에 관한 채권은 압류할 수 없다.

⑤ 재직 근로자에 대한 대지급금은 해당 근로자가 하나의 사업에 근로하는 동안 1회만 지급한다.

해설 ① 제11조의2 제1항

② 제11조의2 제2항, 시행령 제18조의2 제1항

③ **시행령 제9조(대지급금의 청구와 지급) 제1항**

대지급금을 지급받으려는 사람은 다음 각 호의 구분에 따른 기간 이내에 고용노동부장관에게 대지급금의 지급을 청구해야 한다.

1. 도산대지급금의 경우 : 파산선고 등 또는 도산등사실인정이 있은 날부터 2년 이내
2. 법 제7조 제1항 제4호에 따른 대지급금의 경우 : 판결 등이 있은 날부터 1년 이내
3. 법 제7조 제1항 제5호에 따른 대지급금의 경우 : 체불임금 등・사업주확인서가 최초로 발급된 날부터 6개월 이내
4. 법 제7조의2 제1항에 따른 대지급금의 경우 : 판결 등이 있은 날부터 1년 이내 또는 체불임금 등・사업주확인서가 최초로 발급된 날부터 6개월 이내

④ 제11조의2 제4항

⑤ 제7조의2 제4항

09 임금채권보장법상 사업주로부터 징수하는 부담금에 관한 설명으로 옳지 않은 것은? ▸공인노무사 제33회

① 사업주가 부담하여야 하는 부담금은 그 사업에 종사하는 근로자의 보수총액에 1천분의 2의 범위에서 임금채권보장기금심의위원회의 심의를 거쳐 고용노동부장관이 정하는 부담금 비율을 곱하여 산정한 금액으로 한다.

② 이 법은 사업주의 부담금에 관하여 다른 법률에 우선하여 적용한다.

③ 「외국인근로자의 고용 등에 관한 법률」에 따라 외국인근로자 출국만기보험・신탁에 가입한 사업주에 대하여는 부담금을 경감할 수 있다.

④ 「근로기준법」 또는 「근로자퇴직급여 보장법」에 따라 퇴직금을 미리 정산하여 지급한 사업주에 대하여는 부담금을 경감할 수 있다.

⑤ 사업주의 부담금을 산정할 때 해당 연도의 보수총액을 결정하기 곤란한 경우에는 전년도의 보수총액을 기준으로 부담금을 결정한다.

해설 ① 제9조 제2항
② 제9조 제5항
③ · ④ 고용노동부장관은 다음 각 호의 어느 하나에 해당하는 사업주에 대하여는 제9조에 따른 부담금을 경감할 수 있다. 이 경우 그 경감기준은 고용노동부장관이 위원회의 심의를 거쳐 정한다(제10조).
1. 삭제 〈2014.3.24.〉
2. 「근로기준법」 또는 「근로자퇴직급여 보장법」에 따라 퇴직금을 미리 정산하여 지급한 사업주
3. 법률 제7379호 근로자퇴직급여보장법 부칙 제2조 제1항에 따른 퇴직보험등에 가입한 사업주, 「근로자퇴직급여 보장법」 제3장에 따른 확정급여형퇴직연금제도, 같은 법 제4장에 따른 확정기여형퇴직연금제도, 같은 법 제4장의2에 따른 중소기업퇴직연금기금제도 또는 같은 법 제25조에 따른 개인형퇴직연금제도를 설정한 사업주
4. 「외국인근로자의 고용 등에 관한 법률」 제13조에 따라 외국인근로자 출국만기보험 · 신탁에 가입한 사업주
⑤ 보수총액을 결정하기 곤란한 경우에는 고용산재보험료징수법 제13조 제6항에 따라 고시하는 노무비율에 따라 보수총액을 결정한다(제9조 제3항).

10 임금채권보장법에 관한 설명으로 옳지 않은 것은?

▸공인노무사 제30회

① 임금채권보장기금의 관리 · 운용에 관한 중요사항을 심의하기 위하여 고용노동부에 임금채권보장기금심의위원회를 둔다.
② 거짓으로 대지급금이 지급된 사실을 지방고용노동관서 또는 수사기관에 신고하거나 고발한 자에게는 대통령령으로 정하는 기준에 따라 포상금을 지급할 수 있다.
③ 미성년자인 근로자는 독자적으로 대지급금의 지급을 청구할 수 있다.
④ 대지급금을 지급받을 권리는 담보로 제공할 수 있다.
⑤ 고용노동부장관이 사업주로부터 부담금을 징수할 권리는 3년간 행사하지 아니하면 시효로 소멸한다.

해설 ① 제6조 제1항
② 제15조
③ 제11조의2 제3항
④ 대지급금을 지급받을 권리는 양도 또는 압류하거나 담보로 제공할 수 없다(제11조의2 제1항).
⑤ 제26조 제1항

정답 08 ③ 09 ⑤ 10 ④

Chapter 10 근로복지기본법

01 **근로복지기본법에 관한 설명으로 옳지 않은 것은?** ▸공인노무사 제34회

① 국가는 근로자의 생활안정을 지원하기 위하여 근로자 및 그 가족의 의료비 등의 융자 등 필요한 지원을 하여야 한다.

② 국가는 경제상황 및 근로자의 생활안정자금이 필요한 시기 등을 고려하여 임금을 받지 못한 근로자 등의 생활안정을 위한 생계비의 융자 등 필요한 지원을 할 수 있다.

③ 국가는 근로자 및 그 자녀의 교육기회를 확대하기 위하여 장학금의 지급 등 필요한 지원을 할 수 있다.

④ 근로복지시설을 설치·운영하는 자는 근로복지시설의 이용료를 차등하여 받을 수 없다.

⑤ 국가는 취업으로 이주하거나 가족과 떨어져 생활하는 근로자의 주거안정을 위하여 필요한 지원을 할 수 있다.

해설 ① 제19조 제1항
② 제19조 제2항
③ 제20조 제1항
④ 근로복지시설을 설치·운영하는 자는 근로자의 소득수준, 가족관계 등을 고려하여 근로복지시설의 이용자를 제한하거나 이용료를 차등하여 받을 수 있다(제30조).
⑤ 제18조

02 **근로복지기본법에 따라 근로자의 복지향상을 위한 지원을 할 때 우대될 수 있도록 하여야 하는 근로자를 모두 고른 것은?** ▸공인노무사 제32회

ㄱ. 중소·영세기업 근로자
ㄴ. 저소득근로자
ㄷ. 장기근속근로자
ㄹ. 「파견근로자 보호 등에 관한 법률」에 따른 파견근로자

① ㄱ, ㄴ　② ㄱ, ㄷ　③ ㄱ, ㄴ, ㄹ
④ ㄴ, ㄷ, ㄹ　⑤ ㄱ, ㄴ, ㄷ, ㄹ

해설 이 법에 따른 근로자의 복지향상을 위한 지원을 할 때에는 중소·영세기업 근로자, 기간제근로자(「기간제 및 단시간근로자 보호 등에 관한 법률」 제2조 제1호에 따른 기간제근로자를 말한다), 단시간근로자(「근로기준법」 제2조 제1항 제9호에 따른 단시간근로자를 말한다), 파견근로자(「파견근로자 보호

등에 관한 법률」 제2조 제5호에 따른 파견근로자를 말한다. 이하 같다), 하수급인(「고용보험 및 산업재해보상보험의 보험료징수 등에 관한 법률」 제2조 제5호에 따른 하수급인을 말한다)이 고용하는 근로자, 저소득근로자 및 장기근속근로자가 우대될 수 있도록 하여야 한다(제3조 제3항).

03 **근로복지기본법에 관한 설명으로 옳은 것은?** ▸ 공인노무사 제30회

① 누구든지 국가 또는 지방자치단체가 근로자의 주거안정, 생활안정 및 재산형성 등 근로복지를 위하여 이 법에 따라 보조 또는 융자한 자금을 그 목적사업 외에도 사용할 수 있다.
② 고용노동부장관은 관계 중앙행정기관의 장과 협의하여 근로복지증진에 관한 기본계획을 3년마다 수립하여야 한다.
③ 국가의 보조를 받는 비영리법인이 근로복지사업을 추진하는 경우에는 고용노동부장관의 허가를 받아야 한다.
④ 근로자주택의 종류, 규모, 공급대상 근로자, 공급방법과 그 밖에 필요한 사항은 고용노동부장관이 정한다.
⑤ 국가는 근로자의 생활안정을 지원하기 위하여 근로자 및 그 가족의 의료비・혼례비・장례비 등의 융자 등 필요한 지원을 하여야 한다.

해설 ① 누구든지 국가 또는 지방자치단체가 근로자의 주거안정, 생활안정 및 재산형성 등 근로복지를 위하여 이 법에 따라 보조 또는 융자한 자금을 그 목적사업에만 사용하여야 한다(제6조).
② 고용노동부장관은 관계 중앙행정기관의 장과 협의하여 근로복지증진에 관한 기본계획(이하 "기본계획"이라 한다)을 5년마다 수립하여야 한다(제9조 제1항).
③ 지방자치단체, 국가의 보조를 받는 비영리법인이 근로복지사업을 추진하는 경우에는 고용노동부장관과 협의하여야 한다(제11조).
④ 근로자주택의 종류, 규모, 공급대상 근로자, 공급방법과 그 밖에 필요한 사항은 국토교통부장관이 고용노동부장관과 협의하여 정한다(제15조 제3항).
⑤ 제19조 제1항

04 **근로복지기본법상 근로복지증진에 관한 기본계획에 포함되어야 하는 사항이 아닌 것은?** ▸ 공인노무사 제29회

① 고용동향과 인력수급전망에 관한 사항
② 사내근로복지기금제도에 관한 사항
③ 근로자의 생활안정에 관한 사항
④ 근로자의 주거안정에 관한 사항
⑤ 우리사주제도에 관한 사항

정답 01 ④ 02 ⑤ 03 ⑤ 04 ①

해설 ①은 포함되지 않는다.

> 제9조(기본계획의 수립)
> ① 고용노동부장관은 관계 중앙행정기관의 장과 협의하여 근로복지증진에 관한 기본계획(이하 "기본계획"이라 한다)을 5년마다 수립하여야 한다.
> ② 기본계획에는 다음 각 호의 사항이 포함되어야 한다.
> 1. 근로자의 주거안정에 관한 사항
> 2. 근로자의 생활안정에 관한 사항
> 3. 근로자의 재산형성에 관한 사항
> 4. 우리사주제도에 관한 사항
> 5. 사내근로복지기금제도에 관한 사항
> 6. 선택적 복지제도 지원에 관한 사항
> 7. 근로자지원프로그램 운영에 관한 사항
> 8. 근로자를 위한 복지시설의 설치 및 운영에 관한 사항
> 9. 근로복지사업에 드는 재원 조성에 관한 사항
> 10. 직전 기본계획에 대한 평가
> 11. 그 밖에 근로복지증진을 위하여 고용노동부장관이 필요하다고 인정하는 사항

05 근로복지기본법상 규약으로 우리사주조합원총회를 갈음할 대의원회를 두는 경우에도 반드시 우리사주조합원총회의 의결을 거쳐야 하는 사항은?

▸ 공인노무사 제27회

① 규약의 제정과 변경에 관한 사항
② 우리사주조합의 대표자 등 임원 선출
③ 우리사주조합기금의 금융기관 예치에 관한 사항
④ 예산 및 결산에 관한 사항
⑤ 우리사주조합기금의 조성에 관한 사항

해설 ① 우리사주조합은 규약으로 우리사주조합원총회를 갈음할 대의원회를 둘 수 있다. 다만, 규약의 제정과 변경에 관한 사항은 반드시 우리사주조합원총회의 의결을 거쳐야 한다(제35조 제3항).
②·③·④·⑤ 제35조 제2항

> 다음 각 호의 사항은 우리사주조합원총회의 의결을 거쳐야 한다(제35조 제2항).
> 1. 규약의 제정과 변경에 관한 사항
> 2. 제36조에 따른 우리사주조합기금의 조성에 관한 사항
> 3. 예산 및 결산에 관한 사항
> 4. 우리사주조합의 대표자 등 임원 선출
> 5. 그 밖에 우리사주조합의 운영에 관하여 중요한 사항

06 **근로복지기본법에 관한 설명으로 옳은 것은?** ▸ 공인노무사 제26회

① 사내근로복지기금법인은 자금차입을 할 수 있다.
② 사업의 합병을 위한 해당 우리사주제도 실시회사의 해산은 우리사주조합의 해산사유에 해당한다.
③ 우리사주조합은 지배관계회사로부터 우리사주 취득자금을 차입하여 우리사주를 취득할 수 없다.
④ 사용자는 사내근로복지기금법인의 설치를 이유로 그 설치 당시에 운영하고 있는 근로복지시설의 운영을 중단할 수 있다.
⑤ 근로복지시설을 설치·운영하는 자는 근로자의 소득수준, 가족관계 등을 고려하여 근로복지시설의 이용자를 제한하거나 이용료를 차등하여 받을 수 없다.

해설 ① 기금법인은 자금차입을 할 수 없다(제64조 제2항).
② 제47조 제1항 제3호
③ 우리사주조합은 우리사주제도 실시회사, 지배관계회사, 수급관계회사, 그 회사의 주주 및 대통령령으로 정하는 금융회사 등으로부터 우리사주 취득자금을 차입하여 우리사주를 취득할 수 있다(제42조 제1항).
④ 사용자는 기금법인의 설치를 이유로 기금법인 설치 당시에 운영하고 있는 근로복지제도 또는 근로복지시설의 운영을 중단하거나, 이를 감축하여서는 아니 된다(제68조 제1항).
⑤ 근로복지시설을 설치·운영하는 자는 근로자의 소득수준, 가족관계 등을 고려하여 근로복지시설의 이용자를 제한하거나 이용료를 차등하여 받을 수 있다(제30조).

07 **근로복지기본법에 관한 설명으로 옳지 않은 것은?** ▸ 공인노무사 제25회

① 노동조합 및 근로자는 근로의욕 증진을 통하여 생산성 향상에 노력하고 근로복지정책에 협력하여야 한다.
② 고용노동부장관은 관계 중앙행정기관의 장과 협의하여 근로복지증진에 관한 기본계획을 5년마다 수립하여야 한다.
③ 사용자는 근로복지기본법에 따른 사내근로복지기금의 설립 및 출연을 이유로 근로관계 당사자 간에 정하여진 근로조건을 낮출 수 없다.
④ 사용자는 근로자의 재산형성을 지원하기 위하여 근로자를 우대하는 저축에 관한 제도를 운영하여야 한다.
⑤ 지방자치단체, 국가의 보조를 받는 비영리법인이 근로복지사업을 추진하는 경우에는 고용노동부장관과 협의하여야 한다.

정답 05 ① 06 ② 07 ④

해설 ① 노동조합 및 근로자는 근로의욕 증진을 통하여 생산성 향상에 노력하고 근로복지정책에 협력하여야 한다(제5조 제2항).
② 고용노동부장관은 관계 중앙행정기관의 장과 협의하여 근로복지증진에 관한 기본계획(이하 "기본계획"이라 한다)을 5년마다 수립하여야 한다(제9조 제1항).
③ 사용자는 이 법에 따른 사내근로복지기금의 설립 및 출연을 이유로 근로관계 당사자 간에 정하여진 근로조건을 낮출 수 없다(제51조).
④ 국가는 근로자의 재산형성을 지원하기 위하여 근로자를 우대하는 저축에 관한 제도를 운영하여야 한다(제21조).
⑤ 지방자치단체, 국가의 보조를 받는 비영리법인이 근로복지사업을 추진하는 경우에는 고용노동부장관과 협의하여야 한다(제11조).

08 근로복지기본법에 관한 설명으로 옳지 않은 것은?

▸ 공인노무사 제33회

① 누구든지 국가 또는 지방자치단체가 근로자의 주거안정, 생활안정 및 재산형성 등 근로복지를 위하여 이 법에 따라 융자한 자금을 그 목적사업에만 사용하여야 한다.
② 국가 또는 지방자치단체는 근로자가 아니면서 자신이 아닌 다른 사람의 사업을 위하여 다른 사람을 사용하지 아니하고 자신이 직접 노무를 제공하여 노무수령자로부터 대가를 얻는 사람을 대상으로 근로복지사업을 실시할 수 있다.
③ 사업주는 선택적 복지제도를 실시할 때에는 근로자의 직급, 근속연수, 부양가족 등을 고려하여 합리적인 기준에 따라 수혜 수준을 달리할 수 있다.
④ 근로복지시설을 설치·운영하는 자는 근로자의 소득수준, 가족관계 등을 고려하여 근로복지시설의 이용자를 제한하거나 이용료를 차등하여 받을 수 없다.
⑤ 우리사주조합의 규약 제정과 변경에 관한 사항은 반드시 우리사주조합원총회의 의결을 거쳐야 한다.

해설 ① 제6조
② 국가 또는 지방자치단체는 다음 각 호의 어느 하나에 해당하는 사람을 대상으로 근로복지사업을 실시할 수 있다(제95조의2 제1항).
1. 근로자가 아니면서 자신이 아닌 다른 사람의 사업을 위하여 다른 사람을 사용하지 아니하고 자신이 직접 노무를 제공하여 해당 사업주 또는 노무수령자로부터 대가를 얻는 사람
2. 「산업재해보상보험법」 제124조 제1항에 따른 중·소기업 사업주(근로자를 사용하는 사업주는 제외한다)
③ 제81조 제2항
④ 근로복지시설을 설치·운영하는 자는 근로자의 소득수준, 가족관계 등을 고려하여 근로복지시설의 이용자를 제한하거나 이용료를 차등하여 받을 수 있다(제30조).
⑤ 우리사주조합은 규약으로 우리사주조합원총회를 갈음할 대의원회를 둘 수 있다. 다만, 규약의 제정과 변경에 관한 사항은 반드시 우리사주조합원총회의 의결을 거쳐야 한다(제35조 제3항).

09 **근로복지기본법에 관한 설명으로 옳은 것은?** ▸공인노무사 제31회

① 사용자는 사내근로복지기금의 설립 및 출연을 이유로 근로관계 당사자 간에 정하여진 근로조건을 낮출 수 있다.

② 국가가 근로자의 근로복지를 위하여 「근로복지기본법」에 따라 보조 또는 융자한 자금은 그 목적 외 사업에 사용될 수 있다.

③ 사내근로복지기금은 법인으로 한다.

④ 노동조합 및 근로자가 생산성 향상과 근로복지정책에 협력하도록 사용자는 임금 수준 상향의 조치를 취하여야 한다.

⑤ 사용자는 우리사주조합원의 의사와 무관하게 우리사주조합원을 소속, 계급 등 일정한 기준으로 분류하여 우리사주를 할당할 수 있다.

해설 ① 사용자는 이 법에 따른 사내근로복지기금의 설립 및 출연을 이유로 근로관계 당사자 간에 정하여진 근로조건을 낮출 수 없다(제51조).

② 누구든지 국가 또는 지방자치단체가 근로자의 주거안정, 생활안정 및 재산형성 등 근로복지를 위하여 이 법에 따라 보조 또는 융자한 자금을 그 목적사업에만 사용하여야 한다(제6조).

③ 제52조 제1항

④ 사업주(근로자를 사용하여 사업을 행하는 자를 말한다. 이하 같다)는 해당 사업장 근로자의 복지증진을 위하여 노력하고 근로복지정책에 협력하여야 한다(제5조 제1항). 노동조합 및 근로자는 근로의욕 증진을 통하여 생산성 향상에 노력하고 근로복지정책에 협력하여야 한다(제2항).

⑤ 우리사주제도 실시회사(지배관계회사 또는 수급관계회사를 포함한다)의 사용자는 제38조에 따라 우리사주조합원에게 주식을 우선배정하는 경우 다음 각 호의 어느 하나에 해당하는 행위를 하여서는 아니 된다(제42조의2 제1항).

1. 우리사주조합원의 의사에 반하여 우리사주의 취득을 지시하는 행위
2. 우리사주조합원의 의사에 반하여 우리사주조합원을 소속, 계급 등 일정한 기준으로 분류하여 우리사주를 할당하는 행위
3. 우리사주를 취득하지 아니한다는 이유로 우리사주조합원에 대하여 해고나 그 밖의 불리한 처우를 하는 행위
4. 그 밖에 우리사주조합원의 의사에 반하여 우리사주를 취득·보유하게 함으로써 제32조에 따른 우리사주제도의 목적에 어긋나는 행위로서 대통령령으로 정하는 행위

정답 08 ④ 09 ③

외국인근로자의 고용 등에 관한 법률

01 외국인근로자의 고용 등에 관한 법령상 외국인근로자의 보호에 관한 설명으로 옳지 않은 것은?

▸ 공인노무사 제34회

① 사용자는 외국인근로자라는 이유로 부당하게 차별하여 처우하여서는 아니 된다.
② 사용자는 외국인근로자에게 기숙사를 제공하여야 한다.
③ 국가는 외국인근로자에 대한 상담과 교육을 하는 기관에 대하여 사업에 필요한 비용의 일부를 예산의 범위에서 지원할 수 있다.
④ 산업별 특성 등을 고려하여 외국인근로자를 고용한 사업 또는 사업장에서 취업하는 외국인근로자는 질병·사망 등에 대비한 상해보험에 가입하여야 한다.
⑤ 외국인근로자의 권익보호에 관한 사항을 협의하기 위하여 직업안정기관에 관할 구역의 노동자단체와 사용자단체 등이 참여하는 외국인근로자 권익보호협의회를 둘 수 있다.

해설 ① 제22조
② 사용자가 외국인근로자에게 기숙사를 제공하는 경우에는 「근로기준법」 제100조에서 정하는 기준을 준수하고, 건강과 안전을 지킬 수 있도록 하여야 한다(제22조의2 제1항).
③ 제24조 제1항
④ 제23조 제2항
⑤ 제24의2 제1항

02 외국인근로자의 고용 등에 관한 법령에 관한 설명으로 옳지 않은 것은? ▸ 공인노무사 제33회

① 「직업안정법」에 따른 직업안정기관이 아닌 자는 외국인근로자의 선발, 알선, 그 밖의 채용에 개입하여서는 아니 된다.
② 법무부장관은 송출국가가 송부한 송출대상 인력을 기초로 외국인구직자 명부를 작성하고, 관리하여야 한다.
③ 외국인근로자 고용허가를 최초로 받은 사용자는 노동관계법령·인권 등에 관한 교육을 받아야 한다.
④ 외국인근로자는 입국한 후 15일 이내에 외국인 취업교육을 받아야 한다.
⑤ 고용허가에 따라 체결된 근로계약의 효력발생 시기는 외국인근로자가 입국한 날로 한다.

해설 ① 제8조 제6항
② 고용노동부장관은 제4조 제2항 제3호에 따라 지정된 송출국가의 노동행정을 관장하는 정부기관의 장과 협의하여 대통령령으로 정하는 바에 따라 외국인구직자 명부를 작성하여야 한다. 다만, 송출국가에 노동행정을 관장하는 독립된 정부기관이 없을 경우 가장 가까운 기능을 가진 부서를 정하여 정책위원회의 심의를 받아 그 부서의 장과 협의한다(제7조 제1항).
③ 제11조의2 제1항
④ 외국인근로자는 입국한 후에 15일 이내에 한국산업인력공단 또는 제11조의3에 따른 외국인 취업교육기관에서 국내 취업활동에 필요한 사항을 주지(周知)시키기 위하여 실시하는 교육(이하 "외국인 취업교육"이라 한다)을 받아야 한다(제11조 제1항, 시행규칙 제10조).
⑤ 시행령 제17조 제1항

03 외국인근로자의 고용 등에 관한 법률에 관한 설명으로 옳지 않은 것은? ▸ 공인노무사 제32회

① 사용자는 외국인근로자의 귀국 시 필요한 비용에 충당하기 위해 보험 또는 신탁에 가입해야 한다.
② 외국인근로자를 고용하려는 자는 「직업안정법」에 따른 직업안정기관에 우선 내국인 구인신청을 하여야 한다.
③ 외국인근로자는 입국한 후에 국내 취업활동에 필요한 사항을 주지시키기 위하여 실시하는 교육을 받아야 한다.
④ 취업활동 기간이 연장되는 외국인근로자와 사용자는 연장된 취업활동 기간의 범위에서 근로계약을 체결할 수 있다.
⑤ 「선원법」의 적용을 받는 선박에 승무하는 선원 중 대한민국 국적을 가지지 아니한 선원에 대하여는 「외국인근로자의 고용 등에 관한 법률」을 적용하지 않는다.

해설 ① 외국인근로자는 귀국 시 필요한 비용에 충당하기 위하여 보험 또는 신탁에 가입하여야 한다(제15조 제1항).
② 제6조 제1항
③ 제11조 제1항
④ 제9조 제4항
⑤ 이 법은 외국인근로자 및 외국인근로자를 고용하고 있거나 고용하려는 사업 또는 사업장에 적용한다. 다만, 「선원법」의 적용을 받는 선박에 승무(乘務)하는 선원 중 대한민국 국적을 가지지 아니한 선원 및 그 선원을 고용하고 있거나 고용하려는 선박의 소유자에 대하여는 적용하지 아니한다(제3조 제1항).

정답 01 ② 02 ② 03 ①

04 **외국인근로자의 고용 등에 관한 법률에 관한 설명으로 옳지 않은 것은?** ▸공인노무사 제30회

① 외국인력정책위원회는 외국인근로자 도입 업종 및 규모 등에 관한 사항을 심의・의결한다.
② 외국인근로자를 고용하려는 자는 「직업안정법」에 따른 직업안정기관에 우선 내국인구인 신청을 하여야 한다.
③ 사용자는 외국인근로자가 외국인 취업교육을 받을 수 있도록 하여야 한다.
④ 외국인근로자를 고용한 사업 또는 사업장의 사용자는 외국인근로자의 출국 등에 따른 퇴직금 지급을 위하여 외국인근로자를 피보험자 또는 수익자로 하는 보험 또는 신탁에 가입하여야 한다.
⑤ 외국인근로자는 고용허가를 받은 날부터 5년의 범위에서 취업활동을 할 수 있다.

해설 ① 제4조 제2항 제2호
② 제6조 제1항
③ 제11조 제2항
④ 제13조 제1항
⑤ 외국인근로자는 입국한 날부터 3년의 범위에서 취업활동을 할 수 있다(제18조).

05 **외국인근로자의 고용 등에 관한 법률에 대한 설명으로 옳지 않은 것은?** ▸공인노무사 제29회

① 사용자가 법률에 따라 선정한 외국인 근로자를 고용하려면 고용노동부령으로 정하는 표준근로계약서를 사용하여 근로계약을 체결하여야 한다.
② 고용허가를 받은 사용자와 외국인근로자는 입국한 날부터 3년의 범위 내에서 당사자 간의 합의에 따라 근로계약을 체결하거나 갱신할 수 있다.
③ 사용자는 외국인근로자의 귀국 시 필요한 비용에 충당하기 위하여 보험에 가입하여야 한다.
④ 직업안정기관의 장은 사용자의 임금체불로 근로계약을 유지하기 어렵다고 인정되는 경우 외국인근로자 고용허가를 취소할 수 있다.
⑤ 직업안정기관의 장은 외국인근로자 고용허가 또는 특례고용가능확인을 받지 아니하고 외국인근로자를 고용한 자에 대하여 그 사실이 발생한 날부터 3년간 외국인근로자의 고용을 제한할 수 있다.

해설 ① 제9조 제1항
② 제9조 제3항
③ 외국인근로자는 귀국 시 필요한 비용에 충당하기 위하여 보험 또는 신탁에 가입하여야 한다(제15조 제1항).
④ 제19조 제1항 제3호
⑤ 제20조 제1항 제1호

06 **외국인근로자의 고용 등에 관한 법률에 대한 설명으로 옳지 않은 것은?** ▸공인노무사 제28회

① 사용자가 법률에 따라 선정한 외국인근로자를 고용하려면 고용노동부령으로 정하는 표준근로계약서를 사용하여 근로계약을 체결하여야 한다.

② 사용자는 외국인근로자와 근로계약을 체결하려는 경우 이를 한국산업인력공단 등에 대행하게 할 수 없다.

③ 외국인근로자와 근로계약을 체결한 사용자는 그 외국인근로자를 대리하여 법무부장관에게 사증발급인정서를 신청할 수 있다.

④ 취업활동 기간이 연장되는 외국인근로자와 사용자는 연장된 취업활동 기간의 범위에서 근로계약을 체결할 수 있다.

⑤ 직업안정기관이 아닌 자는 외국인근로자의 선발, 알선, 그 밖의 채용에 개입하여서는 아니 된다.

해설 ① 제9조 제1항
② 사용자는 제1항에 따른 근로계약을 체결하려는 경우 이를 한국산업인력공단에 대행하게 할 수 있다(제9조 제2항).
③ 제10조
④ 제9조 제4항
⑤ 제8조 제6항

07 **외국인근로자의 고용 등에 관한 법률의 내용으로 옳은 것은?** ▸공인노무사 제27회

① 외국인근로자의 고용관리 및 보호에 관한 주요 사항을 심의・의결하기 위하여 고용노동부장관 소속으로 외국인력 정책위원회를 둔다.

② 고용노동부장관은 외국인근로자 도입계획을 외국인력정책위원회의 심의・의결을 거쳐 매년 1월 31일까지 공표하여야 한다.

③ 외국인근로자를 고용하려는 자는 직업안정법에 따른 직업안정기관에 우선 내국인 구인 신청을 하여야 한다.

④ 사용자가 외국인근로자를 고용하려면 출입국관리법으로 정하는 표준근로계약서를 사용하여 근로계약을 체결하여야 한다.

⑤ 직업안정기관의 장은 고용허가를 받지 아니하고 외국인근로자를 고용한 사용자에 대하여 5년간 외국인근로자의 고용을 제한할 수 있다.

해설 ① 국무총리 소속(제4조 제1항)
② 3월 31일까지(제5조 제1항)
③ 제6조 제1항

정답 04 ⑤ 05 ③ 06 ② 07 ③

④ 사용자가 제8조 제4항에 따라 선정한 외국인근로자를 고용하려면 고용노동부령으로 정하는 표준근로 계약서를 사용하여 근로계약을 체결하여야 한다(제9조 제1항).
⑤ 3년간 외국인근로자의 고용을 제한할 수 있다(제20조 제1항).

08 외국인근로자의 고용 등에 관한 법률의 내용으로 옳지 않은 것은? ▸ 공인노무사 제26회

① 사용자는 외국인근로자가 근로관계의 종료, 체류기간의 만료 등으로 귀국하는 경우에는 귀국하기 전에 임금 등 금품관계를 청산하는 등 필요한 조치를 하여야 한다.
② 이 법은 선원법의 적용을 받는 선박에 승무(乘務)하는 선원 중 대한민국 국적을 가지지 아니한 선원에게 적용된다.
③ 외국인력정책위원회는 외국인근로자를 송출할 수 있는 국가의 지정 및 지정취소에 관한 사항을 심의・의결한다.
④ 사용자의 임금체불로 근로계약을 유지하기 어렵다고 인정되는 경우 직업안정기관의 장은 외국인근로자 고용허가를 취소할 수 있다.
⑤ 외국인근로자는 귀국 시 필요한 비용에 충당하기 위하여 보험 또는 신탁에 가입하여야 한다.

해설 ① 제16조
② 이 법은 외국인근로자 및 외국인근로자를 고용하고 있거나 고용하려는 사업 또는 사업장에 적용한다. 다만, 「선원법」의 적용을 받는 선박에 승무(乘務)하는 선원 중 대한민국 국적을 가지지 아니한 선원 및 그 선원을 고용하고 있거나 고용하려는 선박의 소유자에 대하여는 적용하지 아니한다(제3조 제1항).
③ 제4조 제2항
④ 제19조 제1항
⑤ 제15조 제1항

09 외국인근로자의 고용 등에 관한 법률에 관한 설명으로 옳지 않은 것은? ▸ 공인노무사 제25회

① 직업안정법에 따른 직업안정기관이 아닌 자는 외국인근로자의 선발, 알선, 그 밖의 채용에 개입하여서는 아니 된다.
② 사용자는 외국인근로자가 외국인 취업교육을 받을 수 있도록 하여야 한다.
③ 직업안정법에 따른 직업안정기관의 장은 외국인근로자의 고용 등에 관한 법률을 위반하여 처벌을 받은 사용자에 대하여 그 사실이 발생한 날부터 3년간 외국인근로자의 고용을 제한할 수 있다.
④ 사용자는 외국인근로자가 근로관계의 종료로 귀국하는 경우에는 귀국하기 전에 임금 등 금품관계를 청산하는 등 필요한 조치를 하여야 한다.

⑤ 사용자가 외국인근로자와의 근로계약을 해지하고자 할 때에는 고용노동부령으로 정하는 바에 따라 직업안정기관의 장의 허가를 받아야 한다.

해설 ① 제8조 제6항
② 제11조 제2항
③ 직업안정기관의 장은 다음 각 호의 어느 하나에 해당하는 사용자에 대하여 그 사실이 발생한 날부터 3년간 외국인근로자의 고용을 제한할 수 있다(제20조 제1항).
1. 제8조 제4항에 따른 고용허가 또는 제12조 제3항에 따른 특례고용가능확인을 받지 아니하고 외국인근로자를 고용한 자
2. 제19조 제1항에 따라 외국인근로자의 고용허가나 특례고용가능확인이 취소된 자
3. 이 법 또는 「출입국관리법」을 위반하여 처벌을 받은 자
3의2. 외국인근로자의 사망으로 「산업안전보건법」 제167조 제1항에 따른 처벌을 받은 자
4. 그 밖에 대통령령으로 정하는 사유에 해당하는 자
④ 사용자는 외국인근로자가 근로관계의 종료, 체류기간의 만료 등으로 귀국하는 경우에는 귀국하기 전에 임금 등 금품관계를 청산하는 등 필요한 조치를 하여야 한다(제16조).
⑤ 사용자는 외국인근로자와의 근로계약을 해지하거나 그 밖에 고용과 관련된 중요 사항을 변경하는 등 대통령령으로 정하는 사유가 발생하였을 때에는 고용노동부령으로 정하는 바에 따라 직업안정기관의 장에게 신고하여야 한다(제17조 제1항).

10 **외국인근로자의 고용 등에 관한 법률에 관한 설명으로 옳지 않은 것은?** ▸공인노무사 제24회

① 외국인근로자를 고용하려는 자는 직업안정기관에 우선 내국인 구인 신청을 하여야 한다.
② 직업안정기관이 아닌 자는 외국인근로자의 선발, 알선, 그 밖의 채용에 개입하여서는 아니 된다.
③ 사용자는 외국인근로자라는 이유로 부당하게 차별하여 처우하여서는 아니 된다.
④ 사용자가 정당한 사유로 근로계약기간 중 근로계약을 해지하려고 하는 경우에도 외국인근로자는 직업안정기관의 장에게 다른 사업 또는 사업장으로서의 변경을 신청할 수 없다.
⑤ 외국인근로자를 고용한 사업 또는 사업장의 사용자는 외국인근로자의 출국 등에 따른 퇴직금 지급을 위하여 외국인근로자를 피보험자 또는 수익자로 하는 보험 또는 신탁에 가입하여야 한다.

해설 ① 외국인근로자를 고용하려는 자는 「직업안정법」 제2조의2 제1호에 따른 직업안정기관(이하 "직업안정기관"이라 한다)에 우선 내국인 구인 신청을 하여야 한다(제6조 제1항).
② 직업안정기관이 아닌 자는 외국인근로자의 선발, 알선, 그 밖의 채용에 개입하여서는 아니 된다(제8조 제6항).
③ 사용자는 외국인근로자라는 이유로 부당하게 차별하여 처우하여서는 아니 된다(제22조).

정답 08 ② 09 ⑤ 10 ④

④ 외국인근로자(제12조 제1항에 따른 외국인근로자는 제외한다)는 다음 각 호의 어느 하나에 해당하는 사유가 발생한 경우에는 고용노동부령으로 정하는 바에 따라 직업안정기관의 장에게 다른 사업 또는 사업장으로의 변경을 신청할 수 있다(제25조 제1항).

1. 사용자가 정당한 사유로 근로계약기간 중 근로계약을 해지하려고 하거나 근로계약이 만료된 후 갱신을 거절하려는 경우
2. 휴업, 폐업, 제19조 제1항에 따른 고용허가의 취소, 제20조 제1항에 따른 고용의 제한, 제22조의2를 위반한 기숙사의 제공, 사용자의 근로조건 위반 또는 부당한 처우 등 외국인근로자의 책임이 아닌 사유로 인하여 사회통념상 그 사업 또는 사업장에서 근로를 계속할 수 없게 되었다고 인정하여 고용노동부장관이 고시한 경우
3. 그 밖에 대통령령으로 정하는 사유가 발생한 경우

⑤ 외국인근로자를 고용한 사업 또는 사업장의 사용자는 외국인근로자의 출국 등에 따른 퇴직금 지급을 위하여 외국인근로자를 피보험자 또는 수익자로 하는 보험 또는 신탁에 가입하여야 한다. 이 경우 보험료 또는 신탁금은 매월 납부하거나 위탁하여야 한다(제13조 제1항).

11 외국인근로자의 고용 등에 관한 법률상 취업활동 기간 제한의 특례에 관한 내용이다. ( )에 들어갈 내용을 옳게 나열한 것은?

▸ 공인노무사 제33회

> 고용허가를 받은 사용자에게 고용된 외국인근로자로서 취업활동 기간 (ㄱ)이 만료되어 출국하기 전에 사용자가 고용노동부장관에게 재고용 허가를 요청한 근로자는 한 차례만 (ㄴ) 미만의 범위에서 취업활동 기간을 연장받을 수 있다.

① ㄱ : 2년, ㄴ : 1년
② ㄱ : 2년, ㄴ : 2년
③ ㄱ : 3년, ㄴ : 1년
④ ㄱ : 3년, ㄴ : 2년
⑤ ㄱ : 3년, ㄴ : 3년

해설 다음 각 호의 외국인근로자는 제18조에도 불구하고 한 차례만 2년 미만의 범위에서 취업활동 기간을 연장받을 수 있다(제18조의2 제1항).

1. 제8조 제4항에 따른 고용허가를 받은 사용자에게 고용된 외국인근로자로서 제18조에 따른 취업활동기간 3년이 만료되어 출국하기 전에 사용자가 고용노동부장관에게 재고용 허가를 요청한 근로자
2. 제12조 제3항에 따른 특례고용가능확인을 받은 사용자에게 고용된 외국인근로자로서 제18조에 따른 취업활동 기간 3년이 만료되어 출국하기 전에 사용자가 고용노동부장관에게 재고용 허가를 요청한 근로자

12 **외국인근로자의 고용 등에 관한 법률상 외국인근로자 고용허가의 취소나 고용의 제한에 관한 설명으로 옳지 않은 것은?** ▸공인노무사 제34회

① 직업안정기관의 장은 거짓으로 고용허가를 받은 경우 고용허가를 취소할 수 있다.
② 직업안정기관의 장은 사용자가 입국 전에 계약한 임금 또는 그 밖의 근로조건을 위반하는 경우 고용허가를 취소할 수 있다.
③ 직업안정기관의 장은 사용자의 임금체불로 근로계약을 유지하기 어렵다고 인정되는 경우 고용허가를 취소할 수 있다.
④ 외국인근로자 고용허가가 취소된 사용자는 취소된 날부터 15일 이내에 그 외국인근로자와의 근로계약을 종료하여야 한다.
⑤ 직업안정기관의 장은 「출입국관리법」을 위반하여 처벌을 받은 사용자에 대하여 그 사실이 발생한 날부터 5년간 외국인근로자의 고용을 제한하여야 한다.

해설 ①·②·③·④ 제19조

> 제19조(외국인근로자 고용허가 또는 특례고용가능확인의 취소)
> ① 직업안정기관의 장은 다음 각 호의 어느 하나에 해당하는 사용자에 대하여 대통령령으로 정하는 바에 따라 제8조제4항에 따른 고용허가나 제12조제3항에 따른 특례고용가능확인을 취소할 수 있다.
> 1. 거짓이나 그 밖의 부정한 방법으로 고용허가나 특례고용가능확인을 받은 경우
> 2. 사용자가 입국 전에 계약한 임금 또는 그 밖의 근로조건을 위반하는 경우
> 3. 사용자의 임금체불 또는 그 밖의 노동관계법 위반 등으로 근로계약을 유지하기 어렵다고 인정되는 경우
>
> ② 제1항에 따라 외국인근로자 고용허가나 특례고용가능확인이 취소된 사용자는 취소된 날부터 15일 이내에 그 외국인근로자와의 근로계약을 종료하여야 한다.

⑤ 직업안정기관의 장은 다음 각 호의 어느 하나에 해당하는 사용자에 대하여 그 사실이 발생한 날부터 3년간 외국인근로자의 고용을 제한할 수 있다(제20조 제1항).
1. 제8조 제4항에 따른 고용허가 또는 제12조 제3항에 따른 특례고용가능확인을 받지 아니하고 외국인근로자를 고용한 자
2. 제19조 제1항에 따라 외국인근로자의 고용허가나 특례고용가능확인이 취소된 자
3. 이 법 또는 「출입국관리법」을 위반하여 처벌을 받은 자
3의2. 외국인근로자의 사망으로 「산업안전보건법」 제167조 제1항에 따른 처벌을 받은 자
4. 그 밖에 대통령령으로 정하는 사유에 해당하는 자(시행령 제25조)

정답 11 ④ 12 ⑤

13 **외국인근로자의 고용 등에 관한 법령에 대한 설명으로 옳지 않은 것은?** ▸공인노무사 제31회

① 직업안정기관의 장은 「출입국관리법」을 위반하여 처벌을 받은 사용자에 대하여 그 사실이 발생한 날부터 6년간 외국인근로자의 고용을 제한할 수 있다.

② 고용허가서를 발급받은 날부터 6개월 이내에 내국인근로자를 고용조정으로 이직시킨 사용자는 외국인근로자의 고용이 제한될 수 있다.

③ 고용허가서를 발급받은 사용자는 고용허가서 발급일로부터 3개월 이내에 외국인근로자와 근로계약을 체결하여야 한다.

④ 외국인근로자는 입국한 날부터 3년의 범위에서 취업활동을 할 수 있다.

⑤ 외국인근로자를 고용하려는 자는 「직업안정법」에 따른 직업안정기관에 우선 내국인 구인신청을 하여야 한다.

해설 ①·② 제20조 제1항

제20조(외국인근로자 고용의 제한) 제1항

직업안정기관의 장은 다음 각 호의 어느 하나에 해당하는 사용자에 대하여 그 사실이 발생한 날부터 3년간 외국인근로자의 고용을 제한할 수 있다.

1. 제8조 제4항에 따른 고용허가 또는 제12조 제3항에 따른 특례고용가능확인을 받지 아니하고 외국인근로자를 고용한 자
2. 제19조 제1항에 따라 외국인근로자의 고용허가나 특례고용가능확인이 취소된 자
3. 이 법 또는 「출입국관리법」을 위반하여 처벌을 받은 자

3의2. 외국인근로자의 사망으로 「산업안전보건법」 제167조 제1항에 따른 처벌을 받은 자

4. 그 밖에 대통령령으로 정하는 사유에 해당하는 자

시행령 제25조(외국인근로자 고용의 제한)

법 제20조 제1항 제4호에서 "대통령령으로 정하는 사유에 해당하는 자"란 다음 각 호의 어느 하나에 해당하는 자를 말한다.

1. 법 제8조에 따라 고용허가서를 발급받은 날 또는 법 제12조에 따라 외국인근로자의 근로가 시작된 날부터 6개월 이내에 내국인근로자를 고용조정으로 이직시킨 자
2. 외국인근로자로 하여금 근로계약에 명시된 사업 또는 사업장 외에서 근로를 제공하게 한 자
3. 법 제9조 제1항에 따른 근로계약이 체결된 이후부터 법 제11조에 따른 외국인 취업교육을 마칠 때까지의 기간 동안 경기의 변동, 산업구조의 변화 등에 따른 사업 규모의 축소, 사업의 폐업 또는 전환, 감염병 확산으로 인한 항공기 운항 중단 등과 같은 불가피한 사유가 없음에도 불구하고 근로계약을 해지한 자

③ 시행령 제14조 제1항

④ 제18조

⑤ 제6조 제1항

정답 13 ①

PART 03
집단적 노사관계법

Chapter 01 노동조합 및 노동관계조정법
Chapter 02 노동위원회법
Chapter 03 근로자참여 및 협력증진에 관한 법률
Chapter 04 교원의 노동조합 설립 및 운영 등에 관한 법률
Chapter 05 공무원의 노동조합 설립 및 운영 등에 관한 법률

Chapter 01 노동조합 및 노동관계조정법

Section 01 총설

01 **노동조합 및 노동관계조정법에 관한 설명으로 옳지 않은 것은? (다툼이 있으면 판례에 따름)**

▸공인노무사 제30회

① 사용자라 함은 사업주, 사업의 경영담당자 또는 그 사업의 근로자에 관한 사항에 대하여 사업주를 위하여 행동하는 자를 말한다.

② 사용자단체라 함은 노동관계에 관하여 그 구성원인 사용자에 대하여 조정 또는 규제할 수 있는 권한을 가진 사용자의 단체를 말한다.

③ 노동조합 및 노동관계조정법상 근로자에 해당하는지는 근로조건을 보호할 필요성이 있는지의 관점에서 판단하여야 하므로, 동법상의 근로자는 근로기준법상 근로자에 한정된다.

④ 노동조합에 대하여는 그 사업체를 제외하고는 세법이 정하는 바에 따라 조세를 부과하지 아니한다.

⑤ 이 법에 의하여 설립된 노동조합이 아니면 노동위원회에 노동쟁의의 조정 및 부당노동행위의 구제를 신청할 수 없다.

해설 ① 제2조 제2호

② 제2조 제3호

③ 노동조합법은 개별적 근로관계를 규율하기 위해 제정된 근로기준법과 달리, 헌법에 의한 근로자의 노동3권 보장을 통해 근로조건의 유지·개선과 근로자의 경제적·사회적 지위 향상 등을 목적으로 제정되었다. 이러한 노동조합법의 입법 목적과 근로자에 대한 정의 규정 등을 고려하면, **노동조합법상 근로자에 해당하는지는 노무제공관계의 실질에 비추어 노동3권을 보장할 필요성이 있는지의 관점에서 판단하여야 하고, 반드시 근로기준법상 근로자에 한정된다고 할 것은 아니다**(대판 2018.6.15, 2014두12598·12604).

④ 제8조

⑤ 제7조 제1항

02 **노동조합 및 노동관계조정법령상 근로자와 사용자에 관한 설명으로 옳지 않은 것은? (다툼이 있으면 판례에 따름)** ▸ 공인노무사 제28회

① 구직 중인 자도 노동3권을 보장할 필요성이 있는 한 근로자에 포함된다.

② 근로자란 직업의 종류를 불문하고 임금·급료 기타 이에 준하는 수입에 의하여 생활하는 자를 말한다.

③ 노동위원회의 부당노동행위 구제명령을 이행할 수 있는 법률적 또는 사실적인 권한이나 능력을 가지는 지위에 있더라도 직접고용관계에 있지 않는 한 사용자에 해당한다고 볼 수 없다.

④ 사용자는 근로자의 인사, 급여, 후생, 노무관리 등 근로조건 결정 또는 업무상 명령이나 지휘감독을 하는 등의 사항에 대하여 사업주로부터 일정한 권한과 책임을 부여받은 자를 포함한다.

⑤ 근로자에 해당하는지는 노무제공관계의 실질에 비추어 판단하여야 하고 반드시 근로기준법상 근로자에 한정된다고 할 것은 아니다.

해설 ① 노조법에서 말하는 '임금·급료 기타 이에 준하는 수입에 의해 생활하는 자'에는 특정한 사용자에게 고용되어 현실적으로 취업하고 있는 자뿐만 아니라 일시적으로 실업상태에 있는 자나 구직 중인 자도 노동3권을 보장할 필요가 있는 근로자 범위에 포함된다고 본다(대판 2004.2.27, 2001두8568).

② 제2조 제1호

③ 근로자의 기본적인 노동조건 등에 관하여 그 근로자를 고용한 사업주로서의 권한과 책임을 일정 부분 담당하고 있다고 볼 정도로 실질적이고 구체적으로 지배·결정할 수 있는 지위에 있는 자가, 노동조합을 조직 또는 운영하는 것을 지배하거나 이에 개입하는 등으로 노동조합 및 노동관계조정법 제81조 제4호에서 정한 행위를 하였다면, 그 시정을 명하는 구제명령을 이행하여야 할 사용자에 해당한다(대판 2010.3.25, 2007두8881).

④ 구 노동조합법 제5조(사용자 정의) 소정의 근로자에 관한 사항에 대하여 사업주를 위하여 행동하는 자라 함은 근로자의 인사, 급여, 후생, 노무관리 등 근로조건 결정 또는 업무상의 명령이나 지휘감독을 하는 등의 사항에 대하여 사업주로부터 일정한 권한과 책임을 부여받은 자를 말한다(대판 1989.11.14, 88누6924).

⑤ 노동조합법상 근로자에 해당하는지는, 노무제공자의 소득이 특정 사업자에게 주로 의존하고 있는지, 노무를 제공받는 특정 사업자가 보수를 비롯하여 노무제공자와 체결하는 계약 내용을 일방적으로 결정하는지 등을 종합적으로 고려하여 판단하여야 한다. 노동조합법은 개별적 근로관계를 규율하기 위해 제정된 근로기준법과 달리, 헌법에 의한 근로자의 노동3권 보장을 통해 근로조건의 유지·개선과 근로자의 경제적·사회적 지위 향상 등을 목적으로 제정되었다. 이러한 노동조합법의 입법 목적과 근로자에 대한 정의 규정 등을 고려하면, 노동조합법상 근로자에 해당하는지는 노무제공관계의 실질에 비추어 노동3권을 보장할 필요성이 있는지의 관점에서 판단하여야 하고, 반드시 근로기준법상 근로자에 한정된다고 할 것은 아니다(대판 2018.10.12, 2015두38092).

정답 01 ③ 02 ③

Section 02 노동조합

01 노동조합 및 노동관계조정법령상 노동조합에 관한 설명으로 옳지 않은 것은?

▸ 공인노무사 제33회

① 사업 또는 사업장에 종사하는 근로자(이하 "종사근로자"라 한다)인 조합원이 해고되어 노동위원회에 부당노동행위의 구제신청을 한 경우에는 중앙노동위원회의 재심판정이 있을 때까지 종사근로자로 본다.

② 법인인 노동조합이 주된 사무소를 이전한 경우 해당 노동조합의 대표자는 이전 후 3주일 이내에 종전 소재지 또는 새 소재지에서 새 소재지와 이전 연월일을 등기해야 한다.

③ 노동조합에 대하여는 그 사업체를 제외하고는 세법이 정하는 바에 따라 조세를 부과하지 아니한다.

④ 노동조합의 대표자는 명칭이 변경된 경우에는 그 변경이 있는 날부터 3주 이내에 변경등기를 해야 한다.

⑤ 노동조합 및 노동관계조정법에 의하여 설립된 노동조합이 아니면 노동조합이라는 명칭을 사용할 수 없다.

해설 ① 제5조 제3항

② 시행령 제5조

③ 제8조

④ 노동조합의 대표자는 시행령 제3조 각 호의 등기사항이 변경된 경우에는 그 변경 후 3주일 이내에 주된 사무소의 소재지에서 변경사항을 등기해야 한다(시행령 제6조).

> **제13조(변경사항의 신고등)**
>
> ① 노동조합은 제10조 제1항의 규정에 의하여 설립신고된 사항 중 다음 각 호의 1에 해당하는 사항에 변경이 있는 때에는 그 날부터 30일 이내에 행정관청에게 변경신고를 하여야 한다.
>
> 1. 명칭
> 2. 주된 사무소의 소재지
> 3. 대표자의 성명
> 4. 소속된 연합단체의 명칭

⑤ 제7조 제3항

02 노동조합 및 노동관계조정법상 노동조합의 설립에 관한 설명으로 옳지 않은 것은?

▸ 공인노무사 제33회

① 노동조합의 설립신고서에는 목적과 사업을 기재해야 한다.

② 노동조합은 매년 1월 31일까지 전년도 12월 31일 현재의 조합원수를 행정관청에 통보하여야 한다.

③ 노동조합이 신고증을 교부받은 경우에는 설립신고서가 접수된 때에 설립된 것으로 본다.

④ 행정관청은 설립신고서 또는 규약이 기재사항의 누락등으로 보완이 필요한 경우에는 대통령령이 정하는 바에 따라 20일 이내의 기간을 정하여 보완을 요구하여야 한다.

⑤ 행정관청은 설립하고자 하는 노동조합이 근로자가 아닌 자의 가입을 허용하는 경우 설립신고서를 반려하여야 한다.

해설 ① 노동조합을 설립하고자 하는 자는 다음 각 호의 사항을 기재한 신고서에 규약을 첨부하여 연합단체인 노동조합과 2 이상의 특별시·광역시·특별자치시·도·특별자치도에 걸치는 단위노동조합은 **고용노동부장관**에게, 2 이상의 시·군·구(자치구를 말한다)에 걸치는 단위노동조합은 **특별시장·광역시장·도지사**에게, 그 외의 노동조합은 **특별자치시장·특별자치도지사·시장·군수·구청장**(자치구의 구청장을 말한다)에게 제출하여야 한다(제10조 제1항).

1. 명칭
2. 주된 사무소의 소재지
3. 조합원수
4. 임원의 성명과 주소
5. 소속된 연합단체가 있는 경우에는 그 명칭
6. 연합단체인 노동조합에 있어서는 그 구성노동단체의 명칭, 조합원수, 주된 사무소의 소재지 및 임원의 성명·주소

> **시행령 제3조(등기사항)**
> 제2조에 따른 등기사항은 다음 각 호와 같다.
> 1. 명칭
> 2. 주된 사무소의 소재지
> 3. 목적 및 사업
> 4. 대표자의 성명 및 주소
> 5. 해산사유를 정한 때에는 그 사유

② 노동조합은 매년 1월 31일까지 다음 각 호의 사항을 행정관청에게 통보하여야 한다. 다만, 제1항의 규정에 의하여 전년도에 변경 신고된 사항은 그러하지 아니하다(제13조 제2항).

1. 전년도에 규약의 변경이 있는 경우에는 변경된 규약내용
2. 전년도에 임원의 변경이 있는 경우에는 변경된 임원의 성명
3. 전년도 12월 31일 현재의 조합원수(연합단체인 노동조합에 있어서는 구성단체별 조합원수)

③ 제12조 제4항

④ 제12조 제2항

⑤ 제12조 제3항

정답 01 ④ 02 ①

03 노동조합 및 노동관계조정법상 노동조합의 관리에 관한 설명으로 옳은 것은?

▸ 공인노무사 제33회

① 노동조합은 조합원 명부를 3년간 보존하여야 한다.
② 예산·결산에 관한 사항은 총회에서 재적조합원 과반수의 출석과 출석조합원 3분의 2 이상의 찬성으로 의결한다.
③ 하나의 사업 또는 사업장을 대상으로 조직된 노동조합의 대의원은 그 사업 또는 사업장에 종사하는 조합원 중에서 선출하여야 한다.
④ 노동조합의 대표자는 대의원의 3분의 1 이상이 회의에 부의할 사항을 제시하고 회의의 소집을 요구한 때에는 15일 이내에 임시대의원회를 소집하여야 한다.
⑤ 행정관청은 노동조합에 총회의 소집권자가 없는 경우에 조합원의 3분의 1 이상이 회의에 부의할 사항을 제시하고 소집권자의 지명을 요구한 때에는 지체 없이 회의의 소집권자를 지명하여야 한다.

해설 ① 회의록과 재정에 관한 장부와 서류는 3년간 보존하여야 한다(제14조 제2항).
② 예산·결산에 관한 사항은 일반의결정족수로 의결한다(제16조 제2항).
③ 제17조 제3항
④ 노동조합의 대표자는 조합원 또는 대의원의 3분의 1 이상(연합단체인 노동조합에 있어서는 그 구성단체의 3分의 1 이상)이 회의에 부의할 사항을 제시하고 회의의 소집을 요구한 때에는 지체 없이 임시총회 또는 임시대의원회를 소집하여야 한다(제18조 제2항).
⑤ 행정관청은 노동조합에 총회 또는 대의원회의 소집권자가 없는 경우에 조합원 또는 대의원의 3분의 1 이상이 회의에 부의할 사항을 제시하고 소집권자의 지명을 요구한 때에는 15일 이내에 회의의 소집권자를 지명하여야 한다(제18조 제4항).

04 노동조합 및 노동관계조정법령상 근로시간면제심의위원회에 관한 설명으로 옳은 것은?

▸ 공인노무사 제33회

① 근로시간면제심의위원회는 근로시간 면제 한도를 심의·의결하고, 3년마다 그 적정성 여부를 재심의하여 의결해야 한다.
② 근로시간면제심의위원회 위원장은 근로시간면제심의위원회가 의결한 사항을 고용노동부장관에게 즉시 통보하여야 한다.
③ 근로시간면제심의위원회 위원의 임기는 3년으로 한다.
④ 근로시간면제심의위원회의 위원은 임기가 끝났더라도 후임자가 위촉될 때까지 계속하여 그 직무를 수행한다.
⑤ 근로시간면제심의위원회는 경제사회노동위원회 위원장으로부터 근로시간 면제 한도를 정하기 위한 심의 요청을 받은 때에는 그 심의 요청을 받은 날부터 90일 이내에 심의·의결해야 한다.

해설 ① 근로시간면제심의위원회는 근로시간 면제 한도를 심의·의결하고, 3년마다 그 적정성 여부를 재심의하여 의결할 수 있다(제24조의2 제2항).
② 경제사회노동위원회 위원장은 제24조의2 제2항에 따라 위원회가 의결한 사항을 고용노동부장관에게 즉시 통보하여야 한다(제24조의2 제3항).
③ 근로시간면제심의위원회 위원의 임기는 2년으로 한다(시행령 제11조의5 제1항).
④ 시행령 제11조의5 제3항
⑤ 근로시간면제심의위원회는 경제사회노동위원회 위원장으로부터 근로시간 면제 한도를 정하기 위한 심의 요청을 받은 때에는 그 심의 요청을 받은 날부터 60일 이내에 심의·의결해야 한다(시행령 제11조의6 제1항).

PART 03

05 노동조합 및 노동관계조정법령상 노동조합의 관리에 관한 설명으로 옳지 않은 것은?

▸ 공인노무사 제33회

① 근로자는 사용자의 동의가 있는 경우에는 사용자로부터 급여를 지급받으면서 근로계약 소정의 근로를 제공하지 아니하고 노동조합의 업무에 종사할 수 있다.
② 노동조합이 특정 조합원에 관한 사항을 의결할 경우에는 그 조합원은 표결권이 없다.
③ 노동조합의 대표자는 그 회계감사원으로 하여금 회계연도마다 당해 노동조합의 모든 재원 및 용도, 주요한 기부자의 성명, 현재의 경리 상황등에 대한 회계감사를 실시하게 하고 그 내용과 감사결과를 전체 조합원에게 공개하여야 한다.
④ 노동조합의 대표자는 회계연도마다 결산결과와 운영상황을 공표하여야 하며 조합원의 요구가 있을 때에는 이를 열람하게 하여야 한다.
⑤ 행정관청은 노동조합으로부터 결산결과 또는 운영상황의 보고를 받으려는 경우에는 그 사유와 그 밖에 필요한 사항을 적은 서면으로 10일 이전에 요구해야 한다.

해설 ① 제24조 제1항
② 제20조
③ 노동조합의 대표자는 그 회계감사원으로 하여금 6월에 1회 이상 당해 노동조합의 모든 재원 및 용도, 주요한 기부자의 성명, 현재의 경리 상황 등에 대한 회계감사를 실시하게 하고 그 내용과 감사결과를 전체 조합원에게 공개하여야 한다(제25조 제1항).
④ 제26조
⑤ 시행령 제12조

정답 03 ③ 04 ④ 05 ③

06 **노동조합 및 노동관계조정법령상 연합단체인 노동조합의 설립 및 관리에 관한 설명으로 옳지 않은 것은?** ▸ 공인노무사 제34회

① 연합단체인 노동조합을 설립하고자 하는 자는 신고서에 규약을 첨부하여 특별시장・광역시장・도지사에게 제출하여야 한다.

② 총연합단체인 노동조합은 해당 노동조합에 가입한 노동조합의 활동에 대하여 협조・지원 또는 지도할 수 있다.

③ 단위노동조합이 산업별 연합단체인 노동조합에 가입한 경우에는 해당 노동조합은 소속 산업별 연합단체인 노동조합의 규약이 정하는 의무를 성실하게 이행해야 한다.

④ 연합단체인 노동조합은 동종산업의 단위노동조합을 구성원으로 하는 산업별 연합단체와 산업별 연합단체 또는 전국규모의 산업별 단위노동조합을 구성원으로 하는 총연합단체를 말한다.

⑤ 연합단체인 노동조합은 조합설립일부터 30일 이내에 구성단체의 명칭을 기재한 명부를 작성하여 그 주된 사무소에 비치하여야 한다.

해설 ① 노동조합을 설립하고자 하는 자는 다음 각호의 사항을 기재한 신고서에 제11조의 규정에 의한 규약을 첨부하여 연합단체인 노동조합과 2 이상의 특별시・광역시・특별자치시・도・특별자치도에 걸치는 단위노동조합은 고용노동부장관에게, 2 이상의 시・군・구(자치구를 말한다)에 걸치는 단위노동조합은 특별시장・광역시장・도지사에게, 그 외의 노동조합은 특별자치시장・특별자치도지사・시장・군수・구청장(자치구의 구청장을 말한다. 이하 제12조 제1항에서 같다)에게 제출하여야 한다(제10조 제1항).

1. 명칭
2. 주된 사무소의 소재지
3. 조합원수
4. 임원의 성명과 주소
5. 소속된 연합단체가 있는 경우에는 그 명칭
6. 연합단체인 노동조합에 있어서는 그 구성노동단체의 명칭, 조합원수, 주된 사무소의 소재지 및 임원의 성명・주소

② 시행령 제8조 제2항

③ 시행령 제8조 제1항

④ 제10조 제2항

⑤ 노동조합은 조합설립일부터 30일 이내에 다음 각호의 서류를 작성하여 그 주된 사무소에 비치하여야 한다(제14조 제1항).

1. 조합원 명부(聯合團體인 勞動組合에 있어서는 그 構成團體의 명칭)
2. 규약
3. 임원의 성명・주소록
4. 회의록
5. 재정에 관한 장부와 서류

07 노동조합 및 노동관계조정법령상 노동조합의 해산에 관한 설명으로 옳지 않은 것은?

▸ 공인노무사 제33회

① 노동조합의 임원이 없고 계속하여 1년 이상 조합원으로부터 조합비를 징수한 사실이 없어서 행정관청이 노동위원회의 의결을 얻은 경우 노동조합은 해산한다.
② 합병 또는 분할로 소멸한 경우 노동조합은 해산한다.
③ 총회 또는 대의원회의 해산결의가 있는 경우 노동조합은 해산한다.
④ 규약에서 정한 해산사유가 발생하여 노동조합이 해산한 때에는 그 대표자는 해산한 날부터 15일 이내에 행정관청에게 이를 신고하여야 한다.
⑤ 노동조합의 해산사유가 있는 경우, 노동위원회가 의결을 할 때에는 해산사유 발생일 이후의 해당 노동조합의 활동을 고려하여야 한다.

해설 ①·②·③ 제28조 제1항

> **제28조(해산사유) 제1항**
> 노동조합은 다음 각 호의 1에 해당하는 경우에는 해산한다.
> 1. 규약에서 정한 해산사유가 발생한 경우
> 2. 합병 또는 분할로 소멸한 경우
> 3. 총회 또는 대의원회의 해산결의가 있는 경우
> 4. 노동조합의 임원이 없고 노동조합으로서의 활동을 1년 이상 하지 아니한 것으로 인정되는 경우로서 행정관청이 노동위원회의 의결을 얻은 경우
>
> **시행령 제13조 제1항**
> 법 제28조 제1항 제4호에서 "노동조합으로서의 활동을 1년 이상 하지 아니한 것으로 인정되는 경우"란 계속하여 1년 이상 조합원으로부터 조합비를 징수한 사실이 없거나 총회 또는 대의원회를 개최한 사실이 없는 경우를 말한다.

④ 제1항 제1호 내지 제3호의 사유로 노동조합이 해산한 때에는 그 대표자는 해산한 날부터 15일 이내에 행정관청에게 이를 신고하여야 한다(제28조 제2항).
⑤ 법 제28조 제1항 제4호에 따른 노동조합의 해산사유가 있는 경우에는 행정관청이 관할 노동위원회의 의결을 얻은 때에 해산된 것으로 본다(시행령 제13조 제2항). 노동위원회는 제2항에 따른 의결을 할 때에는 법 제28조 제1항 제4호에 따른 해산사유 발생일 이후의 해당 노동조합의 활동을 고려해서는 아니 된다(시행령 제13조 제3항).

정답 06 ① 07 ⑤

08 노동조합 및 노동관계조정법상 총회 및 대의원회의 회의 등에 관한 설명으로 옳지 않은 것은?

▸ 공인노무사 제32회

① 총회에서 임원의 선임에 관한 사항을 의결할 때에는 재적조합원 과반수의 출석과 출석조합원 3분의 2 이상의 찬성이 있어야 한다.
② 연합단체인 노동조합의 대표자는 그 구성단체의 3분의 1 이상이 회의에 부의할 사항을 제시하고 회의의 소집을 요구한 때에는 지체 없이 임시총회 또는 임시대의원회를 소집하여야 한다.
③ 노동조합이 특정 조합원에 관한 사항을 의결할 경우에는 그 조합원은 표결권이 없다.
④ 하나의 사업 또는 사업장을 대상으로 조직된 노동조합의 대의원은 그 사업 또는 사업장에 종사하는 조합원 중에서 선출하여야 한다.
⑤ 대의원회는 회의개최일 7일전까지 그 회의에 부의할 사항을 공고하여야 하나, 노동조합이 동일한 사업장내의 근로자로 구성된 경우에는 그 규약으로 공고기간을 단축할 수 있다.

해설 ① 총회는 재적조합원 과반수의 출석과 출석조합원 과반수의 찬성으로 의결한다. 다만, 규약의 제정・변경, 임원의 해임, 합병・분할・해산 및 조직형태의 변경에 관한 사항은 재적조합원 과반수의 출석과 출석조합원 3분의 2 이상의 찬성이 있어야 한다(제16조 제2항).
② 제18조 제2항
③ 제20조
④ 제17조 제3항
⑤ 제19조

09 노동조합 및 노동관계조정법상 근로시간 면제에 관한 설명으로 옳은 것은 몇 개인가?

▸ 공인노무사 제32회

- 근로시간면제심의위원회는 「노동위원회법」에 따른 중앙노동위원회에 둔다.
- 고용노동부장관이 고시한 근로시간 면제 한도를 초과하는 내용의 단체협약은 그 초과한 부분에 한정하여 무효로 한다.
- 근로시간면제심의위원회는 성별을 고려하여 구성한다.
- 고용노동부장관은 통보받은 근로시간 면제 한도를 합리적인 범위 내에서 조정하여 고시할 수 있다.

① 0개 ② 1개
③ 2개 ④ 3개
⑤ 4개

해설
- 근로시간면제자에 대한 근로시간 면제 한도를 정하기 위하여 근로시간면제심의위원회를 「경제사회노동위원회법」에 따른 경제사회노동위원회에 둔다(제24조의2 제1항).
- 제24조 제2항을 위반하여 근로시간 면제 한도를 초과하는 내용을 정한 단체협약 또는 사용자의 동의는 그 부분에 한정하여 무효로 한다(제24조 제4항).
- 근로시간면제심의위원회는 다음 각 호의 구분에 따라 근로자를 대표하는 위원과 사용자를 대표하는 위원 및 공익을 대표하는 위원 각 5명씩 성별을 고려하여 구성한다(제24조의2 제5항).
- 고용노동부장관은 경제사회노동위원회 위원장이 통보한 근로시간 면제 한도를 고시하여야 한다(제24조의2 제4항).

10 노동조합 및 노동관계조정법상 노동조합의 관리 등에 관한 설명으로 옳지 않은 것은?

▸ 공인노무사 제32회

① 연합단체인 노동조합은 조합설립일부터 30일 이내에 그 구성단체의 명칭을 기재한 명부를 작성하여 그 주된 사무소에 비치하여야 한다.
② 노동조합의 대표자는 그 회계감사원으로 하여금 3월에 1회 이상 당해 노동조합의 현재의 경리 상황 등에 대한 회계감사를 실시하게 하여야 한다.
③ 노동조합은 재정에 관한 장부와 서류를 3년간 보존하여야 한다.
④ 임원의 임기를 2년으로 정한 규약의 규정은 적법하다.
⑤ 노동조합의 대표자는 필요하다고 인정할 때에는 임시총회 또는 임시대의원회를 소집할 수 있다.

해설
① 제14조 제1항
② 노동조합의 대표자는 그 회계감사원으로 하여금 6월에 1회 이상 당해 노동조합의 모든 재원 및 용도, 주요한 기부자의 성명, 현재의 경리 상황등에 대한 회계감사를 실시하게 하고 그 내용과 감사결과를 전체 조합원에게 공개하여야 한다(제25조 제1항).
③ 제14조 제2항
④ 임원의 임기는 규약으로 정하되 3년을 초과할 수 없다(제23조 제2항).
⑤ 제18조 제1항

정답 08 ① 09 ③ 10 ②

11 **노동조합 및 노동관계조정법령상 노동조합에 관한 설명으로 옳지 않은 것은? (다툼이 있으면 판례에 따름)** ▸ 공인노무사 제32회

① 근로조건의 결정권이 있는 독립된 사업 또는 사업장에 조직된 노동단체는 지부・분회 등 명칭이 무엇이든 상관없이 노동조합의 설립신고를 할 수 있다.

② 주로 정치운동을 목적으로 하는 경우에는 노동조합의 설립신고를 마치고 신고증을 교부받았다고 하더라도, 그러한 단체는 적법한 노동조합으로 인정받지 못할 수 있다.

③ 「노동조합 및 노동관계조정법」상 노동조합이 아님을 통보하는 것을 행정입법으로 규정하려면 반드시 법률의 명시적이고 구체적인 위임이 있어야 한다.

④ 산업별 노동조합의 지회가 기업별로 구성된 노동조합에 준하는 실질을 가지고 있다면 총회의 의결을 거쳐 독립한 기업별 노동조합으로 조직형태를 변경할 수 있다.

⑤ 복수 노동조합 중 어느 한 노동조합은 다른 노동조합을 상대로 그 노동조합의 설립무효 확인을 구하는 소를 제기할 수 없다.

해설 ① 산하조직 중 근로조건의 결정권이 있는 독립된 사업 또는 사업장에 조직된 노동단체는 지부・분회 등 명칭이 무엇이든 상관없이 법 제10조 제1항에 따른 노동조합의 설립신고를 할 수 있다(시행령 제7조).

② 취업자격 없는 외국인근로자들이 조직하려는 단체가 '주로 정치운동을 목적으로 하는 경우'와 같이 노동조합법 제2조 제4호 각 목의 해당 여부가 문제 된다고 볼 만한 객관적인 사정이 있는 경우에는 행정관청은 실질적인 심사를 거쳐 노동조합법 제12조 제3항 제1호 규정에 의하여 설립신고서를 반려할 수 있을 뿐만 아니라(대판 2014.4.10, 2011두6998 참조), 설령 노동조합의 설립신고를 마치고 신고증을 교부받았다고 하더라도, 그러한 단체는 적법한 노동조합으로 인정받지 못할 수 있음은 물론이다(대판 2015.6.25, 2007두4995 전원합의체).

③ 법외노조 통보는 적법하게 설립된 노동조합의 법적 지위를 박탈하는 중대한 침익적 처분으로서 원칙적으로 국민의 대표자인 입법자가 스스로 형식적 법률로써 규정하여야 할 사항이고, 행정입법으로 이를 규정하기 위하여는 반드시 법률의 명시적이고 구체적인 위임이 있어야 한다. 그런데 노동조합 및 노동관계조정법 시행령(이하 '노동조합법 시행령'이라 한다) 제9조 제2항은 법률의 위임 없이 법률이 정하지 아니한 법외노조 통보에 관하여 규정함으로써 헌법상 노동3권을 본질적으로 제한하고 있으므로 그 자체로 무효이다(대판 2020.9.3, 2016두32992 전원합의체).

④ 노동조합법 제16조 제1항 제8호 및 제2항은 노동조합법에 의하여 설립된 노동조합을 대상으로 삼고 있어 노동조합의 단순한 내부적인 조직이나 기구에 대하여는 적용되지 아니하지만, 산별노조의 지부나 분회 등이더라도 독자적인 조직・규약을 갖추고 독립적으로 단체교섭을 행하는 등 기업별 노조에 준하는 실질을 가지고 있는 경우에는 예외적으로 당해 지부 조합원의 결의만으로 조직형태를 변경할 수 있다(대판 2016.2.19, 2012다96120 전원합의체).

⑤ 복수 노동조합의 설립이 현재 전면적으로 허용되고 있을 뿐 아니라 교섭창구 단일화 제도가 적용되고 있는 현행 노동조합 및 노동관계조정법(이하 '노동조합법'이라고 한다)하에서 복수 노동조합 중의 어느 한 노동조합은 원칙적으로 스스로 교섭대표노동조합이 되지 않는 한 독자적으로 단체교섭권을 행사할 수 없고(제29조의2, 제29조 제2항 등), 교섭대표노동조합이 결정된 경우 그 절차에 참여한 노동조합의 전체 조합원의 과반수 찬성 결정이 없으면 쟁의행위를 할 수 없게 되며(제41조 제1항), 쟁위행위는 교섭대표노동조합에 의해 주도되어야 하는(제29조의5, 제37조 제2항) 등 법적인 제약을 받게 된다. 그러므로 단체교섭의 주체가 되고자 하는 노동조합으로서는 위

와 같은 제약에 따르는 현재의 권리 또는 법률상 지위에 대한 위험이나 불안을 제거하기 위하여 다른 노동조합을 상대로 해당 노동조합이 설립될 당시부터 노동조합법 제2조 제4호가 규정한 주체성과 자주성 등의 실질적 요건을 흠결하였음을 들어 설립무효의 확인을 구하거나 노동조합으로서의 법적 지위가 부존재한다는 확인을 구하는 소를 제기할 수 있다고 보는 것이 타당하다 (대판 2021.2.25, 2017다51610).

12 **노동조합 및 노동관계조정법상 노동조합의 규약 및 규정에 관한 설명으로 옳지 않은 것은? (다툼이 있으면 판례에 따름)**

▸ 공인노무사 제32회

① 행정관청은 노동조합의 규약이 노동관계법령에 위반한 경우에는 고용노동부장관의 승인을 받아 그 시정을 명할 수 있다.

② 노동조합이 규약에 따라 자체적으로 마련한 선거관리규정은 조합 민주주의를 실현하기 위한 강행법규에 적합한 범위 내에서는 일종의 자치적 법규범으로서 국가법질서 내에서 법적 효력을 가진다.

③ 노동조합의 총회가 규약의 제・개정결의를 통하여 총회에 갈음할 대의원회를 두고 규약의 개정에 관한 사항을 대의원회의 의결사항으로 정한 경우라도 이로써 총회의 규약개정권한이 소멸된다고 볼 수 없다.

④ 단체협약 체결 업무 수행에 대한 적절한 통제를 위하여 규약 등에서 내부 절차를 거치도록 하는 등 대표자의 단체협약체결권한의 행사를 절차적으로 제한하는 것은, 그것이 단체협약체결권한을 전면적・포괄적으로 제한하는 것이 아닌 이상 허용된다.

⑤ 조합원의 재산권을 둘러싼 노동조합과 조합원 간의 분쟁에 관하여 그 분쟁이 발생하기 전 조합원이 노동조합을 상대로 일절 소송을 제기할 수 없도록 한 노동조합의 규정은 무효이다.

해설 ① 행정관청은 노동조합의 규약이 노동관계법령에 위반한 경우에는 노동위원회의 의결을 얻어 그 시정을 명할 수 있다(제21조 제1항).

② 대판 1998.2.27, 97다43567

③ 총회가 규약의 제・개정결의를 통하여 총회에 갈음할 대의원회를 두고 규약의 개정에 관한 사항을 대의원회의 의결사항으로 정한 경우라도 이로써 총회의 규약개정권한이 소멸된다고 볼 수 없고, 총회는 여전히 노동조합법 제16조 제2항 단서에 정해진 재적조합원 과반수의 출석과 출석조합원 3분의 2 이상의 찬성으로 '규약의 개정에 관한 사항'을 의결할 수 있다(대판 2014.8.26, 2012두6063).

④ 노동조합이 조합원들의 의사를 반영하고 대표자의 단체교섭 및 단체협약 체결 업무 수행에 대한 적절한 통제를 위하여 규약 등에서 내부 절차를 거치도록 하는 등 대표자의 단체협약체결권한의 행사를 절차적으로 제한하는 것은, 그것이 단체협약체결권한을 전면적・포괄적으로 제한하는 것이 아닌 이상 허용된다고 보아야 한다(대판 2014.4.24, 2010다24534).

정답 11 ⑤ 12 ①

⑤ 노동조합이 조합규약에 근거하여 자체적으로 만든 신분보장대책기금관리규정에 기한 위로금의 지급을 둘러싼 노동조합과 조합원 간의 분쟁에 관하여 노동조합을 상대로 일절 소송을 제기할 수 없도록 정한 노동조합의 신분보장대책기금관리규정 제11조는 조합원의 재산권에 속하는 위로금의 지급을 둘러싸고 생기게 될 조합원과 노동조합 간의 법률상의 쟁송에 관하여 헌법상 보장된 조합원의 재판을 받을 권리를 구체적 분쟁이 생기기 전에 미리 일률적으로 박탈한 것으로서 국민의 재판을 받을 권리를 보장한 위의 헌법 및 법원조직법의 규정과 부제소 합의 제도의 취지에 위반되어 무효라고 할 것이다(대판 2002.2.22, 2000다65086).

13 **노동조합 및 노동관계조정법령상 노동조합에 관한 설명으로 옳은 것은? (다툼이 있으면 판례에 따름)**

▸ 공인노무사 제32회

① 노동조합을 법인으로 하려는 때에는 그 주된 사무소의 소재지를 관할하는 행정관청에 등기해야 한다.
② 노동조합은 그 규약으로 조합비를 납부하지 아니하는 조합원의 권리를 제한할 수 있다.
③ 「노동조합 및 노동관계조정법」에 의하여 설립되지 아니한 노동조합도 노동위원회에 노동쟁의의 조정을 신청할 수 있다.
④ 「노동조합 및 노동관계조정법」에 의하여 설립된 노동조합이 아니더라도 노동조합이라는 명칭을 사용할 수 있다.
⑤ 노동조합의 사업체에 대해서는 세법이 정하는 바에 따라 조세를 부과하지 아니한다.

해설 ① 노동조합은 당해 노동조합을 법인으로 하고자 할 경우에는 대통령령이 정하는 바에 의하여 등기를 하여야 한다(제6조 제2항). 「노동조합 및 노동관계조정법」(이하 "법"이라 한다) 제6조 제2항에 따라 노동조합을 법인으로 하려는 때에는 그 주된 사무소의 소재지를 관할하는 등기소에 등기해야 한다(시행령 제2조).
② 제22조
③ 이 법에 의하여 설립된 노동조합이 아니면 노동위원회에 노동쟁의의 조정 및 부당노동행위의 구제를 신청할 수 없다(제7조 제1항).
④ 이 법에 의하여 설립된 노동조합이 아니면 노동조합이라는 명칭을 사용할 수 없다(제7조 제3항).
⑤ 노동조합에 대하여는 그 사업체를 제외하고는 세법이 정하는 바에 따라 조세를 부과하지 아니한다(제8조).

14 노동조합 및 노동관계조정법상 노동조합의 조합원에 관한 설명으로 옳지 않은 것은?

▸ 공인노무사 제34회

① 노동조합의 조합원은 균등하게 그 노동조합의 모든 문제에 참여할 권리와 의무를 가지지만, 그 규약으로 조합비를 납부하지 아니하는 조합원의 권리를 제한할 수 있다.
② 노동조합이 특정 조합원에 관한 사항을 의결할 경우에는 그 조합원은 표결권이 없다.
③ 종사근로자가 아닌 노동조합의 조합원은 사용자의 효율적인 사업 운영에 지장을 주지 아니하는 범위에서 사업 또는 사업장 내에서 노동조합 활동을 할 수 있다.
④ 종사근로자가 아닌 노동조합의 조합원은 규약이 정한 바에 따라 하나의 사업 또는 사업장을 대상으로 조직된 노동조합의 임원이 될 수 있다.
⑤ 노동조합의 조합원은 어떠한 경우에도 인종, 종교, 성별, 연령, 신체적 조건, 고용형태, 정당 또는 신분에 의하여 차별대우를 받지 아니한다.

해설 ① 제22조
② 제20조
③ 제5조 제2항
④ 노동조합의 임원 자격은 규약으로 정한다. 이 경우 하나의 사업 또는 사업장을 대상으로 조직된 노동조합의 임원은 그 사업 또는 사업장에 종사하는 조합원 중에서 선출하도록 정한다(제23조 제1항).
⑤ 제9조

15 노동조합 및 노동관계조정법상 노동조합과 조합원 등에 관한 설명으로 옳은 것은? (다툼이 있으면 판례에 따름)

▸ 공인노무사 제32회

① 사업 또는 사업장에 종사하는 근로자가 아닌 노동조합의 조합원은 사용자의 사업 운영 지장여부와 무관하게 사업 또는 사업장 내에서 노동조합 활동을 할 수 없다.
② 유니언 숍 협정이 체결된 사업장의 사용자는 단체협약에 명문규정이 있는 경우에도 노동조합에서 제명된 것을 이유로 근로자에게 신분상 불이익한 행위를 할 수 없다.
③ 유니언 숍 협정에 따라 사용자가 노동조합을 탈퇴한 근로자를 해고한 경우에 해고된 근로자가 조합원지위확인을 구하는 소를 제기하여 승소하면 그 해고는 취소된 것으로 본다.
④ 일정 범위의 근로자에 대하여만 단체협약을 적용하기로 규정하였더라도 단체협약은 조합원 모두에게 현실적으로 적용된다.
⑤ 헌법재판소는 헌법 제33조 제1항에서 정한 근로자의 단결권은 단결할 자유 뿐 아니라 단결하지 아니할 자유를 포함한다고 해석한다.

해설 ① 사업 또는 사업장에 종사하는 근로자(이하 "종사근로자"라 한다)가 아닌 노동조합의 조합원은 사용자의 효율적인 사업 운영에 지장을 주지 아니하는 범위에서 사업 또는 사업장 내에서 노동조합 활동을 할 수 있다(제5조 제2항).

정답 13 ② 14 ④ 15 ②

PART 03

② 제81조 제1항 제2호
③ 유니언 숍 협약에 따라 사용자가 노동조합을 탈퇴한 근로자를 해고한 경우에 해고근로자가 노동조합을 상대로 하여 조합원지위확인을 구하는 소를 제기하여 승소한다고 하더라도 바로 해고의 효력이 부정되는 것은 아닐 뿐 아니라, 사용자 또한 그 해고가 적법한 것이라고 주장하고 있고 해고무효확인소송에서도 그 선결문제로 조합원지위의 존부에 관하여 판단을 할 수 있으므로, 근로자가 노동조합을 상대로 조합원지위의 확인을 구하지 아니하고 막바로 해고무효확인소송을 제기하였다고 하더라도 그 소가 소익이 없다고 할 수는 없다(대판 1995.2.28, 94다15363).
④ 노동조합 및 노동관계조정법 제5조, 제11조의 각 규정에 의하면, 근로자는 자유로이 노동조합을 조직하거나 이에 가입할 수 있고, 구체적으로 노동조합의 조합원의 범위는 당해 노동조합의 규약이 정하는 바에 의하여 정하여지며, 근로자는 노동조합의 규약이 정하는 바에 따라 당해 노동조합에 자유로이 가입함으로써 조합원의 자격을 취득하는 것이고, 사용자와 노동조합 사이에 체결된 단체협약은 특약에 의하여 일정 범위의 근로자에 대하여만 적용하기로 정하고 있는 등의 특별한 사정이 없는 한 협약당사자로 된 노동조합의 구성원으로 가입한 조합원 모두에게 현실적으로 적용되는 것이 원칙이다(대판 2003.12.26, 2001두10264).
⑤ 헌법상 보장된 근로자의 단결권은 단결할 자유만을 가리킬 뿐이고, 단결하지 아니할 자유 이른바 소극적 단결권은 이에 포함되지 않는다(헌재 1999.11.25, 98헌마141).

16 노동조합 및 노동관계조정법령에 관한 설명이다. ( )에 들어갈 숫자로 옳은 것은?

▸ 공인노무사 제31회

- 노동조합의 대표자는 노동조합의 법인 등기사항 중 변경된 사항이 있는 경우에는 그 변경이 있는 날부터 (ㄱ)주 이내에 변경등기를 해야 한다.
- 행정관청은 설립신고서 또는 규약이 기재사항의 누락 등으로 보완이 필요한 경우 (ㄴ)일 이내의 기간을 정하여 보완을 요구하여야 한다.
- 노동조합은 매년 (ㄷ)회 이상 총회를 개최하여야 한다.

① ㄱ : 1, ㄴ : 10, ㄷ : 1
② ㄱ : 2, ㄴ : 10, ㄷ : 1
③ ㄱ : 3, ㄴ : 20, ㄷ : 1
④ ㄱ : 3, ㄴ : 20, ㄷ : 2
⑤ ㄱ : 3, ㄴ : 30, ㄷ : 2

해설
- 노동조합의 대표자는 노동조합의 법인 등기사항이 변경된 경우(제5조에 따른 이전등기에 해당하는 경우는 제외)에는 변경 후 3주일 이내에 주된 사무소의 소재지에서 변경등기해야 한다(시행령 제6조).
- 행정관청은 설립신고서 또는 규약이 기재사항의 누락등으로 보완이 필요한 경우에는 대통령령이 정하는 바에 따라 20일 이내의 기간을 정하여 보완을 요구하여야 한다. 이 경우 보완된 설립신고서 또는 규약을 접수한 때에는 3일 이내에 신고증을 교부하여야 한다(제12조 제2항).
- 노동조합은 매년 1회 이상 총회를 개최하여야 한다(제15조 제1항).

17 노동조합 및 노동관계조정법상 노동조합에 관한 설명으로 옳지 않은 것은? ▸ 공인노무사 제31회

① 행정관청은 노동조합의 결의가 규약에 위반된다고 인정할 경우에는 이해관계인의 신청이 있는 경우에 한하여 노동위원회의 의결을 얻어 그 시정을 명할 수 있다.
② 노동조합의 합병·분할 또는 해산, 조직형태 변경을 위해서는 총회의 의결을 거쳐야 한다.
③ 총회는 임원의 해임에 관한 사항을 재적조합원 과반수의 출석과 출석조합원 3분의2 이상의 찬성으로 의결한다.
④ 단체협약에 관한 사항은 총회의 의결사항이다.
⑤ 종사근로자인 조합원이 해고되어 노동위원회에 부당해고의 구제신청을 한 경우에는 중앙노동위원회의 재심판정이 있을 때까지는 종사근로자로 본다.

해설 ① 제21조 제2항
② 제16조 제1항 제7호, 제8호
③ 제16조 제2항
④ 제16조 제1항 제3호
⑤ 종사근로자인 조합원이 해고되어 노동위원회에 부당노동행위의 구제신청을 한 경우에는 중앙노동위원회의 재심판정이 있을 때까지는 종사근로자로 본다(제5조 제3항).

18 노동조합 및 노동관계조정법상 기한이 다른 하나는? ▸ 공인노무사 제31회

① 노동조합의 처분이 노동관계 법령에 위반하여 행정관청의 시정명령을 받은 노동조합이 이를 이행하여야 할 기한
② 노동조합에 임시총회 소집권자가 없는 경우 행정관청의 회의소집권자 지명 기한
③ 노동조합의 대표자가 회의의 소집을 고의로 기피하거나 이를 해태하여 조합원 또는 대의원의 3분의 1 이상의 소집권자의 지명을 요구할 때 행정관청의 노동위원회에 대한 의결 요청 기한
④ 합병 또는 분할로 소멸하여 노동조합이 해산한 때 노동조합 대표자가 해산한 날부터 이를 행정관청에게 신고하여야 할 기한
⑤ 단체협약 당사자가 단체협약의 체결일부터 이를 행정관청에게 신고하여야 할 기한

해설 ① 제21조 제1항 또는 제2항의 규정에 의하여 시정명령을 받은 노동조합은 30일 이내에 이를 이행하여야 한다. 다만, 정당한 사유가 있는 경우에는 그 기간을 연장할 수 있다(제21조 제3항).
② 15일 이내(제18조 제4항)
③ 15일 이내(제18조 제3항)
④ 15일 이내(제28조 제2항)
⑤ 15일 이내(제31조 제2항)

정답 16 ③ 17 ⑤ 18 ①

19 노동조합 및 노동관계조정법령에 관한 설명으로 옳지 않은 것은? (다툼이 있으면 판례에 따름)

▸ 공인노무사 제31회

① 근로자는 단체협약으로 정하거나 사용자의 동의가 있는 경우에는 사용자 또는 노동조합으로부터 급여를 지급받으면서 근로계약 소정의 근로를 제공하지 아니하고 노동조합의 업무에 종사할 수 있다.

② 노동조합의 하부단체인 분회나 지부가 독자적인 규약 및 집행기관을 가지고 독립된 조직체로서 활동을 하는 경우 당해 조직이나 그 조합원에 고유한 사항에 대하여는 독자적으로 단체교섭하고 단체협약을 체결할 수 있다.

③ 근로조건의 결정권이 있는 독립된 사업 또는 사업장에 조직된 노동단체는 지부・분회 등 명칭이 무엇이든 상관없이 노동조합의 설립신고를 할 수 있다.

④ 근로시간면제자에 대한 근로시간 면제 한도를 정하기 위하여 근로시간면제심의위원회를 고용노동부에 둔다.

⑤ 연합단체인 노동조합을 설립하고자 하는 자는 노동조합의 명칭, 주된 사무소의 소재지, 조합원수 등을 기재한 신고서에 규약을 첨부하여 고용노동부장관에게 제출하여야 한다.

해설
① 제24조 제1항
② 대판 2001.2.23, 2000도4299
③ 근로조건의 결정권이 있는 독립된 사업 또는 사업장에 조직된 노동단체는 지부・분회 등 명칭이 무엇이든 상관없이 법 제10조 제1항에 따른 노동조합의 설립신고를 할 수 있다(시행령 제7조).
④ 근로시간면제자에 대한 근로시간 면제 한도를 정하기 위하여 근로시간면제심의위원회를 「경제사회노동위원회법」에 따른 경제사회노동위원회에 둔다(제24조의2 제1항).
⑤ 제10조 제1항 제6호

20 노동조합 및 노동관계조정법령상 노동조합에 관한 설명으로 옳지 않은 것은?

▸ 공인노무사 제27회

① 최소한의 규모라 하더라도 사용자로부터 노동조합사무소를 제공받은 경우에는 노동조합으로 보지 아니한다.

② 복리사업만을 목적으로 하는 경우에는 노동조합으로 보지 아니한다.

③ 항상 사용자의 이익을 대표하여 행동하는 자의 참가를 허용하는 경우에는 노동조합으로 보지 아니한다.

④ 주로 정치운동을 목적으로 하는 경우에는 노동조합으로 보지 아니한다.

⑤ 공제사업만을 목적으로 하는 경우에는 노동조합으로 보지 아니한다.

해설 • 제2조(정의) 제4호

"노동조합"이라 함은 근로자가 주체가 되어 자주적으로 단결하여 근로조건의 유지·개선 기타 근로자의 경제적·사회적 지위의 향상을 도모함을 목적으로 조직하는 단체 또는 그 연합단체를 말한다. 다만, 다음 각 목의 1에 해당하는 경우에는 노동조합으로 보지 아니한다.

가. 사용자 또는 항상 그의 이익을 대표하여 행동하는 자의 참가를 허용하는 경우
나. 경비의 주된 부분을 사용자로부터 원조받는 경우
다. 공제·수양 기타 복리사업만을 목적으로 하는 경우
라. 근로자가 아닌 자의 가입을 허용하는 경우
마. 주로 정치운동을 목적으로 하는 경우

• 제81조 제1항 제4호

근로자가 노동조합을 조직 또는 운영하는 것을 지배하거나 이에 개입하는 행위와 근로시간 면제한도를 초과하여 급여를 지급하거나 노동조합의 운영비를 원조하는 행위. 다만, 근로자가 근로시간 중에 제24조 제2항에 따른 활동을 하는 것을 사용자가 허용함은 무방하며, 또한 근로자의 후생자금 또는 경제상의 불행 그 밖에 재해의 방지와 구제 등을 위한 기금의 기부와 최소한의 규모의 노동조합사무소의 제공 및 그 밖에 이에 준하여 노동조합의 자주적인 운영 또는 활동을 침해할 위험이 없는 범위에서의 운영비 원조행위는 예외로 한다.

21 노동조합 및 노동관계조정법령상 설립신고증을 교부받은 노동조합이 아닌 근로자단체의 법적 지위에 관한 설명으로 옳지 않은 것은?

▸ 공인노무사 제29회

① 노동위원회에 노동쟁의의 조정(調停)을 신청할 수 없다.
② 노동조합이라는 명칭을 사용할 수 없다.
③ 단체교섭 거부를 이유로 노동위원회에 부당노동행위의 구제를 신청할 수 있다.
④ 노동위원회의 근로자위원을 추천할 수 없다.
⑤ 노동위원회에 노동쟁의의 중재를 신청할 수 없다.

해설 ①·③·⑤ 이 법에 의하여 설립된 노동조합이 아니면 노동위원회에 노동쟁의의 조정 및 부당노동행위의 구제를 신청할 수 없다(제7조 제1항).
② 제7조 제3항
④ 노동위원회법 제6조, 동법 시행령 제5조

> **시행령 제5조(근로자위원 및 사용자위원 위촉대상자의 추천절차)**
> ① 근로자위원은 법 제6조 제3항에 따라 다음 각 호의 구분에 따른 자가 추천한다. 다만, 총연합단체인 노동조합에 소속되지 아니한 노동조합이 있는 경우에는 그 노동조합으로부터 직접 추천을 받을 수 있다.
> 1. 총연합단체인 노동조합 : 중앙노동위원회의 근로자위원
> 2. 지방노동위원회의 관할구역에 조직되어 있는 총연합단체인 노동조합의 지역대표기구 : 해당 지방노동위원회의 근로자위원

정답 19 ④ 20 ① 21 ③

22 노동조합 및 노동관계조정법령상 실질적 요건과 형식적 요건을 모두 갖춘 노동조합에게만 적용되는 것을 모두 고른 것은? (다툼이 있으면 판례에 따름)

▸ 공인노무사 제26회

ㄱ. 단체교섭권	ㄴ. 단체협약체결권	
ㄷ. 노동쟁의 조정신청권	ㄹ. 부당노동행위 구제신청권	ㅁ. 법인격 취득

① ㄱ, ㄴ, ㄷ
② ㄱ, ㄹ, ㅁ
③ ㄴ, ㄷ, ㄹ
④ ㄴ, ㄹ, ㅁ
⑤ ㄷ, ㄹ, ㅁ

해설 법외노조의 법률상 지위

① 노동3권(단결권, 단체교섭권, 단체행동권) 행사(헌법 제33조)
② 단체협약체결능력
③ 민·형사면책(노동조합법 제3조, 제4조)
④ 조합원 개인의 부당노동행위 구제신청
⑤ 소송당사자능력(민사소송법 제52조)

> 노동조합법 제7조(노동조합의 보호요건)
> ① 이 법에 의하여 설립된 노동조합이 아니면 노동위원회에 노동쟁의의 조정 및 부당노동행위의 구제를 신청할 수 없다.
> ② 제1항의 규정은 제81조 제1항 제1호·제2호 및 제5호의 규정에 의한 근로자의 보호를 부인하는 취지로 해석되어서는 아니 된다.
> ③ 이 법에 의하여 설립된 노동조합이 아니면 노동조합이라는 명칭을 사용할 수 없다.

23 노동 조합 및 노동관계조정법령에 의하여 설립된 노동조합에 관한 설명으로 옳은 것은 모두 몇 개인가?

▸ 공인노무사 제28회

- 노동위원회에 노동쟁의의 조정 및 부당노동행위의 구제를 신청할 수 있다.
- 노동조합의 규약이 정하는 바에 의하여 법인으로 할 수 있다.
- 노동조합이라는 명칭을 사용할 수 있다.
- 노동조합에 대하여는 그 사업체를 포함하여 세법이 정하는 바에 따라 조세를 부과하지 아니한다.

① 0개
② 1개
③ 2개
④ 3개
⑤ 4개

해설
- 이 법에 의하여 설립된 노동조합이 아니면 노동위원회에 노동쟁의의 조정 및 부당노동행위의 구제를 신청할 수 없다(제7조 제1항).
- 노동조합은 그 규약이 정하는 바에 의하여 법인으로 할 수 있다(제6조 제1항).

※ 노동조합은 당해 노동조합을 법인으로 하고자 할 경우에는 대통령령이 정하는 바에 의하여 등기를 하여야 한다(제6조 제2항). 등기신청서에 조합설립신고증 사본을 첨부해야 한다(시행령 제4조 제2항).

- 이 법에 의하여 설립된 노동조합이 아니면 노동조합이라는 명칭을 사용할 수 없다(제7조 제3항).
- 노동조합에 대하여는 **그 사업체를 제외하고**는 세법이 정하는 바에 따라 조세를 부과하지 아니한다(제8조).

24 노동조합 및 노동관계조정법에 의하여 설립된 노동조합에 관한 설명으로 옳지 않은 것은?

▸ 공인노무사 제34회

① 노동조합이라는 명칭을 사용할 수 있다.
② 노동위원회에 노동쟁의의 조정을 신청할 수 있다.
③ 그 사업체는 세법이 정하는 바에 따라 조세를 부과하지 아니한다.
④ 그 규약이 정하는 바에 의하여 법인으로 할 수 있다.
⑤ 사용자의 부당노동행위로 인하여 그 권리를 침해당하는 경우 노동위원회에 그 구제를 신청할 수 있다.

해설 ① 이 법에 의하여 설립된 노동조합이 아니면 노동조합이라는 명칭을 사용할 수 없다(제7조 제3항).
②·⑤ 이 법에 의하여 설립된 노동조합이 아니면 노동위원회에 노동쟁의의 조정 및 부당노동행위의 구제를 신청할 수 없다(제7조 제1항).
③ 노동조합에 대하여는 그 사업체를 제외하고는 세법이 정하는 바에 따라 조세를 부과하지 아니한다(제8조).
④ 제6조 제1항

25 노동조합 및 노동관계조정법령상 노동조합의 설립 등에 관한 설명으로 옳지 않은 것은?

▸ 공인노무사 제30회

① 행정관청은 설립신고서에 규약이 첨부되어 있지 아니한 경우에는 설립신고서를 반려하여야 한다.
② 노동조합이 신고증을 교부받은 경우에는 설립신고서가 접수된 때에 설립된 것으로 본다.
③ 노동조합은 설립신고된 사항 중 대표자의 성명에 변경이 있는 때에는 그날부터 30일 이내에 행정관청에게 변경신고를 하여야 한다.
④ 2 이상의 시·군·구(자치구를 말한다)에 걸치는 단위노동조합을 설립하고자 하는 자는 설립신고서에 규약을 첨부하여 특별시장·광역시장·도지사에게 제출하여야 한다.
⑤ 행정관청은 설립신고서 또는 규약이 기재사항의 누락 등으로 보완이 필요한 경우에는 대통령령이 정하는 바에 따라 20일 이내의 기간을 정하여 보완을 요구하여야 한다.

정답 22 ⑤ 23 ④ 24 ③ 25 ①

해설 ① 행정관청은 설립신고서 또는 규약이 기재사항의 누락등으로 보완이 필요한 경우에는 대통령령이 정하는 바에 따라 20일 이내의 기간을 정하여 보완을 요구하여야 한다. 이 경우 보완된 설립신고서 또는 규약을 접수한 때에는 3일 이내에 신고증을 교부하여야 한다(제12조 제2항). 행정관청은 설립신고서에 규약이 첨부되어 있지 아니하거나 설립신고서 또는 규약의 기재사항 중 누락 또는 허위사실이 있는 경우에는 보완을 요구하여야 한다(시행령 제9조 제1항 제1호).

② 제12조 제4항

③ 제13조 제1항

④ 제10조 제1항

⑤ 행정관청은 설립신고서 또는 규약이 기재사항의 누락등으로 보완이 필요한 경우에는 대통령령이 정하는 바에 따라 20일 이내의 기간을 정하여 보완을 요구하여야 한다(제12조 제2항).

26 **노동조합 및 노동관계조정법령상 행정관청이 설립하고자 하는 노동조합에 설립신고서를 반려하여야 할 경우로 옳은 것은 모두 몇 개인가?** ▸ 공인노무사 제34회

- 규약상 조합원에 관한 사항에서 항상 사용자의 이익을 대표하여 행동하는 자의 참가를 허용하는 경우
- 설립신고서에 조합원수를 허위사실로 기재한 경우
- 규약의 기재사항 중 주된 사무소의 소재지 기재를 누락한 경우
- 행정관청이 20일 이내의 기간을 정하여 설립신고서의 보완을 요구하였음에도 불구하고 그 기간 내에 보완을 하지 아니하는 경우
- 설립신고서에 규약이 첨부되어 있지 아니한 경우

① 1개 ② 2개 ③ 3개
④ 4개 ⑤ 5개

해설 • 행정관청은 설립신고서 또는 규약이 기재사항의 누락 등으로 보완이 필요한 경우에는 대통령령이 정하는 바에 따라 20일 이내의 기간을 정하여 보완을 요구하여야 한다. 이 경우 보완된 설립신고서 또는 규약을 접수한 때에는 3일 이내에 신고증을 교부하여야 한다(제12조 제2항).

• 행정관청은 설립하고자 하는 노동조합이 다음 각호의 1에 해당하는 경우에는 설립신고서를 반려하여야 한다(제12조 제3항).

1. 제2조 제4호 각목의 1에 해당하는 경우
2. 제2항의 규정에 의하여 보완을 요구하였음에도 불구하고 그 기간내에 보완을 하지 아니하는 경우

27 노동조합 및 노동관계조정 법령상 노동조합에 관한 설명으로 옳지 않은 것은?

▸ 공인노무사 제27회

① 규약이 정하는 바에 의하여 법인으로 할 수 있다.
② 노동조합에 대하여는 그 사업체를 제외하고는 세법이 정하는 바에 따라 조세를 부과하지 아니한다.
③ 규약에는 임원의 규약위반에 대한 탄핵에 관한 사항을 기재하여야 한다.
④ 신고증을 교부받은 경우에는 설립신고서가 접수된 때에 설립된 것으로 본다.
⑤ 행정관청은 설립신고서 기재사항 중 허위사실이 있는 경우에는 설립신고서를 즉시 반려하여야 한다.

해설 ① 제6조 제1항
② 제8조
③ 제11조 제13호
④ 제12조 제4항
⑤ 제12조

제12조(신고증의 교부)
② 행정관청은 설립신고서 또는 규약이 기재사항의 누락등으로 보완이 필요한 경우에는 대통령령이 정하는 바에 따라 20일 이내의 기간을 정하여 보완을 요구하여야 한다. 이 경우 보완된 설립신고서 또는 규약을 접수한 때에는 3일 이내에 신고증을 교부하여야 한다.
③ 행정관청은 설립하고자 하는 노동조합이 다음 각 호의 1에 해당하는 경우에는 설립신고서를 반려하여야 한다.
1. 제2조 제4호 각목의 1에 해당하는 경우
2. 제2항의 규정에 의하여 보완을 요구하였음에도 불구하고 그 기간 내에 보완을 하지 아니하는 경우

시행령 제9조
① 행정관청은 법 제12조 제2항에 따라 노동조합의 설립신고가 다음 각 호의 어느 하나에 해당하는 경우에는 보완을 요구하여야 한다.
1. 설립신고서에 규약이 첨부되어 있지 아니하거나 설립신고서 또는 규약의 기재사항 중 누락 또는 허위사실이 있는 경우
2. 임원의 선거 또는 규약의 제정절차가 법 제16조 제2항부터 제4항까지 또는 법 제23조 제1항에 위반되는 경우

정답 26 ② 27 ⑤

28 **노동조합 및 노동관계조정법령에 관한 설명으로 옳은 것은? (다툼이 있으면 판례에 따름)**

▸ 공인노무사 제26회

① 출입국관리 법령에 따른 취업자격이 없는 외국인이 타인과의 사용종속관계하에서 근로를 제공하고 그 대가로 임금 등을 받아 생활하는 경우, 「노동조합 및 노동관계조정법」상 근로자에 해당한다.

② 행정관청이 노동조합의 설립신고서를 접수한 때부터 3일 이내에 설립신고서의 반려 또는 보완지시가 없는 경우에는 설립신고증의 교부가 없어도 노동조합이 성립된 것으로 본다.

③ 노동조합설립신고서의 보완을 요구하거나 그 신고서를 반려하는 경우에는 노동위원회의 의결을 거쳐야 한다.

④ 노동조합의 회의록, 재정에 관한 장부와 서류는 2년간 보존하여야 한다.

⑤ 노동조합에의 참가가 금지되는 자인지 여부는 일정한 직급이나 직책에 의하여 일률적으로 결정된다.

해설 ① 대판 2015.6.25, 2007두4995

② 행정관청이 노동조합의 설립신고서를 접수한 때에는 3일 이내에 설립신고증을 교부하도록 되어 있다 하여 그 기간내에 설립신고서의 반려 또는 보완지시가 없는 경우에는 설립신고증의 교부가 없어도 노동조합이 성립된 것으로 본다는 취지는 아니므로 행정관청은 그 기간 경과 후에도 설립신고서에 대하여 보완지시 또는 반려처분을 할 수 있다 할 것이고…(대판 1990.10.23, 89누3243).

③ 제12조 제2항, 제3항

④ 3년간 보존(제14조 제2항)

⑤ 노동조합법상 사용자에 해당하는 사업주, 사업의 경영담당자 또는 그 사업의 근로자에 관한 사항에 대하여 사업주를 위하여 행동하는 자와 항상 사용자의 이익을 대표하여 행동하는 자는 노동조합 참가가 금지되는데, 그 취지는 노동조합의 자주성을 확보하려는 데 있다. 이러한 자에 해당하는지는 일정한 직급이나 직책 등에 의하여 일률적으로 결정되어서는 안 되고, 업무 내용이 단순히 보조적·조언적인 것에 불과하여 업무 수행과 조합원 활동 사이에 실질적인 충돌이 발생할 여지가 없는 자도 여기에 해당하지 않는다(대판 2011.9.8, 2008두13873).

29 **노동조합 및 노동관계조정법령상 노동조합에 관한 설명으로 옳은 것은? (다툼이 있으면 판례에 따름)**

▸ 공인노무사 제25회

① 근로조건의 결정권이 있는 독립된 사업 또는 사업장에 조직된 노동단체는 지부・분회 등 명칭여하에 불구하고 노동조합의 설립신고를 할 수 없다.

② 노동조합이 신고증을 교부받은 경우에는 설립신고서가 접수된 때에 설립된 것으로 본다.

③ 노동조합 및 노동관계조정법에 의하여 설립된 노동조합이 아니더라도 노동위원회에 부당노동행위의 구제를 신청할 수 있다.

④ 지역별 노동조합이 일시적으로 실업 상태에 있는 자를 구성원으로 포함시키고 있는 경우에 행정관청은 설립신고서를 반려하여야 한다.

⑤ 행정관청은 설립하고자 하는 노동조합이 항상 사용자의 이익을 대표하여 행동하는 자의 참가를 허용하는 경우에는 설립신고의 보완을 요구하여야 한다.

해설 ① 근로조건의 결정권이 있는 독립된 사업 또는 사업장에 조직된 노동단체는 지부・분회 등 명칭여하에 불구하고 법 제10조 제1항의 규정에 의한 노동조합의 설립신고를 할 수 있다(시행령 제7조).

② 제12조 제4항

③ 이 법에 의하여 설립된 노동조합이 아니면 노동위원회에 노동쟁의의 조정 및 부당노동행위의 구제를 신청할 수 없다(제7조 제1항).

④ 노조법 제2조 제1호 및 제4호 (라)목 본문에서 말하는 '근로자'에는 특정한 사용자에게 고용되어 현실적으로 취업하고 있는 자뿐만 아니라, 일시적으로 실업 상태에 있는 자나 구직중인 자도 노동3권을 보장할 필요성이 있는 한 그 범위에 포함되고, 따라서 지역별 노동조합의 성격을 가진 원고가 그 구성원으로 '구직중인 여성 노동자'를 포함시키고 있다 하더라도, '구직중인 여성 노동자' 역시 노조법상의 근로자에 해당하므로, 구직중인 여성 노동자는 근로자가 아니라는 이유로 원고의 이 사건 노동조합설립신고를 반려한 이 사건 처분을 위법하다고 판단하였는바…(대판 2004.2.27, 2001두8568).

⑤ 설립신고서를 반려하여야 한다(제12조 제3항).

30 **노동조합 및 노동관계조정법 제9조(차별대우의 금지)의 규정이다. ( )에 명시되어 있는 내용이 아닌 것은?**

▸ 공인노무사 제29회

> 노동조합의 조합원은 어떠한 경우에도 ( )에 의하여 차별대우를 받지 아니한다.

① 국적　　② 성별

③ 연령　　④ 종교

⑤ 고용형태

정답 28 ① 29 ② 30 ①

해설 노동조합의 조합원은 어떠한 경우에도 인종, 종교, 성별, 연령, 신체적 조건, 고용형태, 정당 또는 신분에 의하여 차별대우를 받지 아니한다(제9조).

31 **노동조합 및 노동관계조정법상 노동조합이 노동조합의 규약에 기재하여야 할 사항이 아닌 것은?** ▸공인노무사 제34회

① 대표자와 임원의 규약위반에 대한 탄핵에 관한 사항
② 직장 내 괴롭힘 예방 및 발생 시 조치 등에 관한 사항
③ 쟁의행위와 관련된 찬반투표 결과의 공개에 관한 사항
④ 규율과 통제에 관한 사항
⑤ 회의에 관한 사항

해설

제11조(규약)
노동조합은 그 조직의 자주적·민주적 운영을 보장하기 위하여 당해 노동조합의 규약에 다음 각 호의 사항을 기재하여야 한다.

1. 명칭
2. 목적과 사업
3. 주된 사무소의 소재지
4. 조합원에 관한 사항(聯合團體인 勞動組合에 있어서는 그 構成團體에 관한 사항)
5. 소속된 연합단체가 있는 경우에는 그 명칭
6. 대의원회를 두는 경우에는 대의원회에 관한 사항
7. 회의에 관한 사항
8. 대표자와 임원에 관한 사항
9. 조합비 기타 회계에 관한 사항
10. 규약변경에 관한 사항
11. 해산에 관한 사항
12. 쟁의행위와 관련된 찬반투표 결과의 공개, 투표자 명부 및 투표용지 등의 보존·열람에 관한 사항
13. 대표자와 임원의 규약위반에 대한 탄핵에 관한 사항
14. 임원 및 대의원의 선거절차에 관한 사항
15. 규율과 통제에 관한 사항

32 **노동조합 및 노동관계조정법상 이해관계인의 신청이 있는 경우에 한하여 행정관청이 노동위원회의 의결을 얻어 시정을 명할 수 있는 경우는?** ▸ 공인노무사 제29회

① 노동조합의 결의 또는 처분이 규약에 위반된다고 인정할 경우
② 노동조합의 결의 또는 처분이 노동관계법령에 위반된다고 인정할 경우
③ 노동조합의 규약이 노동관계법령에 위반한 경우
④ 노동조합의 결의 또는 처분이 단체협약에 위반된다고 인정할 경우
⑤ 노동조합의 규약이 취업규칙에 위반한 경우

해설
- 규약, 결의, 처분이 노동관계법령에 위반한 경우에는 노동위원회의 의결을 얻어 그 시정을 명할 수 있다(제21조 제1항・제2항).
- 결의, 처분이 규약에 위반한 경우 이해관계인의 신청이 있는 경우 노동위원회의 의결을 얻어 그 시정을 명할 수 있다(제21조 제2항).

33 **노동조합 및 노동관계조정법상 노동조합의 운영 등에 관한 설명으로 옳지 않은 것은?** ▸ 공인노무사 제30회

① 단체협약에 관한 사항은 총회의 의결을 거쳐야 한다.
② 대의원은 조합원의 직접・비밀・무기명투표에 의하여 선출되어야 한다.
③ 행정관청은 노동조합의 규약이 노동관계법렵에 위반한 경우에는 직권으로 그 시정을 명할 수 있다.
④ 임원의 임기는 규약으로 정하되 3년을 초과할 수 없다.
⑤ 노동조합은 그 규약으로 조합비를 납부하지 아니하는 조합원의 권리를 제한할 수 있다.

해설
① 제16조 제1항 제3호
② 제17조 제2항
③ 행정관청은 노동조합의 규약이 노동관계법령에 위반한 경우에는 노동위원회의 의결을 얻어 그 시정을 명할 수 있다(제21조 제1항).
④ 제23조 제2항
⑤ 노동조합의 조합원은 균등하게 그 노동조합의 모든 문제에 참여할 권리와 의무를 가진다. 다만, 노동조합은 그 규약으로 조합비를 납부하지 아니하는 조합원의 권리를 제한할 수 있다(제22조).

정답 31 ② 32 ① 33 ③

34 **노동조합 및 노동관계조정법령상 노동조합의 관리에 관한 설명이다. ( )에 들어갈 내용으로 옳은 것은?** ▸ 공인노무사 제26회

> • 행정관청은 노동조합에 총회 또는 대의원회의 소집권자가 없는 경우에 조합원 또는 대의원의 3분의 1 이상이 회의에 부의할 사항을 제시하고 소집권자의 지명을 요구한 때에는 (ㄱ)일 이내에 회의의 소집권자를 지명하여야 한다.
> • 총회 또는 대의원회는 회의개최일 (ㄴ)일 전까지 그 회의에 부의할 사항을 공고하고 규약에 정한 방법에 의하여 소집하여야 한다.

① ㄱ : 10 ㄴ : 5
② ㄱ : 10 ㄴ : 7
③ ㄱ : 15 ㄴ : 7
④ ㄱ : 15 ㄴ : 10
⑤ ㄱ : 30 ㄴ : 10

해설 • 행정관청은 노동조합에 총회 또는 대의원회의 소집권자가 없는 경우에 조합원 또는 대의원의 3분의 1 이상이 회의에 부의할 사항을 제시하고 소집권자의 지명을 요구한 때에는 15일 이내에 회의의 소집권자를 지명하여야 한다(제18조 제4항).
• 총회 또는 대의원회는 회의개최일 7일 전까지 그 회의에 부의할 사항을 공고하고 규약에 정한 방법에 의하여 소집하여야 한다. 다만, 노동조합이 동일한 사업장내의 근로자로 구성된 경우에는 그 규약으로 공고기간을 단축할 수 있다(제19조).

35 **노동조합 및 노동관계조정법령상 노동조합총회의 의결사항 중 '재적조합원 과반수의 출석과 출석조합원 3분의 2이상의 찬성' 으로 의결해야 하는 사항이 아닌 것은?** ▸ 공인노무사 제27회

① 규약의 변경
② 해산
③ 분할
④ 임원의 선거
⑤ 조직형태의 변경

해설 총회는 재적조합원 과반수의 출석과 출석조합원 과반수의 찬성으로 의결한다. 다만, 규약의 제정·변경, 임원의 해임, 합병·분할·해산 및 조직형태의 변경에 관한 사항은 재적조합원 과반수의 출석과 출석조합원 3분의 2 이상의 찬성이 있어야 한다(제16조 제2항).

<table>
<tr><th>직접·비밀·무기명</th><th>3분의 2 이상의 찬성</th></tr>
<tr><td colspan="2">① 규약의 제정·변경
② 임원의 해임</td></tr>
<tr><td>③ 임원의 선거
④ 대의원의 선출
⑤ 쟁의행위의 결정</td><td>③ 합병·분할·해산
④ 조직변경</td></tr>
</table>

36 노동조합 및 노동관계조정법상 노동조합 회계감사 등에 관한 설명으로 옳지 않은 것은?

▸ 공인노무사 제24회

① 노동조합의 대표자는 그 회계감사원으로 하여금 6월에 1회 이상 당해 노동조합의 모든 재원 및 용도 등에 대한 회계감사를 실시하게 하고 그 내용과 감사결과를 전체 조합원에게 공개하여야 한다.

② 노동조합의 회계감사원은 필요하다고 인정할 경우에는 당해 노동조합의 회계감사를 실시하되 그 결과를 공개하여서는 아니 된다.

③ 노동조합의 대표자는 회계연도마다 결산결과와 운영상황을 공표하여야 한다.

④ 노동조합은 행정관청이 요구하는 경우에는 결산결과와 운영상황을 보고하여야 한다.

⑤ 행정관청이 노동조합으로부터 결산결과 또는 운영상황의 보고를 받고자 하는 경우에는 그 사유와 기타 필요한 사항을 기재한 서면으로 10일 이전에 요구하여야 한다.

해설 ① 제25조 제1항

② 노동조합의 회계감사원은 필요하다고 인정할 경우에는 당해 노동조합의 회계감사를 실시하고 그 결과를 공개할 수 있다(제25조 제2항).

③ 노동조합의 대표자는 회계연도마다 결산결과와 운영상황을 공표하여야 하며 조합원의 요구가 있을 때에는 이를 열람하게 하여야 한다(제26조).

④ 노동조합은 행정관청이 요구하는 경우에 결산결과와 운영상황을 보고하여야 한다(제27조).

⑤ 시행령 제12조

37 노동조합 및 노동관계조정법상 노동조합의 관리에 관한 설명으로 옳은 것은?

▸ 공인노무사 제34회

① 노동조합의 회계감사원은 필요하다고 인정할 경우에는 당해 노동조합의 회계감사를 실시하고 그 결과를 공개할 수 있다.

② 대의원회를 둔 때에는 총회에 관한 규정은 대의원회에 이를 준용할 수 없다.

③ 노동조합은 회의록 및 재정에 관한 장부와 서류를 작성하여 5년간 보존하여야 한다.

④ 행정관청은 노동위원회의 의결을 얻어 노동조합의 결산결과와 운영상황 보고를 요구할 수 있다.

⑤ 노동조합의 대표자는 그 회계감사원으로 하여금 1년에 1회 이상 회계감사를 실시하게 하여야 한다.

해설 ① 제25조 제2항

② 대의원회를 둔 때에는 총회에 관한 규정은 대의원회에 이를 준용한다(제17조 제5항).

③ 3년간 보존하여야 한다(제14조 제2항).

정답 34 ③ 35 ④ 36 ② 37 ①

④ 노동조합은 행정관청이 요구하는 경우에는 결산결과와 운영상황을 보고하여야 한다(제27조).
⑤ 노동조합의 대표자는 그 회계감사원으로 하여금 6월에 1회 이상 당해 노동조합의 모든 재원 및 용도, 주요한 기부자의 성명, 현재의 경리 상황등에 대한 회계감사를 실시하게 하고 그 내용과 감사결과를 전체 조합원에게 공개하여야 한다(제25조 제1항).

38 **노동조합 및 노동관계조정법령상 노동조합 활동에 관한 설명으로 옳지 않은 것은?(다툼 이 있으면 판례에 따름)** ▸ 공인노무사 제28회

① 사업장 내의 노동조합 활동은 사용자의 시설관리권에 바탕을 둔 합리적인 규율이나 제약에 따라야 한다.
② 노동조합 활동은 근로조건의 유지 개선과 근로자의 경제적 지위의 향상을 도모하기 위하여 필요하고 근로자들의 단결 강화에 도움이 되는 행위이어야 한다.
③ 노동조합 활동은 취업규칙이나 단체협약에 별도의 허용규정이 있더라도 취업시간 외에 행하여져야 한다.
④ 단체협약에 유인물의 배포에 허가제를 채택하고 있는 경우 유인물 배포행위가 정당한가 아닌가는 허가가 있었는지 여부만 가지고 판단할 것은 아니고 그 유인물의 내용이나 배포 방법 등 제반사정을 고려하여 판단되어져야 한다.
⑤ 조합원이 조합의 결의에 따라서 한 노동조합의 조직적인 활동 그 자체가 아닐지라도 그 행위의 성질상 노동조합 활동으로 볼 수 있을 때에는 노동조합의 업무를 위한 행위로 보아야한다.

해설 ①③ 노동조합의 활동이 정당하다고 하기 위하여는 (중략) 취업규칙이나 단체협약에 별도의 허용규정이 있거나 관행 또는 사용자의 승낙이 있는 경우 외에는 취업시간 외에 행하여져야 하고, 사업장 내의 조합활동에 있어서는 사용자의 시설관리권에 바탕을 둔 합리적인 규율이나 제약에 따라야 하며, 폭력과 파괴행위 등의 방법에 의하지 않는 것이어야 한다는 요건을 모두 갖추어야 할 것이다(대판 2001.11.27, 99도4779).
② 노동조합의 활동이 정당하다고 하기 위하여는 행위의 성질상 노동조합의 활동으로 볼 수 있거나 노동조합의 묵시적인 수권 또는 승인을 받았다고 볼 수 있는 것으로서 근로조건의 유지 개선과 근로자의 경제적 지위의 향상을 도모하기 위하여 필요하고 근로자들의 단결강화에 도움이 되는 행위이어야 하며…(대판 1994.2.22, 93도613).
④ 단체협약에 유인물의 배포에 허가제를 채택하고 있다고 할지라도 유인물 배포행위가 정당한가 아닌가는 허가가 있었는지 여부만 가지고 판단할 것은 아니고, 그 유인물의 내용이나 배포방법 등 제반사정을 고려하여 판단되어져야 한다(대판 1991.11.12, 91누4164).
⑤ 노동조합 및 노동관계조정법 제81조 제1호의 '노동조합의 업무를 위한 정당한 행위'란 일반적으로는 노동조합의 정당한 활동을 가리킨다고 할 것이나, 조합원이 조합의 결의나 구체적인 지시에 따라서 한 노동조합의 조직적인 활동 그 자체가 아닐지라도 그 행위의 성질상 노동조합의 활동으로 볼 수 있거나 노동조합의 묵시적인 수권 혹은 승인을 받았다고 볼 수 있을 때에는 그 조합원의 행위를 노동조합의 업무를 위한 행위로 보아야 한다(대판 1996.2.23, 95다13708).

39 **노동조합 및 노동관계조정법령상 근로시간 면제 등에 관한 설명으로 옳지 않은 것은? (다툼이 있으면 판례에 따름)** ▸공인노무사 제26회

① 근로시간 면제 한도를 정하기 위하여 근로시간면제심의위원회를 경제사회노동위원회에 둔다.

② 노동조합 전임자 급여 지원 행위는 노동조합의 자주성을 저해할 위험성이 있는지를 실질적으로 판단하여 부당노동행위 여부를 판단하여야 한다.

③ 노동조합 전임자라 할지라도 단체협약에 노동조합 전임자에 관하여 특별한 규정을 두거나 특별한 관행이 존재하지 아니하는 한 출・퇴근에 대한 사규의 적용을 받는다.

④ 근로시간 면제자에게 지급되는 급여는 근로제공의무가 면제되는 근로시간에 상응하는 것이어야 한다.

⑤ 근로시간 면제 한도를 초과하는 내용을 정한 단체협약 또는 사용자의 동의는 그 부분에 한정하여 무효로 한다.

해설 ① 제24조의2 제1항

② 단순히 노동조합의 업무에만 종사하는 근로자(이하 '노조전임자'라 한다)에 불과할 뿐 근로시간 면제대상으로 지정된 근로자(이하 '근로시간 면제자'라 한다)로 지정된 바 없는 근로자에게 급여를 지원하는 행위는 그 자체로 부당노동행위가 되지만, 근로시간 면제자에게 급여를 지급하는 행위는 특별한 사정이 없는 한 부당노동행위가 되지 않는 것이 원칙이다(대판 2016.4.28, 2014두11137).

③ 노조전임자도 사용자와의 사이에 기본적 근로관계는 유지되는 것이므로 단체협약에 특별한 규정을 두거나 특별한 관행이 존재하지 아니하는 한 취업규칙 등에 따라 출근을 하지 아니한 경우 이는 무단결근에 해당한다(대판 2005.10.13, 2005두5093).

④ 근로시간 면제자로 하여금 근로제공의무가 있는 근로시간을 면제받아 경제적인 손실 없이 노동조합 활동을 할 수 있게 하려는 근로시간 면제 제도 본연의 취지에 비추어 볼 때, **근로시간 면제자에게 지급하는 급여는 근로제공의무가 면제되는 근로시간에 상응하는 것이어야 한다.** 그러므로 단체협약 등 노사 간 합의에 의한 경우라도 **타당한 근거 없이 과다하게 책정된 급여를 근로시간 면제자에게 지급하는 사용자의 행위는** 노동조합 및 노동관계조정법 제81조 제4호 단서에서 허용하는 범위를 벗어나는 것으로서 노조전임자 급여 지원 행위나 노동조합 운영비 원조 행위에 해당하는 **부당노동행위가 될 수 있다**(대판 2016.4.28, 2014두11137).

⑤ 제24조 제4항

정답 38 ③ 39 ②

40 **노동조합 및 노동관계조정법령상 근로시간면제심의위원회(이하 "위원회"라 한다)에 관한 설명으로 옳은 것은?** ▸ 공인노무사 제34회

① 위원회는 근로시간 면제 한도를 심의・의결하고, 5년마다 그 적정성 여부를 재심의하여 의결할 수 있다.
② 위원회는 근로자를 대표하는 위원과 사용자를 대표하는 위원 및 공익을 대표하는 위원 각 5명씩 성별을 고려하여 구성한다.
③ 위원회는 고용노동부장관으로부터 근로시간 면제 한도를 정하기 위한 심의 요청을 받은 때에는 그 심의 요청을 받은 날부터 30일 이내에 심의・의결해야 한다.
④ 위원회는 재적위원 과반수의 출석과 재적위원 과반수의 찬성으로 의결한다.
⑤ 위원회 위원의 임기는 3년으로 하고, 임기가 끝났더라도 후임자가 위촉될 때까지 계속하여 그 직무를 수행한다.

해설 ① 위원회는 근로시간 면제 한도를 심의・의결하고, 3년마다 그 적정성 여부를 재심의하여 의결할 수 있다(제24조의2 제2항).
② 제24조의2 제5항
③ 위원회는 경제사회노동위원회 위원장으로부터 근로시간 면제 한도를 정하기 위한 심의 요청을 받은 때에는 그 심의 요청을 받은 날부터 60일 이내에 심의・의결해야 한다(제11조의6 제1항).
④ 위원회는 재적위원 과반수의 출석과 출석위원 과반수의 찬성으로 의결한다(제24조의2 제7항).
⑤ 위원회 위원의 임기는 2년으로 한다(제11조의5 제1항). 위원회의 위원이 궐위된 경우에 보궐위원의 임기는 전임자(前任者) 임기의 남은 기간으로 한다(제11조의5 제2항). 위원회의 위원은 임기가 끝났더라도 후임자가 위촉될 때까지 계속하여 그 직무를 수행한다(제11조의5 제3항).

41 **노동조합 및 노동관계조정법상 근로시간면제심의위원회(이하 "위원회"라 한다)에 관한 설명으로 옳지 않은 것은?** ▸ 공인노무사 제29회

① 근로시간 면제 한도를 정하기 위하여 위원회를 경제사회노동위원회에 둔다.
② 근로시간 면제 한도는 위원회가 심의・의결한 바에 따라 고용노동부장관이 고시하되, 3년마다 그 적정성 여부를 재심의하여 결정할 수 있다.
③ 위원회는 근로자를 대표하는 위원과 사용자를 대표하는 위원 및 공익을 대표하는 위원 각 5명씩 성별을 고려하여 구성한다.
④ 위원장은 공익위원 중에서 고용노동부장관이 지명한다.
⑤ 위원회는 재적위원 과반수의 출석과 출석위원 과반수의 찬성으로 의결한다.

해설 ① 제24조의2 제1항
② 제24조의2 제2항, 제4항
③ 제24조의2 제5항
위원회는 다음 각 호의 구분에 따라 근로자를 대표하는 위원과 사용자를 대표하는 위원 및 공익

을 대표하는 위원 각 5명씩 성별을 고려하여 구성한다. 〈신설 2021.1.5.〉
1. 근로자를 대표하는 위원 : 전국적 규모의 노동단체가 추천하는 사람
2. 사용자를 대표하는 위원 : 전국적 규모의 경영자단체가 추천하는 사람
3. 공익을 대표하는 위원 : 경제사회노동위원회 위원장이 추천한 15명 중에서 제1호에 따른 노동단체와 제2호에 따른 경영자단체가 순차적으로 배제하고 남은 사람

④ 위원회의 위원장은 공익위원 중에서 위원회가 선출한다(제24조의2 제6항).
⑤ 제24조의2 제7항

42 노동조합 및 노동관계조정법령상 근로시간 면제 제도에 관한 설명으로 옳지 않은 것은? (다툼이 있으면 판례에 따름)

▸ 공인노무사 제28회

① 근로시간 면제 한도를 정하기 위하여 근로시간면제심의위원회를 경제사회노동위원회에 둔다.
② 근로시간 면제자에게 급여를 지급하는 행위는 특별한 사정이 없는 한 부당노동행위가 되지 않는 것이 원칙이다.
③ 근로시간 면제자에 대한 급여는 사회통념상 수긍할 만한 합리적인 범위를 초과할 정도로 과다하지 않더라도 근로의 대가로 볼 수 없다.
④ 근로시간 면제 한도는 3년마다 그 적정성 여부를 재심의하여 결정할 수 있다.
⑤ 경제사회노동위원회 위원장은 위원회가 의결한 사항을 고용노동부장관에게 즉시 통보하여야 한다.

해설 ① 제24조의2 제1항
② 단순히 노동조합의 업무에만 종사하는 근로자(이하 '노조전임자'라 한다)에 불과할 뿐 근로시간 면제 대상으로 지정된 근로자(이하 '근로시간 면제자'라 한다)로 지정된 바 없는 근로자에게 급여를 지원하는 행위는 그 자체로 부당노동행위가 되지만, **근로시간 면제자에게 급여를 지급하는 행위는 특별한 사정이 없는 한 부당노동행위가 되지 않는 것이 원칙**이다(대판 2016.4.28, 2014두11137).
③ 근로시간 면제 제도의 규정 내용, 취지, 관련 규정 등을 고려하면, 근로시간 면제 대상으로 지정된 근로자에 대한 급여는 근로시간 면제자로 지정되지 아니하고 일반 근로자로 근로하였다면 해당 사업장에서 동종 혹은 유사 업무에 종사하는 동일 또는 유사 직급·호봉의 일반 근로자의 통상 근로시간과 근로조건 등을 기준으로 받을 수 있는 급여 수준이나 지급 기준과 비교하여 사회통념상 수긍할 만한 합리적인 범위를 초과할 정도로 과다하지 않은 한 근로시간 면제에 따라 사용자에 대한 관계에서 제공한 것으로 간주되는 근로의 대가로서, 그 성질상 임금에 해당하는 것으로 봄이 타당하다(대판 2018.4.26, 2012다8239).
④ 제24조의2 제2항
⑤ 제24조의2 제3항

정답 40 ② 41 ④ 42 ③

43 노동조합 및 노동관계조정법령상 노동조합의 해산에 관한 설명으로 옳지 않은 것은?

▸ 공인노무사 제34회

① 노동조합은 총회 또는 대의원회의 해산결의가 있는 경우에 해산한다.
② 노동조합의 임원이 없고 노동조합으로서의 활동을 1년 이상 하지 아니한 것으로 인정되는 경우로서 행정관청이 노동위원회의 의결을 얻은 경우에 해산한다.
③ 규약에서 정한 해산사유가 발생하여 노동조합이 해산한 때에는 그 대표자가 행정관청에 신고할 때에 해산된 것으로 본다.
④ 행정관청은 노동조합이 합병으로 소멸하여 대표자로부터 해산신고를 받은 때에는 지체 없이 그 사실을 관할 노동위원회에 통보해야 한다.
⑤ 총회에서 재적조합원 과반수의 출석과 출석조합원 3분의 2 이상의 찬성에 따라 노동조합이 분할로 소멸하는 경우에 해산한다.

해설 ①·②·⑤ 제28조 제1항

> 제28조(해산사유)
> 노동조합은 다음 각호의 1에 해당하는 경우에는 해산한다(제28조 제1항).
> 1. 규약에서 정한 해산사유가 발생한 경우
> 2. 합병 또는 분할로 소멸한 경우
> 3. 총회 또는 대의원회의 해산결의가 있는 경우
> 4. 노동조합의 임원이 없고 노동조합으로서의 활동을 1년 이상 하지 아니한 것으로 인정되는 경우로서 행정관청이 노동위원회의 의결을 얻은 경우

③ 신고는 해산의 효력요건이 아니라 단순한 행정절차이다.
④ 행정관청은 법 제28조 제1항 제4호에 따른 노동위원회의 의결이 있거나 같은 조 제2항에 따른 해산신고를 받은 때에는 지체 없이 그 사실을 관할 노동위원회(법 제28조 제2항에 따른 해산신고를 받은 경우만 해당한다)와 해당 사업 또는 사업장의 사용자나 사용자단체에 통보해야 한다(시행령 제13조 제4항).

44 노동조합 및 노동관계조정법상 노동조합의 해산에 관한 설명으로 옳지 않은 것은?

▸ 공인노무사 제29회

① 규약에서 정한 해산사유가 발생한 경우에 노동조합은 해산한다.
② 노동조합이 합병으로 소멸한 경우에 노동조합은 해산한다.
③ 노동조합의 임원이 없고 노동조합으로서의 활동을 1년 이상 하지 아니한 경우에 노동조합은 해산한다.
④ 노동조합 규약으로 총회에 갈음하는 대의원회를 둔 때에는 대의원회의 해산결의가 있는 경우에 노동조합은 해산한다.
⑤ 노동조합이 분할로 소멸한 경우에 노동조합은 해산한다.

해설

> 제28조(해산사유)
> ① 노동조합은 다음 각호의 1에 해당하는 경우에는 해산한다.
> 1. 규약에서 정한 해산사유가 발생한 경우
> 2. 합병 또는 분할로 소멸한 경우
> 3. 총회 또는 대의원회의 해산결의가 있는 경우
> 4. 노동조합의 임원이 없고 노동조합으로서의 활동을 1년 이상 하지 아니한 것으로 인정되는 경우로서 행정관청이 노동위원회의 의결을 얻은 경우
> ② 제1항 제1호 내지 제3호의 사유로 노동조합이 해산한 때에는 그 대표자는 해산한 날부터 15일 이내에 행정관청에게 이를 신고하여야 한다.

PART 03

45 노동조합 및 노동관계조정법령상 노동조합의 조직변경에 관한 설명으로 옳지 않은 것은? (다툼이 있으면 판례에 따름) ▸ 공인노무사 제26회

① 노동조합이 존속 중에 그 조합원의 범위를 변경하는 조직변경은 변경 전후 노동조합의 실질적 동일성이 인정되는 범위 내에서 인정된다.

② 어느 사업장의 근로자로 구성된 노동조합이 다른 사업장의 노동조합을 결성하거나 그 조직형태 등을 결정할 수는 없다.

③ 노동조합의 조직형태 변경은 총회에서 재적조합원 과반수의 출석과 출석조합원 3분의 2 이상의 찬성이 있어야 한다.

④ 조직변경이 유효하게 이루어진 경우에 변경 후의 노동조합이 변경 전 노동조합의 재산관계 및 단체협약의 주체로서의 지위를 그대로 승계한다.

⑤ 산업별 노동조합의 지회가 노동조합 유사의 독립한 근로자단체로서 법인 아닌 사단에 해당하는 경우, 조직형태 변경 결의를 통하여 기업별 노동조합으로 전환할 수 없다.

해설 ①·②·④ 노동조합이 존속 중에 그 조합원의 범위를 변경하는 조직변경은 변경 후의 조합이 변경 전의 조합의 재산관계 및 단체협약의 주체로서의 지위를 그대로 승계한다는 조직변경의 효과에 비추어 볼 때 변경 전후의 조합의 실질적 동일성이 인정되는 범위 내에서 인정되고, 노동조합은 구성원인 근로자가 주체가 되어 자주적으로 단결하고 민주적으로 운영되어야 하므로 어느 사업장의 근로자로 구성된 노동조합이 다른 사업장의 노동조합을 결성하거나 그 조직형태 등을 결정할 수는 없다(대판 1997.7.25, 95누4377).

③ 제16조 제2항

⑤ 기업별 노동조합과 유사한 근로자단체로서 법인 아닌 사단의 실질을 가지고 있는 지회 등의 경우에도 기업별 노동조합에 준하는 실질을 가지고 있는 경우와 마찬가지로 노동조합법 제16조 제1항 제8호 및 제2항에서 정한 결의 요건을 갖춘 소속 근로자의 의사 결정을 통하여 종전의 산업별 노동조합의 지회 등이라는 외형에서 벗어나 독립한 기업별 노동조합으로 전환할 수 있다(대판

정답 43 ③ 44 ③ 45 ⑤

2016.2.19. 2012다96120 전원합의체).

46 **노동조합 및 노동관계조정법상 노동조합에 관한 설명으로 옳지 않은 것은? (다툼이 있으면 판례에 따름)** ▸ 공인노무사 제30회

① 조직형태의 변경에 관한 사항은 총회에서 재적조합원 과반수의 출석과 출석조합원 3분의 2 이상의 찬성이 있어야 한다.

② 노동조합이 존속 중에 그 조합원의 범위를 변경하는 조직변경은 변경 전후의 조합의 실질적 동일성이 인정되는 범위 내에서 인정된다.

③ 산업별 노동조합의 지회는 산업별 노동조합의 활동을 위한 내부적인 조직에 그치더라도 총회의 결의를 통하여 그 소속을 변경하고 독립한 기업별 노동조합으로 전환할 수 있다.

④ 총회의 해산결의로 인하여 노동조합이 해산할 때에는 그 대표자는 해산한 날부터 15일 이내에 행정관청에게 이를 신고하여야 한다.

⑤ 노동조합의 임원이 없고 노동조합으로서의 활동을 1년 이상 하지 아니한 것으로 인정되는 경우로서 행정관청이 노동위원회의 의결을 얻은 경우에 노동조합은 해산한다.

해설 ① 제16조 제2항

② 노동조합이 존속 중에 그 조합원의 범위를 변경하는 조직변경은 변경 후의 조합이 변경 전의 조합의 재산관계 및 단체협약의 주체로서의 지위를 그대로 승계한다는 조직변경의 효과에 비추어 볼 때 변경 전후의 조합의 실질적 동일성이 인정되는 범위 내에서 인정되고, 노동조합은 구성원인 근로자가 주체가 되어 자주적으로 단결하고 민주적으로 운영되어야 하므로 어느 사업장의 근로자로 구성된 노동조합이 다른 사업장의 노동조합을 결성하거나 그 조직형태 등을 결정할 수는 없다(대판 1997.7.25. 95누4377).

③ 노동조합법 제16조 제1항 제8호 및 제2항은 노동조합법에 의하여 설립된 노동조합을 대상으로 삼고 있어 노동조합의 단순한 내부적인 조직이나 기구에 대하여는 적용되지 아니하지만, 산별노조의 지부나 분회 등이더라도 독자적인 조직·규약을 갖추고 독립적으로 단체교섭을 행하는 등 기업별 노조에 준하는 실질을 가지고 있는 경우에는 예외적으로 당해 지부 조합원의 결의만으로 조직형태를 변경할 수 있다(대판 2016.2.19. 2012다96120 전원합의체).

④ 제28조 제2항

⑤ 제28조 제1항 제4호

47 **노동조합 및 노동관계조정법상 노동조합의 설립 및 운영에 관한 설명으로 옳지 않은 것은? (다툼이 있으면 판례에 따름)** ▸ 공인노무사 제34회

① 법인 아닌 노동조합이 일단 설립되었다고 할지라도 중도에 그 조합원이 1인밖에 남지 아니하게 된 경우에는 그 조합원이 증가될 일반적 가능성이 없는 한, 노동조합으로서의 단체성을 상실하여 청산목적과 관련되지 않는 한 당사자능력이 없다.

② 노동조합은 단결권을 확보하기 위하여 필요하고도 합리적인 범위 내에서 조합원에 대하여 일정한 규제와 강제를 행사하는 내부통제권을 가진다고 해석하는 것이 상당하다.

③ 노동조합의 조직이나 운영을 지배하거나 개입하려는 사용자의 부당노동행위에 의해 노동조합이 설립된 경우, 그 설립신고가 행정관청에 의하여 형식상 수리되었더라도 그 실질적 요건이 흠결된 하자가 해소되거나 치유되는 등의 특별한 사정이 없는 한 그 설립이 무효로서 노동조합으로서의 지위를 가지지 않는다고 보아야 한다.

④ 실질적인 요건은 갖추었으나 형식적인 요건을 갖추지 못한 근로자들의 단결체의 지위를 '법외의 노동조합'으로 보는 한 그 단결체가 전혀 아무런 활동을 할 수 없는 것은 아니고 어느 정도의 단체교섭이나 협약체결 능력을 보유한다 할 것이다.

⑤ 산업별 노동조합의 지회 등이 독자적으로 단체교섭을 진행하고 단체협약을 체결하지 못하였다면 법인 아닌 사단의 실질을 가지고 있어 기업별 노동조합과 유사한 근로자단체로서 독립성이 인정된다 하더라도 그 지회 등은 스스로 고유한 사항에 관하여 산업별 노동조합과 독립하여 의사를 결정할 수 있는 능력을 가지고 있지 않다.

해설 ① 대판 1998.3.13, 97누19830

② 대판 2005.1.28, 2004도227

③ 노동조합의 조직이나 운영을 지배하거나 개입하려는 사용자의 부당노동행위에 의해 노동조합이 설립된 것에 불과하거나, 노동조합이 설립될 당시부터 사용자가 위와 같은 부당노동행위를 저지르려는 것에 관하여 노동조합 측과 적극적인 통모・합의가 이루어진 경우 등과 같이 해당 노동조합이 헌법 제33조 제1항 및 그 헌법적 요청에 바탕을 둔 노동조합 및 노동관계조정법(이하 '노동조합법'이라고 한다) 제2조 제4호가 규정한 실질적 요건을 갖추지 못하였다면, 설령 설립신고가 행정관청에 의하여 형식상 수리되었더라도 실질적 요건이 흠결된 하자가 해소되거나 치유되는 등의 특별한 사정이 없는 한 이러한 노동조합은 노동조합법상 설립이 무효로서 노동3권을 향유할 수 있는 주체인 노동조합으로서의 지위를 가지지 않는다고 보아야 한다(대판 2021.2.25, 2017다51610).

④ 실질적인 요건은 갖추었으나 형식적인 요건을 갖추지 못한 근로자들의 단결체는 노동조합이라는 명칭을 사용할 수 없음은 물론 그 외 법에서 인정하는 여러 가지 보호를 받을 수 없는 것은 사실이나, 명칭의 사용을 금지하는 것은 이미 형성된 단결체에 대한 보호정도의 문제에 지나지 아니하고 단결체의 형성에 직접적인 제약을 가하는 것도 아니며, 또한 위와 같은 단결체의 지위를 '법외의 노동조합'으로 보는 한 그 단결체가 전혀 아무런 활동을 할 수 없는 것은 아니고 어느 정도의 단체교섭이나 협약체결 능력을 보유한다 할 것이므로, 노동조합의 명칭을 사용할 수 없다고 하여 헌법상 근로자들의 단결권이나 단체교섭권의 본질적인 부분이 침해된다고 볼 수 없다(헌재 2008.7.31, 2004헌바9).

⑤ 기업별 노동조합과 유사한 근로자단체로서 법인 아닌 사단의 실질을 가지고 있는 지회 등의 경우에도 기업별 노동조합에 준하는 실질을 가지고 있는 경우와 마찬가지로 노동조합법 제16조 제1항 제8호 및 제2항에서 정한 결의 요건을 갖춘 소속 근로자의 의사 결정을 통하여 종전의 산업별 노동조합의 지회 등이라는 외형에서 벗어나 독립한 기업별 노동조합으로 전환할 수 있다(대판(전합) 2016.2.19, 2012다96120).

정답 46 ③ 47 ⑤

Section 03 단체교섭

01 노동조합 및 노동관계조정법령상 단체교섭 및 단체협약에 관한 설명으로 옳지 않은 것을 모두 고른 것은? (다툼이 있으면 판례에 따름) ▸ 공인노무사 제26회

ㄱ. 단체교섭의 결과 노사가 특정의 노동조합이 유일한 교섭주체임을 인정하는 취지의 단체협약을 체결했다면 노사자치원리에 따라 유효하다.
ㄴ. 노동관계당사자는 교섭이나 단체협약 체결의 권한을 위임하는 경우에는 교섭사항과 교섭범위를 정하지 않고 교섭 진행 과정에서 구체화시키면 충분하다.
ㄷ. 노동조합의 대표자가 사용자와 단체교섭 결과 합의에 이른 경우에 단체교섭위원들이 연명으로 서명하지 않는 한 단체협약을 체결할 수 없도록 규정한 노동조합 규약은 「노동조합 및 노동관계조정법」에 위반되지 않는다.
ㄹ. 단체교섭권의 위임이 이루어진 경우에는 그 위임 후 이를 해지하는 등의 별개의 의사표시가 없더라도 노동조합의 단체교섭권한은 여전히 수임자의 단체교섭권한과 중복하여 경합적으로 남아 있다.

① ㄱ, ㄴ
② ㄷ, ㄹ
③ ㄱ, ㄴ, ㄷ
④ ㄴ, ㄷ, ㄹ
⑤ ㄱ, ㄴ, ㄷ, ㄹ

해설 ㄱ. 유일교섭단체조항은 근로자의 노동조합 결성 및 가입의 자유와 단체교섭권을 침해하여 무효이다(대판 2016.4.15. 2013두11789).
ㄴ. 노동조합과 사용자 또는 사용자단체(이하 "노동관계당사자"라 한다)는 법 제29조 제3항에 따라 교섭 또는 단체협약의 체결에 관한 권한을 위임하는 경우에는 교섭사항과 권한범위를 정하여 위임하여야 한다(시행령 제14조 제1항).
ㄷ. 노동조합이 노동조합 규약에서 노동조합의 대표자가 사용자와 단체교섭 결과 합의에 이른 경우에도 단체교섭위원들이 연명으로 서명하지 않는 한 단체협약을 체결할 수 없도록 규정한 사안에서, 위 규약은 노동조합 대표자에게 단체협약체결권을 부여한 노동조합 및 노동관계조정법 제29조 제1항을 위반한 것이다(대판 2013.9.27. 2011두15404).
ㄹ. 교섭권한을 위임했어도 위임자의 교섭권한은 소멸되는 것이 아니고, 위임자의 교섭권한은 수임자의 교섭권한과 중복하여 존재한다(대판 1998.11.13. 98다20790).

02 **노동조합 및 노동관계조정법령상 단체교섭에 관한 설명으로 옳지 않은 것은? (다툼이 있으면 판례에 따름)** ▸ 공인노무사 제28회

① 노동조합 대표자는 그 노동조합 또는 조합원을 위하여 사용자나 사용자단체와 교섭할 권한을 가진다.
② 단위노동조합이 당해 노동조합이 가입한 상부단체인 연합단체에 단체교섭권한을 위임한 경우 단위노동조합의 단체교섭권한은 소멸한다.
③ 노동조합과 사용자 또는 사용자단체는 신의에 따라 성실히 교섭하여야 한다.
④ 노동조합과 사용자 또는 사용자단체는 정당한 이유 없이 교섭을 거부하여서는 아니 된다.
⑤ 노동조합의 하부단체인 지부가 독자적인 규약 및 집행기관을 가지고 독립된 조직체로서 활동을 하는 경우 당해 조직이나 그 조합원에 고유한 사항에 대하여는 독자적으로 단체교섭을 할 수 있다.

해설 ① 제29조 제1항
② 교섭권한을 위임했어도 위임자의 교섭권한은 소멸되는 것이 아니고, 위임자의 교섭권한은 수임자의 교섭권한과 중복하여 존재한다(대판 1998.11.13, 98다20790).
③ 제30조 제1항
④ 제30조 제2항
⑤ 단위노조의 지부나 분회도 독자적인 규약 및 집행기관을 가지고 독립된 단체로서 활동을 하는 경우에는, 설립신고를 했는지 여부에 관계없이 그 조직이나 조합원에 특유한 사항에 대하여 단체교섭하고 단체협약을 체결할 수 있다(대판 2001.2.23, 2000도4299).

03 **노동조합 및 노동관계조정법령상 단체교섭 등에 관한 설명으로 옳지 않은 것은? (다툼이 있으면 판례에 따름)** ▸ 공인노무사 제27회

① 노동조합의 대표자는 단체교섭의 당사자이다.
② 사용자단체는 법령에 따라 교섭 또는 단체협약의 체결에 관한 권한을 위임하는 경우에는 교섭사항과 권한범위를 정하여 위임하여야 한다.
③ 노동조합과 사용자 또는 사용자단체는 법령에 따라 교섭 또는 단체협약의 체결에 관한 권한을 위임한 때에는 그 사실을 상대방에게 통보하여야 한다.
④ 노동조합과 사용자 또는 사용자단체는 정당한 이유 없이 교섭 또는 단체협약의 체결을 거부하거나 해태하여서는 아니 된다.
⑤ 노동조합의 하부단체인 분회나 지부가 독자적인 규약 및 집행기관을 가지고 독립된 조직체로서 활동을 하는 경우 당해 조직이나 그 조합원에 고유한 사항에 대하여는 독자적으로 단체교섭하고 단체협약을 체결할 수 있다.

정답 01 ③ 02 ② 03 ①

해설 ① 단체교섭의 담당자이다.
② 노동조합과 사용자 또는 사용자단체는 법 제29조 제3항에 따라 교섭 또는 단체협약의 체결에 관한 권한을 위임하는 경우에는 교섭사항과 권한범위를 정하여 위임하여야 한다(시행령 제14조 제1항).
③ 제29조 제4항
④ 제30조 제2항
⑤ 단위노조의 지부나 분회도 독자적인 규약 및 집행기관을 가지고 독립된 단체로서 활동을 하는 경우에는, 설립신고를 했는지 여부에 관계없이 그 조직이나 조합원에 특유한 사항에 대하여 단체교섭하고 단체협약을 체결할 수 있다(대판 2001.2.23. 2000도4299).

04 노동조합 및 노동관계조정법령상 단체교섭에 관한 설명으로 옳지 않은 것은?

▸ 공인노무사 제29회

① 교섭대표노동조합의 대표자는 교섭을 요구한 모든 노동조합을 위하여 사용자와 교섭하고 단체협약을 체결할 권한을 가진다.
② 노동조합으로부터 단체교섭에 관한 권한을 위임받은 자는 자유롭게 권한을 행사할 수 있다.
③ 사용자는 단체교섭에 관한 권한을 위임한 때에는 그 사실을 노동조합에게 통보하여야 한다.
④ 노동조합은 해당 사업 또는 사업장에 단체협약이 2개 이상 있는 경우에는 먼저 이르는 단체협약의 유효기간 만료일 이전 3개월이 되는 날부터 사용자에게 교섭을 요구할 수 있다.
⑤ 교섭대표노동조합과 사용자가 교섭창구 단일화 절차에 참여한 노동조합과 그 조합원 간에 합리적 이유 없이 차별한 경우에는 노동조합은 그 행위가 있은 날부터 3개월 이내에 노동위원회에 그 시정을 요청할 수 있다.

해설 ① 제29조 제2항
② 제29조 제3항
③ 제29조 제4항
④ 노동조합은 해당 사업 또는 사업장에 단체협약이 있는 경우에는 법 제29조 제1항 또는 제29조의2 제1항에 따라 그 유효기간 만료일 이전 3개월이 되는 날부터 사용자에게 교섭을 요구할 수 있다. 다만, 단체협약이 2개 이상 있는 경우에는 먼저 이르는 단체협약의 유효기간 만료일 이전 3개월이 되는 날부터 사용자에게 교섭을 요구할 수 있다(시행령 제14조의2 제1항).
⑤ 제29조의4 제2항

05 노동조합 및 노동관계조정법상 단체협약 등에 관한 설명으로 옳지 않은 것은?

▸ 공인노무사 제33회

① 노동위원회는 단체협약 중 위법한 내용이 있는 경우에는 그 시정을 명할 수 있다.
② 노동조합의 대표자는 그 노동조합 또는 조합원을 위하여 사용자나 사용자단체와 교섭하고 단체협약을 체결할 권한을 가진다.
③ 단체협약의 당사자는 단체협약의 체결일부터 15일 이내에 단체협약을 행정관청에게 신고하여야 한다.
④ 단체협약의 이행방법에 관하여 관계 당사자간에 의견의 불일치가 있는 때에는 단체협약에 정하는 바에 의하여 사용자가 노동위원회에 그 이행방법에 관한 견해의 제시를 요청할 수 있다.
⑤ 노동위원회는 단체협약의 이행방법에 관한 견해 제시를 요청받은 때에는 그 날부터 30일 이내에 명확한 견해를 제시하여야 한다.

해설 ① 행정관청은 단체협약 중 위법한 내용이 있는 경우에는 노동위원회의 의결을 얻어 그 시정을 명할 수 있다(제31조 제3항).
② 제29조 제1항
③ 제31조 제2항
④ 단체협약의 해석 또는 이행방법에 관하여 관계 당사자 간에 의견의 불일치가 있는 때에는 당사자 쌍방 또는 단체협약에 정하는 바에 의하여 어느 일방이 노동위원회에 그 해석 또는 이행방법에 관한 견해의 제시를 요청할 수 있다(제34조 제1항).
⑤ 제34조 제2항

06 노동조합 및 노동관계조정법령상 단체교섭 및 단체협약에 관한 설명으로 옳지 않은 것은? (다툼이 있으면 판례에 따름)

▸ 공인노무사 제31회

① 노동조합은 정당한 이유 없이 교섭 또는 단체협약의 체결을 거부하거나 해태하여서는 아니 된다.
② 사용자로부터 교섭의 체결에 관한 권한을 위임받은 자는 그 사용자를 위하여 위임받은 범위 안에서 그 권한을 행사할 수 있다.
③ 교섭대표노동조합의 대표자는 단체협약 체결 여부에 대해 원칙적으로 소수노동조합이나 그 조합원의 의사에 기속된다고 볼 수 없다.
④ 노동조합은 해당 사업에 단체협약이 2개 이상 있는 경우에는 나중에 이르는 단체협약의 유효기간 만료일 이전 3개월이 되는 날부터 사용자에게 교섭을 요구할 수 있다.
⑤ 국가 및 지방자치단체는 다양한 교섭방식을 노동관계 당사자가 자율적으로 선택할 수 있도록 지원하고 이에 따른 단체교섭이 활성화될 수 있도록 노력하여야 한다.

정답 04 ② 05 ① 06 ④

해설 ① 제30조 제2항
② 제29조 제3항
③ 교섭창구 단일화 제도의 취지나 목적, 노동조합법 제29조 제2항의 규정 내용과 취지 등을 고려하면, 교섭대표노동조합의 대표자는 교섭창구 단일화 절차에 참여한 노동조합 및 조합원 전체를 대표하여 독자적인 단체협약체결권을 가지므로, 단체협약 체결 여부에 대하여 원칙적으로 소수 노동조합이나 그 조합원의 의사에 기속된다고 볼 수 없다(대판 2020.10.29, 2017다263192).
④ 노동조합은 해당 사업 또는 사업장에 단체협약이 있는 경우에는 법 제29조 제1항 또는 제29조의2 제1항에 따라 그 유효기간 만료일 이전 3개월이 되는 날부터 사용자에게 교섭을 요구할 수 있다. 다만, 단체협약이 2개 이상 있는 경우에는 먼저 이르는 단체협약의 유효기간 만료일 이전 3개월이 되는 날부터 사용자에게 교섭을 요구할 수 있다(시행령 제14조의2 제1항).
⑤ 제30조 제3항

07 노동조합 및 노동관계조정법령상 교섭창구 단일화 절차 등에 관한 설명으로 옳지 않은 것은?

▸ 공인노무사 제31회

① 하나의 사업장에서 조직형태에 관계없이 근로자가 설립하거나 가입한 노동조합이 2개 이상인 경우 노동조합은 교섭대표노동조합을 정하여 교섭을 요구하여야 한다.
② 교섭대표노동조합을 자율적으로 결정하는 기한 내에 사용자가 교섭창구 단일화 절차를 거치지 아니하기로 동의한 경우에는 사용자는 교섭을 요구한 모든 노동조합과 성실히 교섭하여야 한다.
③ 교섭대표노동조합을 자율적으로 결정하는 기한까지 교섭대표노동조합을 정하지 못하고 사용자의 동의를 얻지 못한 경우에는 교섭창구 단일화 절차에 참여한 노동조합의 종사근로자가 아닌 조합원을 포함한 전체 조합원 과반수로 조직된 노동조합이 교섭대표노동조합이 된다.
④ 공동교섭대표단의 구성에 합의하지 못할 경우에 노동위원회는 해당 노동조합의 신청에 따라 조합원 비율을 고려하여 이를 결정할 수 있다.
⑤ 사용자에게 공동교섭대표단의 통지가 있은 이후에는 그 공동교섭대표단 결정 절차에 참여한 노동조합 중 일부 노동조합이 그 이후의 절차에 참여하지 않더라도 교섭대표노동조합의 지위는 유지된다.

해설 ① 제29조의2 제1항
② 제29조의2 제1항 단서, 제2항
③ 제29조의2 제3항에 따른 기한까지 교섭대표노동조합을 정하지 못하고 제1항 단서에 따른 사용자의 동의를 얻지 못한 경우에는 교섭창구 단일화 절차에 참여한 노동조합의 전체 조합원 과반수로 조직된 노동조합(2개 이상의 노동조합이 위임 또는 연합 등의 방법으로 교섭창구 단일화 절차에 참여한 노동조합 전체 조합원의 과반수가 되는 경우를 포함한다)이 교섭대표노동조합이 된다(제29조의2 제4항). 조합원 수 산정은 종사근로자인 조합원을 기준으로 한다(제29조의2 제10항).

④ 제29조의2 제6항
⑤ 시행령 제14조의8 제2항

08 노동조합 및 노동관계조정법령상 교섭단위 결정 등에 관한 설명으로 옳은 것은?

▸ 공인노무사 제31회

① 노동조합 또는 사용자는 사용자가 교섭요구 사실을 공고하기 전에는 노동위원회에 교섭단위를 분리하는 결정을 신청할 수 없다.
② 노동조합 또는 사용자는 분리된 교섭단위를 통합하여 교섭하려는 경우에는 노동위원회에 분리된 교섭단위를 통합하는 결정을 신청할 수 없다.
③ 노동위원회는 노동관계 당사자의 어느 한쪽이 신청한 경우에는 교섭단위를 분리하는 결정을 할 수 없다.
④ 노동위원회는 교섭단위를 분리하는 결정을 하고 해당 사업 또는 사업장의 모든 노동조합과 사용자에게 통지해야 한다.
⑤ 교섭단위 분리신청에 대한 노동위원회의 결정이 있기 전에 교섭 요구가 있는 때에는 교섭단위 분리 결정과 관계없이 교섭요구 사실의 공고 등 교섭창구단일화절차는 진행된다.

해설 ① 노동조합 또는 사용자는 교섭단위를 분리하거나 분리된 교섭단위를 통합하여 교섭하려는 경우에는 사용자가 교섭요구 사실을 공고하기 전 노동위원회에 교섭단위를 분리하거나 분리된 교섭단위를 통합하는 결정을 신청할 수 있다(시행령 제14조의11 제1항 제1호).
②・③ 하나의 사업 또는 사업장에서 현격한 근로조건의 차이, 고용형태, 교섭 관행 등을 고려하여 교섭단위를 분리하거나 분리된 교섭단위를 통합할 필요가 있다고 인정되는 경우에 노동위원회는 노동관계 당사자의 양쪽 또는 어느 한쪽의 신청을 받아 교섭단위를 분리하거나 분리된 교섭단위를 통합하는 결정을 할 수 있다(제29조의3 제2항).
④ 시행령 제14조의11 제3항
⑤ 교섭단위 분리신청에 대한 노동위원회의 결정이 있기 전에 제14조의2에 따른 교섭 요구가 있는 때에는 교섭단위를 분리하거나 분리된 교섭단위를 통합하는 결정이 있을 때까지 제14조의3에 따른 교섭요구 사실의 공고 등 교섭창구단일화절차의 진행은 정지된다(시행령 제14조의11 제5항).

정답 07 ③ 08 ④

09 **상시 근로자 100명을 고용하고 있는 A사업장에는 갑, 을, 병, 정 노동조합이 설립되어 있으며 각각 26명, 15명, 14명, 5명의 조합원이 가입되어 있다. 정 노동조합을 제외한 갑, 을, 병 3개의 노동조합이 교섭창구 단일화 절차에 참여하였다. 사용자가 교섭창구 단일화 절차를 거치지 아니하기로 별도로 동의하지 아니한 상황에서 자율적으로 결정하는 기한 내에 교섭대표노동조합을 결정하지 못한 경우 교섭대표노동조합이 될 수 없는 것은?** ▸ 공인노무사 제29회

① 갑, 을, 병의 연합
② 갑, 병의 연합
③ 을의 위임을 받은 갑
④ 병의 위임을 받은 을
⑤ 정의 위임을 받은 갑

해설 ⑤ 정 노동조합은 교섭창구 단일화 절차에 참여하지 않았고 갑 노동조합의 조합원은 26명으로 교섭창구 단일화 절차에 참여한 노동조합의 전체조합원(55명) 과반수에 미달하므로 교섭대표노동조합이 될 수 없다.

- 갑 · 을 · 병 노동조합은 교섭창구단일화절차에 참여했으므로 교섭대표노동조합이 되기 위해서는 55명의 과반수인 28명 이상의 조합원을 확보해야 한다.
- 기한 내에 자율적으로 교섭대표노동조합을 정하지 못하고 사용자의 동의를 얻지 못한 경우에는 교섭창구 단일화 절차에 참여한 노동조합의 전체 조합원 과반수로 조직된 노동조합(2개 이상의 노동조합이 위임 또는 연합 등의 방법으로 교섭창구 단일화 절차에 참여한 노동조합 전체 조합원의 과반수가 되는 경우를 포함한다)이 교섭대표노동조합이 된다(제29조의2 제4항).

10 **노동조합 및 노동관계조정법령상 교섭창구 단일화절차 등에 관한 설명으로 옳지 않은 것은?** ▸ 공인노무사 제27회

① 하나의 사업 또는 사업장에 2개 이상의 노동조합이 있더라도 교섭대표노동조합을 자율적으로 결정하는 기한 내에 사용자가 교섭창구 단일화 절차를 거치지 아니하기로 동의한 경우에는 해당 노동조합은 사용자와 개별적으로 교섭할 수 있다.
② 노동조합 교섭요구 사실의 공고는 사용자가 법령에 따라 교섭을 요구받은 날부터 7일간 하여야 한다.
③ 교섭대표노동조합이 그 결정된 날부터 1년 동안 단체협약을 체결하지 못한 경우에는 어느 노동조합이든지 사용자에게 교섭을 요구할 수 있다.
④ 교섭창구 단일화 절차에 참여한 노동조합이 자율적으로 교섭대표노동조합을 정하지 못한 경우에는 해당 사업 또는 사업장 근로자 전체의 과반수로 조직된 노동조합이 교섭대표노동조합이 된다.
⑤ 교섭대표노동조합을 결정함에 있어 교섭요구 사실 등에 대한 이의가 있는 때에는 노동위원회는 대통령령으로 정하는 바에 따라 노동조합의 신청을 받아 그 이의에 대한 결정을 할 수 있다.

해설 ① 제29조의2 제1항 단서

② 시행령 제14조의3 제1항
③ 시행령 제14조의10 제3항
④ 기한 내에 교섭대표노동조합을 정하지 못하고 제1항 단서에 따른 사용자의 동의를 얻지 못한 경우에는 교섭창구 단일화 절차에 참여한 노동조합의 전체 조합원 과반수로 조직된 노동조합(2개 이상의 노동조합이 위임 또는 연합 등의 방법으로 교섭창구 단일화 절차에 참여한 노동조합 전체 조합원의 과반수가 되는 경우를 포함한다)이 교섭대표노동조합이 된다(제29조의2 제4항).
⑤ 제29조의2 제7항

11 **노동조합 및 노동관계조정법상 교섭대표노동조합 등에 관한 설명으로 옳지 않은 것은?(다툼이 있으면 판례에 따름)** ▸공인노무사 제30회

① 교섭대표노동조합의 대표자는 교섭을 요구한 모든 노동조합 또는 조합원을 위하여 사용자와 교섭하고 단체협약을 체결할 권한을 가진다.
② 교섭대표노동조합 결정 절차에 참여한 모든 노동조합은 대통령령으로 정하는 기한 내에 자율적으로 교섭대표노동조합을 정한다.
③ 교섭창구 단일화 절차에서 교섭대표노동조합이 가지는 대표권은 법령에서 특별히 권한으로 규정하지 아니한 이상 단체교섭 및 단체협약 체결(보충교섭이나 보충협약 체결을 포함한다)과 체결된 단체협약의 구체적인 이행 과정에만 미치는 것이고, 이와 무관하게 노사관계 전반에까지 당연히 미친다고 볼 수는 없다.
④ 공동교섭대표단에 참여할 수 있는 노동조합은 그 조합원 수가 교섭창구 단일화 절차에 참여한 노동조합의 전체 조합원 100분의 10 이상인 노동조합으로 한다.
⑤ 공동교섭대표단의 구성에 합의하지 못할 경우에 고용노동부장관은 해당 노동조합의 신청에 따라 조합원 비율을 고려하여 이를 결정할 수 있다.

해설 ① 제29조 제2항
② 제29조의2 제3항
③ 교섭창구 단일화 절차에서 교섭대표노동조합이 가지는 대표권은 법령에서 특별히 권한으로 규정하지 아니한 이상 단체교섭 및 단체협약 체결(보충교섭이나 보충협약 체결을 포함한다)과 체결된 단체협약의 구체적인 이행 과정에만 미치는 것이고, 이와 무관하게 노사관계 전반에까지 당연히 미친다고 볼 수는 없다(대판 2019.10.31, 2017두37772).
④ 제29조의2 제5항
⑤ 공동교섭대표단의 구성에 합의하지 못할 경우에 노동위원회는 해당 노동조합의 신청에 따라 조합원 비율을 고려하여 이를 결정할 수 있다(제29조의2 제6항).

정답 09 ⑤ 10 ④ 11 ⑤

12 노동조합 및 노동관계조정법령상 교섭대표노동조합에 관한 설명으로 옳지 않은 것은?

▸ 공인노무사 제26회

① 교섭대표노동조합의 대표자는 교섭을 요구한 모든 노동조합 또는 조합원을 위하여 사용자와 교섭하고 단체협약을 체결할 권한을 가진다.

② 교섭대표노동조합은 교섭창구 단일화 절차에 참여한 노동조합 또는 그 조합원간에 합리적 이유 없이 차별을 하여서는 아니 된다.

③ 교섭대표노동조합이 결정된 날부터 1년 동안 단체협약을 체결하지 못한 경우에도 교섭대표노동조합만이 사용자에게 교섭을 요구할 수 있다.

④ 교섭대표노동조합은 그 지위 유지기간이 만료되었더라도 새로운 교섭대표노동조합이 결정될 때까지 기존 단체협약의 이행과 관련하여서는 그 지위를 유지한다.

⑤ 자율적으로 교섭대표노동조합을 결정하여 그 결과를 사용자에게 통지한 이후에는 그 교섭대표노동조합의 결정 절차에 참여한 노동조합 중 일부 노동조합이 그 이후의 절차에 참여하지 않더라도 교섭대표노동조합의 지위는 유지된다.

해설 ① 제29조 제2항

② 제29조의4 제1항

③ 법 제29조의2에 따라 결정된 교섭대표노동조합이 그 결정된 날부터 1년 동안 단체협약을 체결하지 못한 경우에는 어느 노동조합이든지 사용자에게 교섭을 요구할 수 있다(시행령 제14조의10 제3항).

④ 교섭대표노동조합의 지위 유지기간이 만료되었음에도 불구하고 새로운 교섭대표노동조합이 결정되지 못할 경우 기존 교섭대표노동조합은 새로운 교섭대표노동조합이 결정될 때까지 기존 단체협약의 이행과 관련해서는 교섭대표노동조합의 지위를 유지한다(시행령 제14조의10 제2항).

⑤ 사용자에게 교섭대표노동조합의 통지가 있은 이후에는 그 교섭대표노동조합의 결정 절차에 참여한 노동조합 중 일부 노동조합이 그 이후의 절차에 참여하지 않더라도 법 제29조 제2항에 따른 교섭대표노동조합의 지위는 유지된다(시행령 제14조의6 제2항).

13 노동조합 및 노동관계조정법상 교섭 및 단체협약 체결권한에 관한 설명으로 옳지 않은 것은?

▸ 공인노무사 제24회

① 교섭대표노동조합의 대표자는 교섭을 요구한 모든 노동조합 또는 조합원을 위하여 사용자와 교섭하고 단체협약을 체결할 권한을 가진다.

② 교섭대표노동조합이 결정된 날부터 그 교섭대표노동조합이 6개월 동안 단체협약을 체결하지 못한 경우에는 어느 노동조합이든지 사용자에게 교섭을 요구할 수 있다.

③ 노동조합과 사용자로부터 교섭 또는 단체협약의 체결에 관한 권한을 위임받은 자는 그 노동조합과 사용자를 위하여 위임받은 범위 안에서 그 권한을 행사할 수 있다.

④ 노동조합은 사용자에게 교섭을 요구하는 때에는 노동조합의 명칭, 그 교섭을 요구한 날 현재의 종사근로자인 조합원 수 등 고용노동부령으로 정하는 사항을 적은 서면으로 하여야 한다.

⑤ 노동조합은 단체협약이 2개 이상 있는 경우에는 먼저 도래하는 단체협약의 유효기간 만료일 이전 3개월이 되는 날부터 사용자에게 교섭을 요구할 수 있다.

해설 ① 제29조 제2항

② 1년 동안(시행령 제14조의10 제3항)

③ 제29조 제3항

④ 노동조합은 제1항에 따라 사용자에게 교섭을 요구하는 때에는 노동조합의 명칭, 그 교섭을 요구한 날 현재의 조합원 수 등 고용노동부령으로 정하는 사항을 적은 서면으로 하여야 한다(시행령 제14조의2 제2항).

⑤ 노동조합은 해당 사업 또는 사업장에 단체협약이 있는 경우에는 법 제29조 제1항 또는 제29조의2 제1항에 따라 그 유효기간 만료일 이전 3개월이 되는 날부터 사용자에게 교섭을 요구할 수 있다. 다만, 단체협약이 2개 이상 있는 경우에는 먼저 이르는 단체협약의 유효기간 만료일 이전 3개월이 되는 날부터 사용자에게 교섭을 요구할 수 있다(시행령 제14조의2 제1항).

정답 12 ③ 13 ②

14 노동조합 및 노동관계조정법령상 교섭단위 결정 등에 관한 설명으로 옳지 않은 것은?

▸ 공인노무사 제33회

① 노동조합 또는 사용자는 사용자가 교섭요구 사실을 공고하기 전에는 노동위원회에 교섭단위를 분리하는 결정을 신청할 수 없다.

② 노동위원회는 법령에 따라 교섭단위 분리의 결정 신청을 받은 때에는 해당 사업 또는 사업장의 모든 노동조합과 사용자에게 그 내용을 통지하여야 한다.

③ 하나의 사업 또는 사업장에서 현격한 근로조건의 차이, 고용형태, 교섭 관행 등을 고려하여 교섭단위를 분리할 필요가 있다고 인정되는 경우에 노동위원회는 노동관계 당사자의 양쪽 또는 어느 한쪽의 신청을 받아 교섭단위를 분리하는 결정을 할 수 있다.

④ 교섭단위의 분리결정 신청은 사용자가 교섭요구 사실을 공고한 경우에는 교섭대표노동조합이 결정된 날 이후에 할 수 있다.

⑤ 교섭단위의 분리결정을 통지 받은 노동조합이 사용자와 교섭하려는 경우 자신이 속한 교섭 단위에 단체협약이 있는 때에는 그 단체협약의 유효기간 만료일 이전 3개월이 되는 날부터 법령에 따라 필요한 사항을 적은 서면으로 교섭을 요구할 수 있다.

해설 ①④ 노동조합 또는 사용자는 법 제29조의3 제2항에 따라 교섭단위를 분리하거나 분리된 교섭단위를 통합하여 교섭하려는 경우에는 다음 각 호에 해당하는 기간에 노동위원회에 교섭단위를 분리하거나 분리된 교섭단위를 통합하는 결정을 신청할 수 있다(제14조의11).

1. 제14조의3에 따라 사용자가 교섭요구 사실을 공고하기 전
2. 제14조의3에 따라 사용자가 교섭요구 사실을 공고한 경우에는 법 제29조의2에 따른 교섭대표노동조합이 결정된 날 이후

② 시행령 제14조의11 제2항

③ 제29조의3 제2항

⑤ 시행령 제14조의11 제4항

15 노동조합 및 노동관계조정법령상 교섭단위 결정 등에 관한 설명으로 옳지 않은 것은?

▸ 공인노무사 제32회

① 교섭대표노동조합을 결정하여야 하는 단위는 하나의 사업 또는 사업장으로 한다.

② 노동위원회는 사용자의 신청을 받아 교섭단위를 분리하는 결정을 할 수 있다.

③ 노동위원회는 노동조합의 신청을 받아 분리된 교섭단위를 통합하는 결정을 할 수 있다.

④ 노동조합이 교섭단위를 분리하여 교섭하려는 경우 사용자가 교섭요구 사실을 공고하기 전에는 교섭단위를 분리하는 결정을 신청할 수 있다.

⑤ 사용자는 분리된 교섭단위를 통합하여 교섭하려는 경우 교섭대표노동조합이 결정된 날 이후에는 그 통합하는 결정을 신청할 수 없다.

해설 ① 제29조의3 제1항

②③ 하나의 사업 또는 사업장에서 현격한 근로조건의 차이, 고용형태, 교섭 관행 등을 고려하여 교섭단위를 분리하거나 분리된 교섭단위를 통합할 필요가 있다고 인정되는 경우에 노동위원회는 노동관계 당사자의 양쪽 또는 어느 한쪽의 신청을 받아 교섭단위를 분리하거나 분리된 교섭단위를 통합하는 결정을 할 수 있다(제29조의3 제2항).

④⑤ 노동조합 또는 사용자는 법 제29조의3 제2항에 따라 교섭단위를 분리하거나 분리된 교섭단위를 통합하여 교섭하려는 경우에는 다음 각 호에 해당하는 기간에 노동위원회에 교섭단위를 분리하거나 분리된 교섭단위를 통합하는 결정을 신청할 수 있다(시행령 제14조의11 제1항).

1. 제14조의3에 따라 사용자가 교섭요구 사실을 공고하기 전
2. 제14조의3에 따라 사용자가 교섭요구 사실을 공고한 경우에는 법 제29조의2에 따른 교섭대표노동조합이 결정된 날 이후

16 노동조합 및 노동관계조정법령상 교섭단위 결정에 관한 설명으로 옳은 것은?

▸ 공인노무사 제29회

① 노동위원회는 사용자의 신청을 받아 교섭단위를 분리하는 결정을 할 수 없다.
② 교섭대표노동조합을 결정하여야 하는 단위는 하나의 사업 또는 사업장으로 한다.
③ 사용자가 교섭요구 사실을 공고한 경우에는 교섭대표노동조합이 결정된 날 이후부터 교섭단위 분리 신청을 할 수 없다.
④ 노동위원회는 교섭단위 분리 신청을 받은 날부터 60일 이내에 교섭단위 분리에 관한 결정을 하여야 한다.
⑤ 교섭단위 분리에 관한 노동위원회의 결정에 대하여 중앙노동위원회에 재심을 신청하려는 자는 그 결정서를 송달받은 날로부터 15일 이내에 할 수 있다.

해설 ① 하나의 사업 또는 사업장에서 현격한 근로조건의 차이, 고용형태, 교섭 관행 등을 고려하여 교섭단위를 분리하거나 분리된 교섭단위를 통합할 필요가 있다고 인정되는 경우에 노동위원회는 노동관계 당사자의 양쪽 또는 어느 한쪽의 신청을 받아 교섭단위를 분리하거나 분리된 교섭단위를 통합하는 결정을 할 수 있다(제29조의3 제2항).

② 제29조의3 제1항

③ 노동조합 또는 사용자는 교섭단위를 분리하거나 분리된 교섭단위를 통합하여 교섭하려는 경우에는 사용자가 교섭요구 사실을 공고하기 전이나 사용자가 교섭요구 사실을 공고한 경우에는 교섭대표노동조합이 결정된 날 이후에 노동위원회에 교섭단위를 분리하거나 분리된 교섭단위를 통합하는 결정을 신청할 수 있다(시행령 제14조의11 제1항).

④ 노동위원회는 교섭단위 분리 신청을 받은 날부터 30일 이내에 교섭단위를 분리하거나 분리된 교섭단위를 통합하는 결정을 하고 해당 사업 또는 사업장의 모든 노동조합과 사용자에게 통지해야 한다(시행령 제14조의11 제3항).

정답 14 ① 15 ⑤ 16 ②

⑤ 노동위원회의 결정에 대한 불복절차 및 효력은 제69조와 제70조 제2항을 준용한다(제29조의3 제3항). 관계 당사자는 지방노동위원회 또는 특별노동위원회의 중재재정이 위법이거나 월권에 의한 것이라고 인정하는 경우에는 그 중재재정서의 송달을 받은 날부터 10일 이내에 중앙노동위원회에 그 재심을 신청할 수 있다(제69조 제1항).

17 **노동조합 및 노동관계조정법령상 교섭창구 단일화 제도에 관한 설명으로 옳은 것은? (다툼이 있으면 판례에 따름)** ▸ 공인노무사 제28회

① 하나의 사업 또는 사업장 단위에서 유일하게 존재하는 노동조합이 교섭창구단일화절차를 형식적으로 거쳤다면 교섭대표노동조합의 지위를 취득할 수 있다.

② 교섭창구 단일화 절차에 따라 결정된 교섭대표노동조합이 그 결정된 날부터 6개월 동안 단체협약을 체결하지 못한 경우에는 어느 노동조합이든지 사용자에게 교섭을 요구할 수 있다.

③ 하나의 사업 또는 사업장에서 교섭단위를 분리할 필요가 있다고 인정되는 경우에 노동관계 당사자는 합의를 통하여 교섭단위를 분리할 수 있다.

④ 공동교섭대표단에 참여할 수 있는 노동조합은 그 조합원 수가 교섭창구 단일화 절차에 참여한 노동조합의 전체 조합원 100분의 5 이상인 노동조합으로 한다.

⑤ 교섭대표노동조합의 지위 유지기간이 만료되었음에도 불구하고 새로운 교섭대표노동조합이 결정되지 못할 경우 기존 교섭대표노동조합은 새로운 교섭대표노동조합이 결정될 때까지 기존 단체협약의 이행과 관련해서는 교섭대표노동조합의 지위를 유지한다.

해설 ① 하나의 사업 또는 사업장 단위에서 유일하게 존재하는 노동조합은, 설령 노동조합법 및 그 시행령이 정한 절차를 형식적으로 거쳤다고 하더라도, 교섭대표노동조합의 지위를 취득할 수 없다고 해석함이 타당하다(대판 2017.10.31. 2016두36956).

② 교섭대표노동조합이 그 결정된 날부터 1년 동안 단체협약을 체결하지 못한 경우에는 어느 노동조합이든지 사용자에게 교섭을 요구할 수 있다(시행령 제14조의10 제3항).

③ 하나의 사업 또는 사업장에서 현격한 근로조건의 차이, 고용형태, 교섭 관행 등을 고려하여 교섭단위를 분리하거나 분리된 교섭단위를 통합할 필요가 있다고 인정되는 경우에 노동위원회는 노동관계 당사자의 양쪽 또는 어느 한쪽의 신청을 받아 교섭단위를 분리하거나 분리된 교섭단위를 통합하는 결정을 할 수 있다(제29조의3 제2항).

④ 공동교섭대표단에 참여할 수 있는 노동조합은 그 조합원 수가 교섭창구 단일화 절차에 참여한 노동조합의 전체 조합원 100분의 10 이상인 노동조합으로 한다(제29조의2 제5항).

⑤ 교섭대표노동조합의 지위 유지기간이 만료되었음에도 불구하고 새로운 교섭대표노동조합이 결정되지 못할 경우 기존 교섭대표노동조합은 새로운 교섭대표노동조합이 결정될 때까지 기존 단체협약의 이행과 관련해서는 교섭대표노동조합의 지위를 유지한다(시행령 제14조의10 제2항).

18 노동조합 및 노동관계조정법령상 교섭 창구 단일화 제도에 관한 설명으로 옳은 것은?

▸ 공인노무사 제25회

① 교섭대표노동조합의 대표자는 해당 교섭단위 내의 비조합원을 포함한 모든 근로자를 위하여 사용자와 교섭하고 단체협약을 체결할 권한을 가진다.

② 교섭대표노동조합 결정 절차에 참여한 노동조합들이 교섭대표노동조합을 자율적으로 결정하는 기한 내에 교섭창구 단일화 절차를 거치지 아니하기로 합의한 경우에 사용자는 개별교섭에 응하여야 한다.

③ 교섭대표노동조합이 결정된 날로부터 6개월 동안 단체협약을 체결하지 못한 경우 어느 노동조합이든지 사용자에게 교섭을 요구할 수 있다.

④ 공동교섭대표단의 구성에 합의하지 못할 경우에 노동위원회는 해당 노동조합의 신청에 따라 조합원 비율을 고려하여 이를 결정할 수 있다.

⑤ 교섭창구 단일화 절차에 참여한 노동조합의 전체 조합원 과반수로 조직된 노동조합에 해당하는지를 결정할 때 2개 이상의 노동조합이 연합하는 방법은 허용되지 않는다.

해설 ① 교섭대표노동조합의 대표자는 교섭을 요구한 모든 노동조합 또는 조합원을 위하여 사용자와 교섭하고 단체협약을 체결할 권한을 가진다(제29조 제2항).

② 하나의 사업 또는 사업장에서 조직형태에 관계없이 근로자가 설립하거나 가입한 노동조합이 2개 이상인 경우 노동조합은 교섭대표노동조합(2개 이상의 노동조합 조합원을 구성원으로 하는 교섭대표기구를 포함한다. 이하 같다)을 정하여 교섭을 요구하여야 한다. 다만, 제3항에 따라 교섭대표노동조합을 자율적으로 결정하는 기한 내에 사용자가 이 조에서 정하는 교섭창구 단일화 절차를 거치지 아니하기로 동의한 경우에는 그러하지 아니하다(제29조의2 제1항).

③ 교섭대표노동조합이 그 결정된 날부터 1년 동안 단체협약을 체결하지 못한 경우에는 어느 노동조합이든지 사용자에게 교섭을 요구할 수 있다(시행령 제14조의10 제3항).

④ 공동교섭대표단의 구성에 합의하지 못할 경우에 노동위원회는 해당 노동조합의 신청에 따라 조합원 비율을 고려하여 이를 결정할 수 있다(제29조의2 제6항).

⑤ 제29조의2 제3항에 따른 기한까지 교섭대표노동조합을 정하지 못하고 제1항 단서에 따른 사용자의 동의를 얻지 못한 경우에는 교섭창구 단일화 절차에 참여한 노동조합의 전체 조합원 과반수로 조직된 노동조합(2개 이상의 노동조합이 위임 또는 연합 등의 방법으로 교섭창구 단일화 절차에 참여한 노동조합 전체 조합원의 과반수가 되는 경우를 포함한다)이 교섭대표노동조합이 된다(제29조의2 제4항).

정답 17 ⑤ 18 ④

PART 03

19 노동조합 및 노동관계조정법령상 교섭단위 분리에 관한 설명으로 옳지 않은 것은?

▸ 공인노무사 제27회

① 하나의 사업 또는 사업장에서 교섭단위를 분리할 필요가 있다고 인정되는 경우에 노동위원회는 노동관계 당사자의 신청을 받아 교섭단위를 분리하는 결정을 할 수 있다.

② 노동위원회는 노동관계 당사자 양쪽의 신청이 있으면 교섭단위를 분리하는 결정을 하여야 한다.

③ 노동위원회는 법령에 따라 교섭단위 분리의 결정 신청을 받은 때에는 해당 사업 또는 사업장의 모든 노동조합과 사용자에게 그 내용을 통지하여야 한다.

④ 노동위원회는 법령에 따른 신청을 받은 날부터 30일 이내에 교섭단위 분리에 관한 결정을 하고 해당 사업 또는 사업장의 모든 노동조합과 사용자에게 통지하여야 한다.

⑤ 노동조합 또는 사용자는 법령에 따라 사용자가 교섭요구 사실을 공고하기 전에 노동위원회에 교섭단위 분리의 결정을 신청할 수 있다.

해설 ①② 하나의 사업 또는 사업장에서 현격한 근로조건의 차이, 고용형태, 교섭 관행 등을 고려하여 교섭단위를 분리하거나 분리된 교섭단위를 통합할 필요가 있다고 인정되는 경우에 노동위원회는 노동관계 당사자의 양쪽 또는 어느 한쪽의 신청을 받아 교섭단위를 분리하거나 분리된 교섭단위를 통합하는 결정을 할 수 있다(제29조의3 제2항).

③ 시행령 제14조의11 제2항

④ 시행령 제14조의11 제3항

⑤ 노동조합 또는 사용자는 법 제29조의3 제2항에 따라 교섭단위를 분리하거나 분리된 교섭단위를 통합하여 교섭하려는 경우에는 다음 각 호에 해당하는 기간에 노동위원회에 교섭단위를 분리하거나 분리된 교섭단위를 통합하는 결정을 신청할 수 있다(시행령 제14조의11 제1항).

1. 제14조의3에 따라 사용자가 교섭요구 사실을 공고하기 전
2. 제14조의3에 따라 사용자가 교섭요구 사실을 공고한 경우에는 법 제29조의2에 따른 교섭대표 노동조합이 결정된 날 이후

20 노동조합 및 노동관계조정법령상 교섭단위 결정 및 공정대표의무에 관한 설명으로 옳지 않은 것은?

▸ 공인노무사 제25회

① 교섭단위는 하나의 사업 또는 사업장으로 한다.

② 노동위원회는 노동관계 당사자의 신청이나 직권으로 교섭단위를 분리하는 결정을 할 수 있다.

③ 노동조합 또는 사용자는 교섭단위를 분리하여 교섭하려는 경우에는 사용자가 교섭요구 사실을 공고하기 전에도 노동위원회에 교섭단위 분리의 결정을 신청할 수 있다.

④ 교섭대표노동조합과 사용자는 교섭창구 단일화 절차에 참여한 노동조합 또는 그 조합원 간에 합리적 이유 없이 차별을 하여서는 아니 된다.

⑤ 교섭창구 단일화 절차에 참여한 노동조합은 교섭대표노동조합과 사용자가 체결한 단체협약의 내용의 일부 또는 전부가 공정대표의무에 위반되는 경우에는 단체협약 체결일부터 3개월 이내에 대통령령으로 정하는 방법과 절차에 따라 노동위원회에 그 시정을 요청할 수 있다.

해설 ① 교섭대표노동조합을 결정하여야 하는 단위(이하 교섭단위라 한다)는 하나의 사업 또는 사업장으로 한다(제29조의3 제1항).

② 하나의 사업 또는 사업장에서 현격한 근로조건의 차이, 고용형태, 교섭 관행 등을 고려하여 교섭단위를 분리하거나 분리된 교섭단위를 통합할 필요가 있다고 인정되는 경우에 노동위원회는 노동관계 당사자의 양쪽 또는 어느 한쪽의 신청을 받아 교섭단위를 분리하거나 분리된 교섭단위를 통합하는 결정을 할 수 있다(제29조의3 제2항).

③ 시행령 제14조의11 제1항

④ 교섭대표노동조합과 사용자는 교섭창구 단일화 절차에 참여한 노동조합 또는 그 조합원 간에 합리적 이유 없이 차별을 하여서는 아니 된다(제29조의4 제1항).

⑤ 노동조합은 교섭대표노동조합과 사용자가 제1항을 위반하여 차별한 경우에는 그 행위가 있은 날(단체협약의 내용의 일부 또는 전부가 제1항에 위반되는 경우에는 단체협약 체결일을 말한다)부터 3개월 이내에 대통령령으로 정하는 방법과 절차에 따라 노동위원회에 그 시정을 요청할 수 있다(제29조의4 제2항).

PART 03

21 **노동조합 및 노동관계조정법령상 교섭단위 결정 및 공정대표의무에 관한 설명으로 옳지 않은 것은? (다툼이 있으면 판례에 따름)** ▸공인노무사 제34회

① 교섭단위 분리신청에 대한 노동위원회의 결정이 있기 전에 교섭요구가 있는 때에는 교섭단위를 분리하는 결정이 있을 때까지 교섭요구 사실의 공고 등 교섭창구단일화절차의 진행은 정지된다.

② 공정대표의무는 단체교섭의 과정이나 그 결과물인 단체협약의 내용에는 적용되나 단체협약의 이행과정에는 적용되지 않는다.

③ 노동조합 또는 사용자는 분리된 교섭단위를 통합하여 교섭하려는 경우에는, 사용자가 교섭요구 사실을 공고하기 전에 노동위원회에 분리된 교섭단위를 통합하는 결정을 신청할 수 있다.

④ 사용자가 교섭창구 단일화 절차에 참여한 다른 노동조합을 차별한 것으로 인정되는 경우, 그와 같은 차별에 합리적인 이유가 있다는 점은 사용자에게 주장・증명책임이 있다.

⑤ 노동위원회는 공정대표의무 위반의 시정 신청에 따른 심문을 할 때에는 관계 당사자의 신청이 없는 경우에도 직권으로 증인을 출석하게 하여 질문할 수 있다.

정답 19 ② 20 ② 21 ②

해설 ① 시행령 제14조의11 제5항

②·④ 공정대표의무의 취지와 기능 등에 비추어 보면, 공정대표의무는 단체교섭의 과정이나 그 결과물인 단체협약의 내용뿐만 아니라 단체협약의 이행과정에서도 준수되어야 한다고 봄이 타당하다. 또한 교섭대표노동조합이나 사용자가 교섭창구 단일화 절차에 참여한 다른 노동조합 또는 그 조합원을 차별한 것으로 인정되는 경우, 그와 같은 차별에 합리적인 이유가 있다는 점은 교섭대표노동조합이나 사용자에게 그 주장·증명책임이 있다(대판 2018.9.13, 2017두40655).

③ 노동조합 또는 사용자는 법 제29조의3 제2항에 따라 교섭단위를 분리하거나 분리된 교섭단위를 통합하여 교섭하려는 경우에는 다음 각 호에 해당하는 기간에 노동위원회에 교섭단위를 분리하거나 분리된 교섭단위를 통합하는 결정을 신청할 수 있다(시행령 제14조의11 제1항).

1. 제14조의3에 따라 사용자가 교섭요구 사실을 공고하기 전
2. 제14조의3에 따라 사용자가 교섭요구 사실을 공고한 경우에는 법 제29조의2에 따른 교섭대표노동조합이 결정된 날 이후

⑤ 노동위원회는 제1항에 따른 공정대표의무 위반의 시정 신청을 받은 때에는 지체 없이 필요한 조사와 관계 당사자에 대한 심문(審問)을 하여야 한다(시행령 제14조의12 제2항). 노동위원회는 제2항에 따른 심문을 할 때에는 관계 당사자의 신청이나 직권으로 증인을 출석하게 하여 필요한 사항을 질문할 수 있다(시행령 제14조의12 제3항).

22 노동조합 및 노동관계조정법령상 공정대표의무 등에 관한 설명으로 옳지 않은 것은? (다툼이 있으면 판례에 따름)

▸공인노무사 제32회

① 교섭창구 단일화 절차에 참여한 노동조합은 단체협약의 내용의 일부가 공정대표의무에 위반된 경우에는 단체협약 체결일부터 3개월 이내에 그 시정을 요청할 수 있다.

② 교섭대표노동조합과 사용자는 교섭창구 단일화 절차에 참여한 노동조합의 조합원 간에 합리적 이유 없이 차별을 하여서는 아니 된다.

③ 노동위원회는 공정대표의무 위반의 시정 신청을 받은 때에는 지체 없이 필요한 조사와 관계당사자에 대한 심문(審問)을 하여야 한다.

④ 노동위원회는 공정대표의무 위반의 시정 신청에 따른 심문을 할 때에는 관계 당사자의 신청이 없는 경우 직권으로 증인을 출석하게 하여 질문할 수 없다.

⑤ 교섭단체노동조합이 교섭창구 단일화 절차에 참여한 다른 노동조합을 차별한 것으로 인정되는 경우 그와 같은 차별에 합리적인 이유가 있다는 점은 교섭대표노동조합에게 주장·증명책임이 있다.

해설 ① 제29조의4 제2항

② 교섭대표노동조합과 사용자는 교섭창구 단일화 절차에 참여한 노동조합 또는 그 조합원 간에 합리적 이유 없이 차별을 하여서는 아니 된다(제29조의4 제1항).

③ 시행령 제14조의12 제2항

④ 노동위원회는 제2항에 따른 심문을 할 때에는 관계 당사자의 신청이나 직권으로 증인을 출석하게 하여 필요한 사항을 질문할 수 있다(시행령 제14조의12 제3항).

⑤ 이러한 공정대표의무의 취지와 기능 등에 비추어 보면, 공정대표의무는 단체교섭의 과정이나 그 결과물인 단체협약의 내용뿐만 아니라 단체협약의 이행과정에서도 준수되어야 한다고 봄이 타당하다. 또한 교섭대표노동조합이나 사용자가 교섭창구 단일화 절차에 참여한 다른 노동조합 또는 그 조합원을 차별한 것으로 인정되는 경우, 그와 같은 차별에 합리적인 이유가 있다는 점은 교섭대표노동조합이나 사용자에게 그 주장·증명책임이 있다(대판 2018.9.13, 2017두40655).

23 **노동조합 및 노동관계조정법상 공정대표의무에 관한 설명으로 옳지 않은 것은? (다툼이 있으면 판례에 따름)** ▸ 공인노무사 제30회

① 교섭대표노동조합은 교섭창구 단일화 절차에 참여한 노동조합 또는 그 조합원 간에 합리적 이유 없이 차별을 하여서는 아니 된다.

② 교섭창구 단일화 절차에 참여한 노동조합은 교섭대표노동조합이 공정대표의무를 위반하여 차별한 경우에는 그 행위가 있은 날(단체협약 내용의 일부 또는 전부가 공정대표의무에 위반되는 경우에는 단체협약 체결일을 말한다)부터 3개월 이내에 대통령령으로 정하는 방법과 절차에 따라 노동위원회에 그 시정을 요청할 수 있다.

③ 노동위원회는 공정대표의무 위반의 시정 신청에 대하여 합리적 이유 없이 차별하였다고 인정한 때에는 그 시정에 필요한 명령을 하여야 한다.

④ 공정대표의무는 단체교섭의 과정이나 그 결과물인 단체협약의 내용에 한하여 인정되므로 단체협약의 이행과정에서도 준수되어야 하는 것은 아니다.

⑤ 사용자의 공정대표의무 위반에 대한 벌칙 규정은 없다.

해설 ① 제29조의4 제1항

② 제29조의4 제2항

③ 제29조의4 제3항

④ 공정대표의무의 취지와 기능 등에 비추어 보면, 공정대표의무는 단체교섭의 과정이나 그 결과물인 단체협약의 내용뿐만 아니라 단체협약의 이행 과정에서도 준수되어야 한다(대판 2019.10.31, 2017두37772).

⑤ 공정대표의무 위반에 대한 벌칙 규정은 없다.

정답 22 ④ 23 ④

24 **노동조합 및 노동관계조정법령상 공정대표의무에 관한 설명으로 옳지 않은 것은? (다툼이 있으면 판례에 따름)**

▸ 공인노무사 제28회

① 사용자는 교섭창구 단일화 절차에 참여한 노동조합 또는 그 조합원 간에 합리적 이유 없이 차별을 하여서는 아니 된다.

② 노동조합은 교섭대표노동조합이 공정대표의무를 위반하여 차별한 경우에는 그 행위가 있은 날부터 6개월 이내에 노동위원회에 그 시정을 요청할 수 있다.

③ 공정대표의무 위반에 대한 형사벌칙 규정이 없다.

④ 사용자가 교섭창구 단일화 절차에 참여한 다른 노동조합 또는 그 조합원을 차별한 것으로 인정되는 경우, 차별에 합리적인 이유가 있다는 점은 사용자에게 주장・증명책임이 있다.

⑤ 공정대표의무는 단체교섭의 과정이나 그 결과물인 단체협약의 내용뿐만 아니라 단체협약의 이행과정에서도 준수되어야 한다.

해설 ① 제29조의4 제1항

② 노동조합은 교섭대표노동조합과 사용자가 제1항을 위반하여 차별한 경우에는 그 행위가 있은 날(단체협약의 내용의 일부 또는 전부가 제1항에 위반되는 경우에는 단체협약 체결일을 말한다)부터 3개월 이내에 대통령령으로 정하는 방법과 절차에 따라 노동위원회에 그 시정을 요청할 수 있다(제29조의4 제2항).

④・⑤ 이러한 공정대표의무의 취지와 기능 등에 비추어 보면, 공정대표의무는 단체교섭의 과정이나 그 결과물인 단체협약의 내용뿐만 아니라 단체협약의 이행과정에서도 준수되어야 한다고 봄이 타당하다. 또한 교섭대표노동조합이나 사용자가 교섭창구 단일화 절차에 참여한 다른 노동조합 또는 그 조합원을 차별한 것으로 인정되는 경우, 그와 같은 차별에 합리적인 이유가 있다는 점은 교섭대표노동조합이나 사용자에게 그 주장・증명책임이 있다(대판 2018.9.13. 2017두40655).

25 **노동조합 및 노동관계조정법령상 단체교섭 및 단체협약에 관한 설명으로 옳은 것은?**

▸ 공인노무사 제32회

① 교섭대표노동조합의 대표자는 교섭요구와 무관하게 사업장내 모든 노동조합 또는 조합원을 위하여 사용자와 교섭하고 단체협약을 체결할 권한을 가진다.

② 교섭대표노동조합이 결정된 후 교섭창구단일화절차가 개시된 날부터 1년 동안 단체협약을 체결하지 못한 경우에는 어느 노동조합이든지 사용자에게 교섭을 요구할 수 있다.

③ 노동조합으로부터 적법한 교섭요구를 받은 사용자는 그 요구를 받은 날부터 5일간 그 교섭요구 사실을 공고하여야 한다.

④ 노동조합은 사용자가 교섭요구 사실의 공고를 하지 아니하거나 다르게 공고하는 경우에는 고용노동부령으로 정하는 바에 따라 행정관청에 그 시정을 요청할 수 있다.

⑤ 단체협약의 당사자가 하여야 할 단체협약의 신고는 당사자 쌍방이 연명으로 해야 한다.

해설 ① 교섭대표노동조합(이하 "교섭대표노동조합"이라 한다)의 대표자는 교섭을 요구한 모든 노동조합 또는 조합원을 위하여 사용자와 교섭하고 단체협약을 체결할 권한을 가진다(제29조 제2항).

② 교섭대표노동조합이 그 결정된 날부터 1년 동안 단체협약을 체결하지 못한 경우에는 어느 노동조합이든지 사용자에게 교섭을 요구할 수 있다(시행령 제14조의10 제3항).

③ 사용자는 노동조합으로부터 제14조의2에 따라 교섭 요구를 받은 때에는 그 요구를 받은 날부터 7일간 그 교섭을 요구한 노동조합의 명칭 등 고용노동부령으로 정하는 사항을 해당 사업 또는 사업장의 게시판 등에 공고하여 다른 노동조합과 근로자가 알 수 있도록 하여야 한다(시행령 제14조의3 제1항).

④ 노동조합은 사용자가 제1항에 따른 교섭요구 사실의 공고를 하지 아니하거나 다르게 공고하는 경우에는 고용노동부령으로 정하는 바에 따라 노동위원회에 시정을 요청할 수 있다(시행령 제14조의3 제2항).

⑤ 시행령 제15조

26 **노동조합 및 노동관계조정법령상 단체교섭에 관한 설명으로 옳지 않은 것은? (다툼이 있으면 판례에 따름)**

▸ 공인노무사 제27회

① 단체교섭의 대상에 해당하는지 여부는 헌법과 노동조합 및 노동관계조정법상 근로자에게 단체교섭권을 보장한 취지에 비추어 판단하여야 한다.

② 근로조건 그 자체는 아니지만 근로조건과 밀접한 관련을 가지는 사항은 사용자의 경영권을 근본적으로 제약하지 않는 경우 단체교섭 대상이 될 수 있다.

③ 보건에 관한 사항은 노사협의회의 협의사항일 뿐 단체교섭 대상이 될 수 없다.

④ 비조합원의 근로조건이라도 그것이 조합원의 근로조건 및 집단적 노동관계에 영향을 주는 경우에는 단체교섭 대상이 될 수 있다.

⑤ 집단적 노동관계에 관한 사항은 근로조건과 밀접한 관계가 있기 때문에 강행법규나 공서양속에 반하지 않는 이상 단체교섭 대상이 될 수 있다.

해설 ①・③・⑤ 단체교섭의 대상이 되는지 여부는 헌법 제33조 제1항과 노조법 제29조에서 근로자에게 단체교섭권을 보장한 취지에 비추어 판단하여야 하므로 일반적으로 구성원인 근로자의 노동조건 기타 근로자의 대우 또는 당해 단체적 노사관계의 운영에 관한 사항으로 사용자가 처분할 수 있는 사항은 단체교섭사항에 해당한다(대판 2003.12.26, 2003두8906).

② 사용자의 경영권을 근본적으로 제약하는 것이 되면 원칙적으로 단체교섭의 대상이 될 수 없다(대판 2001.4.24, 99도4893). 단체협약 중 조합원의 차량별 고정승무발령, 배차시간, 대기기사 배차순서 및 일당기사 배차에 관하여 노조와 사전합의를 하도록 한 조항은 그 내용이 한편으로는 사용자의 경영권에 속하는 사항이지만 다른 한편으로는 근로자들의 근로조건과도 밀접한 관련이 있는 부분으로서 사용자의 경영권을 근본적으로 제약하는 것은 아니라고 보여지므로 단체협약의 대상이 될 수 있고 그 내용 역시 헌법이나 노동조합법 기타 노동관계법규에 어긋나지 아니하므로 정당하다(대판 1994.8.26, 93누8993).

정답 24 ② 25 ⑤ 26 ③

④ 비조합원에 관한 사항은 원칙적으로 교섭사항이 될 수 없다. 다만, 비조합원에 관한 문제라고 하더라도 그것이 조합원의 근로조건 등에 영향을 미치는 경우라면 교섭사항이 되어야 할 것이다.

27 **노동조합 및 노동관계조정법령상 단체교섭에 관한 설명으로 옳지 않은 것은? (다툼이 있으면 판례에 따름)**

▸ 공인노무사 제25회

① 일반적으로 구성원인 근로자의 노동조건 기타 근로자의 대우에 관한 사항으로 사용자가 처분할 수 있는 사항은 단체교섭의 대상에 해당한다.

② 정리해고나 사업조직의 통폐합 등 기업의 구조조정의 실시 여부는 경영주체에 의한 고도의 경영상 결단에 속하는 사항으로서 이는 원칙적으로 단체교섭의 대상이 될 수 없다.

③ 단위노동조합이 상부단체인 연합단체에 단체교섭권한을 위임한 경우에 그 위임의 범위 내에서는 단체교섭 권한이 없다.

④ 노동조합과 사용자 또는 사용자단체는 신의에 따라 성실히 교섭하고 단체협약을 체결하여야 하며 그 권한을 남용하여서는 아니 된다.

⑤ 사용자가 노동조합과의 단체교섭을 정당한 이유 없이 거부하였다고 하여 그 단체교섭거부행위가 바로 위법한 행위로 평가되어 불법행위의 요건을 충족하게 되는 것은 아니다.

해설 ① 대판 2003.12.26, 2003두8906

② **정리해고나 사업조직의 통폐합 등 기업의 구조조정의 실시 여부는 경영주체에 의한 고도의 경영상 결단에 속하는 사항으로서 원칙적으로 단체교섭의 대상이 될 수 없으나,** 사용자의 경영권에 속하는 사항이라 하더라도 노사는 임의로 단체교섭을 진행하여 단체협약을 체결할 수 있고, 그 내용이 강행법규나 사회질서에 위배되지 않는 이상 단체협약으로서의 효력이 인정된다. 따라서 사용자가 노동조합과의 협상에 따라 정리해고를 제한하기로 하는 내용의 단체협약을 체결하였다면 특별한 사정이 없는 한 단체협약이 강행법규나 사회질서에 위배된다고 볼 수 없고, 나아가 이는 근로조건 기타 근로자에 대한 대우에 관하여 정한 것으로서 그에 반하여 이루어지는 정리해고는 원칙적으로 정당한 해고라고 볼 수 없다. 다만 정리해고의 실시를 제한하는 단체협약을 두고 있더라도, 단체협약을 체결할 당시의 사정이 현저하게 변경되어 사용자에게 단체협약의 이행을 강요한다면 객관적으로 명백하게 부당한 결과에 이르는 경우에는 사용자가 단체협약에 의한 제한에서 벗어나 정리해고를 할 수 있다(대판 2014.3.27, 2011두20406).

③ 구 노동조합법 제33조 제1항에서 규정하고 있는 단체교섭권한의 '위임'이라고 함은… 그 위임 후 이를 해지하는 등의 별개의 의사표시가 없더라도 노동조합의 단체교섭권한은 여전히 수임자의 단체교섭권한과 중복하여 경합적으로 남아 있다고 할 것이며, 같은 조 제2항의 규정에 따라 단위노동조합이 당해 노동조합이 가입한 상부단체인 연합단체에 그러한 권한을 위임한 경우에 있어서도 달리 볼 것은 아니다(대판 1998.11.13, 98다20790).

④ 제30조 제1항

⑤ 사용자가 노동조합과의 단체교섭을 정당한 이유 없이 거부하였다고 하여 그 단체교섭 거부행위가 바로 위법한 행위로 평가되어 불법행위의 요건을 충족하게 되는 것은 아니지만, 그 단체교섭 거부행위가 그 원인과 목적, 그 과정과 행위태양, 그로 인한 결과 등에 비추어 건전한 사회통념이나 사회상규상 용인될 수 없는 정도에 이른 것으로 인정되는 경우에는 그 단체교섭 거부행위는 부당노동행위

로서 단체교섭권을 침해하는 위법한 행위로 평가되어 불법행위의 요건을 충족하게 되는바…… 그 단체교섭 거부행위는 건전한 사회통념이나 사회상규상 용인될 수 없는 정도에 이른 행위로서 헌법이 보장하고 있는 노동조합의 단체교섭권을 침해하는 위법한 행위라고 할 것이므로, 그 단체교섭 거부행위는 노동조합에 대하여 불법행위를 구성한다(대판 2006.10.26, 2004다11070).

28 **노동조합 및 노동관계조정법상 단체교섭 등에 관한 설명으로 옳지 않은 것은? (다툼이 있으면 판례에 따름)** ▸공인노무사 제30회

① 교섭대표노동조합을 결정하여야 하는 단위는 하나의 사업 또는 사업장으로 한다.
② 노동조합의 하부단체인 분회나 지부가 독자적인 규약 및 집행기관을 가지고 독립된 조직체로서 활동을 하더라도 당해 조직이나 그 조합원에 고유한 사항에 대하여 독자적으로 단체교섭하고 단체협약을 체결할 수는 없다.
③ 일반적으로 구성원인 근로자의 노동조건 기타 근로자의 대우 또는 당해 단체적 노사관계의 운영에 관한 사항으로 사용자가 처분할 수 있는 사항은 단체교섭의 대상인 단체교섭사항에 해당한다.
④ 기업의 구조조정 실시 여부는 경영주체에 의한 고도의 경영상 결단에 속하는 사항으로서 원칙적으로 단체교섭의 대상이 될 수 없다.
⑤ 노동조합이 조합원들의 의사를 반영하고 대표자의 단체교섭 및 단체협약 체결 업무수행에 대한 적절한 통제를 위하여 대표자의 단체협약체결권한의 행사를 절차적으로 제한하는 것은, 그것이 단체협약체결권한을 전면적·포괄적으로 제한하는 것이 아닌 이상 허용된다.

해설 ① 제29조의3 제1항
② 노동조합의 하부단체인 분회나 지부가 독자적인 규약 및 집행기관을 가지고 독립된 조직체로서 활동을 하는 경우 당해 조직이나 그 조합원에 고유한 사항에 대하여는 독자적으로 단체교섭하고 단체협약을 체결할 수 있고, 이는 그 분회나 지부가 노동조합및노동관계조정법시행령 제7조의 규정에 따라 그 설립신고를 하였는지 여부에 영향받지 아니한다(대판 2001.2.23, 2000도4299).
③ 단체교섭의 대상이 되는지 여부는 헌법 제33조 제1항과 노조법 제29조에서 근로자에게 단체교섭권을 보장한 취지에 비추어 판단하여야 하므로 일반적으로 구성원인 근로자의 노동조건 기타 근로자의 대우 또는 당해 단체적 노사관계의 운영에 관한 사항으로 사용자가 처분할 수 있는 사항은 단체교섭사항에 해당한다(대판 2003.12.26, 2003두8906).
④ 대판 2014.3.27, 2011두20406
⑤ 노동조합이 조합원들의 의사를 반영하고 대표자의 단체교섭 및 단체협약 체결 업무 수행에 대한 적절한 통제를 위하여 규약 등에서 내부 절차를 거치도록 하는 등 대표자의 단체협약체결권한의 행사를 절차적으로 제한하는 것은, 그것이 단체협약체결권한을 전면적·포괄적으로 제한하는 것이 아닌 이상 허용된다고 보아야 한다(대판 2014.4.24, 2010다24534).

정답 27 ③ 28 ②

29 노동조합 및 노동관계조정법령상 단체교섭에 관한 설명으로 옳지 않은 것은?

▸ 공인노무사 제34회

① 사용자에게 교섭대표노동조합의 통지가 있은 이후에는 그 교섭대표노동조합의 결정절차에 참여한 노동조합 중 일부 노동조합이 그 이후의 절차에 참여하지 않더라도 교섭대표노동조합의 지위는 유지된다.

② 노동조합이 교섭 또는 단체협약의 체결에 관한 권한을 위임하는 경우에는 교섭사항과 권한범위를 정하여 위임하여야 한다.

③ 노동조합이 단체협약의 체결에 관한 권한을 위임한 때에는 그 사실을 노동위원회에 통보하여야 한다.

④ 사용자는 노동조합으로부터 교섭요구를 받은 때에는 그 요구를 받은 날부터 7일간 그 교섭을 요구한 노동조합의 명칭 등 고용노동부령으로 정하는 사항을 해당 사업 또는 사업장의 게시판 등에 공고하여 다른 노동조합과 근로자가 알 수 있도록 하여야 한다.

⑤ 노동조합은 사용자가 교섭요구 사실의 공고를 하지 아니하거나 다르게 공고하는 경우에는 고용노동부령으로 정하는 바에 따라 노동위원회에 시정을 요청할 수 있다.

해설 ① 시행령 제14조의6 제2항

② 시행령 제14조 제1항

③ 노동조합과 사용자 또는 사용자단체는 제3항에 따라 교섭 또는 단체협약의 체결에 관한 권한을 위임한 때에는 그 사실을 상대방에게 통보하여야 한다(제29조 제4항).

④ 시행령 제14조의3 제1항

⑤ 시행령 제14조의3 제2항

정답 29 ③

Section 04 단체협약

01 노동조합 및 노동관계조정법상 단체협약 등에 관한 설명으로 옳지 않은 것은?

▸ 공인노무사 제33회

① 노동위원회는 단체협약중 위법한 내용이 있는 경우에는 그 시정을 명할 수 있다.
② 노동조합의 대표자는 그 노동조합 또는 조합원을 위하여 사용자나 사용자단체와 교섭하고 단체협약을 체결할 권한을 가진다.
③ 단체협약의 당사자는 단체협약의 체결일부터 15일 이내에 단체협약을 행정관청에게 신고하여야 한다.
④ 단체협약의 이행방법에 관하여 관계 당사자 간에 의견의 불일치가 있는 때에는 단체협약에 정하는 바에 의하여 사용자가 노동위원회에 그 이행방법에 관한 견해의 제시를 요청할 수 있다.
⑤ 노동위원회는 단체협약의 이행방법에 관한 견해 제시를 요청받은 때에는 그날부터 30일 이내에 명확한 견해를 제시하여야 한다.

해설 ① 행정관청은 단체협약 중 위법한 내용이 있는 경우에는 노동위원회의 의결을 얻어 그 시정을 명할 수 있다(제31조 제3항).
② 제29조 제1항
③ 제31조 제2항
④ 단체협약의 해석 또는 이행방법에 관하여 관계 당사자간에 의견의 불일치가 있는 때에는 당사자 쌍방 또는 단체협약에 정하는 바에 의하여 어느 일방이 노동위원회에 그 해석 또는 이행방법에 관한 견해의 제시를 요청할 수 있다(제34조 제1항).
⑤ 제34조 제2항

02 노동조합 및 노동관계조정법상 단체협약에 관한 설명으로 옳지 않은 것은?

▸ 공인노무사 제29회

① 단체협약은 서면으로 작성하여 당사자 쌍방이 서명 또는 날인하여야 한다.
② 단체협약의 당사자는 단체협약의 체결일부터 15일 이내에 이를 행정관청에게 신고하여야 한다.
③ 행정관청은 단체협약 중 위법・부당한 내용이 있는 경우에는 노동위원회의 의결을 얻어 그 시정을 명하여야 한다.
④ 단체협약에 정한 근로조건 기타 근로자의 대우에 관한 기준에 위반하는 취업규칙 또는 근로계약의 부분은 무효로 한다.
⑤ 근로계약에 규정되지 아니한 사항은 단체협약에 정한 기준에 의한다.

정답 01 ① 02 ③

해설 ① 제31조 제1항
② 제31조 제2항
③ 행정관청은 단체협약 중 위법한 내용이 있는 경우에는 노동위원회의 의결을 얻어 그 시정을 명할 수 있다(제31조 제3항).
④ · ⑤ 단체협약에 정한 근로조건 기타 근로자의 대우에 관한 기준에 위반하는 취업규칙 또는 근로계약의 부분은 무효로 한다(제33조 제1항). 근로계약에 규정되지 아니한 사항 또는 제1항의 규정에 의하여 무효로 된 부분은 단체협약에 정한 기준에 의한다(제2항).

03 노동조합 및 노동관계조정법령상 단체협약에 관한 설명으로 옳지 않은 것은? (다툼이 있으면 판례에 따름)

▸ 공인노무사 제28회

① 단체협약은 서면으로 작성하여 당사자 쌍방이 서명 또는 날인하여야 한다.
② 근로계약에 규정되지 아니한 사항은 단체협약에 정한 기준에 의한다.
③ 행정관청은 단체협약 중 위법한 내용이 있는 경우에는 노동위원회의 의결을 얻어 그 시정을 명할 수 있다.
④ 노동조합이 조합원들의 의사를 반영하고 대표자의 단체협약 체결 업무 수행에 대한 적절한 통제를 위하여 대표자의 단체협약체결권한의 행사를 절차적으로 제한하는 것은, 그것이 단체협약체결권한을 전면적 · 포괄적으로 제한하는 것이 아닌 이상 허용된다.
⑤ 노동조합과 사용자 쌍방이 노사협의회를 거쳐 실질적 · 형식적 요건을 갖춘 합의가 있더라도 단체교섭을 거치지 않고 체결한 것은 단체협약으로 볼 수 없다.

해설 ① · ③ 제31조 제1항, 제3항
② 근로계약에 규정되지 아니한 사항 또는 제33조 제1항의 규정에 의하여 무효로 된 부분은 단체협약에 정한 기준에 의한다(제33조 제2항).
④ 노동조합이 조합원들의 의사를 반영하고 대표자의 단체교섭 및 단체협약 체결 업무 수행에 대한 적절한 통제를 위하여 규약 등에서 내부 절차를 거치도록 하는 등 대표자의 단체협약체결권한의 행사를 절차적으로 제한하는 것은, 그것이 단체협약체결권한을 전면적 · 포괄적으로 제한하는 것이 아닌 이상 허용된다(대판 2018.7.26, 2016다205908).
⑤ 노동조합과 사용자 사이에 근로조건 기타 노사관계에 관한 합의가 노사협의회의 협의를 거쳐서 성립되었더라도, 당사자 쌍방이 이를 단체협약으로 할 의사로 문서로 작성하여 당사자 쌍방의 대표자가 각 노동조합과 사용자를 대표하여 서명날인하는 등으로 단체협약의 실질적 · 형식적 요건을 갖추었다면 이는 단체협약이라고 보아야 할 것이다(대판 2005.3.11, 2003다27429).

04 **노동조합 및 노동관계조정법상 단체협약에 관한 규정 중 ( )에 들어갈 내용으로 옳은 것은?**

▸ 공인노무사 제32회

> 제31조(단체협약의 작성)
> ② 단체협약의 당사자는 단체협약의 체결일부터 (ㄱ)일 이내에 이를 행정관청에게 신고하여야 한다.
>
> 제32조(단체협약 유효기간의 상한)
> ① 단체협약의 유효기간은 (ㄴ)년을 초과하지 않는 범위에서 노사가 합의하여 정할 수 있다.

① ㄱ : 10, ㄴ : 2
② ㄱ : 10, ㄴ : 3
③ ㄱ : 15, ㄴ : 2
④ ㄱ : 15, ㄴ : 3
⑤ ㄱ : 20, ㄴ : 2

05 **노동조합 및 노동관계조정법령상 단체협약에 관한 설명으로 옳지 않은 것은?**

▸ 공인노무사 제31회

① 행정관청은 단체협약 중 위법한 내용이 있는 경우에는 노동위원회의 의결을 얻어 그 시정을 명할 수 있다.
② 하나의 사업장에 상시 사용되는 동종의 근로자 반수 이상이 하나의 단체협약의 적용을 받게 된 때에는 행정관청은 직권으로 다른 동종의 근로자에 대하여도 당해 단체협약을 적용한다는 결정을 하여야 한다.
③ 단체협약에 그 유효기간을 정하지 아니한 경우 그 유효기간은 3년으로 한다.
④ 단체협약의 신고는 당사자 쌍방이 연명으로 해야 한다.
⑤ 단체협약의 이행방법에 관하여 노동위원회가 제시한 이행방법에 관한 견해는 중재재정과 동일한 효력을 가진다.

해설 ① 제31조 제3항
② 하나의 사업 또는 사업장에 상시 사용되는 동종의 근로자 반수 이상이 하나의 단체협약의 적용을 받게 된 때에는 당해 사업 또는 사업장에 사용되는 다른 동종의 근로자에 대하여도 당해 단체협약이 적용된다(제35조).
③ 제32조 제2항
④ 법 제31조 제2항에 따른 단체협약의 신고는 당사자 쌍방이 연명으로 해야 한다(시행령 제15조).
⑤ 제34조 제3항

정답 03 ⑤ 04 ④ 05 ②

06 **노동조합 및 노동관계조정법상 단체협약에 관한 설명으로 옳지 않은 것은? (다툼이 있으면 판례에 따름)** ▸ 공인노무사 제31회

① 노동조합은 신의에 따라 성실히 교섭하고 단체협약을 체결하여야 하며 그 권한을 남용하여서는 아니 된다.
② 단체협약에 정한 근로조건 기타 근로자의 대우에 관한 기준에 위반하는 취업규칙 또는 근로계약의 부분은 무효로 한다.
③ 단체협약의 당사자인 노동조합은 단체협약의 유효기간 중에 단체협약에서 정한 근로조건 등에 관한 내용의 변경이나 폐지를 요구하는 쟁의행위를 행하지 않을 평화의무를 지고 있다.
④ 사용자가 인사처분을 할 때 노동조합의 사전 동의나 승낙을 얻어 인사처분을 하도록 단체협약 등에 규정된 경우 그 절차를 거치지 아니한 인사처분은 원칙적으로 무효로 보아야 한다.
⑤ 노동조합은 근로조건의 향상을 목적으로 하므로 사용자와 사이에 근로조건을 불리하게 변경하는 내용의 단체협약을 체결할 수 없다.

해설 ① 제30조 제1항
② 제33조 제1항
③ 대판 1992.9.01. 92누7733
④ 대판 1993.7.13. 92다50263
⑤ 근로조건을 불리하게 변경하는 내용의 단체협약이 현저히 합리성을 결하여 노동조합의 목적을 벗어난 것으로 볼 수 있는 경우와 같은 특별한 사정이 없는 한 그러한 노사간의 합의를 무효라고 볼 수는 없고, 노동조합으로서는 그러한 합의를 위하여 사전에 근로자들로부터 개별적인 동의나 수권을 받을 필요가 없다(대판 2002.4.12. 2001다41384).

07 **노동조합 및 노동관계조정법령상 단체협약에 관한 설명으로 옳지 않은 것은? (다툼이 있으면 판례에 따름)** ▸ 공인노무사 제25회

① 근로조건을 불리하게 변경하는 내용의 단체협약이 현저히 합리성을 결하여 노동조합의 목적을 벗어난 것으로 볼 수 있는 특별한 사정이 있는 경우에는 그러한 합의는 무효이다.
② 사용자가 노동조합과의 협상에 따라 정리해고를 제한하기로 하는 내용의 단체협약을 체결하였다면 특별한 사정이 없는 한 그 단체협약이 강행법규나 사회질서에 위배된다고 볼 수 없다.
③ 단체협약의 개정에도 불구하고 종전의 단체협약과 동일한 내용의 취업규칙이 있을 경우에 개정된 단체협약에는 당연히 취업규칙상의 유리한 조건의 적용을 배제하고 개정된 단체협약이 우선적으로 적용된다는 내용의 합의가 포함된 것으로 보아야 한다.

④ 단체협약에 조합원의 인사나 징계에 대해 노동조합의 의견을 청취하도록 규정하고 있는 경우, 사용자가 노동조합의 의견을 청취하지 않고 조합원에 대한 인사나 징계처분을 하더라도 그 처분의 효력에는 영향이 없다.

⑤ 이미 구체적으로 그 지급청구권이 발생한 임금은 노동조합이 근로자들로부터 개별적인 동의나 수권을 받지 않고, 사용자와 사이의 단체협약만으로 이에 대한 포기나 지급 유예와 같은 처분행위를 할 수 있다.

해설 ①·③ 협약자치의 원칙상 노동조합은 사용자와 사이에 근로조건을 유리하게 변경하는 내용의 단체협약뿐만 아니라 근로조건을 불리하게 변경하는 내용의 단체협약도 체결할 수 있으므로, 근로조건을 불리하게 변경하는 내용의 단체협약이 현저히 합리성을 결하여 노동조합의 목적을 벗어난 것으로 볼 수 있는 것과 같은 특별한 사정이 없는 한 그러한 노사간의 합의를 무효라고 볼 수는 없고, 단체협약의 개정에도 불구하고 종전의 단체협약과 동일한 내용의 취업규칙이 그대로 적용된다면 단체협약의 개정은 그 목적을 달성할 수 없으므로 개정된 단체협약에는 당연히 취업규칙상의 유리한 조건의 적용을 배제하고 개정된 단체협약이 우선적으로 적용된다는 내용의 합의가 포함된 것이라고 봄이 당사자의 의사에 합치한다고 할 것이고, 따라서 개정된 후의 단체협약에 의하여 취업규칙상의 면직기준에 관한 규정의 적용은 배제된다고 보아야 한다(대판 2002.12.27, 2002두9063).

② 정리해고나 사업조직의 통폐합 등 기업의 구조조정의 실시 여부는 경영주체에 의한 고도의 경영상 결단에 속하는 사항으로서 원칙적으로 단체교섭의 대상이 될 수 없으나, 사용자의 경영권에 속하는 사항이라 하더라도 노사는 임의로 단체교섭을 진행하여 단체협약을 체결할 수 있고, 그 내용이 강행법규나 사회질서에 위배되지 않는 이상 단체협약으로서의 효력이 인정된다. 따라서 사용자가 노동조합과의 협상에 따라 정리해고를 제한하기로 하는 내용의 단체협약을 체결하였다면 특별한 사정이 없는 한 단체협약이 강행법규나 사회질서에 위배된다고 볼 수 없고, 나아가 이는 근로조건 기타 근로자에 대한 대우에 관하여 정한 것으로서 그에 반하여 이루어지는 정리해고는 원칙적으로 정당한 해고라고 볼 수 없다. 다만 정리해고의 실시를 제한하는 단체협약을 두고 있더라도, 단체협약을 체결할 당시의 사정이 현저하게 변경되어 사용자에게 단체협약의 이행을 강요한다면 객관적으로 명백하게 부당한 결과에 이르는 경우에는 사용자가 단체협약에 의한 제한에서 벗어나 정리해고를 할 수 있다(대판 2014.3.27, 2011두20406).

④ 인사권이 회사에 있음을 인정하면서 "다만 해고, 휴직, 배치전환에 관한 인사는 조합과 협의한다."고 규정하고 있는 단체협약상의 규정은 사용자로 하여금 노동조합의 조합원에 대한 인사나 징계의 내용을 노동조합에 미리 통지하도록 하여 노동조합에게 인사나 징계의 공정을 기하기 위하여 필요한 의견을 제시할 기회를 주고 제시된 노동조합의 의견을 참고자료로 고려하게 하는 정도에 지나지 않는 것이라고 봄이 상당하므로, 그 협의절차를 거치지 아니하였다고 하더라도 인사처분의 효력에는 영향이 없다고 보아야 한다(대판 1996.4.23, 95다53102).

⑤ 이미 구체적으로 그 지급청구권이 발생한 임금(상여금 포함)은 근로자의 사적 재산영역으로 옮겨져 근로자의 처분에 맡겨진 것이기 때문에, 노동조합이 근로자들로부터 개별적인 동의나 수권을 받지 않는 이상, 사용자와 사이의 단체협약만으로 이에 대한 포기나 지급유예와 같은 처분행위를 할 수 없다(대판 2002.4.12, 2001다41384).

정답 06 ⑤ 07 ⑤

08 노동조합 및 노동관계조정법령상 단체협약의 채무적 부분에 해당하는 것은?

▸ 공인노무사 제26회

① 휴가에 관한 조항
② 승진 및 승급에 관한 조항
③ 퇴직금에 관한 조항
④ 평화조항
⑤ 재해보상에 관한 조항

해설 ※ 단체협약의 규범적 부분

1) 의의

규범적 부분이란 단체협약 가운데 근로조건 기타 근로자의 대우에 관한 기준에 관하여 정한 사항으로서 단체협약의 핵심적 기능을 실현하는 본질적 부분이므로 이 부분이 없는 협약은 단체협약이라고 볼 수 없다. 규범적 효력은 단체협약이 일종의 규범으로서 근로자와 사용자 간의 개별적 근로관계를 구속하는 효력을 말한다.

2) 구체적인 예

① 임금과 관련된 사항, ② 근로시간, 휴식, 휴일, 휴가, 퇴직금, 복리후생에 관한 사항, ③ 안전보건, 재해보상, ④ 승진, 이동, 해고, 상벌, 복무규율 등이 있다.

※ 단체협약의 채무적 부분

1) 의의 : 단체협약의 내용 중 협약체결 당사자인 노동조합과 사용자 또는 사용자단체 사이에 적용될 권리의무관계를 정하고 있는 부분은 협약체결 당사자 사이의 계약 일반의 효력만이 인정되므로 채무적 부분이라 한다.

2) 구체적 내용 : 평화조항(평화의무), Shop조항, 유일교섭조항, 노조전임자조항, 단체교섭위임금지조항, 조합활동조합, 단체교섭절차·인원에 관한 사항, 시설이용에 관한 조항, 쟁의행위에 관한 조항 등

09 노동조합 및 노동관계조정법령상 단체협약에 관한 설명으로 옳지 않은 것은? (다툼이 있으면 판례에 따름)

▸ 공인노무사 제27회

① 단체협약에 정한 근로자의 대우에 관한 기준에 위반하는 취업규칙 또는 근로계약의 부분은 무효로 한다.

② 하나의 사업 또는 사업장에 상시 사용되는 동종의 근로자 반수 이상이 하나의 단체협약의 적용을 받게 된 때에는 당해 사업 또는 사업장에 사용되는 다른 동종의 근로자에 대하여도 당해 단체협약이 적용된다.

③ 일반적 구속력과 관련하여 사업장 단위로 체결되는 단체협약의 적용범위가 특정되지 않았거나 단체협약 조항이 모든 직종에 걸쳐서 공통적으로 적용되는 경우에는 직종의 구분 없이 사업장 내의 모든 근로자가 동종의 근로자에 해당된다.

④ 단체협약에 그 유효기간이 경과한 후에도 새로운 단체협약이 체결되지 아니한 때에는 새로운 단체협약이 체결될 때까지 종전 단체협약의 효력을 존속시킨다는 취지의 별도의 약정이 있는 경우에는 당사자 일방은 종전의 단체협약을 해지할 수 없다.

⑤ 단체협약이 실효되었다 하더라도 임금 등 개별적인 노동조건에 관한 부분은 그 단체협약의 적용을 받고 있던 개별적인 근로자의 근로계약의 내용으로 남아서 사용자와 근로자를 규율하게 되는 경우가 있다.

해설 ① 제33조 제1항

② 제35조

③ 사업장 단위로 체결되는 단체협약의 적용 범위가 특정되지 않았거나 협약 조항이 모든 직종에 걸쳐서 공통적으로 적용되는 경우에는 직종의 구분 없이 사업장 내의 모든 근로자가 동종의 근로자에 해당된다(대판 1999.12.10, 99두6927).

④ 단체협약에 그 유효기간이 경과한 후에도 새로운 단체협약이 체결되지 아니한 때에는 새로운 단체협약이 체결될 때까지 종전 단체협약의 효력을 존속시킨다는 취지의 별도의 약정이 있는 경우에는 그에 따르되, 당사자 일방은 해지하고자 하는 날의 6월전까지 상대방에게 통고함으로써 종전의 단체협약을 해지할 수 있다(제32조 제3항 단서).

⑤ 단체협약이 실효되었다고 하더라도 임금, 퇴직금이나 노동시간, 그 밖에 개별적인 노동조건에 관한 부분은 그 단체협약의 적용을 받고 있던 근로자의 근로계약의 내용이 되어 그것을 변경하는 새로운 단체협약, 취업규칙이 체결, 작성되거나 또는 개별적인 근로자의 동의를 얻지 아니하는 한 개별적인 근로자의 근로계약의 내용으로서 여전히 남아 있어 사용자와 근로자를 규율하게 되는데, 단체협약 중 해고사유 및 해고의 절차에 관한 부분에 대하여도 이와 같은 법리가 그대로 적용된다(대판 2007.12.27, 2007다51758).

10 노동조합 및 노동관계조정법령상 단체협약에 관한 설명으로 옳지 않은 것은?

▸ 공인노무사 제25회

① 단체협약의 유효기간은 2년을 초과하지 않는 범위에서 노사가 합의하여 정할 수 있다.

② 단체협약의 당사자는 단체협약의 체결일부터 15일 이내에 이를 행정관청에게 신고하여야 한다.

③ 단체협약의 해석에 관하여 관계 당사자간에 의견의 불일치가 있는 때에는 당사자 쌍방 또는 단체협약에 정하는 바에 의하여 어느 일방이 노동위원회에 그 해석에 관한 견해의 제시를 요청할 수 있다.

④ 단체협약에 정한 근로조건 기타 근로자의 대우에 관한 기준에 위반하는 취업규칙의 부분은 무효이며, 무효로 된 부분은 단체협약에 정한 기준에 의한다.

⑤ 하나의 지역에 있어서 종업하는 동종의 근로자 3분의 2 이상이 하나의 단체협약의 적용을 받게 된 때에는 행정관청은 당해 단체협약의 당사자의 쌍방 또는 일방의 신청에 의하거나 그 직권으로 노동위원회의 의결을 얻어 당해 지역에서 종업하는 다른 동종의 근로자와 그 사용자에 대하여도 당해 단체협약을 적용한다는 결정을 할 수 있다.

정답 08 ④ 09 ④ 10 ①

해설 ① 단체협약의 유효기간은 3년을 초과하지 않는 범위에서 노사가 합의하여 정할 수 있다(제32조 제1항).
② 제31조 제2항
③ 제34조 제1항
④ 제33조 제1항, 제2항
⑤ 제36조 제1항

11 노동조합 및 노동관계조정법령상 단체협약 내용을 위반한 경우 형사처벌의 대상이 아닌 것은?

▸ 공인노무사 제28회

① 퇴직금에 관한 사항
② 휴가에 관한 사항
③ 쟁의행위에 관한 사항
④ 조직강제에 관한 사항
⑤ 안전보건에 관한 사항

해설

제92조(벌칙)

다음 각 호의 1에 해당하는 자는 1천만원 이하의 벌금에 처한다.

1. 삭제
2. 제31조 제1항의 규정에 의하여 체결된 단체협약의 내용 중 다음 각목의 1에 해당하는 사항을 위반한 자
   가. 임금・복리후생비, 퇴직금에 관한 사항
   나. 근로 및 휴게시간, 휴일, 휴가에 관한 사항
   다. 징계 및 해고의 사유와 중요한 절차에 관한 사항
   라. 안전보건 및 재해부조에 관한 사항
   마. 시설・편의제공 및 근무시간 중 회의참석에 관한 사항
   바. 쟁의행위에 관한 사항
3. 제61조 제1항의 규정에 의한 조정서의 내용 또는 제68조 제1항의 규정에 의한 중재재정서의 내용을 준수하지 아니한 자

12 **노동조합 및 노동관계조정법령상 단체협약의 해석에 관한 설명으로 옳지 않은 것은? (다툼이 있으면 판례에 따름)**

▸ 공인노무사 제28회

① 단체협약과 같은 처분문서를 해석함에 있어서는 명문의 규정을 근로자에게 불리하게 변형 해석할 수 없다.

② 단체협약의 해석에 관한 지방노동위원회의 제시 견해가 위법 또는 월권에 의한 경우에는 중앙노동위원회에 재심을 신청할 수 있다.

③ 단체협약의 해석에 관하여 관계 당사자 간에 의견의 불일치가 있는 때에는 노동위원회가 직권으로 그 해석에 관한 견해를 제시할 수 있다.

④ 노동위원회는 단체협약의 해석요청을 받은 때에는 그 날부터 30일 이내에 명확한 견해를 제시하여야 한다.

⑤ 노동위원회가 단체협약의 해석요청에 대하여 제시한 견해는 중재재정과 동일한 효력을 가진다.

해설 ① 단체협약과 같은 처분문서를 해석할 때에는, 단체협약이 근로자의 근로조건을 유지·개선하고 복지를 증진하여 경제적·사회적 지위를 향상시킬 목적으로 근로자의 자주적 단체인 노동조합과 사용자 사이에 단체교섭을 통하여 이루어지는 것이므로, 명문의 규정을 근로자에게 불리하게 변형 해석할 수 없다(대판 2011.10.13, 2009다102452).

②·⑤ 노동위원회가 제시한 해석 또는 이행방법에 관한 견해는 중재재정과 동일한 효력을 가진다(제34조 제3항). 관계 당사자는 지방노동위원회 또는 특별노동위원회의 중재재정이 위법이거나 월권에 의한 것이라고 인정하는 경우에는 그 중재재정서의 송달을 받은 날부터 10일 이내에 중앙노동위원회에 그 재심을 신청할 수 있다(제69조 제1항).

③ 단체협약의 해석 또는 이행방법에 관하여 관계 당사자 간에 의견의 불일치가 있는 때에는 당사자 쌍방 또는 단체협약에 정하는 바에 의하여 어느 일방이 노동위원회에 그 해석 또는 이행방법에 관한 견해의 제시를 요청할 수 있다(제34조 제1항).

④ 노동위원회는 제34조 제1항의 규정에 의한 요청을 받은 때에는 그 날부터 30일 이내에 명확한 견해를 제시하여야 한다(제34조 제2항).

정답 11 ④ 12 ③

13 **노동조합 및 노동관계조정법령상 단체협약의 지역적 구속력에 관한 설명으로 옳은 것은?**

▸ 공인노무사 제27회

① 하나의 지역에 있어서 종업하는 동종의 근로자 3분의 2 이상이 하나의 단체협약의 적용을 받게 된 때에 행정관청이 법령에 따라 당해 단체협약의 지역적 구속력 적용을 결정하면 당해지역에서 종업하는 다른 동종의 근로자와 그 사용자에 대하여도 당해 단체협약이 적용된다.

② 행정관청은 직권으로 노동위원회의 의결을 얻어 단체협약의 지역적 구속력 적용 결정을 할 수 없다.

③ 단체협약의 당사자 쌍방의 신청으로 행정관청이 단체협약의 지역적 구속력 적용 결정을 하는 경우에는 노동위원회의 의결을 얻지 아니할 수 있다.

④ 단체협약의 당사자 일방의 신청으로 행정관청이 단체협약의 지역적 구속력 적용 결정을 하는 경우에는 중앙노동위원회의 조정을 거쳐야 한다.

⑤ 행정관청이 단체협약의 지역적 확장적용의 결정을 한 때에는 3개월 이내에 이를 공고하여야 한다.

해설 ①·②·③·④ 하나의 지역에 있어서 종업하는 동종의 근로자 3분의 2 이상이 하나의 단체협약의 적용을 받게 된 때에는 행정관청은 당해 단체협약의 당사자의 쌍방 또는 일방의 신청에 의하거나 그 직권으로 노동위원회의 의결을 얻어 당해 지역에서 종업하는 다른 동종의 근로자와 그 사용자에 대하여도 당해 단체협약을 적용한다는 결정을 할 수 있다(제36조 제1항).

⑤ 행정관청이 제36조 제1항의 규정에 의한 결정을 한 때에는 지체 없이 이를 공고하여야 한다(제36조 제2항).

14 **노동조합 및 노동관계조정법령상 단체협약에 관한 설명으로 옳은 것은? (다툼이 있으면 판례에 따름)** ▸공인노무사 제26회

① 단체협약은 특별한 사정이 없는 한 명문의 규정을 근로자에게 불리하게 해석할 수 있다.

② 단체협약 중 근로조건 기타 근로자의 대우에 관하여 정한 부분은 근로자와 사용자 사이의 근로계약관계를 직접 규율하는 효력을 가진다.

③ 근로조건을 불리하게 변경하는 내용의 단체협약이 현저히 합리성을 결하여 노동조합의 목적을 벗어난 것으로 볼 수 있는 경우와 같은 특별한 사정이 없는 한 그러한 노사 간의 합의를 무효라고 볼 수는 없으나, 노동조합으로서는 그러한 합의를 위하여 사전에 근로자들로부터 개별적인 동의나 수권을 받아야 한다.

④ 노동조합이 기존의 임금, 근로시간, 퇴직금 등 근로조건을 결정하는 기준에 관하여 소급적으로 동의하는 내용의 단체협약을 사용자와 체결한 경우에, 동의의 효력은 단체협약 체결 이전에 퇴직한 근로자에게도 미친다.

⑤ 단체협약의 유효기간이 경과한 후에도 새로운 단체협약이 체결되지 않은 때에는 새로운 단체협약이 체결될 때까지 단체협약의 해지권을 행사하지 못하도록 하는 취지의 약정은 유효하다.

해설 ① 단체협약과 같은 처분문서를 해석할 때에는, 단체협약이 근로자의 근로조건을 유지・개선하고 복지를 증진하여 경제적・사회적 지위를 향상시킬 목적으로 근로자의 자주적 단체인 노동조합과 사용자 사이에 단체교섭을 통하여 이루어지는 것이므로, 명문의 규정을 근로자에게 불리하게 변형 해석할 수 없다(대판 2011.10.13, 2009다102452).

② 제33조 제1항, 대판 2016.7.22, 2013두24396

③ 협약자치의 원칙상 노동조합은 사용자와 사이에 근로조건을 유리하게 변경하는 내용의 단체협약뿐만 아니라 근로조건을 불리하게 변경하는 내용의 단체협약을 체결할 수 있으므로, 근로조건을 불리하게 변경하는 내용의 단체협약이 현저히 합리성을 결하여 노동조합의 목적을 벗어난 것으로 볼 수 있는 경우와 같은 특별한 사정이 없는 한 그러한 노사간의 합의를 무효라고 볼 수는 없고, 노동조합으로서는 그러한 합의를 위하여 사전에 근로자들로부터 개별적인 동의나 수권을 받을 필요가 없으나…(대판 2002.4.12, 2001다41384).

④ 노동조합이 사용자 측과 기존의 임금, 근로시간, 퇴직금 등 근로조건을 결정하는 기준에 관하여 소급적으로 동의하거나 이를 승인하는 내용의 단체협약을 체결한 경우에 그 동의나 승인의 효력은 단체협약이 시행된 이후에 그 사업체에 종사하며 그 협약의 적용을 받게 될 노동조합원이나 근로자들에 대해서만 생기고, 단체협약 체결 이전에 이미 퇴직한 근로자에게는 위와 같은 효력이 생길 여지가 없고, 근로조건이 근로자에게 유리하게 변경된 경우라 하더라도 다를 바 없으며 중재재정은 단체협약과 동일한 효력을 갖는 것으로 위와 같은 법리가 그대로 적용된다(대판 2000.6.9, 98다13747).

⑤ 단체협약의 유효기간을 제한한 노동조합법 제32조 제1항, 제2항이나 단체협약의 해지권을 정한 노동조합법 제32조 제3항 단서는 모두 성질상 강행규정이어서, 당사자 사이의 합의에 의하더라도 단체협약의 해지권을 행사하지 못하도록 하는 등 적용을 배제하는 것은 허용되지 않는다(대판 2016.3.10, 2013두3160).

정답 13 ① 14 ②

15 **노동조합 및 노동관계조정법령 위반 행위에 대하여 벌칙이 적용되지 않는 것을 모두 고른 것은?** ▸공인노무사 제26회

ㄱ. 노동조합의 대표자가 성별, 연령을 이유로 조합원에게 차별대우를 한 경우
ㄴ. 사용자가 노동조합의 대표자와의 단체교섭을 정당한 이유 없이 거부하는 행위를 한 경우
ㄷ. 서면으로 작성하여 당사자 쌍방이 서명한 단체협약의 내용 중 사용자가 휴일에 관한 사항을 위반한 경우
ㄹ. 「노동조합 및 노동관계조정법」에 의하여 설립된 노동조합이 아님에도 노동조합이라는 명칭을 사용한 경우

① ㄱ
② ㄴ
③ ㄷ
④ ㄹ
⑤ ㄱ, ㄹ

해설 ㄱ. 제9조 위반인데 벌칙규정이 없다.
ㄴ. 제81조 제1항 제3호 위반의 경우 제90조에 의해 처벌
ㄷ. 제92조 제2호 나목 위반으로 처벌
ㄹ. 제93조에 의해 처벌

16 **노동조합 및 노동관계조정법령상 단체협약에 관한 설명으로 옳지 않은 것은? (다툼이 있으면 판례에 따름)** ▸공인노무사 제30회

① 노동조합과 사용자 또는 사용자단체는 정당한 이유없이 단체협약의 체결을 거부하거나 해태하여서는 아니 된다.
② 이미 구체적으로 지급청구권이 발생한 임금은 노동조합이 근로자들로부터 개별적인 동의나 수권을 받지 않더라도, 단체협약만으로 이에 대한 반환이나 포기 및 지급유예와 같은 처분행위를 할 수 있다.
③ 단체협약의 당사자는 단체협약의 체결일부터 15일 이내에 당사자 쌍방의 연명으로 단체협약을 행정관청에게 신고하여야 한다.
④ 단체협약은 노동조합이 사용자 또는 사용자단체와 근로조건 기타 노사관계에서 발생하는 사항에 관한 합의를 문서로 작성하여 당사자 쌍방이 서명날인함으로써 성립하는 것이고, 그 합의가 반드시 정식의 단체교섭절차를 거쳐서 이루어져야만 하는 것은 아니다.
⑤ 단체협약이 실효되었다고 하더라도 임금 등 그 밖에 개별적인 노동조건에 관한 부분은 그 단체협약의 적용을 받고 있던 근로자의 근로계약 내용이 되어 그것을 변경하는 새로운 단체협약, 취업규칙이 체결·작성되거나 또는 개별적인 근로자의 동의를 얻지 아니하는 한 개별적인 근로자의 근로계약 내용으로서 효력을 갖는다.

해설 ① 제30조 제2항

② 이미 구체적으로 그 지급청구권이 발생한 임금(상여금 포함)은 근로자의 사적 재산영역으로 옮겨져 근로자의 처분에 맡겨진 것이기 때문에, 노동조합이 근로자들로부터 개별적인 동의나 수권을 받지 않는 이상, 사용자와 사이의 단체협약만으로 이에 대한 포기나 지급유예와 같은 처분행위를 할 수 없다(대판 2002.4.2, 2001다41384).

③ 제31조 제2항, 시행령 제15조

④ **단체협약은 노동조합이 사용자 또는 사용자단체와 근로조건 기타 노사관계에서 발생하는 사항에 관한 협정(합의)을 문서로 작성하여 당사자 쌍방이 서명날인함으로써 성립하는 것이고, 그 협정(합의)이 반드시 정식의 단체교섭절차를 거쳐서 이루어져야만 하는 것은 아니라고 할 것이므로** 노동조합과 사용자 사이에 근로조건 기타 노사관계에 관한 합의가 노사협의회의 협의를 거쳐서 성립되었더라도, 당사자 쌍방이 이를 단체협약으로 할 의사로 문서로 작성하여 당사자 쌍방의 대표자가 각 노동조합과 사용자를 대표하여 서명날인하는 등으로 단체협약의 실질적・형식적 요건을 갖추었다면 이는 단체협약이라고 보아야 할 것이다(대판 2005.3.11, 2003다27429).

⑤ 단체협약이 실효되었다고 하더라도 임금, 퇴직금이나 노동시간, 그 밖에 개별적인 노동조건에 관한 부분은 그 단체협약의 적용을 받고 있던 근로자의 근로계약의 내용이 되어 그것을 변경하는 새로운 단체협약, 취업규칙이 체결・작성되거나 또는 개별적인 근로자의 동의를 얻지 아니하는 한 개별적인 근로자의 근로계약의 내용으로서 여전히 남아 있어 사용자와 근로자를 규율하게 되는데, 단체협약 중 해고사유 및 해고의 절차에 관한 부분에 대하여도 이와 같은 법리가 그대로 적용된다(대판 2007.12.27, 2007다51758).

17 노동조합 및 노동관계조정법상 단체협약에 관한 설명으로 옳지 않은 것은?(다툼이 있으면 판례에 따름)

▸ 공인노무사 제30회

① 단체협약에 자동연장협정 규정이 있더라도 당초의 유효기간이 만료된 후 3월까지에 한하여 단체협약의 효력이 유효하다.

② 단체협약의 내용 중 임금・복리후생비, 퇴직금에 관한 사항을 위반한 자는 1천만원 이하의 벌금에 처한다.

③ 행정관청은 단체협약 중 위법한 내용이 있는 경우에는 노동위원회의 의결을 얻어 그 시정을 명할 수 있다.

④ 단체협약의 해석에 관하여 관계 당사자간에 의견의 불일치가 있는 때에는 당사자 쌍방 또는 단체협약에 정하는 바에 의하여 어느 일방이 노동위원회에 그 해석에 관한 견해의 제시를 요청할 수 있다.

⑤ 단체협약과 같은 처분문서를 해석함에 있어서는 그 명문의 규정을 근로자에게 불리하게 변형 해석할 수 없다.

정답 15 ① 16 ② 17 ①

해설 ① 다만, 단체협약에 그 유효기간이 경과한 후에도 새로운 단체협약이 체결되지 아니한 때에는 새로운 단체협약이 체결될 때까지 종전 단체협약의 효력을 존속시킨다는 취지의 별도의 약정이 있는 경우에는 그에 따르되, 당사자 일방은 해지하고자 하는 날의 6월 전까지 상대방에게 통고함으로써 종전의 단체협약을 해지할 수 있다(제32조 제3항 단서).
② 제92조 제2호 가목
③ 제31조 제3항
④ 제34조 제1항
⑤ 단체협약과 같은 처분문서를 해석할 때에는, 단체협약이 근로자의 근로조건을 유지·개선하고 복지를 증진하여 경제적·사회적 지위를 향상시킬 목적으로 근로자의 자주적 단체인 노동조합과 사용자 사이에 단체교섭을 통하여 이루어지는 것이므로, 명문의 규정을 근로자에게 불리하게 변형 해석할 수 없다(대판 2011.10.13, 2009다102452).

18 노동조합 및 노동관계조정법상 단체협약에 관한 설명으로 옳지 않은 것은? (다툼이 있으면 판례에 따름)

▸공인노무사 제34회

① 단체협약의 해석에 관하여 관계 당사자 간에 의견의 불일치가 있는 때에는 당사자 쌍방이 노동위원회에 그 해석에 관한 견해의 제시를 요청하여 노동위원회가 해석을 제시한 경우, 그 해석은 중재재정과 동일한 효력을 가진다.
② 하나의 사업 또는 사업장에 상시 사용되는 동종의 근로자 반수 이상이 하나의 단체협약의 적용을 받게 된 때에는 당해 사업 또는 사업장에 사용되는 다른 동종의 근로자에 대하여도 당해 단체협약이 적용된다.
③ 하나의 지역에 있어서 종업하는 동종의 근로자 3분의 2 이상이 하나의 단체협약의 적용을 받게 된 때에는 행정관청은 직권으로 노동위원회의 의결을 얻어 당해 지역에서 종업하는 다른 동종의 근로자와 그 사용자에 대하여도 당해 단체협약을 적용한다는 결정을 할 수 있다.
④ 사용자의 경영권에 속하는 사항이라 하더라도 노사는 임의로 단체교섭을 진행하여 단체협약을 체결할 수 있다.
⑤ 서로 다른 종류의 사업을 운영하던 회사들이 합병한 이후 그 중 한 사업부문의 근로자들로 구성된 노동조합이 회사와 체결한 단체협약은 다른 사업부문의 근로자들에게도 적용된다.

해설 ① 단체협약의 해석 또는 이행방법에 관하여 관계 당사자간에 의견의 불일치가 있는 때에는 당사자 쌍방 또는 단체협약에 정하는 바에 의하여 어느 일방이 노동위원회에 그 해석 또는 이행방법에 관한 견해의 제시를 요청할 수 있다(제34조 제1항). 노동위원회는 제1항의 규정에 의한 요청을 받은 때에는 그 날부터 30일 이내에 명확한 견해를 제시하여야 한다(제34조 제2항). 제2항의 규정에 의하여 노동위원회가 제시한 해석 또는 이행방법에 관한 견해는 중재재정과 동일한 효력을 가진다(제34조 제3항).
② 제35조

③ 하나의 지역에 있어서 종업하는 동종의 근로자 3분의 2 이상이 하나의 단체협약의 적용을 받게 된 때에는 행정관청은 당해 단체협약의 당사자의 쌍방 또는 일방의 신청에 의하거나 그 직권으로 노동위원회의 의결을 얻어 당해 지역에서 종업하는 다른 동종의 근로자와 그 사용자에 대하여도 당해 단체협약을 적용한다는 결정을 할 수 있다(제36조 제1항).

④ 정리해고나 사업조직의 통폐합 등 기업의 구조조정의 실시 여부는 경영주체에 의한 고도의 경영상 결단에 속하는 사항으로서 원칙적으로 단체교섭의 대상이 될 수 없으나, 사용자의 경영권에 속하는 사항이라 하더라도 노사는 임의로 단체교섭을 진행하여 단체협약을 체결할 수 있고, 그 내용이 강행법규나 사회질서에 위배되지 않는 이상 단체협약으로서의 효력이 인정된다. 따라서 사용자가 노동조합과의 협상에 따라 정리해고를 제한하기로 하는 내용의 단체협약을 체결하였다면 특별한 사정이 없는 한 단체협약이 강행법규나 사회질서에 위배된다고 볼 수 없고, 나아가 이는 근로조건 기타 근로자에 대한 대우에 관하여 정한 것으로서 그에 반하여 이루어지는 정리해고는 원칙적으로 정당한 해고라고 볼 수 없다. 다만 정리해고의 실시를 제한하는 단체협약을 두고 있더라도, 단체협약을 체결할 당시의 사정이 현저하게 변경되어 사용자에게 단체협약의 이행을 강요한다면 객관적으로 명백하게 부당한 결과에 이르는 경우에는 사용자가 단체협약에 의한 제한에서 벗어나 정리해고를 할 수 있다(대판 2014.3.27, 2011두20406).

⑤ 서로 다른 종류의 사업을 운영하던 회사들이 합병한 이후 근로자들의 근로관계 내용을 단일화하기로 변경・조정하는 새로운 합의가 있기 전에 그 중 한 사업부문의 근로자들로 구성된 노동조합이 회사와 체결한 단체협약은 그 사업부문의 근로자들에 대하여만 적용될 것이 예상되는 것이라 할 것이어서 다른 사업부문의 근로자들에게는 적용될 수 없다고 할 것이다(대판 2004.5.14, 2002다23185・23192).

19 **노동조합 및 노동관계조정법상 단체교섭 및 단체협약에 관한 설명으로 옳지 않은 것은? (다툼이 있으면 판례에 따름)** ▸공인노무사 제34회

① 노사가 합의하여 단체협약의 유효기간을 4년으로 정하더라도 그 유효기간은 3년으로 한다.

② 단체협약에 그 유효기간이 경과한 후에도 새로운 단체협약이 체결되지 아니한 때에는 새로운 단체협약이 체결될 때까지 종전 단체협약의 효력을 존속시킨다는 취지의 별도의 약정이 있는 경우에는 그에 따른다.

③ 노사는 일정한 조건이 성취되거나 기한이 도래할 때까지 특정 단체협약 조항에 따른 합의의 효력이 유지되도록 명시하여 단체협약을 체결할 수 있다.

④ 단체협약의 당사자인 노동조합은 단체협약의 유효기간 중에 단체협약에서 정한 근로조건 등에 관한 내용의 변경이나 폐지를 요구하는 쟁의행위를 행하지 않을 평화의무를 부담하지 않는다.

⑤ 단체협약의 해지권을 정한 이 법 제32조 제3항 단서의 규정은 성질상 강행규정이어서, 당사자 사이의 합의에 의하더라도 단체협약의 해지권을 행사하지 못하도록 하는 등 적용을 배제하는 것은 허용되지 않는다.

정답 18 ⑤ 19 ④

해설 ① 단체협약의 유효기간은 3년을 초과하지 않는 범위에서 노사가 합의하여 정할 수 있다(제32조 제1항). 단체협약에 그 유효기간을 정하지 아니한 경우 또는 제1항의 기간을 초과하는 유효기간을 정한 경우에 그 유효기간은 3년으로 한다(제32조 제2항).

② 단체협약의 유효기간이 만료되는 때를 전후하여 당사자 쌍방이 새로운 단체협약을 체결하고자 단체교섭을 계속하였음에도 불구하고 새로운 단체협약이 체결되지 아니한 경우에는 별도의 약정이 있는 경우를 제외하고는 종전의 단체협약은 그 효력만료일부터 3월까지 계속 효력을 갖는다. 다만, 단체협약에 그 유효기간이 경과한 후에도 새로운 단체협약이 체결되지 아니한 때에는 새로운 단체협약이 체결될 때까지 종전 단체협약의 효력을 존속시킨다는 취지의 별도의 약정이 있는 경우에는 그에 따르되, 당사자 일방은 해지하고자 하는 날의 6월전까지 상대방에게 통고함으로써 종전의 단체협약을 해지할 수 있다(제32조 제3항).

③ 유효기간이 경과하는 등으로 단체협약이 실효되었다고 하더라도 임금, 퇴직금이나 노동시간, 그 밖에 개별적인 노동조건에 관한 부분은 그 단체협약의 적용을 받고 있던 근로자의 근로계약의 내용이 되어 그것을 변경하는 새로운 단체협약, 취업규칙이 체결·작성되거나 또는 개별적인 근로자의 동의를 얻지 아니하는 한 개별적인 근로자의 근로계약의 내용으로서 여전히 남아 있어 사용자와 근로자를 규율한다(대판 2000.6.9, 98다13747, 대판 2007.12.27, 2007다51758 등 참조). 그러나 노사가 일정한 조건이 성취되거나 기한이 도래할 때까지 특정 단체협약 조항에 따른 합의의 효력이 유지되도록 명시하여 단체협약을 체결한 경우에는, 그 단체협약 조항에 따른 합의는 노사의 합치된 의사에 따라 해제조건의 성취로 효력을 잃는다고 보아야 한다(대판 2018.11.29, 2018두41532).

④ 단체협약의 당사자인 노동조합은 단체협약의 유효기간 중에 단체협약에서 정한 근로조건 등에 관한 내용의 변경이나 폐지를 요구하는 쟁의행위를 행하지 아니하여야 함은 물론, 조합원들에 대하여도 통제력을 행사하여 그와 같은 쟁의행위를 행하지 못하게 방지하여야 할 이른바 평화의무를 지고 있다고 할 것인바, 이와 같은 평화의무가 노사관계의 안정과 단체협약의 질서 형성적 기능을 담보하는 것인 점에 비추어 보면, 단체협약이 새로 체결된 직후부터 뚜렷한 무효사유를 내세우지도 아니한 채 단체협약의 전면무효화를 주장하면서 평화의무에 위반되는 쟁의행위를 행하는 것은 이미 노동조합활동으로서의 정당성을 결여한 것이라고 하지 아니할 수 없다(대판 1992.9.1, 92누7733).

⑤ 단체협약의 유효기간을 제한한 노동조합법 제32조 제1항, 제2항이나 단체협약의 해지권을 정한 노동조합법 제32조 제3항 단서는 모두 성질상 강행규정이어서, 당사자 사이의 합의에 의하더라도 단체협약의 해지권을 행사하지 못하도록 하는 등 적용을 배제하는 것은 허용되지 않는다(대판 2016.3.10, 2013두3160).

20 **노동조합 및 노동관계조정법령상 단체교섭 및 단체협약에 관한 설명이다. ( )에 들어갈 내용으로 옳은 것은?** ▸ 공인노무사 제31회

> • 교섭창구 단일화 절차에 따라 결정된 교섭대표노동조합은 그 결정이 있은 후 사용자와 체결한 첫 번째 단체협약의 효력이 발생한 날을 기준으로 (ㄱ)년이 되는 날까지 그 교섭대표노동조합의 지위를 유지한다.
> • 단체협약에 그 유효기간이 경과한 후에도 새로운 단체협약이 체결되지 아니한 때에는 새로운 단체협약이 체결될 때까지 종전 단체협약의 효력을 존속시킨다는 취지의 별도의 약정이 있는 경우에는 그에 따르되, 당사자 일방은 해지하고자 하는 날의 (ㄴ)월전까지 상대방에게 통고함으로써 종전의 단체협약을 해지할 수 있다.

① ㄱ : 2, ㄴ : 2
② ㄱ : 2, ㄴ : 3
③ ㄱ : 2, ㄴ : 6
④ ㄱ : 3, ㄴ : 3
⑤ ㄱ : 3, ㄴ : 6

해설
• 교섭대표노동조합은 그 결정이 있은 후 사용자와 체결한 첫 번째 단체협약의 효력이 발생한 날을 기준으로 2년이 되는 날까지 그 교섭대표노동조합의 지위를 유지하되, 새로운 교섭대표노동조합이 결정된 경우에는 그 결정된 때까지 교섭대표노동조합의 지위를 유지한다(시행령 제14조의10 제1항).
• 단체협약의 유효기간이 만료되는 때를 전후하여 당사자 쌍방이 새로운 단체협약을 체결하고자 단체교섭을 계속하였음에도 불구하고 새로운 단체협약이 체결되지 아니한 경우에는 별도의 약정이 있는 경우를 제외하고는 종전의 단체협약은 그 효력만료일부터 3월까지 계속 효력을 갖는다. 다만, 단체협약에 그 유효기간이 경과한 후에도 새로운 단체협약이 체결되지 아니한 때에는 새로운 단체협약이 체결될 때까지 종전 단체협약의 효력을 존속시킨다는 취지의 별도의 약정이 있는 경우에는 그에 따르되, 당사자 일방은 해지하고자 하는 날의 6월 전까지 상대방에게 통고함으로써 종전의 단체협약을 해지할 수 있다(제32조 제3항).

정답 20 ③

21 **노동조합 및 노동관계조정법상 단체교섭 및 단체협약에 관한 설명으로 옳지 않은 것은? (다툼이 있으면 판례에 따름)** ▸공인노무사 제33회

① 노동조합과 사용자 또는 사용자단체는 정당한 이유없이 교섭 또는 단체협약의 체결을 거부하거나 해태하여서는 아니 된다.

② 단체협약의 유효기간이 만료되는 때를 전후하여 당사자 쌍방이 새로운 단체협약을 체결하고자 단체교섭을 계속하였음에도 불구하고 새로운 단체협약이 체결되지 아니한 경우에는 별도의 약정이 있더라도 종전의 단체협약은 그 효력만료일부터 3월까지 계속 효력을 갖는다.

③ 단체협약의 일반적 구속력으로서 그 적용을 받게 되는 '동종의 근로자'라 함은 당해 단체협약의 규정에 의하여 그 협약의 적용이 예상되는 자를 가리키며, 단체협약의 규정에 의하여 조합원의 자격이 없는 자는 단체협약의 적용이 예상된다고 할 수 없어 단체협약의 적용을 받지 아니한다.

④ 단체협약에 그 유효기간을 정하지 아니한 경우에 그 유효기간은 3년으로 한다.

⑤ 노동조합과 사용자 또는 사용자단체는 교섭 또는 단체협약의 체결에 관한 권한을 위임한 때에는 그 사실을 상대방에게 통보하여야 한다.

해설 ① 제30조 제2항

② 단체협약의 유효기간이 만료되는 때를 전후하여 당사자 쌍방이 새로운 단체협약을 체결하고자 단체교섭을 계속하였음에도 불구하고 새로운 단체협약이 체결되지 아니한 경우에는 별도의 약정이 있는 경우를 제외하고는 종전의 단체협약은 그 효력만료일부터 3월까지 계속 효력을 갖는다(제32조 제3항 본문).

③ 단체협약의 적용을 받게 되는 동종의 근로자라 함은 당해 단체협약의 규정에 의하여 그 협약의 적용이 예상되는 자를 가리키며, 한편 단체협약 등의 규정에 의하여 조합원의 자격이 없는 자는 단체협약의 적용이 예상된다고 할 수 없어 단체협약의 일반적 구속력이 미치는 동종의 근로자라고 할 수 없다(대판 2004.2.12, 2001다63599).

④ 제32조 제2항

⑤ 제29조 제4항

22 **노동조합 및 노동관계조정법상 단체교섭 및 단체협약에 관한 설명으로 옳지 않은 것은? (다툼이 있으면 판례에 따름)** ▸ 공인노무사 제34회

① 단체교섭에 대한 사용자의 거부나 해태에 정당한 이유가 있는지 여부는 사회통념상 사용자에게 단체교섭의무의 이행을 기대하는 것이 어렵다고 인정되는지 여부에 따라 판단하여야 한다.

② 단체교섭권은 법률이 없더라도 헌법의 규정만으로 직접 법규범으로서 효력을 발휘할 수 있는 구체적 권리이다.

③ 단체협약은 서면으로 작성하여 당사자 쌍방이 서명 또는 날인하여야 하며, 단체협약의 당사자는 단체협약의 체결일부터 15일 이내에 이를 노동위원회에 신고하여야 한다.

④ 사용자가 업무상 재해로 사망한 조합원의 직계가족 등을 채용하기로 하는 내용의 단체협약을 체결하였다면, 그와 같은 단체협약이 사용자의 채용의 자유를 과도하게 제한하는 정도에 이르거나 채용 기회의 공정성을 현저히 해하는 결과를 초래하는 등의 특별한 사정이 없는 한 선량한 풍속 기타 사회질서에 반한다고 단정할 수 없다.

⑤ 행정관청은 단체협약 중 위법한 내용이 있는 경우에는 노동위원회의 의결을 얻어 그 시정을 명할 수 있으며, 그 명령을 위반한 자는 형사처벌을 받을 수 있다.

해설 ① 대판 1998.5.22, 97누8076

② 헌법 제33조 제1항은 "근로자는 근로조건의 향상을 위하여 자주적인 단결권・단체교섭권 및 단체행동권을 가진다."라고 규정함으로써 노동3권을 기본권으로 보장하고 있다. 노동3권은 법률의 제정이라는 국가의 개입을 통하여 비로소 실현될 수 있는 권리가 아니라, 법률이 없더라도 헌법의 규정만으로 직접 법규범으로서 효력을 발휘할 수 있는 구체적 권리라고 보아야 한다(대판 2020.9.3, 2016두32992 전원합의체 판결).

③ 단체협약은 서면으로 작성하여 당사자 쌍방이 서명 또는 날인하여야 한다(제31조 제1항). 단체협약의 당사자는 단체협약의 체결일부터 15일 이내에 이를 행정관청에게 신고하여야 한다(제31조 제2항).

④ 사용자가 노동조합과의 단체교섭에 따라 업무상 재해로 인한 사망 등 일정한 사유가 발생하는 경우 조합원의 직계가족 등을 채용하기로 하는 내용의 단체협약을 체결하였다면, 그와 같은 단체협약이 사용자의 채용의 자유를 과도하게 제한하는 정도에 이르거나 채용 기회의 공정성을 현저히 해하는 결과를 초래하는 등의 특별한 사정이 없는 한 선량한 풍속 기타 사회질서에 반한다고 단정할 수 없다. 이러한 단체협약이 사용자의 채용의 자유를 과도하게 제한하는 정도에 이르거나 채용 기회의 공정성을 현저히 해하는 결과를 초래하는지는 단체협약을 체결한 이유나 경위, 그와 같은 단체협약을 통해 달성하고자 하는 목적과 수단의 적합성, 채용대상자가 갖추어야 할 요건의 유무와 내용, 사업장 내 동종 취업규칙 유무, 단체협약의 유지 기간과 준수 여부, 단체협약이 규정한 채용의 형태와 단체협약에 따라 채용되는 근로자의 수 등을 통해 알 수 있는 사용자의 일반 채용에 미치는 영향과 구직희망자들에 미치는 불이익 정도 등 여러 사정을 종합하여 판단하여야 한다(대판 2020.8.27, 2016다248998 전원합의체 판결).

⑤ 행정관청은 단체협약중 위법한 내용이 있는 경우에는 노동위원회의 의결을 얻어 그 시정을 명할 수 있다(제31조 제3항). 제31조 제3항의 규정에 의한 명령에 위반한 자는 500만원 이하의 벌금에 처한다(제93조).

정답 21 ② 22 ③

Section 05 쟁의행위

01 **노동조합 및 노동관계조정법상 쟁의행위에 관한 설명으로 옳지 않은 것은? (다툼이 있으면 판례에 따름)**

▸ 공인노무사 제29회

① 쟁의행위 자체의 정당성과 이를 구성하거나 부수되는 개개의 행위의 정당성은 구별되어야 하므로 일부 소수의 근로자가 폭력행위 등의 위법행위를 하였다고 하더라도 전체로서의 쟁의행위가 위법하게 되는 것은 아니다.

② 노동위원회는 사업장의 안전보호시설에 대하여 정상적인 유지・운영을 정지・폐지 또는 방해하는 쟁의행위에 해당한다고 인정하는 경우 직권으로 그 행위를 중지할 것을 통보하여야 한다.

③ 노동조합은 쟁의행위가 적법하게 수행될 수 있도록 지도・관리・통제할 책임이 있다.

④ 근로자는 쟁의행위 기간중에는 현행범 외에는 노동조합 및 노동관계조정법 위반을 이유로 구속되지 아니한다.

⑤ 쟁의행위는 그 쟁의행위와 관계없는 자 또는 근로를 제공하고자 하는 자의 출입・조업 기타 정상적인 업무를 방해하는 방법으로 행하여져서는 아니되며 쟁의행위의 참가를 호소하거나 설득하는 행위로서 폭행・협박을 사용하여서는 아니 된다.

해설 ① 쟁의행위 자체의 정당성과 이를 구성하거나 부수되는 개개의 행위의 정당성은 구별되어야 하므로 일부 소수의 근로자가 폭력행위 등의 위법행위를 하였다고 하더라도 전체로서의 쟁의행위가 위법하게 되는 것은 아니다(대판 2003.12.26, 2003두8906).

② 행정관청은 쟁의행위가 사업장의 안전보호시설에 대하여 정상적인 유지・운영을 정지・폐지 또는 방해하는 행위에 해당한다고 인정하는 경우에는 노동위원회의 의결을 얻어 그 행위를 중지할 것을 통보하여야 한다. 다만, 사태가 급박하여 노동위원회의 의결을 얻을 시간적 여유가 없을 때에는 그 의결을 얻지 아니하고 즉시 그 행위를 중지할 것을 통보할 수 있다(제42조 제3항).

③ 제38조 제3항

④ 제39조

⑤ 제38조 제1항

02 **노동조합 및 노동관계조정법령상 쟁의행위에 관한 설명으로 옳지 않은 것은? (다툼이 있으면 판례에 따름)** ▸공인노무사 제27회

① 단체교섭사항이 될 수 없는 사항을 달성하려는 쟁의행위는 그 목적의 정당성을 인정할 수 없다.
② 조합원은 노동조합에 의하여 주도되지 아니한 쟁의행위를 하여서는 아니 된다.
③ 쟁의행위의 목적 중 일부가 정당하지 못한 경우에는 주된 목적 내지 진정한 목적의 당부에 의하여 그 쟁의 목적의 당부를 판단하여야 한다.
④ 구조조정이 불순한 의도로 추진되는 등의 특별한 사정이 없는 한, 노동조합이 실질적으로 그 실시 자체를 반대하기 위하여 쟁의행위에 나아간다면 그 쟁의행위는 목적의 정당성을 인정할 수 없다.
⑤ 부당노동행위를 이유로 한 쟁의행위의 경우 그 쟁의행위에 앞서 부당노동행위 구제절차를 밟아야만 정당성이 인정될 수 있다.

해설 ① 긴박한 경영상의 필요에 의하여 하는 이른바 정리해고의 실시는 사용자의 경영상의 조치라고 할 것이므로, 정리해고에 관한 노동조합의 요구내용이 사용자는 정리해고를 하여서는 아니 된다는 취지라면 이는 사용자의 경영권을 근본적으로 제약하는 것이 되어 **원칙적으로 단체교섭의 대상이 될 수 없고, 단체교섭사항이 될 수 없는 사항을 달성하려는 쟁의행위는 그 목적의 정당성을 인정할 수 없다**(대판 2001.4.24, 99도4893).
② 제37조 제2항
③ 쟁의행위에서 추구하는 목적이 여러 가지이고 그 중 일부가 정당하지 못한 경우에는 주된 목적 내지 진정한 목적의 당부에 의하여 그 쟁의목적의 당부를 판단하여야 하고, 부당한 요구사항을 제외하였다면 쟁의행위를 하지 않았을 것이라고 인정되는 경우에는 그 쟁의행위 전체가 정당성을 갖지 못한다고 보아야 한다(대판 2009.6.23, 2007두12859).
④ 기업의 구조조정의 실시 여부는 경영주체에 의한 고도의 경영상 결단에 속하는 사항으로서 이는 원칙적으로 단체교섭의 대상이 될 수 없고, 그것이 긴박한 경영상의 필요나 합리적인 이유 없이 불순한 의도로 추진되는 등의 특별한 사정이 없는 한 노동조합이 그 실시를 반대하기 위하여 벌이는 쟁의행위에는 목적의 정당성을 인정할 수 없다(대판 2003.7.22, 2002도7225).
⑤ 노동조합법에 쟁의행위에 앞서 부당노동행위구제절차를 밟아야 한다는 규정이 없다.

정답 01 ② 02 ⑤

03 **노동조합 및 노동관계조정법상 직장폐쇄에 관한 설명으로 옳은 것은? (다툼이 있으면 판례에 따름)** ▸공인노무사 제34회

① 사용자의 직장폐쇄가 정당한 쟁의행위로 인정되지 아니하더라도 적법한 쟁의행위로서 사업장을 점거 중인 근로자들이 직장폐쇄를 단행한 사용자로부터 퇴거 요구를 받고 이에 불응하면 퇴거불응죄가 성립한다.

② 직장폐쇄를 할 경우 사용자는 미리 행정관청에는 신고하여야 하나, 노동위원회에는 신고하지 않아도 된다.

③ 근로자가 쟁의행위를 중단하고 진정으로 업무에 복귀할 의사를 표시하였음에도 사용자가 적극적으로 노동조합의 조직력을 약화시키기 위한 목적으로 공격적 직장폐쇄를 유지하더라도 그 정당성을 잃은 것은 아니다.

④ 직장폐쇄가 정당한 쟁의행위로 평가받기 위하여는 구체적 사정에 비추어 형평의 견지에서 근로자측의 쟁의행위에 대한 대항·방위수단으로서 상당성이 인정되는 경우에 한한다.

⑤ 사용자는 직장폐쇄가 정당한 쟁의행위로 평가받는지에 관계없이 직장폐쇄 기간 동안의 대상 근로자에 대한 임금지불의무를 면한다.

해설 ① 사용자의 직장폐쇄가 정당한 쟁의행위로 인정되지 아니하는 때에는 적법한 쟁의행위로서 사업장을 점거 중인 근로자들이 사용자로부터 퇴거 요구를 받고 이에 불응한 채 직장점거를 계속 하더라도 퇴거불응죄가 성립하지 아니한다(대판 2007.12.28, 2007도5204).

② 사용자는 직장폐쇄를 할 경우에는 미리 행정관청 및 노동위원회에 각각 신고하여야 한다(제46조 제2항).

③ 직장폐쇄의 개시 자체는 정당하더라도 근로자가 쟁의행위를 중단하고 진정으로 업무에 복귀할 의사를 표시하였음에도 사용자가 직장폐쇄를 계속 유지하면서 공격적 직장폐쇄의 성격으로 변질된 경우에는 그 이후의 직장폐쇄는 정당성을 상실하게 된다(대판 2016.5.24, 2012다85335).

④·⑤ 사용자의 직장폐쇄가 정당한 쟁의행위로 평가받기 위하여는 노사 간의 교섭태도, 경과, 근로자측 쟁의행위의 태양, 그로 인하여 사용자측이 받는 타격의 정도 등에 관한 구체적 사정에 비추어 형평의 견지에서 근로자측의 쟁의행위에 대한 대항·방위수단으로서 상당성이 인정되는 경우에 한한다 할 것이고, 그 직장폐쇄가 정당한 쟁의행위로 평가받을 때 비로소 사용자는 직장폐쇄 기간 동안의 대상 근로자에 대한 임금지불의무를 면한다(대판 2000.5.26, 98다34331).

04 **노동조합 및 노동관계조정법상 사용자의 직장폐쇄에 관한 설명으로 옳지 않은 것은? (다툼이 있으면 판례에 따름)**
▸ 공인노무사 제31회

① 사용자의 직장폐쇄가 정당한 쟁의행위로 평가받는 경우에는 사업장 내의 노조사무실 등 정상적인 노조활동에 필요한 시설이라 하더라도 조합원의 출입은 허용되지 않는다.
② 직장폐쇄의 개시 자체는 정당하더라도 근로자가 쟁의행위를 중단하고 진정으로 업무에 복귀할 의사를 표시하였음에도 사용자가 직장폐쇄를 계속 유지하면서 공격적 직장폐쇄의 성격으로 변질된 경우에는 그 이후의 직장폐쇄는 정당성을 상실하게 된다.
③ 사용자의 직장폐쇄는 근로자측의 쟁의행위에 대한 대항・방위 수단으로서 상당성이 인정되는 경우에 한하여 정당한 쟁의행위로 평가받을 수 있다.
④ 사용자의 직장폐쇄가 정당한 쟁의행위로 인정되지 아니하는 때에는 적법한 쟁의행위로서 사업장을 점거 중인 근로자들이 사용자로부터 퇴거 요구를 받고 이에 불응한 채 직장점거를 계속하더라도 퇴거불응죄가 성립하지 아니한다.
⑤ 사용자의 직장폐쇄가 정당한 쟁의행위로 평가받을 때 비로소 사용자는 직장폐쇄 기간 동안의 대상 근로자에 대한 임금지불의무를 면한다.

해설 ① 사용자의 직장폐쇄가 정당한 쟁의행위로 평가받는 경우, 특별한 사유가 있는 경우를 제외하고는 사업장 내의 노조사무실 등 정상적인 노조활동에 필요한 시설, 기숙사 등 기본적인 생활근거지에 대한 출입은 허용되어야 한다(대판 2010.6.10, 2009두12180).
② 대판 2016.5.24, 2012다85335
③ 대판 2003.6.13, 2003두1097
④ 대판 2007.12.28, 2007도5204
⑤ 대판 2000.5.26, 98다34331

05 **노동조합 및 노동관계조정법상 직장폐쇄 등에 관한 설명으로 옳지 않은 것은? (다툼이 있으면 판례에 따름)**
▸ 공인노무사 제30회

① 노동조합의 쟁의행위에 대한 방어적인 목적을 벗어나 적극적으로 노동조합의 조직력을 약화시키기 위한 목적 등을 갖는 공격적 직장폐쇄는 정당성이 인정될 수 없다.
② 적법하게 사업장을 점거 중인 근로자들이 사용자로부터 퇴거 요구를 받고도 이에 불응한 채 직장점거를 계속하면 직장폐쇄의 정당성 여부와 관계없이 퇴거불응죄가 성립한다.
③ 사용자는 노동조합이 쟁의행위를 개시한 이후에만 직장폐쇄를 할 수 있다.
④ 직장폐쇄를 할 경우 사용자는 미리 행정관청 및 노동위원회에 각각 신고하여야 한다.
⑤ 직장폐쇄가 정당한 쟁의행위로 인정되는 경우 사용자는 직장폐쇄 기간 동안의 대상근로자에 대한 임금지불의무를 면한다.

정답 03 ④ 04 ① 05 ②

해설 ① 사용자의 직장폐쇄가 근로자의 쟁의행위에 대한 방어적인 목적을 벗어나 적극적으로 노동조합의 조직력을 약화시키기 위한 목적 등을 갖는 **선제적, 공격적 직장폐쇄에 해당하는 경우, 정당한 쟁위행위로 인정될 수 없다**(대판 2003.6.13, 2003두1097).
② 사용자의 직장폐쇄가 정당한 쟁의행위로 인정되지 아니하는 때에는 적법한 쟁의행위로서 사업장을 점거 중인 근로자들이 직장폐쇄를 단행한 사용자로부터 퇴거 요구를 받고 이에 불응한 채 직장점거를 계속하더라도 퇴거불응죄가 성립하지 아니한다(대판 2007.12.28, 2007도5204).
③ 제46조 제1항
④ 제46조 제2항
⑤ 사용자의 직장폐쇄가 정당한 쟁의행위로 평가받기 위하여는 노사 간의 교섭태도, 경과, 근로자 측 쟁의행위의 태양, 그로 인하여 사용자 측이 받는 타격의 정도 등에 관한 구체적 사정에 비추어 형평의 견지에서 근로자 측의 쟁의행위에 대한 대항・방위 수단으로서 상당성이 인정되는 경우에 한한다 할 것이고, 그 직장폐쇄가 정당한 쟁의행위로 평가받을 때 비로소 사용자는 직장폐쇄 기간 동안의 대상 근로자에 대한 임금지불의무를 면한다(대판 2000.5.26, 98다34331).

06 노동조합 및 노동관계조정법령상 직장폐쇄에 관한 설명으로 옳지 않은 것은? (다툼이 있으면 판례에 따름)

▸ 공인노무사 제28회

① 직장폐쇄가 사용자의 정당한 쟁의행위로 인정되는 경우 사용자는 직장폐쇄 기간 동안 대상 근로자에 대한 임금지불의무를 면한다.
② 사용자의 직장폐쇄는 근로자의 쟁의행위에 대한 방어수단으로서 상당성이 있어야만 사용자의 정당한 쟁의행위로 인정할 수 있다.
③ 직장폐쇄의 개시 자체가 정당하면 근로자의 쟁의행위에 대한 방어적인 목적에서 벗어나 공격적 직장폐쇄의 성격으로 변질되었더라도 정당성이 상실되는 것은 아니다.
④ 헌법은 근로자의 쟁의권에 관하여는 이를 적극적으로 보장하는 명문의 규정을 두고 있는 반면 사용자의 쟁의권에 관하여는 이에 관한 명문의 규정을 두고 있지 않다.
⑤ 직장폐쇄가 정당한 쟁의행위로 평가받는 경우 사용자의 사업장에 대한 물권적 지배권이 전면적으로 회복되므로 사용자는 직장폐쇄의 효과로서 사업장의 출입을 제한할 수 있다.

해설 ①・② 대판 2000.5.26, 98다34331
③ 근로자의 쟁의행위 등 구체적인 사정에 비추어 직장폐쇄의 개시 자체는 정당하지만, 어느 시점 이후에 근로자가 쟁의행위를 중단하고 진정으로 업무에 복귀할 의사를 표시하였음에도 사용자가 직장폐쇄를 계속 유지하면서 근로자의 쟁의행위에 대한 방어적인 목적에서 벗어나 적극적으로 노동조합의 조직력을 약화시키기 위한 목적 등을 갖는 공격적 직장폐쇄의 성격으로 변질된 경우에는 그 이후의 직장폐쇄는 정당성을 상실하고, 이에 따라 사용자는 그 기간 동안의 임금지불의무를 면할 수 없다(대판 2016.5.24, 2012다85335).
④ 우리 헌법과 노동관계법은 근로자의 쟁의권에 관하여는 이를 적극적으로 보장하는 명문의 규정을 두고 있는 반면 사용자의 쟁의권에 관하여는 이에 관한 명문의 규정을 두고 있지 않은바, 이것은 일반 시민법에 의하여 압력행사 수단을 크게 제약받고 있어 사용자에 대한 관계에서 현저히

불리할 수밖에 없는 입장에 있는 근로자를 그러한 제약으로부터 해방시켜 노사대등을 촉진하고 확보하기 위함이므로, 일반적으로는 힘에서 우위에 있는 사용자에게 쟁의권을 인정할 필요는 없다 할 것이나, 개개의 구체적인 노동쟁의의 장에서 근로자 측의 쟁의행위로 노사 간에 힘의 균형이 깨지고 오히려 사용자 측이 현저히 불리한 압력을 받는 경우에는 사용자측에게 그 압력을 저지하고 힘의 균형을 회복하기 위한 대항・방위 수단으로 쟁의권을 인정하는 것이 형평의 원칙에 맞는다 할 것이고…(대판 2000.5.26, 98다34331).

⑤ 사용자의 직장폐쇄는 사용자와 근로자의 교섭태도와 교섭과정, 근로자의 쟁의행위의 목적과 방법 및 그로 인하여 사용자가 받는 타격의 정도 등 구체적인 사정에 비추어 쟁의행위에 대한 방어수단으로서 상당성이 있어야만 사용자의 정당한 쟁의행위로 인정될 수 있고, 직장폐쇄가 정당한 쟁의행위로 평가받는 경우 사용자의 사업장에 대한 물권적 지배권이 전면적으로 회복되므로 사용자는 직장폐쇄의 효과로서 사업장의 출입을 제한할 수 있다고 할 것이다(대판 2010.6.10, 2009도121800).

07 노동조합 및 노동관계조정법령상 직장폐쇄에 관한 설명으로 옳지 않은 것은? (다툼이 있으면 판례에 따름)

▸공인노무사 제25회

① 사용자는 노동조합이 쟁의행위를 개시하기 이전이라도 직장폐쇄를 할 수 있다.

② 사용자는 직장폐쇄를 할 경우에는 미리 행정관청 및 노동위원회에 각각 신고하여야 한다.

③ 직장폐쇄가 정당한 쟁의행위로 평가받을 때 사용자는 직장폐쇄 기간 동안의 대상 근로자에 대한 임금지불의무를 면한다.

④ 근로자들의 직장점거가 개시 당시 적법한 것이었다 하더라도 이에 대응하여 적법하게 직장폐쇄를 단행한 사용자로부터 퇴거요구를 받고도 불응한 채 직장점거를 계속한 행위는 퇴거불응죄를 구성한다.

⑤ 사용자의 직장폐쇄는 사용자와 근로자의 교섭태도와 교섭과정, 근로자의 쟁의행위의 목적과 방법 및 그로 인하여 사용자가 받는 타격의 정도 등 구체적인 사정에 비추어 근로자의 쟁의행위에 대한 방어수단으로서 상당성이 있어야만 정당성이 인정될 수 있다.

해설 ① 사용자는 노동조합이 쟁의행위를 개시한 이후에만 직장폐쇄를 할 수 있다(제46조 제1항).

② 제46조 제2항

③ 대판 2010.1.28, 2007다76566

④ 근로자들의 직장점거가 개시 당시 적법한 것이었다 하더라도 사용자가 이에 대응하여 적법하게 직장폐쇄를 하게 되면, 사용자의 사업장에 대한 물권적 지배권이 전면적으로 회복되는 결과 사용자는 점거 중인 근로자들에 대하여 정당하게 사업장으로부터 퇴거를 요구할 수 있고 퇴거를 요구받은 이후의 직장점거는 위법하게 되므로, 적법히 직장폐쇄를 단행한 사용자로부터 퇴거요구를 받고도 불응한 채 직장점거를 계속한 행위는 퇴거불응죄를 구성한다(대판 1991.8.13, 91도1324).

⑤ 대판 2010.6.10, 2009도121800

정답 06 ③ 07 ①

08 **노동조합 및 노동관계조정법령상 노동조합이 쟁의행위를 하고자 할 경우에 행정관청과 관할 노동위원회에 신고하여야 할 사항이 아닌 것은?**

▸ 공인노무사 제31회

① 쟁의행위의 목적
② 쟁의행위의 일시
③ 쟁의행위의 장소
④ 쟁의행위의 참가인원
⑤ 쟁의행위의 방법

해설 노동조합은 쟁의행위를 하고자 할 경우에는 고용노동부령이 정하는 바에 따라 행정관청과 관할 노동위원회에 쟁의행위의 일시·장소·참가인원 및 그 방법을 미리 서면으로 신고하여야 한다(시행령 제17조).

09 **노동조합 및 노동관계조정법령상 쟁의행위에 관한 설명으로 옳지 않은 것은?**

▸ 공인노무사 제33회

① 작업시설의 손상이나 원료·제품의 변질 또는 부패를 방지하기 위한 작업은 쟁의행위 기간 중에도 정상적으로 수행되어야 한다.
② 행정관청은 쟁의행위가 그 쟁의행위와 관계없는 자의 정상적인 업무를 방해하는 방법으로 행하여지는 경우 즉시 관할 노동위원회에 신고하여야 한다.
③ 쟁의행위는 근로를 제공하고자 하는 자의 출입·조업을 방해하는 방법으로 행하여져서는 아니 된다.
④ 근로자는 쟁의행위 기간 중에는 현행범 외에는 노동조합 및 노동관계조정법 위반을 이유로 구속되지 아니한다.
⑤ 사용자는 노동조합이 쟁의행위를 개시한 이후에만 직장폐쇄를 할 수 있다.

해설 ① 제38조 제2항
② 사용자는 쟁의행위가 법 제38조 제1항·제2항, 제42조 제1항 또는 제2항에 위반되는 경우에는 즉시 그 상황을 행정관청과 관할 노동위원회에 신고하여야 한다(시행령 제18조 제1항).
③ 제38조 제1항
④ 제39조
⑤ 제46조 제1항

10 노동조합 및 노동관계조정법상 쟁의행위에 관한 설명으로 옳지 않은 것은?

▸ 공인노무사 제33회

① 노동조합은 쟁의행위 기간에 대한 임금의 지급을 요구하여 이를 관철할 목적으로 쟁의행위를 하여서는 아니 된다.

② 「방위사업법」에 의하여 지정된 주요방위산업체에 종사하는 근로자 중 전력, 용수 및 주로 방산물자를 생산하는 업무에 종사하는 자는 쟁의행위를 할 수 없다.

③ 쟁의행위는 생산 기타 주요업무에 관련되는 시설과 이에 준하는 시설로서 대통령령이 정하는 시설을 점거하는 형태로 이를 행할 수 없다.

④ 노동관계 당사자는 노동쟁의가 발생한 때에는 어느 일방이 이를 상대방에게 서면으로 통보하여야 한다.

⑤ 노동위원회는 쟁의행위가 안전보호시설에 대하여 정상적인 유지·운영을 정지·폐지 또는 방해하는 행위에 해당한다고 인정하는 경우에는 그 행위를 중지할 것을 통보하여야 한다.

해설 ① 제44조 제2항
② 제41조 제2항
③ 제42조 제1항
④ 제45조 제1항
⑤ 사업장의 안전보호시설에 대하여 정상적인 유지·운영을 정지·폐지 또는 방해하는 행위는 쟁의행위로서 이를 행할 수 없다(제42조 제2항). 행정관청은 쟁의행위가 제42조 제2항의 행위에 해당한다고 인정하는 경우에는 노동위원회의 의결을 얻어 그 행위를 중지할 것을 통보하여야 한다. 다만, 사태가 급박하여 노동위원회의 의결을 얻을 시간적 여유가 없을 때에는 그 의결을 얻지 아니하고 즉시 그 행위를 중지할 것을 통보할 수 있다(제42조 제3항).

11 노동조합 및 노동관계조정법상 쟁의행위에 관한 설명으로 옳지 않은 것은? (다툼이 있으면 판례에 따름)

▸ 공인노무사 제32회

① 조합원은 노동조합에 의하여 주도되지 아니한 쟁의행위를 하여서는 아니 된다.

② 노동조합은 쟁의행위가 적법하게 수행될 수 있도록 지도·관리·통제할 책임이 있다.

③ 조합원의 민주적 의사결정이 실질적으로 확보된 때에는 쟁의행위 찬반투표절차를 거치지 아니하였다는 사정만으로 쟁의행위의 정당성이 상실되지 아니한다.

④ 사용자는 노동조합이 쟁의행위를 개시한 이후에만 직장폐쇄를 할 수 있다.

⑤ 노동조합은 쟁의행위 기간에 대한 임금의 지급을 요구하여 이를 관철할 목적으로 쟁의행위를 하여서는 아니 된다.

정답 08 ① 09 ② 10 ⑤ 11 ③

해설 ① 제37조 제2항
② 제38조 제3항
③ 쟁의행위를 함에 있어 조합원의 직접 · 비밀 · 무기명투표에 의한 찬성결정이라는 절차를 거쳐야 한다는 노조법 제41조 제1항의 규정은 노동조합의 자주적이고 민주적인 운영을 도모함과 아울러 쟁의행위에 참가한 근로자들이 사후에 그 쟁의행위의 정당성 유무와 관련하여 어떠한 불이익을 당하지 않도록 그 개시에 관한 조합의사의 결정에 보다 신중을 기하기 위하여 마련된 규정이므로 위의 절차를 위반한 쟁의행위는 그 절차를 따를 수 없는 객관적인 사정이 인정되지 아니하는 한 정당성이 상실된다(대판 2001.10.25, 99도4837).
④ 제46조 제1항
⑤ 제44조 제2항

12 **노동조합 및 노동관계조정법령상 쟁의행위에 관한 설명으로 옳지 않은 것은? (다툼이 있으면 판례에 따름)**

▸ 공인노무사 제32회

① 노동조합은 사용자의 점유를 배제하여 조업을 방해하는 형태로 쟁의행위를 해서는 아니 된다.
② 쟁의행위가 사업장의 안전보호시설에 대하여 정상적인 운영을 방해하는 행위로 행하여지는 경우에 사용자가 행정관청과 관할 노동위원회에 하여야 할 신고는 전화로도 가능하다.
③ 피케팅은 파업에 가담하지 않고 조업을 계속하려는 자에 대하여 평화적 설득, 구두와 문서에 의한 언어적 설득의 범위 내에서 정당성이 인정되는 것이 원칙이고, 위력에 의한 물리적 강제는 정당화될 수 없다.
④ 사업장의 안전보호시설의 정상적인 유지 · 운영을 정지하는 쟁의행위에 대하여 노동위원회는 그 의결로 쟁의행위의 중지를 통보하여야 한다.
⑤ 「방위사업법」에 의하여 지정된 주요방위산업체에 종사하는 근로자 중 방산물자의 완성에 필요한 정비 업무에 종사하는 자는 쟁의행위를 할 수 없다.

해설 ① 제37조 제3항
② 사용자는 쟁의행위가 법 제38조 제1항 · 제2항, 제42조 제1항 또는 제2항에 위반되는 경우에는 즉시 그 상황을 행정관청과 관할 노동위원회에 신고하여야 한다(시행령 제18조 제1항). 제1항의 규정에 의한 신고는 서면 · 구두 또는 전화 기타의 적당한 방법으로 하여야 한다(제2항).
③ 피켓팅은 파업에 가담하지 않고 조업을 계속하려는 자에 대하여 평화적 설득, 구두와 문서에 의한 언어적 설득의 범위 내에서 정당성이 인정되는 것이 원칙이고, 폭행 · 협박 또는 위력에 의한 실력적 저지나 물리적 강제는 정당화될 수 없다(대판 1992.7.14, 91다43800).

④ 행정관청은 쟁의행위가 사업장의 안전보호시설의 정상적인 유지・운영을 정지하는 행위(제42조 제2항)에 해당한다고 인정하는 경우에는 노동위원회의 의결을 얻어 그 행위를 중지할 것을 통보하여야 한다. 다만, 사태가 급박하여 노동위원회의 의결을 얻을 시간적 여유가 없을 때에는 그 의결을 얻지 아니하고 즉시 그 행위를 중지할 것을 통보할 수 있다(제42조 제3항).

⑤ 「방위사업법」에 의하여 지정된 주요방위산업체에 종사하는 근로자 중 전력, 용수 및 주로 방산물자를 생산하는 업무에 종사하는 자는 쟁의행위를 할 수 없으며 주로 방산물자를 생산하는 업무에 종사하는 자의 범위는 대통령령으로 정한다(제41조 제2항). 법 제41조 제2항에서 "주로 방산물자를 생산하는 업무에 종사하는 자"라 함은 방산물자의 완성에 필요한 제조・가공・조립・정비・재생・개량・성능검사・열처리・도장・가스취급 등의 업무에 종사하는 자를 말한다(시행령 제20조).

13 노동조합 및 노동관계조정법상 쟁의행위에 관한 설명으로 옳은 것은? ▸ 공인노무사 제31회

① 근로자는 쟁의행위 기간 중에는 어떠한 경우라도 노동조합 및 노동관계조정법 위반을 이유로 구속되지 아니한다.

② 노동조합의 쟁의행위는 직접・비밀・무기명투표에 의한 종사근로자인 조합원 과반수의 찬성으로 결정하지 아니하면 이를 행할 수 없다.

③ 노동조합은 쟁의행위의 본질상 사용자의 점유를 배제하여 조업을 방해하는 형태로 쟁의행위를 할 수 있다.

④ 노동조합은 쟁의행위 기간에 대한 임금의 지급을 요구하여 이를 관철할 목적으로 쟁의행위를 할 수 있다.

⑤ 필수공익사업의 사용자는 쟁의행위 기간 중 그 쟁의행위로 중단된 업무의 수행을 위하여 당해 사업과 관계없는 자를 채용 또는 대체할 수 없다.

해설 ① 근로자는 쟁의행위 기간 중에는 현행범 외에는 이 법 위반을 이유로 구속되지 아니한다(제39조).

② 제41조 제1항

③ 노동조합은 사용자의 점유를 배제하여 조업을 방해하는 형태로 쟁의행위를 해서는 아니 된다(제37조 제3항).

④ 노동조합은 쟁의행위 기간에 대한 임금의 지급을 요구하여 이를 관철할 목적으로 쟁의행위를 하여서는 아니 된다(제44조 제2항).

⑤ 제43조 제1항 및 제2항의 규정은 필수공익사업의 사용자가 쟁의행위 기간 중에 한하여 당해 사업과 관계없는 자를 채용 또는 대체하거나 그 업무를 도급 또는 하도급 주는 경우에는 적용하지 아니한다(제43조 제3항).

정답 12 ④ 13 ②

14 **노동조합 및 노동관계조정법상 쟁의행위에 관한 설명으로 옳지 않은 것은? (다툼이 있으면 판례에 따름)** ▸ 공인노무사 제31회

① 근로자의 쟁의행위가 정당한 것으로 인정받기 위해서는 그 목적이 근로조건의 향상을 위한 노사 간의 자치적 교섭을 조성하는 데에 있어야 한다.

② 노동조합 및 노동관계조정법상 적법한 절차를 거친 후 이루어진 쟁의행위에 대하여 쟁의발생 신고절차의 미준수만을 이유로 그 정당성을 부정할 수는 없다.

③ 쟁의행위 수단으로서 피케팅은 파업에 가담하지 않고 조업을 계속하려는 자에 대하여 평화적 설득, 구두와 문서에 의한 언어적 설득의 범위 내에서 정당성이 인정되는 것이 원칙이다.

④ 쟁의행위가 조정전치의 규정에 따른 절차를 거치지 않았더라도 무조건 정당성을 결여한 쟁의행위가 되는 것은 아니다.

⑤ 노동조합이 사용자가 수용할 수 없는 과다한 요구를 하였다면 그 쟁의행위의 목적의 정당성은 부정된다.

해설 ① 대판 2003.12.26, 2003두8906

② 노동조합 및 노동관계조정법 시행령 제17조에서 규정하고 있는 쟁의행위의 일시・장소・참가인원 및 그 방법에 관한 서면신고의무는 쟁의행위를 함에 있어 그 세부적・형식적 절차를 규정한 것으로서 쟁의행위에 적법성을 부여하기 위하여 필요한 본질적인 요소는 아니므로, 신고절차의 미준수만을 이유로 쟁의행위의 정당성을 부정할 수는 없다(대판 2007.12.28, 2007도5204).

③ 대판 1992.7.14, 91다43800

④ 대판 2020.10.15, 2019두40345

⑤ 노동조합이 회사로서는 수용할 수 없는 요구를 하고 있었다고 하더라도 이는 단체교섭의 단계에서 조정할 문제이지 노동조합 측으로부터 과다한 요구가 있었다고 하여 막바로 그 쟁의행위의 목적이 부당한 것이라고 해석할 수는 없다(대판 1992.1.21, 91누5204).

15 **노동조합 및 노동관계조정법령상 쟁의행위에 관한 설명으로 옳지 않은 것은?**

▸ 공인노무사 제30회

① 「방위사업법」에 의하여 지정된 주요방위산업체에 종사하는 근로자 중 방산물자의 완성에 필요한 개량 업무에 종사하는 자는 쟁의행위를 할 수 없다.

② 근로자는 쟁의행위 기간 중에는 현행범 외에는 노동조합 및 노동관계조정법 위반을 이유로 구속되지 아니한다.

③ 교섭대표노동조합이 결정된 경우에는 그 절차에 참여한 노동조합의 전체 조합원(해당 사업 또는 사업장 소속 조합원으로 한정한다)의 직접・비밀・무기명투표에 의한 과반수의 찬성으로 결정하지 아니하면 쟁의행위를 할 수 없다.

④ 필수공익사업의 사용자라 하더라도 쟁의행위 기간 중에 그 쟁의행위로 중단된 업무를 도급 줄 수 없다.

⑤ 쟁의행위는 그 쟁의행위와 관계없는 자 또는 근로를 제공하고자 하는 자의 출입・조업 기타 정상적인 업무를 방해하는 방법으로 행하여져서는 아니 된다.

해설 ① 제41조 제2항

- **시행령 제20조(방산물자 생산업무 종사자의 범위)** 법 제41조 제2항에서 "주로 방산물자를 생산하는 업무에 종사하는 자"라 함은 방산물자의 완성에 필요한 제조・가공・조립・정비・재생・개량・성능 검사・열처리・도장・가스취급 등의 업무에 종사하는 자를 말한다.

② 제39조

③ 노동조합의 쟁의행위는 그 조합원(제29조의2에 따라 교섭대표노동조합이 결정된 경우에는 그 절차에 참여한 노동조합의 전체 조합원)의 직접・비밀・무기명투표에 의한 조합원 과반수의 찬성으로 결정하지 아니하면 이를 행할 수 없다. 이 경우 조합원 수 산정은 종사근로자인 조합원을 기준으로 한다(제41조 제1항).

④ 필수공익사업의 사용자는 당해 사업 또는 사업장 파업참가자의 100분의 50을 초과하지 않는 범위 안에서 채용 또는 대체하거나 도급 또는 하도급 줄 수 있다(제43조 제4항).

⑤ 제38조 제1항

정답 14 ⑤ 15 ④

16 노동조합 및 노동관계조정법상 쟁의행위에 관한 설명으로 옳지 않은 것은? (다툼이 있으면 판례에 따름)

▸ 공인노무사 제29회

① 직장폐쇄는 사용자의 쟁의행위로서 노동조합이 쟁의행위를 개시하기 전에도 직장폐쇄를 할 수 있다.

② 노동조합은 쟁의행위 기간에 대한 임금의 지급을 요구하여 이를 관철할 목적으로 쟁의행위를 하여서는 아니 된다.

③ 근로자가 쟁의행위를 중단하고 진정으로 업무에 복귀할 의사를 표시하였음에도 사용자가 직장폐쇄를 계속 유지하면서 근로자의 쟁의행위에 대한 방어적인 목적에서 벗어나 공격적 직장폐쇄의 성격으로 변질된 경우에는 그 이후의 직장폐쇄는 정당성을 상실한다.

④ 사용자는 쟁의행위에 참가하여 근로를 제공하지 아니한 근로자에 대하여는 그 기간 중의 임금을 지급할 의무가 없다.

⑤ 쟁의행위는 그 조합원의 직접 · 비밀 · 무기명투표에 의한 조합원 과반수의 찬성으로 결정하지 아니하면 이를 행할 수 없다.

해설 ① 사용자는 노동조합이 쟁의행위를 개시한 이후에만 직장폐쇄를 할 수 있다(제46조 제1항).

② 제44조 제2항

③ 근로자의 쟁의행위 등 구체적인 사정에 비추어 직장폐쇄의 개시 자체는 정당하지만, 어느 시점 이후 에 근로자가 쟁의행위를 중단하고 진정으로 업무에 복귀할 의사를 표시하였음에도 사용자가 직장폐쇄를 계속 유지하면서 근로자의 쟁의행위에 대한 방어적인 목적에서 벗어나 적극적으로 노동조합의 조직력을 약화시키기 위한 목적 등을 갖는 공격적 직장폐쇄의 성격으로 변질된 경우에는 그 이후의 직장폐쇄는 정당성을 상실하고, 이에 따라 사용자는 그 기간 동안의 임금지불의무를 면할 수 없다(대판 2016.5.24, 2012다85335).

④ 제44조 제1항

⑤ 제41조 제1항

17 노동조합 및 노동관계조정법령상 쟁의행위에 관한 설명으로 옳지 않은 것은?

▸ 공인노무사 제28회

① 근로자는 쟁의행위 기간 중에는 현행범 외에는 노동조합 및 노동관계조정법 위반을 이유로 구속되지 아니한다.

② 방위사업법에 의하여 지정된 주요방위산업체에 종사하는 근로자 중 전력, 용수 및 주로 방산물자를 생산하는 업무에 종사하는 자는 쟁의행위를 할 수 없다.

③ 작업시설의 손상이나 원료 · 제품의 변질 또는 부패를 방지하기 위한 작업은 쟁의행위 기간 중에도 정상적으로 수행되어야 한다.

④ 노동조합은 쟁의행위가 적법하게 수행될 수 있도록 지도 · 관리 · 통제할 책임이 있다.

⑤ 노동조합의 쟁의행위는 그 조합원의 직접 · 비밀 · 무기명투표에 의한 조합원 3분의 2 이상의 찬성으로 결정하지 아니하면 이를 행할 수 없다.

해설 ① 제39조
② 제41조 제2항
③ 제38조 제2항
④ 제38조 제3항
⑤ 노동조합의 쟁의행위는 그 조합원(제29조의2에 따라 교섭대표노동조합이 결정된 경우에는 그 절차에 참여한 노동조합의 전체 조합원)의 직접·비밀·무기명투표에 의한 조합원 과반수의 찬성으로 결정하지 아니하면 이를 행할 수 없다. 이 경우 조합원 수 산정은 종사근로자인 조합원을 기준으로 한다(제41조 제1항).

18 **노동조합 및 노동관계조정법령상 쟁의행위에 관한 설명으로 옳지 않은 것은?**

▸ 공인노무사 제27회

① 교섭대표노동조합이 결정된 경우에는 교섭대표노동조합의 전체 조합원의 직접·비밀·무기명투표에 의한 과반수의 찬성으로 결정하지 아니하면 쟁의행위를 할 수 없다.
② 쟁의행위는 생산 기타 주요업무에 관련되는 시설과 이에 준하는 시설로서 대통령령이 정하는 시설을 점거하는 형태로 이를 행할 수 없다.
③ 사업장의 안전보호시설에 대하여 정상적인 유지·운영을 방해하는 행위는 쟁의행위로서 이를 행할 수 없다.
④ 사용자는 쟁의행위에 참가하여 근로를 제공하지 아니한 근로자에 대하여는 그 기간 중의 임금을 지급할 의무가 없다.
⑤ 노동조합은 쟁의행위 기간에 대한 임금의 지급을 요구하여 이를 관철할 목적으로 쟁의행위를 하여서는 아니 된다.

해설 ① 노동조합의 쟁의행위는 그 조합원(제29조의2에 따라 교섭대표노동조합이 결정된 경우에는 그 절차에 참여한 노동조합의 전체 조합원)의 직접·비밀·무기명투표에 의한 조합원 과반수의 찬성으로 결정하지 아니하면 이를 행할 수 없다. 이 경우 조합원 수 산정은 종사근로자인 조합원을 기준으로 한다(제41조 제1항).
② 제42조 제1항
③ 제42조 제2항
④ 제44조 제1항
⑤ 제44조 제2항

정답 16 ① 17 ⑤ 18 ①

19 **노동조합 및 노동관계조정법령상 쟁의행위에 관한 설명으로 옳지 않은 것은? (다툼이 있으면 판례에 따름)** ▸공인노무사 제25회

① 쟁의행위는 그 쟁의행위와 관계없는 자 또는 근로를 제공하고자 하는 자의 출입・조업 기타 정상적인 업무를 방해하는 방법으로 행하여져서는 아니 된다.

② 단체협약이 새로 체결된 직후부터 뚜렷한 무효사유를 내세우지도 아니한 채 단체협약의 전면 무효화를 주장하면서 평화의무에 위반되는 쟁의행위를 행하는 것은 이미 노동조합 활동으로서의 정당성을 결여한 것이다.

③ 임금인상 주장을 관철하기 위하여 종래 통상적으로 실시해 오던 휴일근무를 집단적으로 거부하여 회사업무의 정상적인 운영을 저해하더라도 이는 쟁의행위에 해당하지 않는다.

④ 불법쟁의행위에 대한 귀책사유가 있는 노동조합이나 불법 쟁의행위를 기획・지시・지도하는 등 이를 주도한 노동조합 간부 개인이 그 배상책임을 지는 배상액의 범위는 불법 쟁의행위와 상당인과관계에 있는 모든 손해이다.

⑤ 직장 또는 사업장시설을 전면적, 배타적으로 점거하여 조합원 이외의 자의 출입을 저지하거나 사용자 측의 관리지배를 배제하여 업무의 중단 또는 혼란을 야기케 하는 것과 같은 행위는 정당한 쟁의행위로 볼 수 없다.

해설 ① 제38조 제1항

② 단체협약의 당사자인 노동조합은 단체협약의 유효기간 중에 단체협약에서 정한 근로조건 등에 관한 내용의 변경이나 폐지를 요구하는 쟁의행위를 행하지 아니하여야 함은 물론, 조합원들에 대하여도 통제력을 행사하여 그와 같은 쟁의행위를 행하지 못하게 방지하여야 할 이른바 평화의무를 지고 있다고 할 것인바, 이와 같은 평화의무가 노사관계의 안정과 단체협약의 질서 형성적 기능을 담보하는 것인 점에 비추어 보면, 단체협약이 새로 체결된 직후부터 뚜렷한 무효사유를 내세우지도 아니한 채 단체협약의 전면무효화를 주장하면서 평화의무에 위반되는 쟁의행위를 행하는 것은 이미 노동조합활동으로서의 정당성을 결여한 것이라고 하지 아니할 수 없다(대판 1992.9.1, 92누7733).

③ 노사 간에 체결된 단체협약에 작업상 부득이한 사정이 있거나 생산계획상 차질이 있는 등 업무상 필요가 있을 때에는 사용자인 회사가 휴일근로를 시킬 수 있도록 정하여져 있어서, 회사가 이에 따라 관행적으로 휴일근로를 시켜 왔음에도 불구하고, 근로자들이 자신들의 주장을 관철할 목적으로 정당한 이유도 없이 집단적으로 회사가 지시한 휴일근로를 거부한 것은, 회사업무의 정상적인 운영을 저해하는 것으로서 노동쟁의조정법 제3조 소정의 쟁의행위에 해당한다고 할 것이다(대판 1991.7.9, 91도1051).

④ 불법쟁의행위에 대한 귀책사유가 있는 노동조합이나 불법쟁의행위를 기획・지시・지도하는 등 이를 주도한 노동조합 간부 개인이 그 배상책임을 지는 배상액의 범위는 불법쟁의행위와 상당인과관계에 있는 모든 손해이고……(대판 2006.9.22, 2005다30610).

⑤ 직장 또는 사업장시설의 점거는 적극적인 쟁의행위의 한 형태로서 그 점거의 범위가 직장 또는 사업장시설의 일부분이고 사용자측의 출입이나 관리지배를 배제하지 않는 병존적인 점거에 지나지 않을 때에는 정당한 쟁의행위로 볼 수 있으나, 이와 달리 직장 또는 사업장시설을 **전면적, 배타적으로 점거**하여 조합원 이외의 자의 출입을 저지하거나 사용자측의 관리지배를 배제하여 업무의 중단 또는 혼란을 야기케 하는 것과 같은 행위는 이미 **정당성의 한계를 벗어난 것**이라고 볼 수밖에 없다(대판 2007.12.28, 2007도5204).

20 노동조합 및 노동관계조정법령에 관한 설명으로 옳은 것은 모두 몇 개인가? (다툼이 있으면 판례에 따름)

▸ 공인노무사 제26회

> • 조합원은 노동조합이 주도하지 않더라도 쟁의행위를 할 수 있다.
> • 근로자는 쟁의행위 기간 중에는 현행범 외에는 「노동조합 및 노동관계조정법」 위반을 이유로 구속되지 아니한다.
> • 노동조합이 사업장의 안전보호시설의 정상적인 운영을 정지하는 쟁의행위를 하는 경우 사태가 급박하지 않더라도 행정관청은 직권으로 그 행위를 중지할 것을 통보할 수 있다.
> • 파업기간 중 파업참가자에게 임금을 지급하기로 한 단체협약상의 규정이 있더라도 사용자는 파업참가자에게 임금지급의무가 없다.
> • 「방위사업법」에 의하여 지정된 주요방위산업체에 종사하는 모든 근로자는 쟁의행위를 할 수 없다.
> • 노동조합은 사용자의 점유를 배제하여 조업을 방해하는 형태로 쟁의행위를 해서는 아니된다.

① 1개 ② 2개
③ 3개 ④ 4개
⑤ 5개

해설
• 조합원은 노동조합에 의하여 주도되지 아니한 쟁의행위를 하여서는 아니 된다(제37조 제2항).
• 근로자는 쟁의행위 기간 중에는 현행범 외에는 이 법 위반을 이유로 구속되지 아니한다(제39조).
• 행정관청은 쟁의행위가 제42조 제2항의 행위에 해당한다고 인정하는 경우에는 노동위원회의 의결을 얻어 그 행위를 중지할 것을 통보하여야 한다. 다만, 사태가 급박하여 노동위원회의 의결을 얻을 시간적 여유가 없을 때에는 그 의결을 얻지 아니하고 즉시 그 행위를 중지할 것을 통보할 수 있다(제42조 제3항).
• 파업기간 중 임금을 지급할 의무가 없지만(제44조 제1항) 임금을 임의로 지급하는 것을 금지하지는 않는다.
• 「방위사업법」에 의하여 지정된 주요방위산업체에 종사하는 근로자 중 전력, 용수 및 주로 방산물자를 생산하는 업무에 종사하는 자는 쟁의행위를 할 수 없으며 주로 방산물자를 생산하는 업무에 종사하는 자의 범위는 대통령령으로 정한다(제41조 제2항).
• 노동조합은 사용자의 점유를 배제하여 조업을 방해하는 형태로 쟁의행위를 해서는 아니 된다(제37조 제3항).

정답 19 ③ 20 ②

21 **노동조합 및 노동관계조정법령상 쟁의행위에 관한 설명으로 옳지 않은 것은? (다툼이 있으면 판례에 따름)**

▸ 공인노무사 제25회

① 단체협약의 내용 중 쟁의행위에 관한 사항을 위반한 자는 1천만원 이하의 벌금에 처한다.

② 노동조합은 규약에 쟁의행위와 관련된 찬반투표 결과의 공개, 투표자 명부 및 투표용지 등의 보존 · 열람에 관한 사항을 기재하여야 한다.

③ 단순히 노동조합이 사용자에게 다소 무리한 임금인상을 요구함으로써 분쟁이 발생하였고, 노동조합의 쟁의행위 결과 사용자의 정상적인 업무수행이 저해되었다면, 노동조합의 쟁의행위는 그것만으로 정당성이 결여된다.

④ 교섭대표노동조합이 결정된 경우에는 교섭창구 단일화 절차에 참여한 노동조합의 전체 조합원(해당 사업 또는 사업장 소속 조합원으로 한정한다)의 직접 · 비밀 · 무기명투표에 의한 과반수의 찬성으로 결정하지 아니하면 쟁의행위를 할 수 없다.

⑤ 하나의 쟁의행위에서 추구되는 목적이 여러 가지이고 그중 일부가 정당하지 못한 경우에는 주된 목적 내지 진정한 목적의 당부에 의하여 그 쟁의목적의 당부를 판단하여야 한다.

해설 ① 제92조

> 제92조(벌칙)
> 다음 각 호의 1에 해당하는 자는 1천만원 이하의 벌금에 처한다.
> 1. 삭제
> 2. 제31조 제1항의 규정에 의하여 체결된 단체협약의 내용 중 다음 각목의 1에 해당하는 사항을 위반한 자
> 가. 임금 · 복리후생비, 퇴직금에 관한 사항
> 나. 근로 및 휴게시간, 휴일, 휴가에 관한 사항
> 다. 징계 및 해고의 사유와 중요한 절차에 관한 사항
> 라. 안전보건 및 재해부조에 관한 사항
> 마. 시설 · 편의제공 및 근무시간 중 회의참석에 관한 사항
> 바. 쟁의행위에 관한 사항

② 제11조 제12호

③ 노동조합이 회사로서는 수용할 수 없는 요구를 하고 있었다고 하더라도 이는 단체교섭의 단계에서 조정할 문제이지 노동조합 측으로부터 과다한 요구가 있었다고 하여 막바로 그 쟁의행위의 목적이 부당한 것이라고 해석할 수는 없다(대판 1992.1.21, 91누5204).

④ 노동조합의 쟁의행위는 그 조합원의 직접 · 비밀 · 무기명투표에 의한 조합원 과반수의 찬성으로 결정하지 아니하면 이를 행할 수 없다. 제29조의2에 따라 교섭대표노동조합이 결정된 경우에는 그 절차에 참여한 노동조합의 전체 조합원(해당 사업 또는 사업장 소속 조합원으로 한정한다)의 직접 · 비밀 · 무기명투표에 의한 과반수의 찬성으로 결정하지 아니하면 쟁의행위를 할 수 없다(제41조 제1항).

⑤ 쟁의행위에서 추구하는 목적이 여러 가지이고 그중 일부가 정당하지 못한 경우에는 주된 목적 내지 진정한 목적의 당부에 의하여 그 쟁의목적의 당부를 판단하여야 하고, 부당한 요구사항을 제외하였다면 쟁의행위를 하지 않았을 것이라고 인정되는 경우에는 그 쟁의행위 전체가 정당성을 갖지 못한다고 보아야 한다(대판 2009.6.23, 2007두12859).

22 노동조합 및 노동관계조정법령상 점거가 금지되는 시설로 옳은 것을 모두 고른 것은?

▸ 공인노무사 제26회

ㄱ. 전기시설	ㄴ. 철도의 차량
ㄷ. 항행안전시설	ㄹ. 항공기

① ㄱ, ㄴ ② ㄷ, ㄹ ③ ㄱ, ㄴ, ㄷ
④ ㄴ, ㄷ, ㄹ ⑤ ㄱ, ㄴ, ㄷ, ㄹ

해설 시행령 제21조

법 제42조 제1항에서 "대통령령이 정하는 시설"이란 다음 각 호의 시설을 말한다.

1. 전기·전산 또는 통신시설
2. 철도(도시철도를 포함한다)의 차량 또는 선로
3. 건조·수리 또는 정박 중인 선박. 다만, 「선원법」에 의한 선원이 당해 선박에 승선하는 경우를 제외한다.
4. 항공기·항행안전시설 또는 항공기의 이·착륙이나 여객·화물의 운송을 위한 시설
5. 화약·폭약 등 폭발위험이 있는 물질 또는 「화학물질관리법」 제2조 제2호·제2호의2·제2호의3에 따른 인체급성유해성물질·인체만성유해성물질·생태유해성물질을 보관·저장하는 장소
6. 기타 점거될 경우 생산 기타 주요업무의 정지 또는 폐지를 가져오거나 공익상 중대한 위해를 초래할 우려가 있는 시설로서 고용노동부장관이 관계중앙행정기관의 장과 협의하여 정하는 시설

23 노동조합 및 노동관계조정법령상 쟁의행위의 절차에 관한 설명으로 옳지 않은 것은? (다툼이 있으면 판례에 따름)

▸ 공인노무사 제26회

① 노동조합의 쟁의행위는 그 조합원의 직접·비밀·무기명투표에 의한 조합원 과반수의 찬성으로 결정하지 아니하면 이를 행할 수 없다.

② 교섭대표노동조합이 결정된 경우에는 그 절차에 참여한 노동조합의 전체 조합원(해당 사업 또는 사업장 소속 조합원으로 한정)의 직접·비밀·무기명투표에 의한 과반수의 찬성으로 결정하지 아니하면 쟁의행위를 할 수 없다.

③ 업종별 노동조합의 경우에는 총파업이 아닌 이상 쟁의행위를 예정하고 있는 당해 지부나 분회소속 조합원의 과반수의 찬성이 있으면 쟁의행위는 절차적으로 적법하다.

④ 쟁의행위를 위한 찬반투표절차를 거치지 아니한 경우 조합원의 민주적 의사결정이 실질적으로 확보되었다고 볼 수 있는 때에는 그 절차를 따를 수 없는 객관적인 사정이 없더라도 그 쟁의행위는 정당성을 상실하지 않는다.

⑤ 근로자들이 찬반투표절차를 거쳐 정당한 쟁의행위를 개시한 후 쟁의사항과 밀접하게 관련된 새로운 쟁의사항이 부가된 경우에는, 근로자들이 새로이 부가된 사항에 대하여 쟁의행위를 위한 별도의 찬반투표절차를 거쳐야 할 의무가 있다고 할 수 없다.

정답 21 ③ 22 ⑤ 23 ④

해설 ①・② 제41조 제1항

③ 지역별・산업별・업종별 노동조합의 경우에는 총파업이 아닌 이상 쟁의행위를 예정하고 있는 당해 지부나 분회소속 조합원의 과반수의 찬성이 있으면 쟁의행위는 절차적으로 적법하다고 보아야 할 것이고, 쟁의행위와 무관한 지부나 분회의 조합원을 포함한 전체 조합원의 과반수 이상의 찬성을 요하는 것은 아니다(대판 2004.9.24, 2004도4641).

④ 직접・비밀・무기명투표에 의한 찬성절차는 노동조합의 자주적이고 민주적인 운영을 도모함과 아울러 쟁의행위에 참가한 근로자들이 사후에 어떠한 불이익을 당하지 않도록 그 개시에 관한 조합의사의 결정이 보다 신중을 기하기 위하여 마련된 규정이므로 그 절차를 따를 수 없는 객관적인 사정이 인정되지 아니하는 한 정당성을 인정받을 수 없다(대판 2001.10.25, 99도4837 전원합의체).

⑤ 근로조건에 관한 노동관계 당사자 간 주장의 불일치로 인하여 근로자들이 조정전치절차 및 찬반투표절차를 거쳐 정당한 쟁의행위를 개시한 후 쟁의사항과 밀접하게 관련된 새로운 쟁의사항이 부가된 경우에는, 근로자들이 새로이 부가된 사항에 대하여 쟁의행위를 위한 별도의 조정절차 및 찬반투표절차를 거쳐야 할 의무가 있다고 할 수 없다(대판 2012.1.27, 2009도8917).

24 노동조합 및 노동관계조정법령상 쟁의행위에 관한 설명으로 옳지 않은 것은?

▸ 공인노무사 제34회

① 노동조합은 쟁의행위를 하고자 할 경우에는 고용노동부령이 정하는 바에 따라 행정관청에 쟁의행위의 목적・일시・장소・참가인원 및 그 방법을 미리 서면으로 신고하여야 한다.

② 사용자는 쟁의행위가 근로를 제공하고자 하는 자의 출입을 방해하는 방법으로 행하여지는 경우에는 즉시 그 상황을 행정관청과 관할 노동위원회에 신고하여야 하며, 그 방법으로 구두 신고도 가능하다.

③ 노동조합의 쟁의행위는 조합원의 직접・비밀・무기명투표에 의한다.

④ 「방위사업법」에 의하여 지정된 주요방위산업체에 종사하는 근로자 중 방산물자의 완성에 필요한 정비업무에 종사하는 자는 쟁의행위를 할 수 없다.

⑤ 근로자는 쟁의행위 기간 중에는 현행범 외에는 이 법 위반을 이유로 구속되지 아니한다.

해설 ① 노동조합은 쟁의행위를 하고자 할 경우에는 고용노동부령이 정하는 바에 따라 행정관청과 관할 노동위원회에 쟁의행위의 일시・장소・참가인원 및 그 방법을 미리 서면으로 신고하여야 한다(시행령 제17조).

② 사용자는 쟁의행위가 법 제38조 제1항・제2항, 제42조 제1항 또는 제2항에 위반되는 경우에는 즉시 그 상황을 행정관청과 관할 노동위원회에 신고하여야 한다(시행령 제18조 제1항). 제1항의 규정에 의한 신고는 서면・구두 또는 전화 기타의 적당한 방법으로 하여야 한다(시행령 제18조 제2항).

③ 제41조 제1항

④ 「방위사업법」에 의하여 지정된 주요방위산업체에 종사하는 근로자 중 전력, 용수 및 주로 방산물자를 생산하는 업무에 종사하는 자는 쟁의행위를 할 수 없으며 주로 방산물자를 생산하는 업무에 종사하는 자의 범위는 대통령령으로 정한다(제41조 제2항). 법 제41조 제2항에서 "주로 방산물자를 생산하는 업무에 종사하는 자"라 함은 방산물자의 완성에 필요한 제조・가공・조립・정비・재생・개량・성능검사・열처리・도장・가스취급 등의 업무에 종사하는 자를 말한다(시행령 제20조).

⑤ 제39조

25 **노동조합 및 노동관계조정법령상 필수유지업무에 관한 설명으로 옳지 않은 것은?**

▸ 공인노무사 제33회

① 객실승무 업무는 항공운수사업의 필수유지업무에 해당한다.
② 필수유지업무의 정당한 유지·운영을 정지·폐지 또는 방해하는 쟁의행위는 할 수 없다.
③ 노동관계 당사자는 쟁의행위기간 동안 필수유지업무의 정당한 유지·운영을 위하여 필수유지업무협정을 쌍방이 서명 또는 날인하여 서면으로 체결하여야 한다.
④ 사용자는 필수유지업무협정이 체결된 경우 필수유지업무에 근무하는 조합원 중 쟁의행위 기간 동안 근무하여야 할 조합원을 노동위원회에 통보하여야 한다.
⑤ 노동관계 당사자가 필수유지업무 유지·운영 수준, 대상직무 및 필요인원 등의 결정을 신청하면 관할 노동위원회는 지체 없이 그 신청에 대한 결정을 위한 특별조정위원회를 구성하여야 한다.

해설 ① 시행령 제22조의2 별표1
② 제42조의2 제2항
③ 제42조의3
④ 노동조합은 필수유지업무협정이 체결되거나 제42조의4 제2항의 규정에 따른 노동위원회의 결정이 있는 경우 사용자에게 필수유지업무에 근무하는 조합원 중 쟁의행위기간 동안 근무하여야 할 조합원을 통보하여야 하며, 사용자는 이에 따라 근로자를 지명하고 이를 노동조합과 그 근로자에게 통보하여야 한다. 다만, 노동조합이 쟁의행위 개시 전까지 이를 통보하지 아니한 경우에는 사용자가 필수유지업무에 근무하여야 할 근로자를 지명하고 이를 노동조합과 그 근로자에게 통보하여야 한다(제42조의6 제1항).
⑤ 시행령 제22조의3 제1항

26 **노동조합 및 노동관계조정법령상 필수유지업무 및 필수유지업무협정 등에 관한 설명으로 옳지 않은 것은?**

▸ 공인노무사 제32회

① 철도 차량 운행에 필요한 통신시설을 유지·관리하는 업무는 철도사업의 필수유지업무에 해당한다.
② 필수유지업무협정은 노동관계 당사자가 서면으로 체결하여야 하고, 쌍방이 서명 또는 날인하여야 한다.
③ 노동관계 당사자 쌍방 또는 일방은 필수유지업무협정이 체결되지 아니하는 때에는 노동위회에 필수유지업무의 대상직무 등의 결정을 신청하여야 한다.
④ 노동관계 당사자가 필수유지업무 수준 등 결정 신청을 하는 경우 그 결정은 공익사업의 노동쟁의 조정을 위한 노동위원회의 특별조정위원회가 담당한다.

정답 24 ① 25 ④ 26 ⑤

⑤ 노동조합이 쟁의행위 개시 전까지 쟁의행위기간 동안 근무하여야 할 조합원을 통보하지 아니한 경우 사용자의 신청에 의하여 노동위원회가 필수유지업무에 근무하여야 할 근로자를 지명하고 이를 노동조합과 그 근로자에게 통보하여야 한다.

해설 ① 시행령 제22조의2, 별표1
② 제42조의3
③ 제42조의4 제1항
④ 제42조의4 제3항
⑤ 노동조합은 필수유지업무협정이 체결되거나 제42조의4 제2항의 규정에 따른 노동위원회의 결정이 있는 경우 사용자에게 필수유지업무에 근무하는 조합원 중 쟁의행위기간 동안 근무하여야 할 조합원을 통보하여야 하며, 사용자는 이에 따라 근로자를 지명하고 이를 노동조합과 그 근로자에게 통보하여야 한다. 다만, 노동조합이 쟁의행위 개시 전까지 이를 통보하지 아니한 경우에는 사용자가 필수유지업무에 근무하여야 할 근로자를 지명하고 이를 노동조합과 그 근로자에게 통보하여야 한다(제42조의6 제1항).

27 노동조합 및 노동관계조정법령상 필수유지업무 등에 관한 설명으로 옳지 않은 것은?

▸ 공인노무사 제30회

① 필수공익사업의 모든 업무는 필수유지업무에 해당한다.
② 필수유지업무협정에는 노동관계 당사자 쌍방이 서명 또는 날인하여야 한다.
③ 노동위원회는 노동조합 및 노동관계조정법상의 규정에 따라 필수유지업무 수준 등 결정을 하면 지체 없이 이를 서면으로 노동관계 당사자에게 통보하여야 한다.
④ 노동관계 당사자 쌍방 또는 일방은 필수유지업무협정이 체결되지 아니하는 때에는 노동위원회에 필수유지업무의 필요 최소한의 유지・운영 수준, 대상직무 및 필요인원 등의 결정을 신청하여야 한다.
⑤ 노동위원회의 필수유지업무 수준 등 결정에 따라 쟁의행위를 한 때에는 필수유지업무를 정당하게 유지・운영하면서 쟁의행위를 한 것으로 본다.

해설 ① 이 법에서 “필수유지업무”라 함은 제71조 제2항의 규정에 따른 필수공익사업의 업무 중 그 업무가 정지되거나 폐지되는 경우 공중의 생명・건강 또는 신체의 안전이나 공중의 일상생활을 현저히 위태롭게 하는 업무로서 대통령령이 정하는 업무를 말한다(제42조의2 제1항).
② 제42조의3
③ 시행령 제22조의3 제2항
④ 제42조의4 제1항
⑤ 제42조의5

28 노동조합 및 노동관계조정법상 필수유지업무에 관한 설명으로 옳지 않은 것은? (다툼이 있으면 판례에 따름)

▸ 공인노무사 제29회

① 필수유지업무란 필수공익사업의 업무 중 그 업무가 정지되거나 폐지되는 경우 공중의 생명・건강 또는 신체의 안전이나 공중의 일상생활을 현저히 위태롭게 하는 업무로서 대통령령이 정하는 업무를 말한다.

② 노동관계 당사자는 필수유지업무의 필요 최소한의 유지・운영 수준, 대상직무 및 필요인원 등을 정한 협정을 서면으로 체결하여야 한다.

③ 필수유지업무협정에는 노동관계 당사자 쌍방이 서명 또는 날인하여야 한다.

④ 노동관계 당사자 쌍방 또는 일방은 필수유지업무협정이 체결되지 아니하는 때에는 노동위원회에 필수유지업무의 필요 최소한의 유지・운영 수준, 대상직무 및 필요인원 등의 결정을 신청하여야 한다.

⑤ 필수유지업무가 공중의 생명・건강 또는 신체의 안전이나 공중의 일상생활을 현저히 위태롭게 하는 업무라 하더라도 다른 업무 영역의 근로자보다 쟁의권 행사에 더 많은 제한을 가하는 것은 평등원칙에 위반된다.

해설 ① 제42조의2 제1항
② · ③ 제42조의3
④ 제42조의4 제1항
⑤ 필수유지업무는 공중의 생명・건강 또는 신체의 안전이나 공중의 일상생활을 현저히 위태롭게 하는 업무이므로 이에 대한 쟁의권 행사는 그 영향이 치명적일 수밖에 없다는 점에서 다른 업무 영역의 근로자보다 쟁의권 행사에 더 많은 제한을 가한다고 하더라도 그 차별의 합리성이 인정되므로 평등원칙을 위반한다고 볼 수 없다(헌재 2011.12.29, 2010헌바385).

29 노동조합 및 노동관계조정법령상 필수유지업무에 관한 설명으로 옳은 것은?

▸ 공인노무사 제26회

① 필수유지업무에 대한 쟁의행위의 제한 규정을 위반한 자는 2년 이하의 징역 또는 2천만원 이하의 벌금에 처한다.

② 필수유지업무란 국민경제에 미치는 영향이 크거나 공중의 일상생활을 현저히 위태롭게 하는 업무를 말한다.

③ 필수유지업무협정은 서면으로 작성하여 노동관계 당사자 쌍방이 서명 또는 날인하여야 한다.

④ 노동관계 당사자 쌍방 또는 일방은 필수유지업무협정이 체결되지 아니한 경우 고용노동부에 필수유지업무의 필요 최소한의 유지・운영 수준, 대상 직무 및 필요인원 등의 결정을 신청할 수 있다.

⑤ 필수유지업무의 정당한 유지・운영을 정지・폐지하는 행위는 쟁의행위로서 이를 행할 수 없으나 방해하는 행위는 쟁의행위로서 이를 행할 수 있다.

정답 27 ① 28 ⑤ 29 ③

해설 ① 3년 이하의 징역 또는 3천만원 이하의 벌금에 처한다(제89조).

② "필수유지업무"라 함은 제71조 제2항의 규정에 따른 필수공익사업의 업무 중 그 업무가 정지되거나 폐지되는 경우 공중의 생명·건강 또는 신체의 안전이나 공중의 일상생활을 현저히 위태롭게 하는 업무로서 대통령령이 정하는 업무를 말한다(제42조의2 제1항).

③ 노동관계 당사자는 쟁의행위기간 동안 필수유지업무의 정당한 유지·운영을 위하여 필수유지업무의 필요 최소한의 유지·운영 수준, 대상직무 및 필요인원 등을 정한 협정(이하 "필수유지업무협정"이라 한다)을 서면으로 체결하여야 한다. 이 경우 필수유지업무협정에는 노동관계 당사자 쌍방이 서명 또는 날인하여야 한다(노조법 제42조의3).

④ 노동관계 당사자 쌍방 또는 일방은 필수유지업무협정이 체결되지 아니하는 때에는 노동위원회에 필수유지업무의 필요 최소한의 유지·운영 수준, 대상직무 및 필요인원 등의 결정을 신청하여야 한다(제42조의4 제1항).

⑤ 필수유지업무의 정당한 유지·운영을 정지·폐지 또는 방해하는 행위는 쟁의행위로서 이를 행할 수 없다(제42조의2 제2항).

30 노동조합 및 노동관계조정법령상 필수유지업무 등에 관한 설명으로 옳은 것은?

▸ 공인노무사 제34회

① 도시철도의 안전 운행을 위하여 필요한 차량의 일상적인 점검 업무는 필수유지업무가 아니다.

② 노동위원회는 필수유지업무 수준 등 결정을 하면 지체 없이 이를 서면으로 행정관청에 통보하여야 한다.

③ 관계 당사자는 지방노동위원회의 필수유지업무결정이 위법이거나 월권에 의한 것이라고 인정하는 경우에는 중앙노동위원회에 그 재심을 신청할 수 있다.

④ 필수유지업무 수준 등 결정신청은 노동관계 당사자 일방이 할 수 없고, 쌍방이 공동으로 하여야 한다.

⑤ 필수유지업무의 정당한 유지·운영을 정지·폐지하는 행위는 쟁의행위로서 이를 행할 수 없으나, 방해하는 행위는 그러하지 아니하다.

해설 ① 1. 철도사업과 도시철도사업의 필수유지업무(시행령 제22조의2 [별표 1])

가. 철도·도시철도 차량의 운전 업무

나. 철도·도시철도 차량 운행의 관제 업무(정거장·차량기지 등에서 철도신호등을 취급하는 운전취급업무를 포함한다)

다. 철도·도시철도 차량 운행에 필요한 전기시설·설비를 유지·관리하는 업무

라. 철도·도시철도 차량 운행과 이용자의 안전에 필요한 신호시설·설비를 유지·관리하는 업무

마. 철도·도시철도 차량 운행에 필요한 통신시설·설비를 유지·관리하는 업무

바. 안전 운행을 위하여 필요한 차량의 일상적인 점검이나 정비 업무

사. 선로점검·보수 업무

② 노동위원회는 법 제42조의4 제2항에 따라 필수유지업무 수준 등 결정을 하면 지체 없이 이를 서면으로 노동관계 당사자에게 통보하여야 한다(시행령 제22조의3 제2항).
③ 제2항의 규정에 따른 노동위원회의 결정에 대한 불복절차 및 효력에 관하여는 제69조와 제70조 제2항의 규정을 준용한다(제42조의4 제5항).
④ 노동관계 당사자 쌍방 또는 일방은 필수유지업무협정이 체결되지 아니하는 때에는 노동위원회에 필수유지업무의 필요 최소한의 유지・운영 수준, 대상직무 및 필요인원 등의 결정을 신청하여야 한다(제42조의4 제1항).
⑤ 필수유지업무의 정당한 유지・운영을 정지・폐지 또는 방해하는 행위는 쟁의행위로서 이를 행할 수 없다(제42조의2 제2항).

31 노동조합 및 노동관계조정법령상 사용자의 채용제한에 관한 내용으로 옳지 않은 것은?

▸ 공인노무사 제29회

① 사용자는 쟁의행위 기간중 그 쟁의행위로 중단된 업무를 도급 또는 하도급 줄 수 없다.
② 필수공익사업의 사용자는 쟁의행위 기간 중에 한하여 당해 사업과 관계없는 자를 채용 또는 대체할 수 있다.
③ 필수공익사업의 경우 사용자는 당해 사업 또는 사업장 파업참가자의 100분의 50을 초과하지 않는 범위 안에서 도급 또는 하도급 줄 수 있다.
④ 필수공익사업의 사업 또는 사업장 파업참가자 수는 근로의무가 있는 근로시간 중 파업 참가를 이유로 근로의 일부 또는 전부를 제공하지 아니한 자의 수를 7일 단위로 산정한다.
⑤ 사용자는 쟁의행위 기간 중 그 쟁의행위로 중단된 업무의 수행을 위하여 당해 사업과 관계없는 자를 채용 또는 대체할 수 없다.

해설 ①・②・③・⑤ 제43조

> 제43조(사용자의 채용제한)
> ① 사용자는 쟁의행위 기간 중 그 쟁의행위로 중단된 업무의 수행을 위하여 당해 사업과 관계없는 자를 채용 또는 대체할 수 없다.
> ② 사용자는 쟁의행위기간 중 그 쟁의행위로 중단된 업무를 도급 또는 하도급 줄 수 없다.
> ③ 제1항 및 제2항의 규정은 필수공익사업의 사용자가 쟁의행위 기간 중에 한하여 당해 사업과 관계없는 자를 채용 또는 대체하거나 그 업무를 도급 또는 하도급 주는 경우에는 적용하지 아니한다.
> ④ 제3항의 경우 사용자는 당해 사업 또는 사업장 파업참가자의 100분의 50을 초과하지 않는 범위 안에서 채용 또는 대체하거나 도급 또는 하도급 줄 수 있다. 이 경우 파업참가자 수의 산정 방법 등은 대통령령으로 정한다.

④ 법 제43조 제4항 후단에 따른 파업참가자 수는 근로의무가 있는 근로시간 중 파업 참가를 이유로 근로의 일부 또는 전부를 제공하지 아니한 자의 수를 1일 단위로 산정한다(시행령 제22조의4 제1항).

정답 30 ③ 31 ④

32 **노동조합 및 노동관계조정법령상 사용자의 채용제한에 관한 설명으로 옳은 것을 모두 고른 것은?**

▸ 공인노무사 제27회

ㄱ. 필수공익사업의 사용자는 쟁의행위 기간 중에 한하여 그 쟁의행위로 중단된 업무의 수행을 위하여 당해 사업과 관계없는 자를 채용할 수 있으나 그 수의 제한이 있다.
ㄴ. 필수공익사업의 사용자라 하더라도 쟁의행위 기간 중에 그 쟁의행위로 중단된 업무를 도급 줄 수 없다.
ㄷ. 필수공익사업의 파업참가자 수는 근로의무가 있는 근로시간 중 파업 참가를 이유로 근로의 일부 또는 전부를 제공하지 아니한 자의 수를 1일 단위로 산정한다.
ㄹ. 사용자는 당해 사업과 관계있는 자라 하더라도 비노동조합원을 쟁의기간 중 쟁의행위로 중단된 업무의 수행을 위하여 대체할 수 없다.

① ㄱ, ㄴ
② ㄱ, ㄷ
③ ㄱ, ㄹ
④ ㄴ, ㄷ
⑤ ㄴ, ㄹ

해설 ㄱ. 제43조 제4항
ㄴ. 필수공익사업의 사용자가 쟁의행위 기간 중에 한하여 당해 사업과 관계없는 자를 채용 또는 대체하거나 그 업무를 도급 또는 하도급 주는 경우에는 적용하지 아니한다(제43조 제3항).
ㄷ. 파업참가자 수는 근로의무가 있는 근로시간 중 파업 참가를 이유로 근로의 일부 또는 전부를 제공하지 아니한 자의 수를 1일 단위로 산정한다(시행령 제22조의4 제1항).
ㄹ. 사용자는 쟁의행위 기간 중 그 쟁의행위로 중단된 업무의 수행을 위하여 당해 사업과 관계없는 자를 채용 또는 대체할 수 없다(제43조 제1항). 당해 사업과 관계있는 자는 대체가 가능하다.

33 **노동조합 및 노동관계조정법령상 쟁의행위와 임금에 관한 설명으로 옳지 않은 것은? (다툼이 있으면 판례에 따름)**

▸ 공인노무사 제28회

① 사용자는 쟁의행위에 참가하여 근로를 제공하지 아니한 근로자에 대하여는 그 기간 중의 임금을 지급할 의무가 없다.
② 근로기준법상 유급휴일에 대한 법리는 휴직 등과 동일하게 근로자의 근로제공의무 등의 주된 권리·의무가 정지되어 근로자의 임금청구권이 발생하지 아니하는 쟁의행위인 파업에도 적용된다.
③ 근로를 불완전하게 제공하는 형태의 쟁의행위인 태업도 근로제공이 일부 정지되는 것이라고 할 수 있으므로 무노동 무임금 원칙이 적용된다.
④ 노동조합은 쟁의행위 기간에 대한 임금의 지급을 요구하여 이를 관철할 목적으로 쟁의행위를 하여서는 아니 된다.
⑤ 근로자가 유급휴가를 이용하여 파업에 참여하는 것은 정당한 유급휴가권의 행사로 볼 수 있으므로 파업기간 중에 포함된 유급휴가에 대한 임금청구권이 발생한다.

해설 ① 제44조 제1항

②・③ **근로를 불완전하게 제공하는 형태의 쟁의행위인 태업도 근로제공이 일부 정지되는 것이라고 할 수 있으므로, 여기에도 이러한 무노동 무임금 원칙이 적용된다**고 봄이 타당하다. …… 이러한 휴일 및 유급휴일 제도를 근로기준법에 규정한 목적에 비추어 보면, 근로의 제공 없이도 근로자에게 임금을 지급하도록 한 유급휴일의 특별규정이 적용되기 위하여는 평상적인 근로관계, 즉 근로자가 근로를 제공하여 왔고, 또한 계속적인 근로제공이 예정되어 있는 상태가 당연히 전제되어 있다고 볼 것이다. 이러한 유급휴일에 대한 법리는 **휴직 등과 동일하게 근로자의 근로제공의무 등의 주된 권리・의무가 정지되어 근로자의 임금청구권이 발생하지 아니하는 쟁의행위인 파업에도 적용된다 할 것이므로, 근로자는 파업기간 중에 포함된 유급휴일에 대한 임금의 지급 역시 구할 수 없다. 그리고 이와 같은 법리는 파업과 마찬가지로 무노동 무임금 원칙이 적용되는 태업에도 그대로 적용된다고 할 것이고, 따라서 근로자는 태업기간에 상응하는 유급휴일에 대한 임금의 지급을 구할 수 없다**(대판 2013.11.28, 2011다39946).

④ 제44조 제2항

⑤ …… 나아가 관련 법률의 규정이나 단체협약・취업규칙・근로계약 등에 의하여 근로자에게 부여되는 유급휴가 역시 이를 규정한 규범적 목적에 비추어 보면 유급휴일과 마찬가지로 평상적인 근로관계를 당연히 전제하고 있는 것이다. 따라서 근로자가 유급휴가를 이용하여 파업에 참여하는 것은 평상적인 근로관계를 전제로 하는 유급휴가권의 행사라고 볼 수 없으므로 파업기간 중에 포함된 유급휴가에 대한 임금청구권 역시 발생하지 않는다(대판 2010.7.15, 2008다33399).

34 노동조합 및 노동관계조정법령상 쟁의행위 등에 관한 설명으로 옳지 않은 것은? (다툼이 있으면 판례에 따름)

▸ 공인노무사 제30회

① 하나의 쟁의행위에서 추구되는 목적이 여러 가지이고 그 중 일부가 정당하지 못한 경우에는 주된 목적 내지 진정한 목적의 당부에 의하여 그 쟁의목적의 당부를 판단하여야 한다.

② 산업별 노동조합의 경우에는 총파업이 아닌 이상 쟁의행위를 예정하고 있는 당해 지부나 분회소속 조합원의 과반수의 찬성이 있으면 쟁의행위는 절차적으로 적법하다.

③ 조합원의 과반수의 찬성결정을 거치지 아니하고 쟁의행위에 나아간 경우 조합원의 민주적 의사결정이 실질적으로 확보되었다면 쟁의행위가 정당성을 상실하지 않는다.

④ 쟁의행위가 폭력이나 파괴행위의 형태로 행하여질 경우 사용자는 즉시 그 상황을 행정관청과 관할 노동위원회에 신고하여야 한다.

⑤ 사용자는 노동조합 및 노동관계조정법에 의한 쟁의행위로 인하여 손해를 입은 경우에 노동조합 또는 근로자에 대하여 그 배상을 청구할 수 없다.

해설 ① 쟁의행위에서 추구되는 목적이 여러 가지이고 그 중 일부가 정당하지 못한 경우에는 주된 목적 내지 진정한 목적의 당부에 의하여 그 쟁의목적의 당부를 판단하여야 할 것이고, 부당한 요구사항을 뺐더라면 쟁의행위를 하지 않았을 것이라고 인정되는 경우에는 그 쟁의행위 전체가 정당성을 갖지 못한다고 보아야 할 것이다(대판 2003.12.26, 2001도1863).

정답 32 ② 33 ⑤ 34 ③

② 지역별・산업별・업종별 노동조합의 경우에는 총파업이 아닌 이상 쟁의행위를 예정하고 있는 당해 지부나 분회소속 조합원의 과반수의 찬성이 있으면 쟁의행위는 절차적으로 적법하다고 보아야 할 것이고, 쟁의행위와 무관한 지부나 분회의 조합원을 포함한 전체 조합원의 과반수 이상의 찬성을 요하는 것은 아니다(대판 2004.9.24, 2004도4641).

③ 직접・비밀・무기명투표에 의한 찬성절차는 노동조합의 자주적이고 민주적인 운영을 도모함과 아울러 쟁의행위에 참가한 근로자들이 사후에 어떠한 불이익을 당하지 않도록 그 개시에 관한 조합의사의 결정이 보다 신중을 기하기 위하여 마련된 규정이므로 그 절차를 따를 수 없는 객관적인 사정이 인정되지 아니하는 한 정당성을 인정받을 수 없다(대판 2001.10.25, 99도4837 전원합의체).

④ 쟁의행위는 폭력이나 파괴행위 또는 생산 기타 주요업무에 관련되는 시설과 이에 준하는 시설로서 대통령령이 정하는 시설을 점거하는 형태로 이를 행할 수 없다(제42조 제1항). 사용자는 쟁의행위가 법 제38조 제1항・제2항, 제42조 제1항 또는 제2항에 위반되는 경우에는 즉시 그 상황을 행정관청과 관할 노동위원회에 신고하여야 한다(시행령 제18조 제1항).

⑤ 사용자는 이 법에 의한 단체교섭 또는 쟁의행위로 인하여 손해를 입은 경우에 노동조합 또는 근로자에 대하여 그 배상을 청구할 수 없다(제3조).

35 노동조합 및 노동관계조정법상 쟁의행위에 관한 설명으로 옳지 않은 것은? (다툼이 있으면 판례에 따름)

▸ 공인노무사 제34회

① 필수공익사업의 사용자는 쟁의행위 기간 중에 그 쟁의행위로 중단된 업무를 당해 사업 또는 사업장 파업참가자의 100분의 50을 초과하지 않는 범위 안에서 도급 줄 수 있다.

② 사업장의 안전보호시설에 대하여 정상적인 유지・운영을 방해하는 쟁의행위에 대하여 노동위원회는 행정관청에 알리고 그 행위를 중지할 것을 통보하여야 한다.

③ 사용자인 수급인에 대한 정당성을 갖춘 쟁의행위가 도급인의 사업장에서 이루어져 형법상 보호되는 도급인의 법익을 침해한 경우라도 그것이 항상 위법한 것은 아니다.

④ 쟁의행위에 대한 조합원 찬반투표가 이 법 제45조가 정한 노동위원회의 조정절차를 거치지 않고 실시되었다는 사정만으로는 그 쟁의행위의 정당성이 상실된다고 보기 어렵다.

⑤ 파업이 전격적으로 이루어져 사용자의 사업운영에 심대한 혼란 내지 막대한 손해를 초래할 위험이 있는 등의 사정으로 사용자의 사업계속에 관한 자유의사가 제압・혼란될 수 있다고 평가할 수 있다면 그러한 집단적 노무제공의 거부는 업무방해죄를 구성한다.

해설 ① 제43조 제4항

② 사업장의 안전보호시설에 대하여 정상적인 유지・운영을 정지・폐지 또는 방해하는 행위는 쟁의행위로서 이를 행할 수 없다(제42조 제2항). 행정관청은 쟁의행위가 제2항의 행위에 해당한다고 인정하는 경우에는 노동위원회의 의결을 얻어 그 행위를 중지할 것을 통보하여야 한다. 다만, 사태가 급박하여 노동위원회의 의결을 얻을 시간적 여유가 없을 때에는 그 의결을 얻지 아니하고 즉시 그 행위를 중지할 것을 통보할 수 있다(제42조 제3항).

③ 사용자인 수급인에 대한 정당성을 갖춘 쟁의행위가 도급인의 사업장에서 이루어져 형법상 보호되는 도급인의 법익을 침해한 경우, 그것이 항상 위법하다고 볼 것은 아니고, 법질서 전체의 정신이나 그 배후에 놓여있는 사회윤리 내지 사회통념에 비추어 용인될 수 있는 행위에 해당하는 경우에는 형법 제20조의 '사회상규에 위배되지 아니하는 행위'로서 위법성이 조각된다. 이러한 경우에 해당하는지 여부는 쟁의행위의 목적과 경위, 쟁의행위의 방식・기간과 행위 태양, 해당 사업장에서 수행되는 업무의 성격과 사업장의 규모, 쟁의행위에 참여하는 근로자의 수와 이들이 쟁의행위를 행한 장소 또는 시설의 규모・특성과 종래 이용관계, 쟁의행위로 인해 도급인의 시설관리나 업무수행이 제한되는 정도, 도급인 사업장 내에서의 노동조합 활동 관행 등 여러 사정을 종합적으로 고려하여 판단하여야 한다(대판 2020.9.3, 2015도1927).

④ 대판 2020.10.15, 2019두40345

⑤ 쟁의행위로서의 파업이 언제나 업무방해죄에 해당하는 것으로 볼 것은 아니고, 전후 사정과 경위 등에 비추어 사용자가 예측할 수 없는 시기에 전격적으로 이루어져 사용자의 사업운영에 심대한 혼란 내지 막대한 손해를 초래하는 등으로 사용자의 사업계속에 관한 자유의사가 제압・혼란될 수 있다고 평가할 수 있는 경우에 비로소 그 집단적 노무제공의 거부가 위력에 해당하여 업무방해죄가 성립한다고 봄이 상당하다(대판 2011.3.17, 2007도482(전합)).

PART 03

36 다음 노동조합 및 노동관계조정법 조항의 규정을 위반한 자에 대해 동법에 벌칙규정이 없는 것은?

▸ 공인노무사 제30회

① 제37조 제2항(조합원은 노동조합에 의하여 주도되지 아니한 쟁의행위를 하여서는 아니 된다.)

② 제38조 제2항(작업시설의 손상이나 원료・제품의 변질 또는 부패를 방지하기 위한 작업은 쟁의행위 기간 중에도 정상적으로 수행되어야 한다.)

③ 제38조 제3항(노동조합은 쟁의행위가 적법하게 수행될 수 있도록 지도・관리・통제할 책임이 있다.)

④ 제42조의2 제2항(필수유지업무의 정당한 유지・운영을 정지・폐지 또는 방해하는 행위는 쟁의행위로서 이를 행할 수 없다.)

⑤ 제44조 제2항(노동조합은 쟁의행위 기간에 대한 임금의 지급을 요구하여 이를 관철할 목적으로 쟁의행위를 하여서는 아니 된다.)

해설 ① 제89조 제1호
② 제91조
④ 제89조 제1호
⑤ 제90조

정답 35 ② 36 ③

Section 06 노동쟁의조정

01 **노동조합 및 노동관계조정법상 노동쟁의의 조정에 관한 설명으로 옳지 않은 것은?**

▸ 공인노무사 제34회

① 노동쟁의의 조정에 관한 규정(제5장)은 노동관계 당사자가 직접 노사협의 또는 단체교섭에 의하여 근로조건 기타 노동관계에 관한 사항을 정하거나 노동관계에 관한 주장의 불일치를 조정하고 이에 필요한 노력을 하는 것을 방해하지 아니한다.
② 노동관계의 조정을 할 경우에는 노동관계 당사자와 노동위원회는 사건을 신속히 처리하도록 노력하여야 한다.
③ 공익사업에 있어서의 노동쟁의의 조정은 우선적으로 취급하고 신속히 처리하여야 한다.
④ 국가 및 지방자치단체는 노동관계 당사자 간에 노동관계에 관한 주장이 일치하지 아니할 경우에 노동관계 당사자가 이를 자주적으로 조정할 수 있도록 조력함으로써 쟁의행위를 가능한 한 예방하고 노동쟁의의 신속・공정한 해결에 노력하여야 한다.
⑤ 노동관계 당사자는 단체협약에 노동관계의 적정화를 위한 노사협의 기타 단체교섭의 절차와 방식을 규정하고 노동쟁의가 발생한 때에는 이를 자주적으로 해결하여야 한다.

해설 ① 제47조
② 제50조
③ 제51조
④ 제49조
⑤ 노동관계 당사자는 단체협약에 노동관계의 적정화를 위한 노사협의 기타 단체교섭의 절차와 방식을 규정하고 노동쟁의가 발생한 때에는 이를 자주적으로 해결하도록 노력하여야 한다(제48조).

02 **노동조합 및 노동관계조정법상 공익사업 등의 우선적 취급에 관한 규정에서 ( )에 들어갈 내용으로 옳은 것은?**

▸ 공인노무사 제32회

> 제51조(공익사업등의 우선적 취급)
> 국가・지방자치단체・국공영기업체・방위산업체 및 공익사업에 있어서의 ( )은(는) 우선적으로 취급하고 신속히 처리하여야 한다.

① 쟁의행위의 조정
② 부당노동행위의 구제
③ 단체협약의 해석
④ 노동쟁의의 조정
⑤ 노동조합 해산의 의결

해설 국가・지방자치단체・국공영기업체・방위산업체 및 공익사업에 있어서의 **노동쟁의의 조정**은 우선적으로 취급하고 신속히 처리하여야 한다(제51조).

03 **노동조합 및 노동관계조정법상 노동쟁의 조정에 관한 설명으로 옳은 것은?** ▸공인노무사 제32회

① 사적조정등을 수행하는 자는 노동관계 당사자로부터 수수료, 수당 및 여비 등을 받을 수 있다.
② 노동관계 당사자가 노동쟁의를 단체협약에서 정하는 바에 따라 해결하기로 한 경우 이를 행정관청에 신고하여야 한다.
③ 노동관계 당사자가 단체협약이 정하는 바에 따라 노동쟁의의 조정을 한 경우 그 내용은 재판상 화해와 같은 효력을 가진다.
④ 고용노동부장관은 긴급조정의 결정을 하고자 할 때에는 중앙노동위원회 의결을 거쳐야 한다.
⑤ 중앙노동위원회는 고용노동부장관의 긴급조정결정 통고를 받은 때에는 지체 없이 중재를 개시하여야 한다.

해설 ① 제52조 제5항
② 노동관계 당사자는 제52조 제1항의 규정에 의하여 노동쟁의를 해결하기로 한 때에는 이를 노동위원회에 신고하여야 한다(제52조 제2항).
③ 제52조 제1항의 규정에 의하여 조정 또는 중재가 이루어진 경우에 그 내용은 단체협약과 동일한 효력을 가진다(제52조 제4항).
④ 고용노동부장관은 긴급조정의 결정을 하고자 할 때에는 미리 중앙노동위원회 위원장의 의견을 들어야 한다(제76조 제2항).
⑤ 중앙노동위원회는 제76조 제3항의 규정에 의한 통고를 받은 때에는 지체 없이 조정을 개시하여야 한다(제78조).

04 **노동조합 및 노동관계조정법령상 조정 및 중재에 관한 설명으로 옳지 않은 것은?**

▸공인노무사 제27회

① 조정이 이루어진 경우에 그 내용은 단체협약과 동일한 효력을 가진다.
② 노동위원회는 관계 당사자 쌍방의 신청이 있는 경우에는 조정위원회에 갈음하여 단독조정인에게 조정을 행하게 할 수 있다.
③ 노동쟁의가 중재에 회부된 때에는 그 날부터 15일간은 쟁의행위를 할 수 없다.
④ 노동관계당사자는 법령에 의한 사적 조정·중재에 의하여 노동쟁의를 해결하기로 한 경우에는 고용노동부령이 정하는 바에 따라 관할노동위원회에 신고하여야 한다.
⑤ 노동위원회는 노동쟁의에 대한 조정이 실패한 경우에 한하여 중재를 행할 수 있다.

해설 ① 제61조 제2항
② 제57조 제1항

정답 01 ⑤ 02 ④ 03 ① 04 ⑤

③ 제63조
④ 시행령 제23조 제1항
⑤ 노동위원회는 관계 당사자의 쌍방이 함께 중재를 신청한 때, 관계 당사자의 일방이 단체협약에 의하여 중재를 신청한 때에는 중재를 행한다(제62조).

05 노동조합 및 노동관계조정법령상 노동쟁의의 조정에 관한 설명으로 옳지 않은 것은?

▸ 공인노무사 제26회

① 사적중재에 의하여 해결하기로 한 경우 쟁의행위의 금지기간은 중재를 개시한 날부터 기산한다.
② 노동관계 당사자는 사적조정 등에 의하여 노동쟁의를 해결하기로 한 때에는 이를 고용노동부장관에게 신고하여야 한다.
③ 공익사업의 노동쟁의의 조정을 위하여 노동위원회에 특별조정위원회를 둔다.
④ 노동위원회는 조정의 종료가 결정된 후에도 노동쟁의의 해결을 위하여 조정을 할 수 있다.
⑤ 사적조정에 의하여 해결하기로 한 때에는 그 조정은 조정을 개시한 날부터 기산하여 일반사업에 있어서는 10일, 공익사업에 있어서는 15일 이내에 종료하여야 한다.

해설 ① 제52조 제3항 제2호
② 노동위원회에 신고하여야 한다(제52조 제2항).
③ 제72조 제1항
④ 노동위원회는 조정의 종료가 결정된 후에도 노동쟁의의 해결을 위하여 조정을 할 수 있다(제61조의2 제1항).
⑤ 제52조 제3항 제1호

06 노동조합 및 노동관계조정법령상 사적 조정·중재에 관한 설명으로 옳지 않은 것은?

▸ 공인노무사 제33회

① 사적 조정의 신고는 조정이 진행되기 전에 하여야 한다.
② 노동관계 당사자는 사적 조정에 의하여 노동쟁의를 해결하기로 한 때에는 이를 노동위원회에 신고하여야 한다.
③ 사적 조정에 의하여 조정이 이루어진 경우에 그 내용은 단체협약과 동일한 효력을 가진다.
④ 노동조합 및 노동관계조정법 제2절(조정) 및 제3절(중재)의 규정은 노동관계 당사자가 쌍방의 합의 또는 단체협약이 정하는 바에 따라 각각 다른 조정 또는 중재방법에 의하여 노동쟁의를 해결하는 것을 방해하지 아니한다.
⑤ 사적 조정을 수행하는 자는 노동관계 당사자로부터 수수료, 수당 및 여비 등을 받을 수 있다.

해설 ① 노동관계당사자는 법 제52조에 따른 사적 조정·중재에 의하여 노동쟁의를 해결하기로 한 경우에는 고용노동부령이 정하는 바에 따라 관할 노동위원회에 신고해야 한다(시행령 제23조 제1항). 시행령 제23조 제1항에 따른 신고는 법 제5장 제2절부터 제4절까지의 규정에 따른 조정 또는 중재가 진행 중인 경우에도 할 수 있다(시행령 제23조 제2항).
② 제52조 제2항
③ 제52조 제4항
④ 제52조 제1항
⑤ 제52조 제5항

07 노동조합 및 노동관계조정법상 노동위원회가 행하는 노동쟁의의 조정 등에 관한 설명으로 옳지 않은 것은? ▸공인노무사 제31회

① 노동위원회는 관계 당사자의 일방이 노동쟁의의 조정을 신청한 때에는 지체 없이 조정을 개시하여야 한다.
② 조정은 조정의 신청이 있은 날부터 일반사업에 있어서는 10일, 공익사업에 있어서는 15일 이내에 종료하여야 한다.
③ 노동위원회는 조정신청 전에는 교섭을 주선하는 등 관계 당사자의 자주적인 분쟁해결을 지원할 수 없다.
④ 노동위원회는 관계 당사자 쌍방의 신청 또는 동의를 얻은 경우에는 조정위원회에 갈음하여 단독조정인에게 조정을 행하게 할 수 있다.
⑤ 조정서의 내용을 준수하지 아니한 자는 벌칙에 처한다.

해설 ① 제53조 제1항
② 제54조 제1항
③ 노동위원회는 제53조 제1항의 규정에 따른 조정신청 전이라도 원활한 조정을 위하여 교섭을 주선하는 등 관계 당사자의 자주적인 분쟁 해결을 지원할 수 있다(제53조 제2항).
④ 제57조 제1항
⑤ 제61조 제1항의 규정에 의한 조정서의 내용 또는 제68조 제1항의 규정에 의한 중재재정서의 내용을 준수하지 아니한 자는 1천만원 이하의 벌금에 처한다(제92조 제3호).

정답 05 ② 06 ① 07 ③

08 노동조합 및 노동관계조정법상 노동쟁의의 조정(調停)에 관한 설명으로 옳지 않은 것은?

▸ 공인노무사 제29회

① 노동위원회는 관계 당사자의 일방이 노동쟁의의 조정을 신청한 때에는 지체 없이 조정을 개시하여야 하며 관계 당사자 쌍방은 이에 성실히 임하여야 한다.

② 조정은 그 신청이 있은 날부터 일반사업에 있어서는 10일 이내에, 공익사업에 있어서는 15일 이내에 종료하여야 한다.

③ 근로자를 대표하는 조정위원은 사용자가 추천하는 당해 노동위원회의 위원 중에서 그 노동위원회의 위원장이 지명하여야 한다.

④ 노동위원회는 관계 당사자 쌍방의 신청이 있거나 관계 당사자 쌍방의 동의를 얻은 경우에는 조정위원회의 갈음하여 단독조정인에게 조정을 행하게 할 수 있다.

⑤ 조정위원회의 조정안의 해석 또는 이행방법에 관한 견해가 제시되기 전이라도 관계 당사자는 당해 조정안의 해석 또는 이행에 관하여 쟁의행위를 할 수 있다.

해설 ① 제53조 제1항
② 제54조 제1항
③ 제55조 제3항
④ 제57조 제1항
⑤ 조정위원회 또는 단독조정인의 해석 또는 이행방법에 관한 견해가 제시될 때까지는 관계 당사자는 당해 조정안의 해석 또는 이행에 관하여 쟁의행위를 할 수 없다(제60조 제5항).

09 노동조합 및 노동관계조정법상 노동쟁의의 조정 등에 관한 설명으로 옳지 않은 것은?

▸ 공인노무사 제30회

① 노동위원회는 관계 당사자 쌍방의 신청이 있는 경우에는 조정위원회에 갈음하여 단독조정인에게 조정을 행하게 할 수 있다.

② 조정서의 내용은 단체협약과 동일한 효력을 가진다.

③ 노동위원회는 관계 당사자의 일방이 단체협약에 의하여 중재를 신청한 때에는 중재를 행한다.

④ 중재재정은 서면으로 작성하여 이를 행하며 그 서면에는 효력발생 기일을 명시하여야 한다.

⑤ 노동위원회의 중재재정은 중앙노동위원회에의 재심신청에 의하여 그 효력이 정지된다.

해설 ① 제57조 제1항
② 제61조 제2항
③ 제62조 제2호
④ 제68조 제1항

⑤ 노동위원회의 중재재정 또는 재심결정은 중앙노동위원회에의 재심신청 또는 행정소송의 제기에 의하여 그 효력이 정지되지 아니한다(제70조 제2항).

10 **노동조합 및 노동관계조정법령상 노동쟁의의 조정에 관한 설명으로 옳지 않은 것은?**

▸ 공인노무사 제34회

① 조정위원회가 작성한 조정안이 관계 당사자의 쌍방에 의하여 수락된 후 그 해석에 관하여 관계 당사자간에 의견의 불일치가 있는 때에는 관계 당사자는 당해 조정위원회에 그 해석에 관한 명확한 견해의 제시를 요청하여야 한다.

② 노동관계 당사자는 조정안의 해석에 관하여 견해의 제시를 요청하는 경우에는 해당 조정안의 내용과 당사자의 의견 등을 적은 서면으로 해야 한다.

③ 단독조정인이 작성한 조정안이 관계 당사자의 쌍방에 의하여 수락된 후 이행방법에 관하여 관계 당사자간에 의견의 불일치가 있어 관계 당사자가 당해 단독조정인에게 그 이행방법에 관한 명확한 견해의 제시를 요청한 때에는 그 요청을 받은 날부터 7일 이내에 명확한 견해를 제시하여야 한다.

④ 조정안의 이행방법에 관한 조정위원회의 견해가 제시될 때까지는 관계 당사자는 당해 조정안의 이행에 관하여 쟁의행위를 할 수 없다.

⑤ 조정위원회 또는 단독조정인은 관계 당사자가 수락을 거부하여 더 이상 조정이 이루어질 여지가 없다고 판단되어 조정의 종료를 결정한 이후에는 노동쟁의의 해결을 위하여 조정을 할 수 없다.

해설 ① 제60조 제3항

② 노동관계 당사자는 법 제60조 제3항에 따른 조정안의 해석 또는 그 이행방법에 관하여 견해의 제시를 요청하는 경우에는 해당 조정안의 내용과 당사자의 의견 등을 적은 서면으로 해야 한다(시행령 제27조).

③ 제60조 제4항

④ 제60조 제5항

⑤ 조정위원회 또는 단독조정인은 관계 당사자가 수락을 거부하여 더 이상 조정이 이루어질 여지가 없다고 판단되는 경우에는 조정의 종료를 결정하고 이를 관계 당사자 쌍방에 통보하여야 한다(제60조 제2항). 노동위원회는 제60조 제2항의 규정에 따른 조정의 종료가 결정된 후에도 노동쟁의의 해결을 위하여 조정을 할 수 있다(제61조의2 제1항).

정답 08 ⑤ 09 ⑤ 10 ⑤

11 노동조합 및 노동관계조정법상 노동쟁의의 중재에 관한 설명으로 옳지 않은 것은?

▸ 공인노무사 제34회

① 중재위원회의 위원장은 관계 당사자와 참고인 외의 자의 회의출석을 금할 수 있다.
② 노동쟁의가 중재에 회부된 때에는 그 날부터 15일간은 쟁의행위를 할 수 없다.
③ 중재위원회의 중재위원은 당해 노동위원회의 공익을 대표하는 위원 중에서 관계 당사자의 합의로 선정한 자에 대하여 그 노동위원회의 위원장이 지명한다.
④ 중재위원회의 위원장은 노동위원회의 위원장이 지명한다.
⑤ 노동위원회는 관계 당사자의 일방이 단체협약에 의하여 중재를 신청한 때에는 지체 없이 해당 사건의 중재를 위한 중재위원회를 구성해야 한다.

해설 ① 제67조
② 제63조
③ 제64조 제3항
④ 중재위원회에 위원장을 둔다(제65조 제1항). 위원장은 중재위원 중에서 호선한다(제65조 제2항).
⑤ 노동위원회는 법 제62조에 따라 노동쟁의의 중재를 하게 된 경우에는 지체 없이 해당 사건의 중재를 위한 중재위원회를 구성해야 한다(시행령 제28조).

12 노동조합 및 노동관계조정법령상 중재재정에 관한 설명으로 옳지 않은 것은?

▸ 공인노무사 제34회

① 중재재정은 서면으로 작성하여 이를 행하며 그 서면에는 효력발생 기일을 명시하여야 한다.
② 관계 당사자는 특별노동위원회의 중재재정이 위법에 의한 것이라고 인정하는 경우에는 그 중재재정서의 송달을 받은 날부터 10일 이내에 중앙노동위원회에 그 재심을 신청할 수 있다.
③ 중앙노동위원회는 지방노동위원회의 중재재정을 재심한 때에는 지체 없이 그 재심결정서를 관계 당사자와 지방노동위원회에 각각 송달해야 한다.
④ 중재재정의 해석 또는 이행방법에 관하여 관계 당사자 간에 의견의 불일치가 있는 때에는 당해 중재위원회의 해석에 따르며 그 해석은 중재재정과 동일한 효력을 가진다.
⑤ 노동위원회의 중재재정 또는 재심결정은 중앙노동위원회에의 재심신청 또는 행정소송의 제기에 의하여 그 효력이 정지된다.

해설 ① 제68조 제1항
② 제68조 제1항

③ 중앙노동위원회는 법 제69조 제1항에 따라 지방노동위원회 또는 특별노동위원회의 중재재정을 재심한 때에는 지체 없이 그 재심결정서를 관계 당사자와 관계 노동위원회에 각각 송달해야 한다(시행령 제29조 제2항).
④ 제68조 제2항
⑤ 노동위원회의 중재재정 또는 재심결정은 제69조 제1항 및 제2항의 규정에 따른 중앙노동위원회에의 재심신청 또는 행정소송의 제기에 의하여 그 효력이 정지되지 아니한다(제70조 제2항).

13 노동조합 및 노동관계조정법령상 중재재정에 관한 설명으로 옳지 않은 것은?

▸ 공인노무사 제33회

① 중재재정은 서면으로 작성하며 그 서면에는 효력발생 기일을 명시하여야 한다.
② 중재재정의 해석 또는 이행방법에 관하여 관계 당사자간에 의견의 불일치가 있는 때에는 당해 중재위원회의 해석에 따르며 그 해석은 중재재정과 동일한 효력을 가진다.
③ 중앙노동위원회는 지방노동위원회 또는 특별노동위원회의 중재재정을 재심한 때에는 지체 없이 그 재심결정서를 관계 당사자와 관계 노동위원회에 각각 송달해야 한다.
④ 관계 당사자는 중앙노동위원회의 중재재정이나 재심결정이 위법이거나 월권에 의한 것이라고 인정하는 경우에는 중재재정 또는 재심결정을 한 날부터 15일 이내에 행정소송을 제기할 수 있다.
⑤ 노동위원회의 중재재정 또는 재심결정은 중앙노동위원회에의 재심신청 또는 행정소송의 제기에 의하여 그 효력이 정지되지 아니한다.

해설 ① 제68조 제1항
② 제68조 제2항
③ 시행령 제29조 제2항
④ 관계 당사자는 중앙노동위원회의 중재재정이나 제1항의 규정에 의한 재심결정이 위법이거나 월권에 의한 것이라고 인정하는 경우에는 행정소송법 제20조의 규정에 불구하고 그 중재재정서 또는 재심결정서의 송달을 받은 날부터 15일 이내에 행정소송을 제기할 수 있다(제69조 제2항).
⑤ 제70조 제2항

정답 11 ④ 12 ⑤ 13 ④

14 노동조합 및 노동관계조정법상 노동위원회가 행하는 노동쟁의의 중재에 관한 설명으로 옳은 것은?

▸ 공인노무사 제31회

① 노동쟁의가 중재에 회부된 때에는 그 날부터 20일간은 쟁의행위를 할 수 없다.
② 관계 당사자의 일방이 단체협약에 의하여 중재를 신청한 때에도 노동위원회는 중재를 행한다.
③ 중재는 조정을 거치지 않으면 신청할 수 없다.
④ 관계 당사자는 지방노동위원회의 중재재정이 월권에 의한 것이라고 인정하는 경우에는 중앙노동위원회에 재심을 신청할 수 없다.
⑤ 중재재정의 내용은 관계 당사자의 동의를 받아야 단체협약과 동일한 효력을 가진다.

해설 ① 노동쟁의가 중재에 회부된 때에는 그 날부터 15일간은 쟁의행위를 할 수 없다(제63조).
②③ 노동위원회는 관계 당사자의 쌍방이 함께 중재를 신청한 때, 관계 당사자의 일방이 단체협약에 의하여 중재를 신청한 때에는 중재를 행한다(제62조).
④ 관계 당사자는 지방노동위원회 또는 특별노동위원회의 중재재정이 위법이거나 월권에 의한 것이라고 인정하는 경우에는 그 중재재정서의 송달을 받은 날부터 10일 이내에 중앙노동위원회에 그 재심을 신청할 수 있다(제69조 제1항).
⑤ 중재재정의 내용은 단체협약과 동일한 효력을 가진다(제70조 제1항).

15 노동조합 및 노동관계조정법상 노동쟁의의 중재에 관한 설명으로 옳은 것은?

▸ 공인노무사 제29회

① 노동쟁의의 조정(調整)에서 사적 중재는 허용되지 않는다.
② 중재재정은 서면으로 작성하여 이를 행하며 그 서면에는 효력발생 기일을 명시하여야 한다.
③ 중재위원회 위원장은 중재위원 중에서 당해 노동위원회 위원장이 지명한다.
④ 노동쟁의가 중재에 회부된 때에는 그 날부터 30일간은 쟁의행위를 할 수 없다.
⑤ 노동위원회의 중재재정은 중앙노동위원회에의 재심신청 또는 행정소송의 제기에 의하여 그 효력이 정지된다.

해설 ① 사적중재도 허용된다(제52조 제1항).
② 제68조 제1항
③ 위원장은 중재위원 중에서 호선한다(제65조 제2항).
④ 노동쟁의가 중재에 회부된 때에는 그 날부터 15일간은 쟁의행위를 할 수 없다(제63조).
⑤ 노동위원회의 중재재정 또는 재심결정은 제69조 제1항 및 제2항의 규정에 따른 중앙노동위원회에의 재심신청 또는 행정소송의 제기에 의하여 그 효력이 정지되지 아니한다(제70조 제2항).

16 노동조합 및 노동관계조정법상 공익사업 등의 조정에 관한 특칙의 내용으로 옳지 않은 것은?

▸ 공인노무사 제30회

① 의료사업은 공익사업에 해당한다.
② 방송사업은 필수공익사업에 해당한다.
③ 공익사업의 노동쟁의의 조정을 위하여 노동위원회에 특별조정위원회를 둔다.
④ 특별조정위원회는 특별조정위원 3인으로 구성한다.
⑤ 공익을 대표하는 위원인 특별조정위원이 1인인 경우에는 당해 위원이 특별조정위원회의 위원장이 된다.

해설 ① 제71조 제1항 제3호
② 방송사업은 필수공익사업이 아닌 공익사업이다(제71조 제1항 제5호 참조).
③ 제72조 제1항
④ 제72조 제2항
⑤ 위원장은 공익을 대표하는 노동위원회의 위원인 특별조정위원 중에서 호선하고, 당해 노동위원회의 위원이 아닌 자만으로 구성된 경우에는 그중에서 호선한다. 다만, 공익을 대표하는 위원인 특별조정위원이 1인인 경우에는 당해 위원이 위원장이 된다(제73조 제2항).

17 노동조합 및 노동관계조정법상 필수공익사업에 해당하지 않는 사업을 모두 고른 것은?

▸ 공인노무사 제33회

ㄱ. 철도사업	ㄴ. 수도사업
ㄷ. 공중위생사업	ㄹ. 조폐사업
ㅁ. 방송사업	

① ㄱ　② ㄱ, ㄴ　③ ㄴ, ㄷ
④ ㄴ, ㄹ, ㅁ　⑤ ㄷ, ㄹ, ㅁ

해설 ⑤ ㄷ, ㄹ, ㅁ. 제71조

> 제71조(공익사업의 범위등)
> ① 이 법에서 "공익사업"이라 함은 공중의 일상생활과 밀접한 관련이 있거나 국민경제에 미치는 영향이 큰 사업으로서 다음 각 호의 사업을 말한다.
> 1. 정기노선 여객운수사업 및 항공운수사업
> 2. 수도사업, 전기사업, 가스사업, 석유정제사업 및 석유공급사업
> 3. 공중위생사업, 의료사업 및 혈액공급사업
> 4. 은행 및 조폐사업
> 5. 방송 및 통신사업

정답 14 ② 15 ② 16 ② 17 ⑤

② 이 법에서 "필수공익사업"이라 함은 제1항의 공익사업으로서 그 업무의 정지 또는 폐지가 공중의 일상 생활을 현저히 위태롭게 하거나 국민경제를 현저히 저해하고 그 업무의 대체가 용이하지 아니한 다음 각 호의 사업을 말한다.
1. 철도사업, 도시철도사업 및 항공운수사업
2. 수도사업, 전기사업, 가스사업, 석유정제사업 및 석유공급사업
3. 병원사업 및 혈액공급사업
4. 한국은행사업
5. 통신사업

18 노동조합 및 노동관계조정법상 필수공익사업에 해당하는 것을 모두 고른 것은?

▸ 공인노무사 제31회

ㄱ. 공중위생사업　　ㄴ. 통신사업　　ㄷ. 방송사업
ㄹ. 한국은행사업　　ㅁ. 조폐사업　　ㅂ. 병원사업

① ㄱ, ㄹ, ㅂ
② ㄴ, ㄷ, ㅁ
③ ㄴ, ㄹ, ㅂ
④ ㄷ, ㄹ, ㅁ
⑤ ㄷ, ㅁ, ㅂ

해설 상기 문제 해설 참조

19 노동조합 및 노동관계조정법상 노동쟁의의 조정 등에 관한 설명이다. (　　)에 들어갈 내용으로 옳은 것은?

▸ 공인노무사 제30회

- 노동쟁의가 중재에 회부된 때에는 그 날부터 (ㄱ)일간은 쟁의행위를 할 수 없다.
- 관계 당사자는 긴급조정의 결정이 공표된 때에는 즉시 쟁의행위를 중지하여야 하며, 공표일부터 (ㄴ)일이 경과하지 아니하면 쟁의행위를 재개할 수 없다.

① ㄱ : 10, ㄴ : 10
② ㄱ : 10, ㄴ : 15
③ ㄱ : 15, ㄴ : 15
④ ㄱ : 15, ㄴ : 30
⑤ ㄱ : 30, ㄴ : 30

해설
- 노동쟁의가 중재에 회부된 때에는 그 날부터 15일간은 쟁의행위를 할 수 없다(제63조).
- 관계 당사자는 긴급조정의 결정이 공표된 때에는 즉시 쟁의행위를 중지하여야 하며, 공표일부터 30일이 경과하지 아니하면 쟁의행위를 재개할 수 없다(제77조).

20 노동조합 및 노동관계조정법령상 긴급조정에 관한 설명으로 옳지 않은 것은? ▸공인노무사 제34회

① 고용노동부장관은 쟁의행위가 공익사업에 관한 것이거나 그 규모가 크거나 그 성질이 특별한 것으로서 현저히 국민경제를 해하거나 국민의 일상생활을 위태롭게 할 위험이 현존하는 때에는 긴급조정의 결정을 할 수 있다.

② 고용노동부장관은 중앙노동위원회 위원장의 의견을 들어 긴급조정을 결정한 때에는 지체 없이 그 이유를 붙여 이를 공표함과 동시에 중앙노동위원회와 관계 당사자에게 각각 통고하여야 한다.

③ 관계 당사자는 긴급조정의 결정이 공표된 때에는 그 날부터 30일 이내에 쟁의행위를 중지하여야 한다.

④ 긴급조정 결정의 공표는 신문·라디오 그 밖에 공중이 신속히 알 수 있는 방법으로 해야 한다.

⑤ 중앙노동위원회의 위원장은 조정이 성립될 가망이 없다고 인정한 경우에는 공익위원의 의견을 들어 그 사건을 중재에 회부할 것인가의 여부를 결정하여야 한다.

해설 ① 제76조 제1항
② 제76조 제2항·제3항
③ 관계 당사자는 제76조 제3항의 규정에 의한 긴급조정의 결정이 공표된 때에는 즉시 쟁의행위를 중지하여야 하며, 공표일부터 30일이 경과하지 아니하면 쟁의행위를 재개할 수 없다(제77조).
④ 시행령 제32조
⑤ 제79조

21 노동조합 및 노동관계조정법상 긴급조정에 관한 설명으로 옳지 않은 것은? ▸공인노무사 제29회

① 고용노동부장관은 쟁의행위가 공익사업에 관한 것이거나 그 규모가 크거나 그 성질이 특별한 것으로서 현저히 국민경제를 해하거나 국민의 일상생활을 위태롭게 할 위험이 현존하는 때에는 긴급조정의 결정을 할 수 있다.

② 고용노동부장관은 긴급조정을 결정한 때에는 지체 없이 그 이유를 붙여 이를 공표함과 동시에 중앙노동위원회와 관계 당사자에게 각각 통고하여야 한다.

③ 관계 당사자는 긴급조정의 결정이 공표된 때에는 즉시 쟁의행위를 중지하여야 하며, 공표일부터 30일이 경과하지 아니하면 쟁의행위를 재개할 수 없다.

④ 중앙노동위원회의 위원장은 긴급조정이 성립될 가망이 없다고 인정한 경우에는 관계당사자의 의견을 들어 그 사건을 중재에 회부할 것인가의 여부를 결정하여야 한다.

⑤ 중앙노동위원회의 위원장이 중재회부의 결정을 한 때에는 중앙노동위원회는 지체 없이 중재를 행하여야 한다.

정답 18 ③ 19 ④ 20 ③ 21 ④

해설 ①·② 제76조

> **제76조(긴급조정의 결정)**
> ① 고용노동부장관은 쟁의행위가 공익사업에 관한 것이거나 그 규모가 크거나 그 성질이 특별한 것으로서 현저히 국민경제를 해하거나 국민의 일상생활을 위태롭게 할 위험이 현존하는 때에는 긴급조정의 결정을 할 수 있다.
> ② 고용노동부장관은 긴급조정의 결정을 하고자 할 때에는 미리 중앙노동위원회 위원장의 의견을 들어야 한다.
> ③ 고용노동부장관은 제1항 및 제2항의 규정에 의하여 긴급조정을 결정한 때에는 지체 없이 그 이유를 붙여 이를 공표함과 동시에 중앙노동위원회와 관계 당사자에게 각각 통고하여야 한다.

③ **제77조(긴급조정 시의 쟁의행위 중지)**
관계 당사자는 제76조 제3항의 규정에 의한 긴급조정의 결정이 공표된 때에는 즉시 쟁의행위를 중지하여야 하며, **공표일부터 30일이 경과하지 아니하면 쟁의행위를 재개할 수 없다.**
④ 중앙노동위원회의 위원장은 긴급조정이 성립될 가망이 없다고 인정한 경우에는 공익위원의 의견을 들어 그 사건을 중재에 회부할 것인가의 여부를 결정하여야 한다(제79조 제1항).
⑤ 제79조, 제80조

22 노동조합 및 노동관계조정법령상 긴급조정에 관한 설명으로 옳지 않은 것은?

▸ 공인노무사 제27회

① 고용노동부장관은 쟁의행위가 그 성질이 특별한 것으로서 현저히 국민경제를 해하거나 국민의 일상생활을 위태롭게 할 위험이 현존하는 때에는 긴급조정의 결정을 할 수 있다.
② 고용노동부장관은 긴급조정의 결정을 하고자 할 때에는 미리 중앙노동위원회 위원장의 의견을 들어야 한다.
③ 긴급조정이 결정되면 관계 당사자는 즉시 쟁의행위를 중지하여야 하며, 결정일부터 30일이 경과하지 아니하면 쟁의행위를 재개할 수 없다.
④ 고용노동부장관은 긴급조정을 결정한 때에는 지체 없이 이를 공표하여야 한다.
⑤ 중앙노동위원회는 법령에 따라 긴급조정 결정의 통고를 받은 때에는 지체 없이 조정을 개시하여야 한다.

해설 ① 제76조 제1항
② 제76조 제2항
③ 관계 당사자는 제76조 제3항의 규정에 의한 긴급조정의 결정이 공표된 때에는 즉시 쟁의행위를 중지하여야 하며, 공표일부터 30일이 경과하지 아니하면 쟁의행위를 재개할 수 없다(제77조).
④ 고용노동부장관은 제1항 및 제2항의 규정에 의하여 긴급조정을 결정한 때에는 지체 없이 그 이유를 붙여 이를 공표함과 동시에 중앙노동위원회와 관계 당사자에게 각각 통고하여야 한다(제76조 제3항).
⑤ 제78조

23 노동조합 및 노동관계조정법령상 긴급조정에 관한 설명으로 옳지 않은 것은?

▸ 공인노무사 제25회

① 중앙노동위원회는 고용노동부장관으로부터 긴급조정 결정의 통고를 받은 때에는 지체 없이 조정을 개시하여야 한다.

② 관계 당사자는 긴급조정의 결정이 공표된 때에는 즉시 쟁의행위를 중지하여야 하며, 공표일부터 30일이 경과하지 아니하면 쟁의행위를 재개할 수 없다.

③ 중앙노동위원회의 위원장은 조정이 성립될 가망이 없다고 인정한 경우에는 공익위원의 의견을 들어 그 사건을 중재에 회부할 것인가의 여부를 결정하여야 한다.

④ 고용노동부장관은 긴급조정의 결정을 하고자 할 때에는 미리 중앙노동위원회 위원장의 동의를 얻어야 한다.

⑤ 고용노동부장관은 쟁의행위가 공익사업에 관한 것이거나 그 규모가 크거나 그 성질이 특별한 것으로서 현저히 국민경제를 해하거나 국민의 일상생활을 위태롭게 할 위험이 현존하는 때에는 긴급조정의 결정을 할 수 있다.

해설
① 제78조
② 제77조
③ 제79조 제1항
④ 고용노동부장관은 긴급조정의 결정을 하고자 할 때에는 미리 중앙노동위원회 위원장의 의견을 들어야 한다(제76조 제2항).
⑤ 제76조 제1항

24 노동조합 및 노동관계조정법상 노동쟁의의 조정에 관한 설명으로 옳은 것은?

▸ 공인노무사 제33회

① 조정위원회의 조정위원은 당해 노동위원회의 공익을 대표하는 위원 중에서 관계 당사자의 합의로 선정한 자에 대하여 그 노동위원회의 위원장이 지명한다.

② 노동위원회의 위원장은 조정위원회의 구성이 어려운 경우 노동위원회의 각 근로자를 대표하는 위원, 사용자를 대표하는 위원 및 공익을 대표하는 위원 각 1인씩 3인을 조정위원으로 지명할 수 있다.

③ 단독조정인은 그 노동위원회의 공익을 대표하는 위원 중에서 노동조합과 사용자가 순차적으로 배제하고 남은 4인 내지 6인 중에서 노동위원회의 위원장이 지명한다.

④ 중재위원회의 중재위원은 당해 노동위원회의 위원 중에서 사용자를 대표하는 자, 근로자를 대표하는 자 및 공익을 대표하는 자 각 1인을 그 노동위원회의 위원장이 지명한다.

⑤ 특별조정위원회의 특별조정위원은 관계 당사자가 합의로 당해 노동위원회의 위원이 아닌 자를 추천하는 경우에는 그 추천된 자를 노동위원회의 위원장이 지명한다.

정답 22 ③ 23 ④ 24 ⑤

해설 ① 조정위원은 당해 노동위원회의 위원 중에서 사용자를 대표하는 자, 근로자를 대표하는 자 및 공익을 대표하는 자 각 1인을 그 노동위원회의 위원장이 지명하되, 근로자를 대표하는 조정위원은 사용자가, 사용자를 대표하는 조정위원은 노동조합이 각각 추천하는 노동위원회의 위원 중에서 지명하여야 한다. 다만, 조정위원회의 회의 3일 전까지 관계 당사자가 추천하는 위원의 명단제출이 없을 때에는 당해 위원을 위원장이 따로 지명할 수 있다(제55조 제3항).

② 노동위원회의 위원장은 근로자를 대표하는 위원 또는 사용자를 대표하는 위원의 불참 등으로 인하여 제3항의 규정에 따른 조정위원회의 구성이 어려운 경우 노동위원회의 공익을 대표하는 위원 중에서 3인을 조정위원으로 지명할 수 있다. 다만, 관계 당사자 쌍방의 합의로 선정한 노동위원회의 위원이 있는 경우에는 그 위원을 조정위원으로 지명한다(제55조 제4항).

③ 단독조정인은 당해 노동위원회의 위원 중에서 관계 당사자의 쌍방의 합의로 선정된 자를 그 노동위원회의 위원장이 지명한다(제57조 제2항).

④ 중재위원은 당해 노동위원회의 공익을 대표하는 위원 중에서 관계 당사자의 합의로 선정한 자에 대하여 그 노동위원회의 위원장이 지명한다. 다만, 관계 당사자 간에 합의가 성립되지 아니한 경우에는 노동위원회의 공익을 대표하는 위원 중에서 지명한다(제64조 제3항).

⑤ 특별조정위원은 그 노동위원회의 공익을 대표하는 위원 중에서 노동조합과 사용자가 순차적으로 배제하고 남은 4인 내지 6인 중에서 노동위원회의 위원장이 지명한다. 다만, 관계 당사자가 합의로 당해 노동위원회의 위원이 아닌 자를 추천하는 경우에는 그 추천된 자를 지명한다(제72조 제3항).

25 노동조합 및 노동관계조정법령상 조정 및 중재에 관한 설명으로 옳은 것은?

▸ 공인노무사 제28회

① 노동위원회는 조정위원회 또는 단독조정인이 조정의 종료를 결정한 후에도 노동쟁의 해결을 위하여 조정을 할 수 있다.

② 노동쟁의가 노동위원회의 중재에 회부된 때에는 그날부터 10일간은 쟁의행위를 할 수 없다.

③ 노동쟁의의 중재를 위하여 당해 노동위원회의 위원중에서 사용자를 대표하는 자, 근로자를 대표하는 자 및 공익을 대표하는 자 각 1인으로 구성된 중재위원회를 둔다.

④ 중앙노동위원회 위원장은 긴급조정의 결정을 하고자 할 때에는 미리 고용노동부장관의 의견을 들어야 한다.

⑤ 관계 당사자는 긴급조정의 결정이 공표된 때에는 즉시 쟁의행위를 중지하여야 하며, 공표일부터 15일이 경과하지 아니하면 쟁의행위를 재개할 수 없다.

해설 ① 노동위원회는 제60조 제2항의 규정에 따른 조정의 종료가 결정된 후에도 노동쟁의의 해결을 위하여 조정을 할 수 있다(제61조의2 제1항).

② 노동쟁의가 중재에 회부된 때에는 그 날부터 15일간은 쟁의행위를 할 수 없다(제63조).

③ 중재위원은 당해 노동위원회의 공익을 대표하는 위원 중에서 관계 당사자의 합의로 선정한 자에 대하여 그 노동위원회의 위원장이 지명한다. 다만, 관계 당사자 간에 합의가 성립되지 아니한 경우에는 노동위원회의 공익을 대표하는 위원 중에서 지명한다(제64조 제3항).

④ 고용노동부장관은 긴급조정의 결정을 하고자 할 때에는 미리 중앙노동위원회 위원장의 의견을 들어야 한다(제76조 제2항).

⑤ 관계 당사자는 제76조 제3항의 규정에 의한 긴급조정의 결정이 공표된 때에는 즉시 쟁의행위를 중지하여야 하며, 공표일부터 30일이 경과하지 아니하면 쟁의행위를 재개할 수 없다(제77조).

26 **노동조합 및 노동관계조정법상 노동쟁의의 조정 등에 관한 설명이다. ( )에 들어갈 내용으로 옳은 것은?** ▸ 공인노무사 제33회

- 조정위원회는 조정안이 관계 당사자의 쌍방에 의하여 수락된 후 그 해석 또는 이행방법에 관하여 관계 당사자간에 의견의 불일치가 있어 명확한 견해의 제시를 요청받은 때에는 그 요청을 받은 날부터 (ㄱ)일 이내에 명확한 견해를 제시하여야 한다.
- 노동쟁의가 중재에 회부된 때에는 그 날부터 (ㄴ)일간은 쟁의행위를 할 수 없다.
- 관계 당사자는 긴급조정의 결정이 공표된 때에는 즉시 쟁의행위를 중지하여야 하며, 공표일부터 (ㄷ)일이 경과하지 아니하면 쟁의행위를 재개할 수 없다.

① ㄱ : 7, ㄴ : 7, ㄷ : 10
② ㄱ : 7, ㄴ : 15, ㄷ : 30
③ ㄱ : 10, ㄴ : 10, ㄷ : 15
④ ㄱ : 10, ㄴ : 15, ㄷ : 30
⑤ ㄱ : 15, ㄴ : 30, ㄷ : 30

해설
- 조정안이 관계 당사자의 쌍방에 의하여 수락된 후 그 해석 또는 이행방법에 관하여 관계 당사자간에 의견의 불일치가 있는 때에는 관계 당사자는 당해 조정위원회 또는 단독조정인에게 그 해석 또는 이행방법에 관한 명확한 견해의 제시를 요청하여야 한다(제60조 제3항). 조정위원회 또는 단독조정인은 제3항의 규정에 의한 요청을 받은 때에는 그 요청을 받은 날부터 7일 이내에 명확한 견해를 제시하여야 한다(제60조 제4항).
- 노동쟁의가 중재에 회부된 때에는 그 날부터 15일간은 쟁의행위를 할 수 없다(제63조).
- 관계 당사자는 제76조 제3항의 규정에 의한 긴급조정의 결정이 공표된 때에는 즉시 쟁의행위를 중지하여야 하며, 공표일부터 30일이 경과하지 아니하면 쟁의행위를 재개할 수 없다(제77조).

정답 25 ① 26 ②

Section 07 부당노동행위

01 노동조합 및 노동관계조정법상 부당노동행위에 관한 설명으로 옳지 않은 것은? (다툼이 있으면 판례에 따름)

▸공인노무사 제34회

① 부당노동행위 구제의 신청은 부당노동행위가 있은 날(계속하는 행위는 그 종료일)부터 6월 이내에 이를 행하여야 한다.

② 확정된 부당노동행위 구제명령에 위반한 자는 3년 이하의 징역 또는 3천만원 이하의 벌금에 처한다.

③ 지방노동위원회의 부당노동행위 구제신청에 대한 기각결정에 대하여는 결정서의 송달을 받은 날로부터 10일 이내에 중앙노동위원회에 재심을 신청할 수 있다.

④ 근로자가 '노동조합의 업무를 위한 정당한 행위'를 하고 사용자가 이를 이유로 근로자에 대하여 해고 등의 불이익을 주는 차별적 취급행위를 한 경우에는 부당노동행위가 성립하고, 그 사실의 주장 및 증명책임은 부당노동행위임을 주장하는 측에 있다.

⑤ 부당노동행위의 예방・제거는 노동위원회의 구제명령을 통해서 이루어지는 것이므로, 구제명령을 이행할 수 있는 법률적 또는 사실적인 권한이나 능력을 가지는 지위에 있는 한 그 한도 내에서는 부당노동행위의 주체로서 구제명령의 대상자인 사용자에 해당한다고 볼 수 있을 것이다.

해설 ① 사용자의 부당노동행위로 인하여 그 권리를 침해당한 근로자 또는 노동조합은 노동위원회에 그 구제를 신청할 수 있다(제82조 제1항). 제1항의 규정에 의한 구제의 신청은 부당노동행위가 있은 날(계속하는 행위는 그 종료일)부터 **3월** 이내에 이를 행하여야 한다(제82조 제2항).

② 제89조 제2호

③ 제85조 제1항

④ 노동조합법 제39조 제1호는 '근로자가 노동조합에 가입 또는 가입하려고 하였거나 노동조합을 조직하려고 하였거나 기타 노동조합의 업무를 위한 정당한 행위를 한 것을 이유로 그 근로자를 해고하거나 그 근로자에게 불이익을 주는 행위'를 사용자의 부당노동행위의 한 유형으로 규정하고 있으므로, 같은 법조의 부당노동행위가 성립하기 위해서는 근로자가 '노동조합의 업무를 위한 정당한 행위'를 하고 사용자가 이를 이유로 근로자에 대하여 해고 등의 불이익을 주는 행위를 한 경우라야 하며, 그 사실의 주장 및 입증책임은 부당노동행위임을 주장하는 근로자에게 있다(대판 1996.9.10. 95누16738).

⑤ 대판 2010.3.25. 2007두8881

02 **노동조합 및 노동관계조정법상 부당노동행위에 관한 설명으로 옳지 않은 것은? (다툼이 있으면 판례에 따름)**

▸ 공인노무사 제34회

① 회사 대표이사가 조합원에게 해고 또는 불이익한 대우를 하겠다는 의사표시를 하였으나 이를 현실화하지 않았더라도 이 법 제81조 제1항 제1호에서 정한 부당노동행위에 해당한다.

② 특정 노동조합에 가입하려고 하거나 특정 노동조합과 연대하려고 하는 노동조합에 대한 부당노동행위로 인하여 특정 노동조합의 권리가 침해당할 수 있는 경우에는 그 특정 노동조합이 부당노동행위의 직접 상대방이 아닌 경우에도 자신의 명의로 부당노동행위에 대한 구제신청을 할 수 있다.

③ 노동조합의 자주적인 운영 또는 활동을 침해할 위험이 없는 범위에서의 운영비 원조행위는 부당노동행위로 보지 않는다.

④ 노동조합의 대표자 또는 노동조합으로부터 위임을 받은 자와의 단체협약체결 기타의 단체교섭을 정당한 이유 없이 거부하거나 해태하는 행위는 부당노동행위에 해당한다.

⑤ 중앙노동위원회의 재심판정에 대하여 사용자가 행정소송을 제기한 경우에 관할법원은 중앙노동위원회의 신청에 의하여 결정으로써, 판결이 확정될 때까지 중앙노동위원회의 구제명령의 전부 또는 일부를 이행하도록 명할 수 있다.

해설 ① 여기서 '불이익을 주는 행위'란 해고 이외에 그 근로자에게 휴직・전직・배치전환・감봉 등 법률적・경제적으로 불이익한 대우를 하는 것을 의미하는 것으로서 어느 것이나 현실적인 행위나 조치로 나타날 것을 요한다고 할 것이므로, 단순히 그 근로자에게 향후 불이익한 대우를 하겠다는 의사를 말로써 표시하는 것만으로는, 위 법 제81조 제4호에 규정된 노동조합의 조직 또는 운영을 지배하거나 이에 개입하는 행위에 해당한다고 할 수 있음은 별론으로 하고 위 법 제81조 제1호 소정의 불이익을 주는 행위에 해당한다고는 볼 수 없다(대판 2004.8.30, 2004도3891).

② 노동조합으로서는 자신에 대한 사용자의 부당노동행위가 있는 경우뿐만 아니라, 그 소속 조합원으로 가입한 근로자 또는 그 소속 조합원으로 가입하려고 하는 근로자에 대하여 사용자의 부당노동행위가 있는 경우에도 노동조합의 권리가 침해당할 수 있으므로, 그 경우에도 자신의 명의로 부당노동행위에 대한 구제신청을 할 수 있는 권리를 가진다. 이러한 법리는 다른 노동조합에 가입하려고 하거나 다른 노동조합과 연대하려고 하는 노동조합에 대하여 사용자의 부당노동행위가 있는 경우에도 적용된다. 따라서 특정 노동조합에 가입하려고 하거나 특정 노동조합과 연대하려고 하는 노동조합에 대한 부당노동행위로 인하여 특정 노동조합의 권리가 침해당할 수 있는 경우에는 그 특정 노동조합이 부당노동행위의 직접 상대방이 아닌 경우에도 자신의 명의로 부당노동행위에 대한 구제신청을 할 수 있다(대판 2022.5.12, 2017두54005).

③ 제81조 제1항 제4호 단서

④ 제81조 제1항 제3호

⑤ 제85조 제5항

정답 01 ① 02 ①

03 **노동조합 및 노동관계조정법상 부당노동행위에 관한 설명으로 옳지 않은 것은?**

▸ 공인노무사 제31회

① 근로시간 면제한도를 초과하여 사용자가 급여를 지급하더라도 부당노동행위가 성립하지 않는다.

② 사용자가 근로자의 후생자금을 위해 기금을 기부하는 경우에 부당노동행위가 성립하지 않는다.

③ 노동조합이 해당 사업장에 종사하는 근로자의 3분의 2 이상을 대표하고 있을 때에 근로자가 그 노동조합의 조합원이 될 것을 고용조건으로 하는 단체협약의 체결은 부당노동행위에 해당하지 않는다.

④ 사용자가 최소한의 규모의 노동조합 사무소를 제공하는 경우 부당노동행위가 성립하지 않는다.

⑤ 사용자가 노동조합으로부터 위임을 받은 자와의 단체협약체결 기타의 단체교섭을 정당한 이유 없이 거부하거나 해태하는 경우 부당노동행위가 성립할 수 있다.

해설 ①·②·④ 사용자는 다음의 행위를 할 수 없다. 근로자가 노동조합을 조직 또는 운영하는 것을 지배하거나 이에 개입하는 행위와 근로시간 면제한도를 초과하여 급여를 지급하거나 노동조합의 운영비를 원조하는 행위. 다만, 근로자가 근로시간 중에 제24조 제2항에 따른 활동을 하는 것을 사용자가 허용함은 무방하며, 또한 근로자의 후생자금 또는 경제상의 불행 그 밖에 재해의 방지와 구제 등을 위한 기금의 기부와 최소한의 규모의 노동조합사무소의 제공 및 그 밖에 이에 준하여 노동조합의 자주적인 운영 또는 활동을 침해할 위험이 없는 범위에서의 운영비 원조행위는 예외로 한다(제81조 제1항 제4호).

③ 제81조 제1항 제2호 단서

⑤ 제81조 제1항 제3호

04 **노동조합 및 노동관계조정법상 부당노동행위에 관한 설명으로 옳지 않은 것은? (다툼이 있으면 판례에 따름)**

▸ 공인노무사 제30회

① 노동조합을 조직하려고 하였다는 이유로 근로자에 대하여 한 부당노동행위에 대하여는 후에 설립된 노동조합은 독자적인 구제신청권을 가지지 않는다.

② 단체협약 등 노사 간 합의에 의한 경우라도 타당한 근거 없이 과다하게 책정된 급여를 근로시간 면제자에게 지급하는 사용자의 행위는 부당노동행위가 될 수 있다.

③ 근로자가 노동조합의 업무를 위한 정당한 행위를 한 것을 이유로 그 근로자에게 불이익을 주는 사용자의 행위는 부당노동행위에 해당한다.

④ 특정 근로자가 파업에 참가하였거나 노조활동에 적극적이라는 이유로 해당 근로자에게 연장근로 등을 거부하는 것은 해당 근로자에게 경제적 내지 업무상의 불이익을 주는 행위로서 부당노동행위에 해당할 수 있다.

⑤ 부당노동행위에 대한 사실의 주장 및 증명책임은 부당노동행위임을 주장하는 측에 있다.

해설 ① 노동조합을 조직하려고 하였다는 이유로 근로자에 대하여 한 부당노동행위에 대하여는 후에 설립된 노동조합도 (구)노동조합법 제40조 제1항에 의하여 독자적인 구제신청권을 가지고 있다고 보아야 한다(대판 1991.1.25, 90누4952).
② 대판 2016.4.28, 2014두11137
③ 제81조 제1항 제1호
④ 일반적으로 근로자가 연장 또는 휴일근로를 희망할 경우 회사에서 반드시 이를 허가하여야 할 의무는 없지만, 특정 근로자가 파업에 참가하였거나 노조활동에 적극적이라는 이유로 해당 근로자에게 연장근로 등을 거부하는 것은 해당 근로자에게 경제적 내지 업무상의 불이익을 주는 행위로서 부당노동행위에 해당할 수 있다(대판 2006.9.8, 2006도388).
⑤ 사용자의 행위가 노동조합 및 노동관계조정법에서 정한 부당노동행위에 해당한다는 점에 관한 증명책임은 근로자 또는 노동조합이 진다(대판 2011.7.28, 2009두9574).

05 **노동조합 및 노동관계조정법상 부당노동행위에 관한 설명으로 옳지 않은 것은? (다툼이 있으면 판례에 따름)**

▸ 공인노무사 제29회

① 사용자가 근로자를 해고함에 있어서 표면적으로 내세우는 해고사유와는 달리 실질적으로 근로자의 정당한 조합활동을 이유로 해고한 것으로 인정되는 경우에는 그 해고는 부당노동행위라고 보아야 한다.
② 근로자에 대한 인사고과가 상여금의 지급기준이 되는 사업장에서 사용자가 특정 노동조합의 조합원이라는 이유로 다른 노동조합의 조합원 또는 비조합원보다 불리하게 인사고과를 하여 상여금을 적게 지급하는 불이익을 주었다면 그러한 사용자의 행위도 부당노동행위에 해당할 수 있다.
③ 지배・개입으로서의 부당노동행위가 성립하기 위해서는 근로자의 단결권의 침해라는 결과의 발생을 요구한다.
④ 노동조합의 자주성을 저해하거나 저해할 위험이 현저하지 않은 운영비 원조 행위를 부당노동행위로 규제하는 것은 헌법에 합치되지 아니한다.
⑤ 단체협약 등 노사 간 합의에 의한 경우라도 타당한 근거 없이 과다하게 책정된 급여를 근로시간 면제자에게 지급하는 사용자의 행위는 부당노동행위가 될 수 있다.

해설 ① 대판 2000.4.11, 99두2963
② **근로자에 대한 인사고과가 상여금의 지급기준이 되는 사업장에서 사용자가 특정 노동조합의 조합원이라는 이유로 다른 노동조합의 조합원 또는 비조합원보다 불리하게 인사고과를 하여 상여금을 적게 지급하는 불이익을 주었다면 그러한 사용자의 행위도 부당노동행위에 해당**할 수 있다. 이 경우 사용자의 행위가 부당노동행위에 해당하는지 여부는, 특정 노동조합의 조합원 집단과 다른 노동조합의 조합원 또는 비조합원 집단을 전체적으로 비교하여 양 집단이 서로 동질의 균등한 근로자 집단임에도 불구하고 인사고과에 양 집단 사이에 통계적으로 유의미한 격차가 있었는

정답 03 ① 04 ① 05 ③

지, 인사고과의 그러한 격차가 특정 노동조합의 조합원임을 이유로 불이익취급을 하려는 사용자의 반조합적 의사에 기인한다고 볼 수 있는 객관적인 사정이 있었는지, 인사고과에서의 그러한 차별이 없었더라도 동등한 수준의 상여금이 지급되었을 것은 아닌지 등을 심리하여 판단하여야 한다(대판 2018.12.27, 2017두37031).

③ 회사의 일련의 행위가 노동조합의 활동을 방해하려는 의도로 이루어진 것이고, 다만 이로 인하여 근로자의 단결권 침해의 결과가 발생하지 않았다고 하더라도 지배·개입으로서의 부당노동행위에 해당한다고 할 것이다(대판 1997.5.7, 96누2057).

④ 헌재 2018.5.31, 2012헌바90

⑤ 단체협약 등 노사 간 합의에 의한 경우라도 타당한 근거 없이 과다하게 책정된 급여를 근로시간 면제자에게 지급하는 사용자의 행위는 노동조합 및 노동관계조정법 제81조 제4호 단서에서 허용하는 범위를 벗어나는 것으로서 노조전임자 급여 지원 행위나 노동조합 운영비 원조 행위에 해당하는 부당노동행위가 될 수 있다(대판 2016.4.28, 2014두11137).

06 노동조합 및 노동관계조정법령상 부당노동행위에 관한 설명으로 옳지 않은 것은? (다툼이 있으면 판례에 따름)

▸ 공인노무사 제28회

① 부당노동행위에 대한 증명책임은 이를 주장하는 근로자 또는 노동조합에 있다.

② 사용자가 근로자를 해고함에 있어서 표면적으로 내세우는 해고사유와는 달리 실질적으로 근로자의 정당한 조합활동을 이유로 해고한 것으로 인정되는 경우에는 그 해고는 부당노동행위로 보아야 한다.

③ 불이익 취급의 부당노동행위는 현실적인 행위나 조치로 나타날 것을 요하지 않으므로 그 근로자에게 향후 불이익한 대우를 하겠다는 의사를 말로써 표시하는 것으로 성립한다.

④ 근로자가 노동조합의 업무를 위한 정당한 행위를 하고 사용자가 이를 이유로 근로자에 대하여 해고 등의 불이익을 주는 차별적 취급행위는 부당노동행위에 해당한다.

⑤ 일반적으로 근로자가 연장근로를 희망할 경우 회사에서 반드시 이를 허가하여야 할 의무는 없지만, 특정 근로자가 파업에 참가하였다는 이유로 해당 근로자에게 연장근로를 거부하는 것은 해당 근로자에게 경제적 불이익을 주는 행위로서 부당노동행위에 해당할 수 있다.

해설 ① 사용자의 행위가 노동조합 및 노동관계조정법에서 정한 부당노동행위에 해당한다는 점에 관한 증명책임은 근로자 또는 노동조합이 진다(대판 2011.7.28, 2009두9574).

② 사용자가 근로자를 해고함에 있어서 표면적으로 내세우는 해고사유와는 달리 실질적으로는 근로자의 정당한 노동조합 활동을 이유로 해고한 것으로 인정되는 경우에 있어서는 그 해고는 부당노동행위라고 보아야 할 것이다(대판 2000.4.11, 99두2963).

③ 여기서 '불이익을 주는 행위'란 해고 이외에 그 근로자에게 휴직·전직·배치전환·감봉 등 법률적·경제적으로 불이익한 대우를 하는 것을 의미하는 것으로서 어느 것이나 현실적인 행위나 조치로 나타날 것을 요한다고 할 것이므로, 단순히 그 근로자에게 향후 불이익한 대우를 하겠다는 의사를 말로써 표시하는 것만으로는, 노동조합 및 노동관계조정법 제81조 제4호에 규정된 노동

조합의 조직 또는 운영을 지배하거나 이에 개입하는 행위에 해당한다고 할 수 있음은 별론으로 하고 노동조합 및 노동관계조정법 제81조 제1호 소정의 불이익을 주는 행위에 해당한다고는 볼 수 없다(대판 2004.8.30, 2004도3891).

④ 제81조 제1항 제1호

⑤ 일반적으로 근로자가 연장 또는 휴일근로를 희망할 경우 회사에서 반드시 이를 허가하여야 할 의무는 없지만, 특정 근로자가 파업에 참가하였거나 노조활동에 적극적이라는 이유로 해당 근로자에게 연장근로 등을 거부하는 것은 해당 근로자에게 경제적 내지 업무상의 불이익을 주는 행위로서 부당노동행위에 해당할 수 있다(대판 2006.9.8, 2006도388).

07 노동조합 및 노동관계조정법상 부당노동행위에 관한 설명으로 옳은 것은 모두 몇 개인가?

▸ 공인노무사 제33회

- 사용자의 부당노동행위로 인하여 그 권리를 침해당한 근로자 또는 노동조합은 노동위원회에 그 구제를 신청할 수 있다.
- 노동위원회는 부당노동행위 구제신청을 받은 때에는 지체 없이 필요한 조사와 관계 당사자의 심문을 하여야 한다.
- 근로자가 노동조합의 업무를 위한 정당한 행위를 한 것을 이유로 그 근로자에게 불이익을 주는 사용자의 행위는 부당노동행위에 해당한다.
- 부당노동행위 구제의 신청은 부당노동행위가 있은 날(계속하는 행위는 그 종료일)부터 3월 이내에 이를 행하여야 한다.

① 0개
② 1개
③ 2개
④ 3개
⑤ 4개

해설
- 제82조 제1항
- 제83조 제1항
- 제81조 제1항 제1호
- 제82조 제2항

정답 06 ③ 07 ⑤

08 **노동조합 및 노동관계조정법 제81조(부당노동행위) 제1항 제4호 단서에 따른 "노동조합의 자주적인 운영 또는 활동을 침해할 위험" 여부를 판단할 때 고려하여야 하는 사항이 아닌 것은?**

▸ 공인노무사 제31회

① 원조된 운영비의 관리방법 및 사용처
② 원조된 운영비가 노동조합의 총지출에서 차지하는 비율
③ 원조된 운영비 금액과 원조방법
④ 원조된 운영비 횟수와 기간
⑤ 운영비 원조의 목적과 경위

해설 제81조 제1항 제4호 단서에 따른 "노동조합의 자주적 운영 또는 활동을 침해할 위험" 여부를 판단할 때에는 다음 각 호의 사항을 고려하여야 한다(제81조 제2항).

1. 운영비 원조의 목적과 경위
2. 원조된 운영비 횟수와 기간
3. 원조된 운영비 금액과 원조방법
4. 원조된 운영비가 노동조합의 총수입에서 차지하는 비율
5. 원조된 운영비의 관리방법 및 사용처 등

09 **노동조합 및 노동관계조정법상 부당노동행위 구제에 관한 설명으로 옳은 것은?**

▸ 공인노무사 제31회

① 사용자의 부당노동행위로 인하여 그 권리를 침해당한 근로자는 노동위원회에 그 구제를 신청할 수 없다.
② 노동위원회가 관계 당사자의 심문을 할 때에는 관계당사자의 신청 없이는 증인을 출석하게 하여 필요한 사항을 질문할 수 없다.
③ 부당노동행위 구제의 신청은 계속하는 부당노동행위의 경우 그 종료일부터 3월 이내에 행하여야 한다.
④ 지방노동위원회의 기각결정에 불복이 있는 관계 당사자는 그 결정이 있은 날부터 10일 이내에 중앙노동위원회에 그 재심을 신청할 수 있다.
⑤ 중앙노동위원회의 재심판정은 행정소송의 제기에 의하여 그 효력이 정지된다.

해설 ① 사용자의 부당노동행위로 인하여 그 권리를 침해당한 근로자 또는 노동조합은 노동위원회에 그 구제를 신청할 수 있다(제82조 제1항).
② 노동위원회는 제83조 제1항의 규정에 의한 심문을 할 때에는 관계 당사자의 신청에 의하거나 그 직권으로 증인을 출석하게 하여 필요한 사항을 질문할 수 있다(제83조 제2항).
③ 부당노동행위 구제 신청은 부당노동행위가 있은 날(계속하는 행위는 그 종료일)부터 3월 이내에 이를 행하여야 한다(제82조 제2항).

④ 지방노동위원회 또는 특별노동위원회의 구제명령 또는 기각결정에 불복이 있는 관계 당사자는 그 명령서 또는 결정서의 송달을 받은 날부터 10일 이내에 중앙노동위원회에 그 재심을 신청할 수 있다(제85조 제1항).

⑤ 노동위원회의 구제명령・기각결정 또는 재심판정은 제85조의 규정에 의한 중앙노동위원회에의 재심신청이나 행정소송의 제기에 의하여 그 효력이 정지되지 아니한다(제86조).

10 노동조합 및 노동관계조정법상 부당노동행위 구제에 관한 설명으로 옳지 않은 것은?

▸ 공인노무사 제30회

① 부당노동행위 구제의 신청은 부당노동행위가 있은 날(계속하는 행위는 그 종료일)부터 3월 이내에 이를 행하여야 한다.

② 노동위원회는 부당노동행위 구제신청을 받은 때에는 지체없이 필요한 조사와 관계 당사자의 심문을 하여야 한다.

③ 사용자의 부당노동행위로 인하여 그 권리를 침해당한 노동조합은 노동위원회에 그 구제를 신청할 수 있다.

④ 노동위원회는 부당노동행위 구제신청에 따른 심문을 할 때에는 직권으로 증인을 출석하게 하여 필요한 사항을 질문할 수 있다.

⑤ 지방노동위원회의 구제명령에 불복이 있는 관계 당사자는 그 명령서의 송달을 받은 날부터 15일 이내에 중앙노동위원회에 그 재심을 신청할 수 있다.

해설 ① 제82조 제2항

② 제83조 제1항

③ 제82조 제1항

④ 제83조 제2항

⑤ 지방노동위원회 또는 특별노동위원회의 구제명령 또는 기각결정에 불복이 있는 관계 당사자는 그 명령서 또는 결정서의 송달을 받은 날부터 10일 이내에 중앙노동위원회에 그 재심을 신청할 수 있다(제85조 제1항).

정답 08 ② 09 ③ 10 ⑤

11 노동조합 및 노동관계조정법상 부당노동행위 구제에 관한 설명으로 옳지 않은 것은?

▸ 공인노무사 제29회

① 지방노동위원회의 구제명령 또는 기각결정에 불복이 있는 관계 당사자는 그 명령서 또는 결정서의 송달을 받은 날부터 10일 이내에 중앙노동위원회에 그 재심을 신청할 수 있다.

② 중앙노동위원회의 재심판정에 대하여 관계 당사자는 그 재심판정서의 송달을 받은 날부터 15일 이내에 행정소송법이 정하는 바에 의하여 소를 제기 할 수 있다.

③ 노동위원회의 판정·명령 및 결정은 서면으로 하되, 이를 당해 사용자와 신청인에게 각각 교부하여야 한다.

④ 사용자가 행정소송을 제기한 경우 관할법원은 노동조합의 신청에 의하여 결정으로써, 판결이 확정될 때까지 중앙노동위원회의 구제명령의 전부 또는 일부를 이행하도록 명할 수 있다.

⑤ 노동위원회의 구제명령·기각결정 또는 재심판정은 중앙노동위원회에의 재심신청이나 행정소송의 제기에 의하여 효력이 정지되지 아니한다.

해설 ① 제85조 제1항

② 제85조 제2항

③ 제84조 제2항

④ 사용자가 제85조 제2항의 규정에 의하여 행정소송을 제기한 경우에 관할법원은 중앙노동위원회의 신청에 의하여 결정으로써, 판결이 확정될 때까지 중앙노동위원회의 구제명령의 전부 또는 일부를 이행하도록 명할 수 있으며, 당사자의 신청에 의하여 또는 직권으로 그 결정을 취소할 수 있다(제85조 제5항).

⑤ 제86조

12 노동조합 및 노동관계조정법령상 부당노동행위 구제제도에 관한 설명으로 옳지 않은 것은? (다툼이 있으면 판례에 따름)

▸ 공인노무사 제28회

① 노동위원회의 사용자에 대한 부당노동행위 구제명령은 사용자에게 공법상의 의무를 부담시킬 뿐, 직접 노사 간의 사법상의 법률관계를 발생 또는 변경시키는 것은 아니다.

② 사용자의 부당노동행위로 인하여 그 권리를 침해당한 근로자 또는 노동조합은 부당노동행위가 있은 날(계속하는 행위는 그 종료일)부터 3월 이내에 구제를 신청해야 한다.

③ 노동위원회는 부당노동행위에 대한 심문을 함에 있어서는 관계 당사자에 대하여 증거의 제출과 증인에 대한 반대심문을 할 수 있는 충분한 기회를 주어야 한다.

④ 노동위원회는 부당노동행위 구제명령을 받은 후 이행기한까지 구제명령을 이행하지 아니한 사용자에게 이행강제금을 부과한다.

⑤ 중앙노동위원회의 재심판정에 불복하여 사용자가 행정소송을 제기한 경우 관할법원은 중앙노동위원회의 신청에 의하여 결정으로써, 판결이 확정될 때까지 중앙노동위원회의 구제명령의 전부 또는 일부를 이행하도록 명할 수 있다.

해설 ① 노동조합법 제40조 이하의 구제절차에 따른 구제명령은 사용자에 대하여 명령에 복종하여야 할 공법상의 의무를 부담시킬 뿐 직접 근로자와 사용자 간의 사법상의 법률관계를 발생 또는 변경시키는 것은 아니므로 노동조합법 제40조 이하의 규정에 의한 구제절차에서 구제신청을 기각하는 노동위원회의 결정이 확정되었다 할지라도 근로자는 사법상의 지위의 확보 및 권리의 구제를 받기 위하여 별도로 민사소송을 제기할 수 있다(대판 1992.5.22. 91다22100).

② 제82조 제2항

③ 제83조 제3항

④ 이행강제금은 부당해고 구제제도에만 적용된다.

⑤ 제85조 제5항

13 노동조합 및 노동관계조정법령상 부당노동행위 구제에 관한 설명으로 옳은 것은?

▸ 공인노무사 제27회

① 부당노동행위로 그 권리를 침해당한 근로자는 노동조합을 통해서만 노동위원회에 구제를 신청할 수 있다.

② 부당노동행위가 계속하는 행위인 경우에는 그 종료일부터 6월 이내에 구제신청을 하여야 한다.

③ 지방노동위원회의 구제명령에 불복이 있는 관계 당사자는 그 명령서의 송달을 받은 날부터 15일 이내에 중앙노동위원회에 재심을 신청할 수 있다.

④ 중앙노동위원회의 재심판정에 대하여 관계 당사자는 그 재심판정서의 송달을 받은 날부터 20일 이내에 행정소송법이 정하는 바에 의하여 소를 제기할 수 있다.

⑤ 지방노동위원회의 구제명령은 중앙노동위원회에의 재심신청에 의하여 그 효력이 정지되지 아니한다.

해설 ① 사용자의 부당노동행위로 인하여 그 권리를 침해당한 근로자 또는 노동조합은 노동위원회에 그 구제를 신청할 수 있다(제82조 제1항).

② 3개월 이내 구제신청을 하여야 한다(제82조 제2항).

③ 10일 이내에 재심을 신청할 수 있다(제85조 제1항).

④ 15일 이내에 소를 제기할 수 있다(제85조 제2항).

⑤ 제86조

정답 11 ④ 12 ④ 13 ⑤

14 **노동조합 및 노동관계조정법령상 사용자가 중앙노동위원회의 구제명령에 대하여 행정소송을 제기한 경우 그 구제명령에 관한 설명으로 옳지 않은 것은?** ▸공인노무사 제27회

① 관할법원은 중앙노동위원회의 신청에 의하여 판결이 확정될 때까지 중앙노동위원회 구제명령의 전부 또는 일부를 이행하도록 명할 수 있다.

② 관할법원은 당사자의 신청이나 직권으로 중앙노동위원회 구제명령의 이행을 명한 결정을 취소할 수 있다.

③ 관할법원이 중앙노동위원회 구제명령의 이행을 명한 경우 그 명령을 위반한 자에 대하여는 노동조합 및 노동관계조정법상 벌금형이 규정되어 있다.

④ 관할법원이 중앙노동위원회 구제명령의 이행을 명하는 경우 결정으로써 한다.

⑤ 중앙노동위원회 구제명령은 행정소송의 제기에 의하여 그 효력이 정지되지 아니한다.

해설 ①·②·④ 사용자가 행정소송을 제기한 경우에 관할법원은 중앙노동위원회의 신청에 의하여 결정으로써, 판결이 확정될 때까지 중앙노동위원회의 구제명령의 전부 또는 일부를 이행하도록 명할 수 있으며, 당사자의 신청에 의하여 또는 직권으로 그 결정을 취소할 수 있다(제85조 제5항).

③ 제85조 제5항의 규정에 의한 법원의 명령에 위반한 자는 500만원 이하의 금액(당해 명령이 작위를 명하는 것일 때에는 그 명령의 불이행 일수 1일에 50만원 이하의 비율로 산정한 금액)의 과태료에 처한다(제95조).

⑤ 제86조

15 **노동조합 및 노동관계조정법령상 부당노동행위에 관한 설명으로 옳지 않은 것은? (다툼이 있으면 판례에 따름)** ▸공인노무사 제27회

① 정당한 해고사유가 있어 근로자를 해고한 경우에 있어서는 비록 사용자에게 반노동조합 의사가 추정된다고 하더라도 부당노동행위에 해당한다고 할 수 없다.

② 영업활동을 하지 아니하는 노조전임자를 다른 영업사원과 동일하게 판매실적에 따른 승격기준만을 적용하여 승격에서 배제한 것은 부당노동행위에 해당한다.

③ 노동조합이 당해 사업장에 종사하는 근로자의 3분의 2 이상을 대표하고 있을 때에 근로자가 그 노동조합의 조합원이 될 것을 고용조건으로 하는 단체협약의 체결은 부당노동행위에 해당하지 아니한다.

④ 지배·개입으로서의 부당노동행위의 성립에는 반드시 근로자의 단결권의 침해라는 결과의 발생을 요하는 것은 아니다.

⑤ 타당한 근거 없이 과다하게 책정된 급여를 근로시간 면제자에게 지급하는 사용자의 행위가 단체협약 등 노사 간 합의에 의한 경우에는 부당노동행위가 될 수 없다.

해설 ① 사용자가 정당한 해고사유가 있어 근로자를 해고한 경우에는 근로자의 노동조합활동을 못마땅하게 여긴 흔적이 있다거나 사용자에게 반노동조합 의사가 추정된다고 하더라도 그 해고사유가 단

순히 표면상의 구실에 불과하다고 할 수는 없으므로 불이익취급의 부당노동행위가 되지 않는다(대판 1996.4.23, 95누6151).

② 영업활동을 하지 않았는데도 노조전임자들에 대한 승격기준을 별도로 정하지 않은 채 다른 영업사원과 동일하게 판매실적에 따른 승격기준만을 적용하여 乙 등을 승격대상에 포함시키지 않은 사안에서, 이는 노조전임자로 활동하였다는 이유만으로 승격가능성을 사실상 배제한 것으로 부당노동행위에 해당한다(대판 2011.7.28, 2009두9574).

③ 제81조 제1항 제2호 단서

④ 대판 1997.5.7, 96누2057

⑤ 단체협약 등 노사 간 합의에 의한 경우라도 타당한 근거 없이 과다하게 책정된 급여를 근로시간 면제자에게 지급하는 사용자의 행위는 노동조합 및 노동관계조정법 제81조 제4호 단서에서 허용하는 범위를 벗어나는 것으로서 노조전임자 급여 지원 행위나 노동조합 운영비 원조 행위에 해당하는 부당노동행위가 될 수 있다(대판 2016.4.28, 2014두11137).

16 **노동조합 및 노동관계조정법상 부당노동행위에 관한 설명으로 옳지 않은 것은? (다툼이 있으면 판례에 따름)** ▸공인노무사 제33회

① 사용자는 노동조합의 운영비를 원조하는 행위를 할 수 없으나, 노동조합의 자주적인 운영 또는 활동을 침해할 위험이 없는 범위에서의 운영비 원조행위는 할 수 있다.

② 노동조합 및 노동관계조정법 제81조(부당노동행위) 제1항 제4호 단서에 따른 "노동조합의 자주적인 운영 또는 활동을 침해할 위험" 여부를 판단할 때 원조된 운영비 금액과 원조방법을 고려할 필요가 없다.

③ 노동위원회는 부당노동행위가 성립한다고 판정한 때에는 사용자에게 구제명령을 발하여야 하며, 부당노동행위가 성립되지 아니한다고 판정한 때에는 그 구제신청을 기각하는 결정을 하여야 한다.

④ 지배·개입으로서의 부당노동행위의 성립에 반드시 근로자의 단결권의 침해라는 결과의 발생까지 요하는 것은 아니다.

⑤ 지방노동위원회의 구제명령은 중앙노동위원회에의 재심신청에 의하여 그 효력이 정지되지 아니한다.

해설 ① 제81조 제1항 제4호

② "노동조합의 자주적 운영 또는 활동을 침해할 위험" 여부를 판단할 때에는 다음 각 호의 사항을 고려하여야 한다(제81조 제2항).

1. 운영비 원조의 목적과 경위
2. 원조된 운영비 횟수와 기간
3. 원조된 운영비 금액과 원조방법
4. 원조된 운영비가 노동조합의 총수입에서 차지하는 비율

정답 14 ③ 15 ⑤ 16 ②

5. 원조된 운영비의 관리방법 및 사용처 등

③ 제84조 제1항

④ 회사의 일련의 행위가 노동조합의 활동을 방해하려는 의도로 이루어진 것이고, 다만 이로 인하여 근로자의 단결권 침해의 결과가 발생하지 않았다고 하더라도 지배 · 개입으로서의 부당노동행위에 해당한다고 할 것이다(대판1997.5.7, 96누2057).

⑤ 제86조

17 노동조합 및 노동관계조정법상 부당노동행위에 관한 설명으로 옳은 것은? (다툼이 있으면 판례에 따름)

▸ 공인노무사 제32회

① 부당노동행위에 대한 입증책임은 사용자가 부담한다.

② 노동위원회가 부당노동행위의 구제신청을 받고 심문을 할 때에는 그 직권으로 증인을 출석하게 하여 필요한 사항을 질문할 수 있다.

③ 부당노동행위를 한 사용자는 3년 이하의 징역 또는 3천만원 이하의 벌금에 처한다.

④ 중앙노동위원회의 재심판정에 대하여 행정소송을 제기한 경우에 관할 법원은 부당노동행위 구제 신청자의 신청에 의하여 판결이 확정될 때까지 중앙노동위원회의 구제명령의 전부를 이행하도록 명할 수 있다.

⑤ 부당노동행위 규정 위반에 관한 명문의 양벌규정은 존재하지 아니한다.

해설 ① 사용자의 행위가 노동조합 및 노동관계조정법에 정한 부당노동행위에 해당한다는 점은 이를 주장하는 근로자 또는 노동조합이 증명하여야 한다(대판 2011.7.28, 2009두9574).

② 노동위원회는 제83조 제1항의 규정에 의한 심문을 할 때에는 관계 당사자의 신청에 의하거나 그 직권으로 증인을 출석하게 하여 필요한 사항을 질문할 수 있다(제83조 제2항).

③ 2년 이하의 징역 또는 2천만원 이하의 벌금에 처한다(제90조).

④ 사용자가 제85조 제2항의 규정에 의하여 행정소송을 제기한 경우에 관할법원은 중앙노동위원회의 신청에 의하여 결정으로써, 판결이 확정될 때까지 중앙노동위원회의 구제명령의 전부 또는 일부를 이행하도록 명할 수 있으며, 당사자의 신청에 의하여 또는 직권으로 그 결정을 취소할 수 있다(제85조 제5항).

⑤ 법인 또는 단체의 대표자, 법인 · 단체 또는 개인의 대리인 · 사용인 기타의 종업원이 그 법인 · 단체 또는 개인의 업무에 관하여 제88조 내지 제93조의 위반행위를 한 때에는 행위자를 벌하는 외에 그 법인 · 단체 또는 개인에 대하여도 각 해당 조의 벌금형을 과한다. 다만, 법인 · 단체 또는 개인이 그 위반행위를 방지하기 위하여 해당 업무에 관하여 상당한 주의와 감독을 게을리하지 아니한 경우에는 그러하지 아니하다(제94조).

18 **노동조합 및 노동관계조정법상 위반 행위에 대하여 벌칙이 적용되지 않는 것은?**

▸ 공인노무사 제33회

① 조합원이 노동조합에 의하여 주도되지 아니한 쟁의행위를 한 경우
② 노동조합 및 노동관계조정법에 의하여 설립된 노동조합이 아니면서 노동조합이라는 명칭을 사용한 경우
③ 노동조합이 사용자의 점유를 배제하여 조업을 방해하는 형태로 쟁의행위를 한 경우
④ 확정된 부당노동행위 구제명령에 위반한 경우
⑤ 조합원의 직접・비밀・무기명투표에 의한 조합원 과반수의 찬성으로 결정하지 아니한 쟁의행위를 행한 경우

해설 ① 제37조 제2항 위반(제89조)
② 제7조 제3항 위반(제93조)
③ 제37조 제3항 위반
④ 제89조 제2호
⑤ 제41조 제1항 위반(제91조)

정답 17 ② 18 ③

Chapter 02 노동위원회법

01 **노동위원회법상 노동위원회에 관한 설명으로 옳은 것을 모두 고른 것은?** ▸ 공인노무사 제32회

ㄱ. 중앙노동위원회와 지방노동위원회는 고용노동부장관 소속으로 둔다.
ㄴ. 특별노동위원회는 관계 법률에서 정하는 사항을 관장하기 위하여 필요한 경우에 해당 사항을 관장하는 중앙행정기관의 장 소속으로 둔다.
ㄷ. 중앙노동위원회 위원장은 중앙노동위원회 및 지방노동위원회의 예산・인사・교육훈련, 그 밖의 행정사무를 총괄한다.
ㄹ. 노동위원회 위원장은 해당 노동위원회의 공익위원이 되면, 심판사건, 차별적 처우 시정사건을 담당하되 조정사건은 담당할 수 없다.

① ㄱ
② ㄴ, ㄷ
③ ㄱ, ㄴ, ㄷ
④ ㄱ, ㄴ, ㄹ
⑤ ㄴ, ㄷ, ㄹ

해설 ㄱ. 제2조 제2항
ㄴ. 제2조 제3항
ㄷ. 제4조 제2항
ㄹ. 노동위원회 위원장(이하 "위원장"이라 한다)은 해당 노동위원회의 공익위원이 되며, 심판사건, 차별적 처우 시정사건, 조정사건을 담당할 수 있다(제9조 제4항).

02 **노동위원회법상 노동위원회에 관한 설명으로 옳은 것은?** ▸ 공인노무사 제32회

① 중앙노동위원회 및 지방노동위원회에는 사무처를 둔다.
② 중앙노동위원회 상임위원은 사무처장을 겸직할 수 없다.
③ 부문별 위원회 위원장은 부문별 위원회의 원활한 운영을 위하여 필요하다고 인정하는 경우에 주심위원을 지명하여 사건의 처리를 주관하게 하여야 한다.
④ 노동위원회는 판정・명령 또는 결정이 있기 전까지 화해안을 제시할 수 있으며 관계 당사자가 화해안을 수락하였을 때에는 취하조서를 작성하여야 한다.
⑤ 노동위원회의 부문별 위원회의 회의는 구성위원 전원의 출석으로 개의한다.

해설 ① 중앙노동위원회에는 사무처를 두고, 지방노동위원회에는 사무국을 둔다(제14조 제1항).
② 사무처장은 중앙노동위원회 상임위원 중 1명이 겸직한다(제14조의2 제2항).

③ 부문별 위원회 위원장은 부문별 위원회의 원활한 운영을 위하여 필요하다고 인정하는 경우에 주심위원을 지명하여 사건의 처리를 주관하게 할 수 있다(제16조의2).

④ 노동위원회는 「노동조합 및 노동관계조정법」 제29조의4 및 제84조, 「근로기준법」 제30조에 따른 판정·명령 또는 결정이 있기 전까지 관계 당사자의 신청을 받아 또는 직권으로 화해를 권고하거나 화해안을 제시할 수 있다(제16조의3 제1항). 노동위원회는 관계 당사자가 화해안을 수락하였을 때에는 화해조서를 작성하여야 한다(제16조의3 제3항).

⑤ 부문별 위원회의 회의는 구성위원 전원의 출석으로 개의하고, 출석위원 과반수의 찬성으로 의결한다(제17조 제2항).

03 **노동위원회법상 지방노동위원회의 심판담당 공익위원의 자격기준에 관한 설명으로 옳지 않은 것은?**

▸ 공인노무사 제34회

① 노동문제와 관련된 학문을 전공한 사람으로서 「고등교육법」 제2조 제1호부터 제6호까지의 학교에서 조교수 이상으로 재직하고 있거나 재직하였던 사람

② 판사·검사·군법무관·변호사 또는 공인노무사로 3년 이상 재직하고 있거나 재직하였던 사람

③ 노동관계 업무에 3년 이상 종사한 사람으로서 3급 또는 3급 상당 이상의 공무원이나 고위공무원단에 속하는 공무원으로 재직하고 있거나 재직하였던 사람

④ 노동관계 업무에 4년 이상 종사한 사람으로서 4급 또는 4급 상당 이상의 공무원으로 재직하고 있거나 재직하였던 사람

⑤ 노동관계 업무에 10년 이상 종사한 사람으로서 심판담당 공익위원으로 적합하다고 인정되는 사람

해설 지방노동위원회의 공익위원은 다음 각 호의 구분에 따라 노동문제에 관한 지식과 경험이 있는 사람을 위촉하되, 여성의 위촉이 늘어날 수 있도록 노력하여야 한다(제8조 제2항).

1. 심판담당 공익위원 및 차별시정담당 공익위원
   - 가. 노동문제와 관련된 학문을 전공한 사람으로서 「고등교육법」 제2조 제1호부터 제6호까지의 학교에서 조교수 이상으로 재직하고 있거나 재직하였던 사람
   - 나. 판사·검사·군법무관·변호사 또는 공인노무사로 3년 이상 재직하고 있거나 재직하였던 사람
   - 다. 노동관계 업무에 3년 이상 종사한 사람으로서 3급 또는 3급 상당 이상의 공무원이나 고위공무원단에 속하는 공무원으로 재직하고 있거나 재직하였던 사람
   - 라. 노동관계 업무에 **10년** 이상 종사한 사람으로서 4급 또는 4급 상당 이상의 공무원으로 재직하고 있거나 재직하였던 사람
   - 마. 그 밖에 노동관계 업무에 10년 이상 종사한 사람으로서 심판담당 공익위원 또는 차별시정담당 공익위원으로 적합하다고 인정되는 사람

정답 01 ③ 02 ⑤ 03 ④

04 노동위원회법상 노동위원회의 소관 사무로 옳은 것을 모두 고른 것은? ▸공인노무사 제34회

ㄱ. 「노동조합 및 노동관계조정법」에 따른 판정・결정
ㄴ. 「노동조합 및 노동관계조정법」에 따른 노동쟁의 조정(調停)・중재
ㄷ. 「노동조합 및 노동관계조정법」에 따른 관계 당사자의 자주적인 노동쟁의 해결 지원에 관한 업무
ㄹ. 「노동조합 및 노동관계조정법」에 따른 노동쟁의 조정(調停)・중재 업무수행과 관련된 조사・연구・교육 및 홍보 등에 관한 업무

① ㄱ ② ㄴ, ㄷ ③ ㄴ, ㄹ
④ ㄱ, ㄷ, ㄹ ⑤ ㄱ, ㄴ, ㄷ, ㄹ

해설

노동위원회의 소관 사무(제2조의2)

1. 「노동조합 및 노동관계조정법」, 「근로기준법」, 「근로자참여 및 협력증진에 관한 법률」, 「교원의 노동조합 설립 및 운영 등에 관한 법률」, 「공무원의 노동조합 설립 및 운영 등에 관한 법률」, 「기간제 및 단시간근로자 보호 등에 관한 법률」, 「파견근로자 보호 등에 관한 법률」, 「산업현장 일학습병행 지원에 관한 법률」 및 「남녀고용평등과 일・가정 양립 지원에 관한 법률」에 따른 판정・결정・의결・승인・인정 또는 차별적 처우 시정 등에 관한 업무
2. 「노동조합 및 노동관계조정법」, 「교원의 노동조합 설립 및 운영 등에 관한 법률」 및 「공무원의 노동조합 설립 및 운영 등에 관한 법률」에 따른 노동쟁의 조정(調停)・중재 또는 관계 당사자의 자주적인 노동쟁의 해결 지원에 관한 업무
3. 제1호 및 제2호의 업무수행과 관련된 조사・연구・교육 및 홍보 등에 관한 업무
4. 그 밖에 다른 법률에서 노동위원회의 소관으로 규정된 업무

05 노동위원회법상 노동위원회 위원장과 상임위원에 관한 설명으로 옳지 않은 것은? ▸공인노무사 제34회

① 노동위원회에 위원장 1명을 둔다.
② 노동위원회 위원장과 상임위원은 해당 노동위원회의 공익위원이 되며, 심판사건, 차별적 처우 시정사건, 조정사건을 담당할 수 있다.
③ 노동위원회 위원장은 해당 노동위원회를 대표하며, 노동위원회의 사무를 총괄한다.
④ 노동위원회에 상임위원을 두며, 상임위원은 해당 노동위원회의 공익위원이 될 수 있는 자격을 갖춘 사람 중에서 중앙노동위원회 위원장의 추천과 고용노동부장관의 제청으로 대통령이 임명한다.
⑤ 노동위원회 위원장 또는 상임위원이 궐위(闕位)되어 후임자를 임명한 경우 후임자의 임기는 전임자 임기의 남은 기간으로 한다.

해설 ① 제9조 제1항
② 제9조 제4항, 제11조 제2항
③ 제10조 제1항
④ 제11조 제1항
⑤ 노동위원회 위원이 궐위(闕位)된 경우 보궐위원의 임기는 전임자 임기의 남은 기간으로 한다. 다만, 노동위원회 위원장 또는 상임위원이 궐위되어 후임자를 임명한 경우 후임자의 임기는 새로 시작된다(제7조 제2항).

06 **노동위원회법상 노동위원회에 관한 설명으로 옳지 않은 것은?** ▸ 공인노무사 제31회

① 공익위원은 해당 노동위원회 위원장, 노동조합 및 사용자단체가 각각 추천한 사람 중에서 노동조합과 사용자단체가 순차적으로 배제하고 남은 사람을 위촉대상 공익위원으로 한다.
② 관계 당사자 양쪽이 모두 단독심판을 신청하거나 단독심판으로 처리하는 것에 동의한 경우 단독심판으로 사건을 처리할 수 있다.
③ 노동위원회 위원의 임기는 3년으로 하되, 연임할 수 없다.
④ 중앙노동위원회의 처분에 대한 소송은 중앙노동위원회 위원장을 피고(被告)로 하여 제기하여야 한다.
⑤ 노동위원회법에 따라 작성된 화해조서는 「민사소송법」에 따른 재판상 화해의 효력을 갖는다.

해설 ① 제6조 제4항
② 제15조의2 제2호
③ 노동위원회 위원의 임기는 3년으로 하되, 연임할 수 있다(제7조 제1항).
④ 제27조 제1항
⑤ 제16조의3 제5항

07 **노동위원회법상 노동위원회에 관한 설명으로 옳지 않은 것은?** ▸ 공인노무사 제29회

① 노동위원회는 중앙노동위원회, 지방노동위원회 및 특별노동위원회로 구분한다.
② 중앙노동위원회와 지방노동위원회는 고용노동부장관 소속으로 둔다.
③ 노동위원회는 그 권한에 속하는 업무를 독립적으로 수행한다.
④ 중앙노동위원회는 지방노동위원회 및 특별노동위원회의 처분에 대한 재심사건을 관장한다.
⑤ 고용노동부장관은 중앙노동위원회 및 지방노동위원회의 예산·인사·교육훈련, 그 밖의 행정사무를 총괄하며, 소속 공무원을 지휘·감독한다.

정답 04 ⑤ 05 ⑤ 06 ③ 07 ⑤

해설 ① 제2조 제1항
② 제2조 제2항
③ 제4조 제1항
④ 제3조 제1항 제1호
⑤ 중앙노동위원회 위원장은 중앙노동위원회 및 지방노동위원회의 예산·인사·교육훈련, 그 밖의 행정사무를 총괄하며, 소속 공무원을 지휘·감독한다(제4조 제2항).

08 노동위원회법상 노동위원회에 관한 설명으로 옳지 않은 것은?

▸ 공인노무사 제27회

① 특별노동위원회는 관계 법률에서 정하는 사항을 관장하기 위하여 필요한 경우에 해당사항을 관장하는 중앙행정기관의 장 소속으로 둔다.
② 둘 이상의 지방노동위원회의 관할구역에 걸친 노동쟁의의 조정사건은 주된 사업장의 소재지를 관할하는 지방노동위원회에서 관장한다.
③ 지방노동위원회의 근로자위원은 노동조합이 추천한 사람 중에서 지방노동위원회 위원장의 제청으로 중앙노동위원회 위원장이 위촉한다.
④ 상임위원은 해당 노동위원회의 공익위원이 된다.
⑤ 노동위원회의 전원회의는 재적위원 과반수의 출석으로 개의한다.

해설 ① 제2조 제3항
② 중앙노동위원회에서 관장한다(제3조 제1항 제2호).
③ 제6조 제3항 제2호
④ 제11조 제2항
⑤ 제17조 제1항

09 노동위원회법상 노동위원회에 관한 설명으로 옳지 않은 것은?

▸ 공인노무사 제26회

① 둘 이상의 관할구역에 걸친 사건은 신청인의 주소지를 관할하는 지방노동위원회가 관장한다.
② 노동위원회는 접수된 사건이 다른 노동위원회의 관할인 경우에는 지체 없이 해당 사건을 관할 노동위원회로 이송하여야 한다.
③ 중앙노동위원회 근로자위원은 노동조합이 추천한 사람 중에서 고용노동부장관의 제청으로 대통령이 위촉한다.
④ 노동위원회는 「노동조합 및 노동관계조정법」에 따른 판정에 관한 사건에서 사회취약계층을 위하여 변호사나 공인노무사로 하여금 권리구제업무를 대리하게 할 수 있다.
⑤ 노동위원회는 공익위원의 자격기준에 따라 노동문제에 관한 지식과 경험이 있는 사람을 공익위원으로 위촉하되, 여성의 위촉이 늘어날 수 있도록 노력하여야 한다.

해설 ① 지방노동위원회는 해당 관할구역에서 발생하는 사건을 관장하되, 둘 이상의 관할구역에 걸친 사건(제1항 제2호의 조정사건은 제외한다)은 주된 사업장의 소재지를 관할하는 지방노동위원회에서 관장한다(제3조 제2항).
② 제3조의2 제1항
③ 제6조 제3항 제1호
④ 제6조의2 제1항
⑤ 제8조 제1항

10 **노동위원회법상 노동위원회의 부문별 위원회에 관한 설명으로 옳은 것은?** ▸공인노무사 제34회

① 부문별 위원회 위원장은 다른 법률에 특별한 규정이 있는 경우를 제외하고는 부문별 위원회의 위원 중에서 호선(互選)한다.
② 부문별 위원회를 소집할 수 있는 권한은 부문별 위원회 위원장에 한한다.
③ 부문별 위원회 위원장은 부문별 위원회를 구성하는 위원의 3분의 1이 회의 소집을 요구하는 경우에 이에 따라야 한다.
④ 부문별 위원회 위원장은 업무수행과 관련된 조사 등 노동위원회의 원활한 운영을 위하여 필요한 경우라 할지라도 노동위원회가 설치된 위치 외의 장소에서는 부문별 위원회를 소집하게 할 수 없다.
⑤ 부문별 위원회 회의는 재적위원 3분의 1의 출석으로 개의하고, 출석위원 과반수의 찬성으로 의결한다.

해설 ① 제16조 제1항
② 위원장 또는 부문별 위원회 위원장은 전원회의 또는 부문별 위원회를 각각 소집하고 회의를 주재한다. 다만, 위원장은 필요하다고 인정하는 경우에 부문별 위원회를 소집할 수 있다(제16조 제2항).
③ 위원장 또는 부문별 위원회 위원장은 전원회의 또는 부문별 위원회를 구성하는 위원의 과반수가 회의 소집을 요구하는 경우에 이에 따라야 한다(제16조 제3항).
④ 위원장 또는 부문별 위원회 위원장은 업무수행과 관련된 조사 등 노동위원회의 원활한 운영을 위하여 필요한 경우 노동위원회가 설치된 위치 외의 장소에서 부문별 위원회를 소집하게 하거나 제15조의2에 따른 단독심판을 하게 할 수 있다(제16조 제4항).
⑤ 부문별 위원회의 회의는 구성위원 전원의 출석으로 개의하고, 출석위원 과반수의 찬성으로 의결한다(제17조 제2항).

정답 08 ② 09 ① 10 ①

11 **노동위원회법상 노동위원회에 관한 설명으로 옳은 것은?** ▸공인노무사 제30회

① 노동위원회 상임위원은 심판사건을 담당할 수 있으나, 차별적 처우 시정사건을 담당할 수 없다.
② 지방노동위원회 공익위원은 중앙노동위원회 위원장의 제청으로 고용노동부장관이 위촉한다.
③ 노동위원회 처분의 효력은 판정·명령·결정 또는 재심판정을 한 날부터 발생한다.
④ 노동위원회의 사건 처리에 관여한 위원이나 직원 또는 그 위원이었거나 직원이었던 변호사·공인노무사 등은 영리를 목적으로 그 사건에 관한 직무를 하면 아니 된다.
⑤ 차별시정위원회는 「남녀고용평등과 일·가정 양립지원에 관한 법률」, 「기간제 및 단시간근로자 보호 등에 관한 법률」에 따른 차별적 처우의 시정과 관련된 사항을 처리한다.

해설 ① 상임위원은 해당 노동위원회의 공익위원이 되며, 심판사건, 차별적 처우 시정사건, 조정사건을 담당할 수 있다(제11조 제2항).
② 지방노동위원회 공익위원은 지방노동위원회 위원장의 제청으로 중앙노동위원회 위원장이 위촉한다(제6조 제4항 제2호).
③ 노동위원회는 처분 결과를 당사자에게 서면으로 송달하여야 하며, 처분의 효력은 판정서·명령서·결정서 또는 재심판정서를 송달받은 날부터 발생한다(제17조의2 제2항).
④ 제28조 제2항
⑤ 법령이 개정되어 옳은 설명이다. 차별시정위원회는 차별시정담당 공익위원 중 위원장이 지명하는 3명으로 구성하며, 「기간제 및 단시간근로자 보호 등에 관한 법률」, 「파견근로자 보호 등에 관한 법률」 또는 「산업현장 일학습병행지원에 관한 법률」 또는 「남녀고용평등과 일·가정 양립지원에 관한 법률」에 따른 차별적 처우의 시정과 관련된 사항을 처리한다(제15조 제4항).

12 **노동위원회법상 노동위원회의 화해의 권고 등에 관한 설명으로 옳지 않은 것은?**

▸공인노무사 제33회

① 노동위원회는 「노동조합 및 노동관계조정법」 제84조에 따른 판정·명령 또는 결정이 있기 전까지 관계 당사자의 신청을 받아 화해를 권고하거나 화해안을 제시할 수 있다.
② 노동위원회는 「노동조합 및 노동관계조정법」 제84조에 따른 판정·명령 또는 결정이 있기 전까지 직권으로 화해를 권고하거나 화해안을 제시할 수 있다.
③ 노동위원회는 관계 당사자가 화해안을 수락하였을 때에는 화해조서를 작성하여야 한다.
④ 노동위원회법에 따라 작성된 화해조서는 「민사소송법」에 따른 재판상 화해의 효력을 갖는다.
⑤ 단독심판의 위원을 제외하고 화해에 관여한 부문별 위원회의 위원 전원은 화해조서에 모두 서명하거나 날인하여야 한다.

해설 ①・② 제16조의3 제1항
③ 제16조의3 제3항
④ 제16조의3 제5항
⑤ 화해조서에는 다음 각 호의 사람이 모두 서명하거나 날인하여야 한다(제16조의3 제4항).
1. 관계 당사자
2. 화해에 관여한 부문별 위원회(제15조의2에 따른 단독심판을 포함한다)의 위원 전원

13 **노동위원회법상 노동위원회의 공시송달에 관한 설명으로 옳은 것은?** ▸공인노무사 제33회

① 노동위원회는 서류의 송달을 받아야 할 자의 주소가 분명하지 아니한 경우에는 공시송달을 하여야 한다.
② 노동위원회는 서류의 송달을 받아야 할 자의 주소가 통상적인 방법으로 확인할 수 없어 서류의 송달이 곤란한 경우에는 공시송달을 하여야 한다.
③ 공시송달은 노동위원회의 게시판이나 인터넷 홈페이지에 게시하는 방법으로 하며, 게시한 날부터 14일이 지난 때에 효력이 발생한다.
④ 노동위원회는 서류의 송달을 받아야 할 자에게 등기우편 등으로 송달하였으나 송달을 받아야 할 자가 없는 것으로 확인되어 반송되는 경우에는 공시송달을 하여야 한다.
⑤ 노동위원회는 서류의 송달을 받아야 할 자의 주소가 국외에 있어서 서류의 송달이 곤란한 경우에는 공시송달을 하여야 한다.

해설 ①・②・④・⑤ 노동위원회는 서류의 송달을 받아야 할 자가 다음 각 호의 어느 하나에 해당하는 경우에는 공시송달을 할 수 있다(제17조의3 제1항).
1. 주소가 분명하지 아니한 경우
2. 주소가 국외에 있거나 통상적인 방법으로 확인할 수 없어 서류의 송달이 곤란한 경우
3. 등기우편 등으로 송달하였으나 송달을 받아야 할 자가 없는 것으로 확인되어 반송되는 경우
③ 공시송달은 노동위원회의 게시판이나 인터넷 홈페이지에 게시하는 방법으로 한다(제17조의3 제2항). 공시송달은 제17조의3 제2항에 따라 게시한 날부터 14일이 지난 때에 효력이 발생한다(제17조의3 제3항).

정답 11 ④, ⑤ 12 ⑤ 13 ③

14 **노동위원회법상 위원이 해당 사건에 관한 직무집행에서 제척(除斥)되는 경우를 모두 고른 것은?** ▸ 공인노무사 제33회

> ㄱ. 위원이 해당 사건의 당사자와 친족이었던 경우
> ㄴ. 위원이 해당 사건에 관하여 진술한 경우
> ㄷ. 위원이 당사자의 대리인으로서 업무에 관여하였던 경우
> ㄹ. 위원 또는 위원이 속한 법인, 단체 또는 법률사무소가 해당 사건의 원인이 된 처분 또는 부작위에 관여한 경우

① ㄱ ② ㄱ, ㄴ ③ ㄱ, ㄷ, ㄹ
④ ㄴ, ㄷ, ㄹ ⑤ ㄱ, ㄴ, ㄷ, ㄹ

해설 ⑤ ㄱ·ㄴ·ㄷ·ㄹ

> 위원은 다음 각 호의 어느 하나에 해당하는 경우에 해당 사건에 관한 직무집행에서 제척(除斥)된다(제21조 제1항).
> 1. 위원 또는 위원의 배우자이거나 배우자였던 사람이 해당 사건의 당사자가 되거나 해당 사건의 당사자와 공동권리자 또는 공동의무자의 관계에 있는 경우
> 2. 위원이 해당 사건의 당사자와 친족이거나 친족이었던 경우
> 3. 위원이 해당 사건에 관하여 진술이나 감정을 한 경우
> 4. 위원이 당사자의 대리인으로서 업무에 관여하거나 관여하였던 경우
> 4의2. 위원이 속한 법인, 단체 또는 법률사무소가 해당 사건에 관하여 당사자의 대리인으로서 관여하거나 관여하였던 경우
> 5. 위원 또는 위원이 속한 법인, 단체 또는 법률사무소가 해당 사건의 원인이 된 처분 또는 부작위에 관여한 경우

15 **노동위원회법상 노동위원회의 권한 등에 관한 설명으로 옳지 않은 것은?** ▸ 공인노무사 제33회

① 노동위원회는 그 사무집행을 위하여 필요하다고 인정하는 경우에 관계 행정기관에 협조를 요청할 수 있으며, 협조를 요청받은 관계 행정기관은 특별한 사유가 없으면 이에 따라야 한다.
② 노동위원회는 관계 행정기관으로 하여금 근로조건의 개선에 필요한 조치를 하도록 명령하여야 한다.
③ 중앙노동위원회는 지방노동위원회 또는 특별노동위원회에 대하여 노동위원회의 사무처리에 관한 기본방침 및 법령의 해석에 관하여 필요한 지시를 할 수 있다.
④ 중앙노동위원회는 당사자의 신청이 있는 경우 지방노동위원회 또는 특별노동위원회의 처분을 재심하여 이를 인정·취소 또는 변경할 수 있다.

⑤ 중앙노동위원회의 처분에 대한 소송은 중앙노동위원회 위원장을 피고로 하여 처분의 송달을 받은 날부터 15일 이내에 제기하여야 한다.

해설 ① 제22조 제1항
② 노동위원회는 관계 행정기관으로 하여금 근로조건의 개선에 필요한 조치를 하도록 권고할 수 있다(제22조 제2항).
③ 제24조
④ 제26조 제1항
⑤ 제27조 제1항

16 노동위원회법상 노동위원회에 관한 설명으로 옳지 않은 것은? ▸공인노무사 제28회

① 노동위원회는 중앙노동위원회, 지방노동위원회 및 특별노동위원회로 구분한다.
② 노동위원회는 관계 행정기관으로 하여금 근로조건의 개선에 필요한 조치를 하도록 권고할 수 있고, 권고를 받은 관계 행정기관은 특별한 사유가 없으면 이에 따라야 한다.
③ 노동위원회의 처분의 효력은 판정서・명령서・결정서를 송달받은 날부터 발생한다.
④ 중앙노동위원회의 처분에 대한 소송은 중앙노동위원회 위원장을 피고로 한다.
⑤ 노동위원회의 보고 또는 서류제출 요구에 응하지 아니하는 자는 형사처벌 대상이 된다.

해설 ① 제2조 제1항
② 노동위원회는 그 사무집행을 위하여 필요하다고 인정하는 경우에 관계 행정기관에 협조를 요청할 수 있으며, 협조를 요청받은 관계 행정기관은 특별한 사유가 없으면 이에 따라야 한다(노동위원회법 제22조 제1항). 노동위원회는 관계 행정기관으로 하여금 근로조건의 개선에 필요한 조치를 하도록 권고할 수 있다(제22조 제2항).
③ 제17조의2 제2항
④ 제27조 제1항
⑤ 제23조 제1항에 따른 노동위원회의 조사권 등과 관련하여 다음 각 호에 해당하는 자는 500만원 이하의 벌금에 처한다(제31조).
1. 노동위원회의 보고 또는 서류제출 요구에 응하지 아니하거나 거짓으로 보고하거나 거짓의 서류를 제출한 자
2. 관계 위원 또는 조사관의 조사를 거부・방해 또는 기피한 자

정답 14 ⑤ 15 ② 16 ②

Chapter 03 근로자참여 및 협력증진에 관한 법률

01 **근로자참여 및 협력증진에 관한 법령에 관한 설명으로 옳은 것은?** ▸공인노무사 제34회

① "노사협의회"란 헌법에 의한 근로자의 단결권·단체교섭권 및 단체행동권을 보장하여 근로조건의 유지·개선과 근로자의 경제적·사회적 지위의 향상을 도모하기 위하여 구성하는 협의기구를 말한다.

② "근로자"란 「노동조합 및 노동관계조정법」 제2조에 따른 근로자를 말한다.

③ 노사협의회는 상시(常時) 30명 미만의 근로자를 사용하는 근로조건에 대한 결정권이 있는 사업이나 사업장 단위로 설치하여야 한다.

④ 노동조합의 단체교섭이나 그 밖의 모든 활동은 이 법에 의하여 영향을 받지 아니한다.

⑤ 노사협의회의 간사는 노사협의회 위원 중에서 1명을 선출한다.

해설 ① "노사협의회"란 근로자와 사용자가 참여와 협력을 통하여 근로자의 복지증진과 기업의 건전한 발전을 도모하기 위하여 구성하는 협의기구를 말한다(제3조 제1호).

② "근로자"란 「근로기준법」 제2조에 따른 근로자를 말한다(제3조 제2호).

③ 노사협의회(이하 "협의회"라 한다)는 근로조건에 대한 결정권이 있는 사업이나 사업장 단위로 설치하여야 한다. 다만, 상시(常時) 30명 미만의 근로자를 사용하는 사업이나 사업장은 그러하지 아니하다(제4조 제1항).

④ 제5조

⑤ 노사 쌍방은 회의 결과의 기록 등 사무를 담당하는 간사 1명을 각각 둔다(제7조 제3항).

02 **근로자참여 및 협력증진에 관한 법률에 관한 설명으로 옳지 않은 것은?** ▸공인노무사 제34회

① 노사협의회에 의장을 두며, 의장은 위원 중에서 호선(互選)한다.

② 노사협의회 위원의 임기는 3년으로 하되, 연임할 수 없다.

③ 사용자는 노사협의회 위원으로서의 직무 수행과 관련하여 근로자를 대표하는 위원에게 불이익을 주는 처분을 하여서는 아니 된다.

④ 사용자는 근로자를 대표하는 위원의 선출에 개입하거나 방해하여서는 아니 된다.

⑤ 사용자는 근로자를 대표하는 위원의 업무를 위하여 장소의 사용 등 기본적인 편의를 제공하여야 한다.

해설 ① 제7조 제1항

② 연임할 수 있다(제8조 제1항).

③ 제9조 제2항

④ 제10조 제1항

⑤ 제10조 제2항

03 근로자참여 및 협력증진에 관한 법률상 노사협의회의 운영에 관한 설명으로 옳지 않은 것은?

▸ 공인노무사 제33회

① 노사협의회는 3개월마다 정기적으로 회의를 개최하여야 하며, 필요에 따라 임시회의를 개최할 수 있다.
② 노사협의회 의장은 회의 개최 7일 전에 회의 일시, 장소, 의제 등을 각 위원에게 통보하여야 한다.
③ 노사협의회는 그 조직과 운영에 관한 규정을 제정하고 노사협의회를 설치한 날부터 30일 이내에 고용노동부장관에게 제출하여야 한다.
④ 노사협의회의 회의는 공개한다. 다만, 노사협의회의 의결로 공개하지 아니할 수 있다.
⑤ 노사협의회 회의는 근로자위원과 사용자위원 각 과반수의 출석으로 개최하고 출석위원 3분의 2 이상의 찬성으로 의결한다.

해설 ① 제12조
② 제13조 제3항
③ 협의회는 그 조직과 운영에 관한 규정(이하 "협의회규정"이라 한다)을 제정하고 협의회를 설치한 날부터 15일 이내에 고용노동부장관에게 제출하여야 한다. 이를 변경한 경우에도 또한 같다(제18조 제1항).
④ 제16조
⑤ 제15조

04 근로자참여 및 협력증진에 관한 법령상 노사협의회 구성에 관한 설명으로 옳지 않은 것은?

▸ 공인노무사 제34회

① 노사협의회는 근로자와 사용자를 대표하는 같은 수의 위원으로 구성하되, 각 3명 이상 10명 이하로 한다.
② 사업 또는 사업장에 근로자의 과반수로 조직된 노동조합이 있는 경우에는 근로자를 대표하는 위원은 노동조합의 대표자와 그 노동조합이 위촉하는 자로 한다.
③ 사용자를 대표하는 위원은 해당 사업이나 사업장의 대표자와 그 대표자가 위촉하는 자로 한다.
④ 근로자를 대표하는 위원의 선출에 입후보하려는 사람은 해당 사업이나 사업장의 근로자여야 한다.
⑤ 근로자를 대표하는 위원의 결원이 생기면 50일 이내에 보궐위원을 위촉하거나 선출한다.

해설 ① 제6조 제1항
② 제6조 제3항

정답 01 ④ 02 ② 03 ③ 04 ⑤

③ 제6조 제4항
④ 시행령 제3조
⑤ 근로자위원의 결원이 생기면 30일 이내에 보궐위원을 위촉하거나 선출하되, 근로자의 과반수로 구성된 노동조합이 조직되어 있지 아니한 사업 또는 사업장에서는 근로자위원 선출 투표에서 선출되지 못한 사람 중 득표순에 따른 차점자를 근로자위원으로 할 수 있다(시행령 제4조).

05 근로자참여 및 협력증진에 관한 법령상 노사협의회의 위원 등에 관한 설명으로 옳지 않은 것은? ▸ 공인노무사 제32회

① 노사협의회는 근로자와 사용자를 대표하는 같은 수의 위원으로 구성하여야 하며 위원 수에 대한 제한이 있다.
② 노사협의회의 근로자위원의 선출에 입후보하려는 사람은 해당 사업이나 사업장의 근로자여야 한다.
③ 노사협의회의 근로자위원의 결원이 생기면 30일 이내에 보궐위원을 위촉하거나 선출하되, 근로자의 과반수로 구성된 노동조합이 조직되어 있지 아니한 사업 또는 사업장에서는 근로자위원 선출 투표에서 선출되지 못한 사람 중 득표 순에 따른 차점자를 근로자위원으로 할 수 있다.
④ 노사협의회의 위원은 무보수로 한다는 명문의 규정상 위원의 노사협의회 출석 시간과 이와 관련된 시간은 노사협의회 규정으로 정한 경우에도 근로한 시간으로 볼 수 없다.
⑤ 사용자는 근로자위원의 업무를 위하여 장소의 사용 등 기본적인 편의를 제공하여야 할 의무가 있다.

해설 ① 협의회는 근로자와 사용자를 대표하는 같은 수의 위원으로 구성하되, 각 3명 이상 10명 이하로 한다(제6조 제1항).
② 법 제6조 제2항에 따라 근로자를 대표하는 위원(이하 "근로자위원"이라 한다)의 선출에 입후보하려는 사람은 해당 사업이나 사업장의 근로자여야 한다(시행령 제3조).
③ 시행령 제4조
④ 위원의 협의회 출석 시간과 이와 직접 관련된 시간으로서 제18조에 따른 협의회규정으로 정한 시간은 근로한 시간으로 본다(제9조 제3항).
⑤ 제10조 제2항

06 근로자참여 및 협력증진에 관한 법령상 노사협의회에 관한 설명으로 옳지 않은 것은? (다툼이 있으면 판례에 따름)

▸ 공인노무사 제31회

① 노사협의회는 근로조건에 대한 결정권이 있는 사업이나 사업장 단위로 설치하여야 한다.
② 하나의 사업에 종사하는 전체 근로자 수가 30명 이상이면 해당 근로자가 지역별로 분산되어 있더라도 그 주된 사무소에 노사협의회를 설치하여야 한다.
③ 근로자의 교육훈련 및 능력개발 기본계획의 수립에 대하여는 노사협의회의 의결을 거쳐야 한다.
④ 임금의 지불방법・체계・구조 등의 제도 개선은 노사협의회의 협의사항이다.
⑤ 근로조건 기타 노사관계에 관한 합의가 노사협의회의 협의를 거쳐서 단체협약의 실질적・형식적 요건을 갖추었다 하더라도 이는 단체협약이라고 볼 수 없다.

해설 ① 노사협의회(이하 "협의회"라 한다)는 근로조건에 대한 결정권이 있는 사업이나 사업장 단위로 설치하여야 한다. 다만, 상시(常時) 30명 미만의 근로자를 사용하는 사업이나 사업장은 그러하지 아니하다(제4조 제1항).
② 법 제4조 제1항을 적용하는 경우 하나의 사업에 종사하는 전체 근로자 수가 30명 이상이면 해당 근로자가 지역별로 분산되어 있더라도 그 주된 사무소에 노사협의회(이하 "협의회"라 한다)를 설치하여야 한다(시행령 제2조).
③ 제21조 제1호
④ 제20조 제1항 제8호
⑤ 단체협약의 실질적・형식적 요건을 갖추면 단체협약이다(대판).

07 근로자참여 및 협력증진에 관한 법률상 노사협의회에 관한 설명으로 옳지 않은 것은?

▸ 공인노무사 제30회

① 노사협의회는 근로자와 사용자를 대표하는 같은 수의 위원으로 구성하되, 각 3명 이상 10명 이하로 한다.
② 노사협의회는 3개월마다 정기적으로 회의를 개최하여야 한다.
③ 노사협의회 의장은 노사 일방의 대표자가 회의의 목적을 문서로 밝혀 회의의 소집을 요구하면 그 요구에 따라야 한다.
④ 노사협의회 회의는 근로자위원과 사용자위원 각 과반수의 출석으로 개최하고 출석위원 과반수의 찬성으로 의결한다.
⑤ 사용자는 각종 노사공동위원회의 설치에 해당하는 사항에 대하여는 노사협의회의 의결을 거쳐야 한다.

정답 05 ④ 06 ⑤ 07 ④

해설 ① 제6조 제1항
② 제12조 제1항
③ 제13조 제2항
④ 회의는 근로자위원과 사용자위원 각 과반수의 출석으로 개최하고 출석위원 3분의 2 이상의 찬성으로 의결한다(제15조).
⑤ 제21조 제5호

08 근로자참여 및 협력증진에 관한 법률상 노사협의회에 관한 설명으로 옳지 않은 것은?

▸ 공인노무사 제29회

① 노사협의회는 근로조건에 대한 결정권이 있는 사업이나 사업장 단위로 설치하여야 한다. 다만, 상시(常時) 30명 미만의 근로자를 사용하는 사업이나 사업장은 그러하지 아니하다.
② 노사협의회는 근로자와 사용자를 대표하는 같은 수의 위원으로 구성하되, 각 3명 이상 10명 이하로 한다.
③ 노사협의회에 의장을 두며, 의장은 위원 중에서 사용자가 지명한다. 이 경우 근로자위원과 사용자위원 중 각 1명을 공동의장으로 할 수 있다.
④ 사용자는 노사협의회 위원으로서의 직무 수행과 관련하여 근로자위원에게 불이익을 주는 처분을 하여서는 아니 된다.
⑤ 노사협의회 위원은 비상임・무보수로 하며, 위원의 협의회 출석 시간과 이와 직접 관련된 시간으로서 노사협의회규정으로 정한 시간은 근로한 시간으로 본다.

해설 ① 제4조 제1항
② 제6조 제1항
③ 협의회에 의장을 두며, 의장은 위원 중에서 호선(互選)한다. 이 경우 근로자위원과 사용자위원 중 각 1명을 공동의장으로 할 수 있다(제7조 제1항).
④ 제9조 제2항
⑤ 제9조 제1항, 제3항

09 근로자참여 및 협력증진에 관한 법률상 노사협의회에 관한 설명으로 옳지 않은 것은?

▸ 공인노무사 제27회

① 노사협의회는 근로조건에 대한 결정권이 있는 사업이나 사업장 단위로 설치하여야 한다. 다만, 상시 30명 미만의 근로자를 사용하는 사업이나 사업장은 그러하지 아니하다.
② 노사협의회는 근로자와 사용자를 대표하는 같은 수의 위원으로 구성하되, 각 3명 이상 10명 이하로 한다.
③ 중앙노동위원회 위원장은 노사협의회 위원으로서의 직무수행과 관련하여 사용자가 근로자위원에게 불이익을 주는 처분을 하는 경우에는 그 시정을 명할 수 있다.
④ 노사협의회의 사용자를 대표하는 위원은 해당 사업이나 사업장의 대표자와 그 대표자가 위촉하는 자로 한다.
⑤ 노사협의회의 근로자를 대표하는 위원은 근로자가 선출하되, 근로자의 과반수로 조직된 노동조합이 있는 경우에는 노동조합의 대표자와 그 노동조합이 위촉하는 자로 한다.

해설 ① 제4조 제1항
② 제6조 제1항
③ 고용노동부장관은 사용자가 제9조 제2항을 위반하여 근로자위원에게 불이익을 주는 처분을 하거나 제10조 제1항을 위반하여 근로자위원의 선출에 개입하거나 방해하는 경우에는 그 시정(是正)을 명할 수 있다(제11조).
④ 제6조 제4항
⑤ 제6조 제3항

10 근로자참여 및 협력증진에 관한 법률상 노사협의회의 협의 사항으로 옳은 것은?

▸ 공인노무사 제33회

① 인력계획에 관한 사항
② 근로자의 복지증진
③ 사내근로복지기금의 설치
④ 각종 노사공동위원회의 설치
⑤ 복지시설의 설치와 관리

해설 ① 보고사항(제22조 제1항)
② 제20조 제1항 제13호
③ · ④ · ⑤ 의결사항(제21조)

> **제20조(협의사항)**
> ① 협의회가 협의하여야 할 사항은 다음 각 호와 같다.
> 1. 생산성 향상과 성과 배분
> 2. 근로자의 채용 · 배치 및 교육훈련

정답 08 ③ 09 ③ 10 ②

3. 근로자의 고충처리
4. 안전, 보건, 그 밖의 작업환경 개선과 근로자의 건강증진
5. 인사・노무관리의 제도 개선
6. 경영상 또는 기술상의 사정으로 인한 인력의 배치전환・재훈련・해고 등 고용조정의 일반원칙
7. 작업과 휴게 시간의 운용
8. 임금의 지불방법・체계・구조 등의 제도 개선
9. 신기계・기술의 도입 또는 작업 공정의 개선
10. 작업 수칙의 제정 또는 개정
11. 종업원지주제(從業員持株制)와 그 밖에 근로자의 재산형성에 관한 지원
12. 직무 발명 등과 관련하여 해당 근로자에 대한 보상에 관한 사항
13. 근로자의 복지증진
14. 사업장 내 근로자 감시 설비의 설치
15. 여성근로자의 모성보호 및 일과 가정생활의 양립을 지원하기 위한 사항
16. 「남녀고용평등과 일・가정 양립 지원에 관한 법률」 제2조 제2호에 따른 직장 내 성희롱 및 고객 등에 의한 성희롱 예방에 관한 사항
17. 그 밖의 노사협조에 관한 사항

11 **근로자참여 및 협력증진에 관한 법률상 사용자가 노사협의회 정기회의에 보고할 사항이 아닌 것은?**

▸ 공인노무사 제28회

① 경영계획 전반 및 실적에 관한 사항
② 사내근로복지기금의 설치에 관한 사항
③ 분기별 생산계획과 실적에 관한 사항
④ 인력계획에 관한 사항
⑤ 기업의 경제적・재정적 상황

해설 ①・③・④・⑤ 사용자는 정기회의에 다음 각 호의 어느 하나에 해당하는 사항에 관하여 성실하게 보고하거나 설명하여야 한다(제22조 제1항).

1. 경영계획 전반 및 실적에 관한 사항
2. 분기별 생산계획과 실적에 관한 사항
3. 인력계획에 관한 사항
4. 기업의 경제적・재정적 상황

② 사내근로복지기금의 설치는 의결사항이다(제21조 제3호).

12 근로자참여 및 협력증진에 관한 법률상 노사협의회의 의결사항이 아닌 것은?

▸ 공인노무사 제34회

① 근로자의 교육훈련 및 능력개발 기본계획의 수립
② 복지시설의 설치와 관리
③ 안전, 보건, 그 밖의 작업환경 개선과 근로자의 건강증진
④ 고충처리위원회에서 의결되지 아니한 사항
⑤ 각종 노사공동위원회의 설치

해설 • 사용자는 다음 각 호의 어느 하나에 해당하는 사항에 대하여는 협의회의 의결을 거쳐야 한다(제21조).
1. 근로자의 교육훈련 및 능력개발 기본계획의 수립
2. 복지시설의 설치와 관리
3. 사내근로복지기금의 설치
4. 고충처리위원회에서 의결되지 아니한 사항
5. 각종 노사공동위원회의 설치

• 안전, 보건, 그 밖의 작업환경 개선과 근로자의 건강증진은 협의사항(제20조 제1항 제4호)

13 근로자참여 및 협력증진에 관한 법률상 고충처리에 관한 설명으로 옳은 것은?

▸ 공인노무사 제33회

① 고충처리위원이 처리하기 곤란한 사항은 노사협의회의 회의에 부쳐 협의 처리한다.
② 고충처리위원은 노사를 대표하는 5명 이내의 위원으로 구성한다.
③ 고충처리위원은 근로자로부터 고충사항을 청취한 경우에는 15일 이내에 조치 사항과 그 밖의 처리결과를 해당 근로자에게 통보하여야 한다.
④ 고충처리위원은 임기가 끝난 경우에는 후임자가 선출되기 전이라도 계속 그 직무를 담당하지 못한다.
⑤ 모든 사업 또는 사업장에는 근로자의 고충을 청취하고 이를 처리하기 위하여 고충처리위원을 두어야만 한다.

해설 ① 제28조 제2항
② 고충처리위원은 노사를 대표하는 3명 이내의 위원으로 구성하되, 협의회가 설치되어 있는 사업이나 사업장의 경우에는 협의회가 그 위원 중에서 선임하고, 협의회가 설치되어 있지 아니한 사업이나 사업장의 경우에는 사용자가 위촉한다(제27조 제1항).
③ 고충처리위원은 근로자로부터 고충사항을 청취한 경우에는 10일 이내에 조치 사항과 그 밖의 처리결과를 해당 근로자에게 통보하여야 한다(제28조 제1항).
④ 위원의 임기에 관하여는 협의회 위원의 임기에 관한 제8조를 준용한다(제27조 제2항). 위원은 임기가 끝난 경우라도 후임자가 선출될 때까지 계속 그 직무를 담당한다(제8조 제3항).

정답 11 ② 12 ③ 13 ①

⑤ 모든 사업 또는 사업장에는 근로자의 고충을 청취하고 이를 처리하기 위하여 고충처리위원을 두어야 한다. 다만, 상시 30명 미만의 근로자를 사용하는 사업이나 사업장은 그러하지 아니하다(제26조).

14 근로자참여 및 협력증진에 관한 법률상 벌칙 등에 관한 설명으로 옳지 않은 것은?

▸ 공인노무사 제33회

① 제4조(노사협의회의 설치) 제1항에 따른 노사협의회의 설치를 정당한 사유 없이 거부하거나 방해한 자는 1천만원 이하의 벌금에 처한다.

② 제24조(의결 사항의 이행)를 위반하여 노사협의회에서 의결된 사항을 정당한 사유 없이 이행하지 아니한 자는 1천만원 이하의 벌금에 처한다.

③ 제25조(임의 중재) 제2항을 위반하여 중재 결정의 내용을 정당한 사유 없이 이행하지 아니한 자는 1천만원 이하의 벌금에 처한다.

④ 사용자가 정당한 사유 없이 제11조(시정명령)에 따른 시정명령을 이행하지 아니하면 1천만원 이하의 벌금에 처한다.

⑤ 사용자가 제18조(협의회규정)를 위반하여 노사협의회규정을 제출하지 아니한 때에는 200만원 이하의 과태료를 부과한다.

해설 ①·②·③ 다음 각 호의 어느 하나에 해당하는 자는 1천만원 이하의 벌금에 처한다(제30조).

1. 제4조 제1항에 따른 협의회의 설치를 정당한 사유 없이 거부하거나 방해한 자
2. 제24조를 위반하여 협의회에서 의결된 사항을 정당한 사유 없이 이행하지 아니한 자
3. 제25조 제2항을 위반하여 중재 결정의 내용을 정당한 사유 없이 이행하지 아니한 자

④ 사용자가 정당한 사유 없이 제11조에 따른 시정명령을 이행하지 아니하거나 제22조 제3항에 따른 자료 제출 의무를 이행하지 아니하면 500만원 이하의 벌금에 처한다(제31조).

⑤ 제33조 제1항

15 근로자참여 및 협력증진에 관한 법령상 노사협의회규정에 포함되어야 하는 내용으로 옳지 않은 것은?

▸ 공인노무사 제34회

① 노사협의회의 위원의 성명

② 근로자를 대표하는 위원의 선출 절차와 후보 등록에 관한 사항

③ 사용자를 대표하는 위원의 자격에 관한 사항

④ 노사협의회의 회의 소집, 회기(會期), 그 밖에 노사협의회의 운영에 관한 사항

⑤ 고충처리에 관한 사항

해설

> 법 제18조에 따른 협의회규정(이하 "협의회규정"이라 한다)에는 다음 각 호의 사항이 포함되어야 한다(시행령 제5조 제1항).
> 1. 협의회의 위원의 수
> 2. 근로자위원의 선출 절차와 후보 등록에 관한 사항
> 3. 사용자위원의 자격에 관한 사항
> 4. 법 제9조제3항에 따라 협의회 위원이 근로한 것으로 보는 시간에 관한 사항
> 5. 협의회의 회의 소집, 회기(會期), 그 밖에 협의회의 운영에 관한 사항
> 6. 법 제25조에 따른 임의 중재의 방법·절차 등에 관한 사항
> 7. 고충처리위원의 수 및 고충처리에 관한 사항

16 **근로자참여 및 협력증진에 관한 법률상 노사협의회에 관한 설명으로 옳지 않은 것은?**

▸ 공인노무사 제32회

① 노사협의회란 근로자와 사용자가 참여와 협력을 통하여 근로자의 복지증진과 기업의 건전한 발전을 도모하기 위하여 구성하는 협의기구를 말한다.

② 사업장 내 근로자 감시 설비의 설치는 노사협의회가 협의하여야 할 사항에 해당한다.

③ 사용자는 고충처리위원회에서 의결되지 아니한 사항에 대하여는 노사협의회의 의결을 거쳐야 한다.

④ 노사협의회는 노사협의회에서 의결된 사항의 해석에 관하여 의견이 일치되지 아니하는 경우 노동위원회의 중재를 받을 수 있다.

⑤ 법령에 따른 노사협의회의 설치를 정당한 사유 없이 거부하거나 방해한 자는 1년 이하의 징역 또는 1천만원 이하의 벌금에 처한다.

해설 ① 제3조 제1호

② 제20조 제1항 제14호

③ 제21조 제4호

④ 협의회는 제21조에 따른 의결 사항에 관하여 협의회가 의결하지 못한 경우, 협의회에서 의결된 사항의 해석이나 이행 방법 등에 관하여 의견이 일치하지 아니하는 경우에 해당하는 경우에는 근로자위원과 사용자위원의 합의로 협의회에 중재기구(仲裁機構)를 두어 해결하거나 노동위원회나 그 밖의 제삼자에 의한 중재를 받을 수 있다(제25조 제1항).

⑤ **제30조(벌칙)** 다음 각 호의 어느 하나에 해당하는 자는 1천만원 이하의 벌금에 처한다.
1. 제4조 제1항에 따른 협의회의 설치를 정당한 사유 없이 거부하거나 방해한 자
2. 제24조를 위반하여 협의회에서 의결된 사항을 정당한 사유 없이 이행하지 아니한 자
3. 제25조 제2항을 위반하여 중재 결정의 내용을 정당한 사유 없이 이행하지 아니한 자

정답 14 ④ 15 ① 16 ⑤

Chapter 04 교원의 노동조합 설립 및 운영 등에 관한 법률

01 교원의 노동조합 설립 및 운영 등에 관한 법률에 관한 설명으로 옳지 않은 것은?

▸공인노무사 제34회

① 「유아교육법」 제20조 제1항에 따른 교원을 대상으로 한다.
② 「초·중등교육법」 제19조 제1항에 따른 교원을 대상으로 한다.
③ 「고등교육법」 제14조 제2항 및 제4항에 따른 교원을 대상으로 하되, 강사는 제외한다.
④ 교원의 노동조합은 어떠한 정치활동도 하여서는 아니 된다.
⑤ 노동조합을 설립하려는 사람은 교육부장관에게 설립신고서를 제출하여야 한다.

해설 ①·②·③ 제2조
④ 제3조
⑤ 노동조합을 설립하려는 사람은 고용노동부장관에게 설립신고서를 제출하여야 한다(제4조 제3항).

02 교원의 노동조합 설립 및 운영 등에 관한 법률의 내용으로 옳지 않은 것은?

▸공인노무사 제33회

① 교원의 노동조합은 어떠한 정치활동도 하여서는 아니 된다.
② 교원은 임용권자의 동의를 받아 노동조합으로부터 급여를 지급받으면서 노동조합의 업무에만 종사할 수 있다.
③ 교원의 노동조합과 그 조합원은 노동운동이나 그 밖에 공무 외의 일을 위한 어떠한 집단행위도 하여서는 아니 된다.
④ 법령·조례 및 예산에 의하여 규정되는 내용은 단체협약으로 체결되더라도 효력을 가지지 아니한다.
⑤ 교원의 노동조합의 전임자는 그 전임기간 중 전임자임을 이유로 승급 또는 그 밖의 신분상의 불이익을 받지 아니한다.

해설 ① 제3조
② 교원은 임용권자의 동의를 받아 노동조합으로부터 급여를 지급받으면서 노동조합의 업무에만 종사할 수 있다(제5조 제1항).
③ 노동조합과 그 조합원은 파업, 태업 또는 그 밖에 업무의 정상적인 운영을 방해하는 어떠한 쟁의행위도 하여서는 아니 된다(제8조).
④ 제7조 제1항
⑤ 제5조 제4항

03 **교원의 노동조합 설립 및 운영 등에 관한 법령상 근무시간 면제에 관한 설명으로 옳지 않은 것은?** ▸ 공인노무사 제33회

① 근무시간 면제 시간 및 사용인원의 한도를 정하기 위하여 경제사회노동위원회에 교원근무시간면제심의위원회를 둔다.

② 「고등교육법」에 따른 교원에 대해서는 시・도 단위를 기준으로 근무시간 면제 한도를 심의・의결한다.

③ 교원근무시간면제심의위원회는 3년마다 근무시간 면제 한도의 적정성 여부를 재심의하여 의결할 수 있다.

④ 근무시간 면제 한도를 초과하는 내용을 정한 단체협약 또는 임용권자의 동의는 그 부분에 한정하여 무효로 한다.

⑤ 임용권자는 전년도에 노동조합별로 근무시간을 면제받은 시간 및 사용인원, 지급된 보수 등에 관한 정보를 고용노동부장관이 지정하는 인터넷 홈페이지에 3년간 게재하는 방법으로 공개하여야 한다.

해설 ① 제5조의2 제2항

② 고등교육법에 따른 교원은 개별학교 단위를 기준으로 근로시간면제한도를 심의・의결한다(제5조의2 제3항 제2호).

③ 제5조의2 제3항

④ 제5조의2 제4항

⑤ 임용권자는 법 제5조의3에 따라 다음 각 호의 정보를 매년 4월 30일까지 고용노동부장관이 지정하는 인터넷 홈페이지에 3년간 게재하는 방법으로 공개한다(시행령 제2조의6).

1. 노동조합별 전년도 근무시간 면제 시간과 그 결정기준
2. 노동조합별 전년도 근무시간 면제 사용인원(연간근무시간면제자와 근무시간 부분 면제자를 구분한다)
3. 노동조합별 전년도 근무시간 면제 사용인원에게 지급된 보수 총액

정답 01 ⑤ 02 ③ 03 ②

04 교원의 노동조합 설립 및 운영 등에 관한 법률에 관한 설명으로 옳지 않은 것은?

▸ 공인노무사 제32회

① 교원으로 임용되어 근무하였던 사람으로서 노동조합 규약으로 정하는 사람은 노동조합에 가입할 수 있다.

② 전임자는 그 전임기간 중 노동조합으로부터 급여를 지급받으면서 노동조합의 업무에만 종사할 수 있고, 그 전임기간 중 전임자임을 이유로 승급 또는 그 밖의 신분상의 불이익을 받지 아니한다.

③ 단체교섭이 결렬된 경우 중앙노동위원회는 당사자 양쪽이 조정을 신청하는 경우에 한하여 조정을 시작할 수 있다.

④ 중앙노동위원회가 제시한 조정안을 당사자의 어느 한쪽이라도 거부한 경우에는 중앙노동위원회는 중재를 한다.

⑤ 관계당사자는 중앙노동위원회의 중재재정이 위법하거나 월권에 의한 것이라고 인정하는 경우에는 중재재정서를 송달받은 날부터 15일 이내에 중앙노동위원회 위원장을 피고로 하여 행정소송을 제기할 수 있다.

해설 ① 제4조의2 제2호

② 전임자는 그 전임기간 중 노동조합으로부터 급여를 지급받으면서 노동조합의 업무에만 종사할 수 있고 그 전임기간 중 전임자임을 이유로 승급 또는 그 밖의 신분상의 불이익을 받지 아니한다(제5조).

③ 단체교섭이 결렬된 경우에는 당사자 어느 한쪽 또는 양쪽은 「노동위원회법」 제2조에 따른 중앙노동위원회(이하 "중앙노동위원회"라 한다)에 조정(調停)을 신청할 수 있다(제9조 제1항).

④ 제10조(중재의 개시) 중앙노동위원회는 다음 각 호의 어느 하나에 해당하는 경우에는 중재를 한다.

1. 제6조에 따른 단체교섭이 결렬되어 관계 당사자 양쪽이 함께 중재를 신청한 경우
2. 중앙노동위원회가 제시한 조정안을 당사자의 어느 한쪽이라도 거부한 경우
3. 중앙노동위원회 위원장이 직권으로 또는 고용노동부장관의 요청에 따라 중재에 회부한다는 결정을 한 경우

⑤ 제12조 제1항

05 교원의 노동조합 설립 및 운영 등에 관한 법률에 관한 설명으로 옳은 것은?

▸ 공인노무사 제31회

① 초·중등교육법에 따른 교원은 개별학교 단위로 노동조합을 설립할 수 있다.
② 교원으로 임용되어 근무하였던 사람은 규약에 정함이 있더라도 노동조합에 가입할 수 없다.
③ 노동조합과 그 조합원은 파업, 태업 또는 그 밖에 업무의 정상적인 운영을 방해하는 쟁의행위를 할 수 있다.
④ 단체교섭을 하거나 단체협약을 체결하는 경우에 관계 당사자는 국민여론과 학부모의 의견을 수렴하여 성실하게 교섭하고 단체협약을 체결하여야 한다.
⑤ 교원은 임용권자의 허가가 있는 경우에는 노동조합의 업무에만 종사할 수 있으며, 그 교원은 전임기간 중 봉급을 받는다.

해설 ① 제2조 제1호·제2호에 따른 교원은 특별시·광역시·특별자치시·도·특별자치도(이하 “시·도”라 한다) 단위 또는 전국 단위로만 노동조합을 설립할 수 있다(제4조 제1항).
② 교원으로 임용되어 근무하였던 사람으로서 노동조합 규약으로 정하는 사람은 노동조합에 가입할 수 있다(제4조의2 제2호).
③ 노동조합과 그 조합원은 파업, 태업 또는 그 밖에 업무의 정상적인 운영을 방해하는 어떠한 쟁의행위(爭議行爲)도 하여서는 아니 된다(제8조).
④ 제6조 제8항
⑤ 교원은 임용권자의 동의를 받아 노동조합으로부터 급여를 지급받으면서 노동조합의 업무에만 종사할 수 있다(제5조 제1항).

06 교원의 노동조합 설립 및 운영에 관한 법률에 관한 설명으로 옳지 않은 것은?

▸ 공인노무사 제30회

① 교원의 노동조합을 설립하려는 사람은 교육부장관에게 설립신고서를 제출하여야 한다.
② 교원의 노동조합과 그 조합원은 업무의 정상적인 운영을 방해하는 어떠한 쟁의행위도 하여서는 아니 된다.
③ 교원의 노동쟁의를 조정·중재하기 위하여 중앙노동위원회에 교원 노동관계 조정위원회를 둔다.
④ 교원은 임용권자의 동의를 받아 노동조합으로부터 급여를 지급받으면서 노동조합의 업무에만 종사할 수 있다.
⑤ 중앙노동위원회가 제시한 조정안을 당사자의 어느 한쪽이라도 거부한 경우 중앙노동위원회는 중재를 한다.

정답 04 ③ 05 ④ 06 ①

해설 ① 노동조합을 설립하려는 사람은 고용노동부장관에게 설립신고서를 제출하여야 한다(제4조 제3항).
② 제8조
③ 제11조 제1항
④ 제5조 제1항
⑤ 제10조 제2호

07 교원의 노동조합 설립 및 운영 등에 관한 법률의 내용으로 옳지 않은 것은?

▸ 공인노무사 제29회

① 노동조합을 설립하려는 사람은 고용노동부장관에게 설립신고서를 제출하여야 한다.
② 교원으로 임용되어 근무하였던 사람으로서 노동조합 규약으로 정하는 사람도 노동조합에 가입할 수 있다.
③ 교원은 시·도단위 또는 전국단위로만 노동조합을 설립할 수 있다.
④ 노동조합의 교섭위원은 해당 노동조합의 대표자와 그 조합원으로 구성하여야 한다.
⑤ 단체교섭을 하거나 단체협약을 체결하는 경우에 관계 당사자는 국민여론과 학부모의 의견을 수렴하여 성실하게 교섭하고 단체협약을 체결하여야 한다.

해설 ① 제4조 제3항
② 제4조의2 제2호
③ 고등교육법에 따른 교원은 개별학교 단위, 시·도 단위 또는 전국 단위로 노동조합을 설립할 수 있다(제4조 제2항).
④ 제6조 제2항
⑤ 제6조 제8항

08 교원의 노동조합 설립 및 운영 등에 관한 법률의 설명으로 옳은 것은? ▸ 공인노무사 제28회

① 노동조합은 교육제도 개선을 목적으로 하는 정치활동을 할 수 있다.
② 노동조합을 설립하려는 사람은 교육부장관에게 설립신고서를 제출하여야 한다.
③ 노동조합과 그 조합원은 파업을 제외한 그 밖의 쟁의행위를 할 수 있다.
④ 노동조합 대표자와 사립학교 설립·경영자간 체결된 단체협약의 내용 중 법령·조례 및 예산에 의하여 규정되는 내용은 단체협약으로서의 효력을 가지지 아니한다.
⑤ 단체교섭이 결렬된 경우에는 당사자 어느 한쪽 또는 양쪽은 중앙노동위원회에 조정을 신청할 수 있고, 조정은 신청을 받은 날부터 15일 이내에 마쳐야 한다.

해설 ① 교원의 노동조합(이하 "노동조합"이라 한다)은 어떠한 정치활동도 하여서는 아니 된다(제3조).
② 노동조합을 설립하려는 사람은 고용노동부장관에게 설립신고서를 제출하여야 한다(제4조 제3항).
③ 노동조합과 그 조합원은 파업, 태업 또는 그 밖에 업무의 정상적인 운영을 방해하는 어떠한 쟁의행위(爭議行爲)도 하여서는 아니 된다(제8조).
④ 제7조 제1항
⑤ 조정은 제9조 제1항에 따른 신청을 받은 날부터 30일 이내에 마쳐야 한다(제9조 제3항).

09 교원의 노동조합 설립 및 운영에 관한 법률의 내용으로 옳지 않은 것은? ▸공인노무사 제27회

① 고등교육법에 따른 교원은 개별학교 단위, 시·도 단위 또는 전국 단위로 노동조합을 설립할 수 있다.
② 교원의 노동조합의 전임자는 그 전임기간 중 전임자임을 이유로 승급 또는 그 밖의 신분상의 불이익을 받지 아니하며 임용권자로부터 봉급을 받을 수 있다.
③ 법령에 따른 단체교섭을 하는 경우에 관계 당사자는 국민여론과 학부모의 의견을 수렴하여 성실하게 교섭하여야 한다.
④ 교원의 노동조합과 그 조합원은 업무의 정상적인 운영을 방해하는 어떠한 쟁의행위도 하여서는 아니 된다.
⑤ 교원의 노동쟁의를 조정·중재하기 위하여 중앙노동위원회에 교원 노동관계 조정위원회를 둔다.

해설 ① 제4조 제2항
② 교원은 임용권자의 동의를 받아 노동조합으로부터 급여를 지급받으면서 노동조합의 업무에만 종사할 수 있다(제5조 제1항). 전임자는 그 전임기간 중 전임자임을 이유로 승급 또는 그 밖의 신분상의 불이익을 받지 아니한다(제5조 제4항).
③ 제6조 제8항
④ 제8조
⑤ 11조 제1항

정답 07 ③ 08 ④ 09 ②

10 **교원의 노동조합 설립 및 운영 등에 관한 법령상 단체교섭에 관한 설명으로 옳지 않은 것은?**

▸ 공인노무사 제33회

① 노동조합의 대표자는 교섭하려는 사항에 대하여 권한을 가진 자에게 서면으로 교섭을 요구하여야 한다.

② 「초・중등교육법」 제19조 제1항에 따른 교원의 노동조합의 대표자는 교육부장관, 시・도 교육감 또는 사립학교 설립・경영자와 교섭하고 단체협약을 체결할 권한을 가진다.

③ 교섭위원의 수는 교섭노동조합의 조직 규모 등을 고려하여 정하되, 10명 이내로 한다.

④ 노동조합의 교섭위원은 해당 노동조합의 대표자와 그 조합원으로 구성하여야 한다.

⑤ 교섭노동조합이 둘 이상인 경우 교섭창구 단일화 합의가 이루어지지 않으면 교섭창구 단일화 절차에 참여한 노동조합의 전체 조합원 과반수로 조직된 노동조합이 교섭대표노동조합이 된다.

해설 ① 제6조 제4항

② 제6조 제1항 제1호

③ 교섭위원의 수는 교섭노동조합의 조직 규모 등을 고려하여 정하되, 10명 이내로 한다(시행령 제3조의2 제2항).

④ 제6조 제2항

⑤ 노동조합법 제29조의2 제4항은 교원노조에 적용되지 않는다(제14조 제2항 참조).

> 제14조(다른 법률과의 관계)
> ② 「노동조합 및 노동관계조정법」 제2조 제4호 라목, 제24조, 제24조의2 제1항・제2항, 제29조 제2항부터 제4항까지, 제29조의2부터 제29조의5까지, 제36조부터 제39조까지, 제41조, 제42조, 제42조의2부터 제42조의6까지, 제43조부터 제46조까지, 제51조부터 제57조까지, 제60조 제5항, 제62조부터 제65조까지, 제66조 제2항, 제69조부터 제73조까지, 제76조부터 제80조까지, 제81조 제1항 제2호 단서, 제88조, 제89조 제1호, 제91조 및 제96조 제1항 제3호는 이 법에 따른 노동조합에 대해서는 적용하지 아니한다.

11 **교원의 노동조합 설립 및 운영 등에 관한 법률상 조정 및 중재에 관한 설명으로 옳은 것은?**

▸ 공인노무사 제33회

① 중앙노동위원회가 제시한 조정안을 당사자의 어느 한쪽이라도 거부한 경우 중앙노동위원회는 중재를 하며, 중재기간에 대하여는 법률의 정함이 없다.

② 관계 당사자 쌍방의 동의를 얻은 경우에는 교원 노동관계 조정위원회에 갈음하여 단독조정인에게 조정을 행하게 할 수 있다.

③ 조정은 신청을 받은 날부터 30일 이내에 마쳐야 하며, 다만 당사자들이 합의한 경우에는 30일 이내의 범위에서 조정기간을 연장할 수 있다.

④ 관계 당사자의 일방이 단체협약에 의하여 중재를 신청한 때 중앙노동위원회는 중재를 한다.

⑤ 중앙노동위원회 위원장은 직권으로 중재에 회부한다는 결정을 할 수 없다.

해설 ①·④·⑤ 중앙노동위원회는 다음 각 호의 어느 하나에 해당하는 경우에는 중재(仲裁)를 한다(제10조).
1. 제6조에 따른 단체교섭이 결렬되어 관계 당사자 양쪽이 함께 중재를 신청한 경우
2. 중앙노동위원회가 제시한 조정안을 당사자의 어느 한쪽이라도 거부한 경우
3. 중앙노동위원회 위원장이 직권으로 또는 고용노동부장관의 요청에 따라 중재에 회부한다는 결정을 한 경우

② 단독조정은 교원노조에 적용되지 않는다(제14조 제2항 참조).
③ 조정은 제9조 제1항에 따른 신청을 받은 날부터 30일 이내에 마쳐야 한다(제9조 제3항).

12 교원의 노동조합 설립 및 운영 등에 관한 법률에 관한 설명으로 옳은 것은?

▸ 공인노무사 제34회

① 법 제8조(쟁의행위의 금지)를 위반하여 쟁의행위를 한 자는 5년 이하의 징역 또는 5천만 원 이하의 벌금에 처한다.
② 교원의 노동쟁의를 조정·중재하기 위하여 각 지방노동위원회에 교원 노동관계 조정위원회를 둔다.
③ 관계 당사자는 중재재정서를 송달받은 날부터 30일 이내에 행정소송을 제기할 수 있다.
④ 중앙노동위원회 위원장은 직권으로 중재에 회부한다는 결정을 할 수 없다.
⑤ 중재재정은 관계당사자 쌍방이 수락한 경우에 효력을 가진다.

해설 ① 제15조 제1항
② 교원의 노동쟁의를 조정·중재하기 위하여 중앙노동위원회에 교원 노동관계 조정위원회를 둔다(제11조 제1항).
③ 관계 당사자는 중앙노동위원회의 중재재정(仲裁裁定)이 위법하거나 월권(越權)에 의한 것이라고 인정하는 경우에는 「행정소송법」 제20조에도 불구하고 중재재정서를 송달받은 날부터 15일 이내에 중앙노동위원회 위원장을 피고로 하여 행정소송을 제기할 수 있다(제12조 제1항).
④ 중앙노동위원회는 다음 각 호의 어느 하나에 해당하는 경우에는 중재(仲裁)를 한다(제10조).
1. 제6조에 따른 단체교섭이 결렬되어 관계 당사자 양쪽이 함께 중재를 신청한 경우
2. 중앙노동위원회가 제시한 조정안을 당사자의 어느 한쪽이라도 거부한 경우
3. 중앙노동위원회 위원장이 직권으로 또는 고용노동부장관의 요청에 따라 중재에 회부한다는 결정을 한 경우

정답 10 ⑤ 11 ① 12 ①

Chapter 05 공무원의 노동조합 설립 및 운영 등에 관한 법률

01 **공무원의 노동조합 설립 및 운영 등에 관한 법률의 내용으로 옳은 것은?** ▸공인노무사 제33회

① 교원과 교육공무원은 공무원의 노동조합에 가입할 수 없다.

② 업무의 주된 내용이 다른 공무원에 대하여 지휘・감독권을 행사하거나 다른 공무원의 업무를 총괄하는 업무에 종사하는 공무원 중 대통령령으로 정하는 공무원은 공무원의 노동조합에 가입할 수 없다.

③ 교정・수사 등 공공의 안녕과 국가안전보장에 관한 업무에 종사하는 공무원은 공무원의 노동조합에 가입할 수 있다.

④ 공무원의 노동조합이 있는 경우 공무원이 공무원직장협의회를 설립・운영할 수 없다.

⑤ 공무원은 임용권자의 동의를 받아 노동조합으로부터 급여를 지급받으면서 노동조합의 업무에만 종사할 수 있으며, 그 기간 중 휴직명령을 받은 것으로 본다.

해설 ① 노동조합에 가입할 수 있는 사람의 범위는 다음 각 호와 같다(제6조 제1항).

1. 일반직공무원
2. 특정직공무원 중 외무영사직렬・외교정보기술직렬 외무공무원, 소방공무원 및 교육공무원(다만, 교원은 제외한다)
3. 별정직공무원
4. 제1호부터 제3호까지의 어느 하나에 해당하는 공무원이었던 사람으로서 노동조합 규약으로 정하는 사람
5. 삭제 〈2011.5.23.〉

②・③ 제6조 제1항에도 불구하고 다음 각 호의 어느 하나에 해당하는 공무원은 노동조합에 가입할 수 없다(제6조 제2항).

1. 업무의 주된 내용이 다른 공무원에 대하여 지휘・감독권을 행사하거나 다른 공무원의 업무를 총괄하는 업무에 종사하는 공무원
2. 업무의 주된 내용이 인사・보수 또는 노동관계의 조정・감독 등 노동조합의 조합원 지위를 가지고 수행하기에 적절하지 아니한 업무에 종사하는 공무원
3. 교정・수사 등 공공의 안녕과 국가안전보장에 관한 업무에 종사하는 공무원
4. 삭제 〈2021.1.5.〉

제6조 제2항에 따른 공무원의 범위는 대통령령으로 정한다(제6조 제4항).

④ 이 법의 규정은 공무원이 「공무원직장협의회의 설립・운영에 관한 법률」에 따라 직장협의회를 설립・운영하는 것을 방해하지 아니한다(제17조 제1항).

⑤ 공무원은 임용권자의 동의를 받아 노동조합으로부터 급여를 지급받으면서 노동조합의 업무에만 종사할 수 있다(제7조 제1항). 제7조 제1항에 따른 동의를 받아 노동조합의 업무에만 종사하는 사람[이하 "전임자"(專任者)라 한다]에 대하여는 그 기간 중 「국가공무원법」 제71조 또는 「지방공무원법」 제63조에 따라 휴직명령을 하여야 한다(제7조 제2항).

02 공무원의 노동조합 설립 및 운영 등에 관한 법률상 단체교섭 및 단체협약에 관한 설명으로 옳지 않은 것은?

▸ 공인노무사 제33회

① 공무원의 노동조합 설립 및 운영 등에 관한 법률은 단체교섭에 대하여 개별교섭방식만을 인정하고 있다.

② 단체협약의 유효기간은 3년을 초과하지 않는 범위에서 노사가 합의하여 정할 수 있다.

③ 정부교섭대표는 교섭을 요구하는 노동조합이 둘 이상인 경우에는 해당 노동조합에 교섭창구를 단일화하도록 요청할 수 있으며, 교섭창구가 단일화된 때에는 교섭에 응하여야 한다.

④ 법령 또는 조례에 의하여 위임을 받아 규정되는 내용은 단체협약으로 체결되더라도 효력을 가지지 않지만, 정부교섭대표는 그 내용이 이행될 수 있도록 성실하게 노력하여야 한다.

⑤ 법령 등에 따라 국가나 지방자치단체가 그 권한으로 행하는 정책결정에 관한 사항, 임용권의 행사 등 그 기관의 관리・운영에 관한 사항으로서 근무조건과 직접 관련되지 아니하는 사항은 교섭의 대상이 될 수 없다.

해설 ①・③ 정부교섭대표는 제9조 제2항과 제3항에 따라 교섭을 요구하는 노동조합이 둘 이상인 경우에는 해당 노동조합에 교섭창구를 단일화하도록 요청할 수 있다. 이 경우 교섭창구가 단일화된 때에는 교섭에 응하여야 한다(제9조 제4항).

② 제17조 제2항, 노동조합법 제32조 제1항

④ 제10조

⑤ 제8조 제1항

03 공무원의 노동조합 설립 및 운영 등에 관한 법률상 조정 및 중재에 관한 설명으로 옳은 것은?

▸ 공인노무사 제33회

① 단체교섭이 결렬된 경우 이를 조정・중재하기 위하여 중앙노동위원회에 특별조정위원회를 둔다.

② 중앙노동위원회 위원장이 직권으로 중재에 회부한다는 결정을 하는 경우 지체 없이 중재를 한다.

③ 관계 당사자는 중앙노동위원회의 중재재정이 위법하거나 월권에 의한 것이라고 인정하는 경우에는 중재재정서를 송달받은 날부터 30일 이내에 중앙노동위원회 위원장을 피고로 하여 행정소송을 제기할 수 있다.

④ 관계 당사자는 확정된 중재재정을 따라야 하나, 위반에 대한 벌칙 규정은 없다.

⑤ 중앙노동위원회의 중재재정에 대한 행정소송이 제기되면 중재재정의 효력은 정지된다.

정답 01 ② 02 ① 03 ④

해설 ① 단체교섭이 결렬된 경우 이를 조정・중재하기 위하여 중앙노동위원회에 공무원 노동관계 조정위원회를 둔다(제14조 제1항).

② 제13조

> **제13조(중재의 개시 등)**
> 중앙노동위원회는 다음 각 호의 어느 하나에 해당하는 경우에는 지체 없이 중재(仲裁)를 한다.
> 1. 제8조에 따른 단체교섭이 결렬되어 관계 당사자 양쪽이 함께 중재를 신청한 경우
> 2. 제12조에 따른 조정이 이루어지지 아니하여 제14조에 따른 공무원 노동관계 조정위원회 전원회의에서 중재 회부를 결정한 경우

③ 관계 당사자는 중앙노동위원회의 중재재정이 위법하거나 월권(越權)에 의한 것이라고 인정하는 경우에는 「행정소송법」 제20조에도 불구하고 중재재정서를 송달받은 날부터 15일 이내에 중앙노동위원회 위원장을 피고로 하여 행정소송을 제기할 수 있다(제16조 제1항).

④ 노동조합법 제92조(벌칙)는 공무원노조에 적용되지 않는다(제17조 제3항 참조).

⑤ 중앙노동위원회의 중재재정은 제16조 제1항에 따른 행정소송의 제기에 의하여 그 효력이 정지되지 아니한다(제16조 제4항).

04 **노동조합 및 노동관계조정법의 내용 중 공무원의 노동조합 설립 및 운영 등에 관한 법률에 적용되는 것으로 옳은 것은?** ▸ 공인노무사 제33회

① 공정대표의무 등 (노동조합 및 노동관계조정법 제29조의4)

② 일반적 구속력 (노동조합 및 노동관계조정법 제35조)

③ 조정의 전치 (노동조합 및 노동관계조정법 제45조)

④ 사적 조정・중재 (노동조합 및 노동관계조정법 제52조)

⑤ 긴급조정의 결정 (노동조합 및 노동관계조정법 제76조)

해설 「노동조합 및 노동관계조정법」 제2조 제4호 라목, 제24조, 제24조의2 제1항・제2항, 제29조, 제29조의2부터 제29조의5까지, 제36조부터 제39조까지, 제41조, 제42조, 제42조의2부터 제42조의6까지, 제43조부터 제46조까지, 제51조부터 제57조까지, 제60조 제1항・제5항, 제62조부터 제65조까지, 제66조 제2항, 제69조부터 제73조까지, 제76조부터 제80조까지, 제81조 제1항 제2호 단서, 제88조부터 제92조까지 및 제96조 제1항 제3호는 이 법에 따른 노동조합에 대해서는 적용하지 아니한다(제17조 제3항).

05 공무원의 노동조합 설립 및 운영 등에 관한 법률에 관한 설명으로 옳지 않은 것은?

▸ 공인노무사 제32회

① 공무원은 노동조합 활동을 할 때 다른 법령에서 규정하는 공무원의 의무에 반하는 행위를 하여서는 아니 된다.

② 교정・수사 등 공공의 안녕과 국가안전보장에 관한 업무에 종사하는 공무원은 노동조합에 가입할 수 없다.

③ 단체협약의 내용 중 법령・조례 또는 예산에 의하여 규정되는 내용과 법령 또는 조례에 의하여 위임을 받아 규정되는 내용은 단체협약으로서의 효력을 가지지 아니한다.

④ 정부교섭대표는 효율적인 교섭을 위하여 필요한 경우 다른 정부교섭대표와 공동으로 교섭할 수 있으나 정부교섭대표가 아닌 관계 기관의 장으로 하여금 교섭에 참여하게 할 수 없다.

⑤ 단체교섭이 결렬된 경우 이를 조정・중재하기 위하여 중앙노동위원회에 공무원 노동관계 조정위원회를 둔다.

해설 ① 제3조 제2항

② 제6조 제2항 제3호

③ 제10조 제1항

④ 정부교섭대표는 효율적인 교섭을 위하여 필요한 경우 다른 정부교섭대표와 공동으로 교섭하거나, 다른 정부교섭대표에게 교섭 및 단체협약 체결 권한을 위임할 수 있다(제8조 제3항). 정부교섭대표는 효율적인 교섭을 위하여 필요한 경우 정부교섭대표가 아닌 관계 기관의 장으로 하여금 교섭에 참여하게 할 수 있고, 다른 기관의 장이 관리하거나 결정할 권한을 가진 사항에 대하여는 해당 기관의 장에게 교섭 및 단체협약 체결 권한을 위임할 수 있다(제8조 제4항).

⑤ 제14조 제1항

06 공무원의 노동조합 설립 및 운영 등에 관한 법률에 관한 설명으로 옳지 않은 것은?

▸ 공인노무사 제34회

① 단체협약의 내용 중 법령・조례 또는 예산에 의하여 규정되는 내용은 단체협약으로서의 효력을 가지지 아니한다.

② 단체협약의 내용 중 조례에 의하여 위임을 받아 규정되는 내용은 단체협약으로서의 효력을 가지지 아니한다.

③ 노동조합과 그 조합원은 파업, 태업 또는 그 밖에 업무의 정상적인 운영을 방해하는 어떠한 행위도 하여서는 아니 된다.

④ 단체교섭이 결렬되어 관계 당사자 어느 한쪽이 중재를 신청한 경우 중앙노동위원회는 지체 없이 중재(仲裁)를 한다.

⑤ 조정은 당사자들이 조정기간의 연장에 관하여 합의하지 않는 경우에는 조정신청을 받은 날부터 30일 이내에 마쳐야 한다.

정답 04 ② 05 ④ 06 ④

해설 ①·② 제10조 제1항
③ 제11조
④ 제13조

> **제13조(중재의 개시 등)**
> 중앙노동위원회는 다음 각 호의 어느 하나에 해당하는 경우에는 지체 없이 중재(仲裁)를 한다.
> 1. 제8조에 따른 단체교섭이 결렬되어 관계 당사자 양쪽이 함께 중재를 신청한 경우
> 2. 제12조에 따른 조정이 이루어지지 아니하여 제14조에 따른 공무원 노동관계 조정위원회 전원회의에서 중재 회부를 결정한 경우

⑤ 제12조 제4항

07 공무원의 노동조합 설립 및 운영 등에 관한 법률에 관한 설명으로 옳지 않은 것은?

▸ 공인노무사 제31회

① 정부교섭대표는 다른 정부교섭대표와 공동으로 교섭할 수 있지만, 다른 정부교섭 대표에게 교섭 및 단체협약 체결 권한을 위임할 수 없다.
② 전임자에 대하여는 그 기간 중 「국가공무원법」 제71조 또는 「지방공무원법」 제63조에 따라 휴직명령을 하여야 한다.
③ 정부교섭대표는 법령 등에 따라 스스로 관리하거나 결정할 수 있는 권한을 가진 사항에 대하여 노동조합이 교섭을 요구할 때에는 정당한 사유가 없으면 그 요구에 따라야 한다.
④ 단체교섭이 결렬된 경우 이를 조정·중재하기 위하여 중앙노동위원회에 공무원 노동관계조정위원회를 둔다.
⑤ 정부교섭대표는 단체협약으로서의 효력을 가지지 아니하는 내용에 대하여는 그 내용이 이행될 수 있도록 성실하게 노력하여야 한다.

해설 ① 정부교섭대표는 효율적인 교섭을 위하여 필요한 경우 다른 정부교섭대표와 공동으로 교섭하거나, 다른 정부교섭대표에게 교섭 및 단체협약 체결 권한을 위임할 수 있다(제8조 제3항).
② 제7조 제2항
③ 제8조 제2항
④ 제14조 제1항
⑤ 제10조 제2항

08 공무원의 노동조합 설립 및 운영 등에 관한 법률에 관한 설명으로 옳지 않은 것은?

▸ 공인노무사 제30회

① 노동조합과 그 조합원은 정치활동을 하여서는 아니 된다.

② 정부교섭대표는 효율적인 교섭을 위하여 필요한 경우 다른 정부교섭대표와 공동으로 교섭하거나, 다른 정부교섭대표에게 교섭 및 단체협약 체결 권한을 위임할 수 있다.

③ 노동조합은 단체교섭을 위하여 노동조합의 대표자와 조합원으로 교섭위원을 구성하여야 한다.

④ 국가와 지방자치단체는 공무원이 전임자임을 이유로 승급이나 그 밖에 신분과 관련하여 불리한 처우를 하여서는 아니 된다.

⑤ 단체교섭이 결렬된 경우에는 당사자 어느 한쪽 또는 양쪽은 중앙노동위원회에 조정을 신청할 수 있고, 조정은 신청을 받은 날부터 15일 이내에 마쳐야 한다.

해설 ① 제4조
② 제8조 제3항
③ 제9조 제1항
④ 제7조 제4항
⑤ 조정은 제1항에 따른 조정신청을 받은 날부터 30일 이내에 마쳐야 한다. 다만, 당사자들이 합의한 경우에는 30일 이내의 범위에서 조정기간을 연장할 수 있다(제12조 제4항).

09 공무원의 노동조합 설립 및 운영 등에 관한 법률의 내용으로 옳지 않은 것은?

▸ 공인노무사 제29회

① 노동조합과 그 조합원은 정치활동을 하여서는 아니 되며, 파업, 태업 또는 그 밖에 업무의 정상적인 운영을 방해하는 일체의 행위를 하여서는 아니 된다.

② 교정 · 수사 등 공공의 안녕과 국가안전보장에 관한 업무에 종사하는 공무원은 노동조합에 가입할 수 없다.

③ 공무원은 임용권자의 동의를 받아 노동조합의 업무에만 종사할 수 있으며, 동의를 받아 노동조합의 업무에만 종사하는 사람에 대하여는 그 기간 중 휴직명령을 하여야 한다.

④ 공무원 노동관계에서도 일정한 요건 하에서 공무원이 조합원이 될 것을 고용조건으로 하는 단체협약이 체결될 수 있다.

⑤ 단체협약의 내용 중 법령 · 조례 또는 예산에 의하여 규정되는 내용과 법령 또는 조례에 의하여 위임을 받아 규정되는 내용은 단체협약으로서의 효력을 가지지 아니한다.

해설 ① 제4조, 제11조
② 제6조 제2항 제3호

정답 07 ① 08 ⑤ 09 ④

③ 제7조 제1항, 제2항
④ 노동조합법 제81조 제1항 제2호 단서는 공무원노조에 적용되지 않는다(제17조 제2항 · 제3항).
⑤ 제10조 제1항

10 공무원의 노동조합 설립 및 운영 등에 관한 법률의 설명으로 옳지 않은 것은?

▸ 공인노무사 제28회

① 공무원은 노동조합 활동을 할 때 다른 법령에서 규정하는 공무원의 의무에 반하는 행위를 하여서는 아니 된다.
② 정부교섭대표는 교섭을 요구하는 노동조합이 둘 이상인 경우에는 해당 노동조합에 교섭창구를 단일화하도록 요청할 수 있고, 교섭창구가 단일화된 때에는 교섭에 응하여야 한다.
③ 노동조합의 대표자는 정부교섭대표와 교섭하려는 경우에는 교섭하려는 사항에 대하여 권한을 가진 정부교섭대표에게 서면으로 교섭을 요구하여야 한다.
④ 국가와 지방자치단체는 공무원이 전임자임을 이유로 승급이나 그 밖에 신분과 관련하여 불리한 처우를 하여서는 아니 된다.
⑤ 정부교섭대표는 효율적인 교섭을 위하여 관계 기관의 장을 교섭에 참여하게 하여야 한다.

해설 ① 제3조 제2항
② 제9조 제4항
③ 제9조 제2항
④ 제7조 제4항
⑤ 정부교섭대표는 효율적인 교섭을 위하여 필요한 경우 정부교섭대표가 아닌 관계 기관의 장으로 하여금 교섭에 참여하게 할 수 있고, 다른 기관의 장이 관리하거나 결정할 권한을 가진 사항에 대하여는 해당 기관의 장에게 교섭 및 단체협약 체결 권한을 위임할 수 있다(제8조 제4항).

11 공무원의 노동조합 설립 및 운영 등에 관한 법률의 내용으로 옳지 않은 것은?

▸ 공인노무사 제26회

① 정부교섭대표는 효율적인 교섭을 위하여 필요한 경우 정부교섭대표가 아닌 관계기관의 장으로 하여금 교섭에 참여하게 할 수 있다.
② 노동조합은 단체교섭을 위하여 노동조합의 조합원 외의 자를 교섭위원으로 구성할 수 있다.
③ 단체교섭이 결렬된 경우에는 당사자 어느 한쪽 또는 양쪽은 중앙노동위원회에 조정을 신청할 수 있다.
④ 정부교섭대표는 단체협약의 내용 중 법령 · 조례 또는 예산에 의하여 규정되는 내용일지라도 그 내용이 이행될 수 있도록 성실하게 노력하여야 한다.
⑤ 노동조합을 설립하려는 사람은 고용노동부장관에게 설립신고서를 제출하여야 한다.

해설 ① 제8조 제4항
② 노동조합은 제8조에 따른 단체교섭을 위하여 노동조합의 대표자와 조합원으로 교섭위원을 구성하여야 한다(제9조 제1항).
③ 제12조 제1항
④ 제10조 제2항
⑤ 제5조 제2항

12 공무원의 노동조합 설립 및 운영 등에 관한 법률에 관한 설명으로 옳은 것은?

▸ 공인노무사 제34회

① 공무원 노동조합이 있는 경우 공무원이 공무원직장협의회를 설립·운영할 수 없다.
② 노동조합 전임자에 대하여는 그 기간 중 「국가공무원법」 제71조 또는 「지방공무원법」 제63조에 따라 휴직명령을 하여야 한다.
③ 공무원은 근무시간 면제한도를 초과하여 보수의 손실 없이 정부교섭대표와의 협의·교섭, 고충처리, 안전·보건활동 등 업무를 할 수 있다.
④ 근무시간 면제심의위원회는 근무시간 면제 한도를 심의·의결하고 2년마다 그 적정성 여부를 재심의하여 의결하여야 한다.
⑤ 정부교섭대표는 전년도에 노동조합별로 근무시간을 면제받은 시간 및 사용인원, 지급된 보수 등에 관한 정보를 대통령령으로 정하는 바에 따라 국회에 보고하여야 한다.

해설 ① 이 법의 규정은 공무원이 「공무원직장협의회의 설립·운영에 관한 법률」에 따라 직장협의회 설립·운영하는 것을 방해하지 아니한다(제17조 제1항).
② 제7조 제2항
③ 공무원은 단체협약으로 정하거나 제8조 제1항의 정부교섭대표가 동의하는 경우 제2항 및 제3항에 따라 결정된 근무시간 면제 한도를 초과하지 아니하는 범위에서 보수의 손실 없이 정부교섭대표와의 협의·교섭, 고충처리, 안전·보건활동 등 이 법 또는 다른 법률에서 정하는 업무와 건전한 노사관계발전을 위한 노동조합의 유지·관리업무를 할 수 있다(제7조의2 제1항).
④ 공무원 근무시간 면제심의위원회는 제5조 제1항에 따른 노동조합 설립 최소 단위를 기준으로 조합원(제6조 제1항 제1호부터 제3호까지의 규정에 해당하는 조합원을 말한다)의 수를 고려하되 노동조합의 조직형태, 교섭구조·범위 등 공무원 노사관계의 특성을 반영하여 근무시간 면제 한도를 심의·의결하고, 3년마다 그 적정성 여부를 재심의하여 의결할 수 있다(제7조의2 제3항).
⑤ 정부교섭대표는 국민이 알 수 있도록 전년도에 노동조합별로 근무시간을 면제받은 시간 및 사용인원, 지급된 보수 등에 관한 정보를 대통령령으로 정하는 바에 따라 공개하여야 한다. 이 경우 정부교섭대표가 아닌 임용권자는 정부교섭대표에게 해당 기관의 근무시간 면제 관련 자료를 제출하여야 한다(제7조의3).

정답 10 ⑤ 11 ⑤ 12 ②

박문각 공인노무사

박문각 공인노무사

권희창 노동법

1차 | 10개년 기출문제집

제1판 인쇄 2026. 1. 26. | **제1판 발행** 2026. 1. 30. | **편저자** 권희창
발행인 박 용 | **발행처** (주)박문각출판 | **등록** 2015년 4월 29일 제2019-0000137호
주소 06654 서울시 서초구 효령로 283 서경 B/D 4층 | **팩스** (02)584-2927
전화 교재 문의 (02)6466-7202

저자와의
협의하에
인지생략

정가 25,000원
ISBN 979-11-7519-268-3

MEMO

MEMO

MEMO